H. W. (Heinrich Wilhelm) Stoll

Geschichte der Römer bis zum Untergang der Republik

H. W. (Heinrich Wilhelm) Stoll

Geschichte der Römer bis zum Untergang der Republik

ISBN/EAN: 9783743682344

Hergestellt in Europa, USA, Kanada, Australien, Japan

Cover: Foto ©ninafisch / pixelio.de

Weitere Bücher finden Sie auf **www.hansebooks.com**

Geschichte der Römer

bis zum

Untergange der Republik.

Von

H. W. Stoll,

Professor in Weilburg.

Zweite Auflage.

Erster Band.

Hannover.

Carl Rümpler.

1871.

Vorwort.

In den letzten Jahrzehnden ist eine größere Zahl sehr bedeutender Werke über griechische und römische Geschichte ans Licht getreten, die aber vorzugsweise für gelehrte Fachmänner bestimmt sind oder den Zwecken der Schule dienen. Die vorliegende Geschichte der Römer, welche als eine Fortsetzung der Geschichte der Griechen anzusehen ist und mit dieser gewissermaßen ein Ganzes bildet, ist nicht so unbescheiden, sich jenen, auf tiefer Forschung beruhenden Schriften an die Seite stellen zu wollen, auch ist sie nicht für den Gebrauch der Schule geschrieben — obgleich das Studium derselben für Schüler der Gymnasien und sonstiger höheren Lehranstalten nicht ohne Nutzen sein wird — sie will vielmehr, gestützt auf die neueren Forschungen und im Anschluß an die Erzählungen der alten Schriftsteller, für das gebildete Publikum überhaupt, für jeden Nichtgelehrten, der eine gründliche Kenntniß der Geschichte sucht, eine einfache, aber durch eine gewisse Ausführlichkeit anziehende Darstellung der Thaten, Geschicke und Culturzustände der Römer liefern, in derselben Weise, wie dies in Betreff der Griechen in den beiden vorhergehenden Bänden der griechischen Geschichte geschehen ist. Die Geschichte der Griechen und Römer aber ist es werth, von jedem Gebildeten gekannt zu werden. Diese beiden Völker stehen uns geistig nah, näher als unsere germanischen Vorfahren; die Cultur, welche die Griechen, das geistreichste Volk der Erde, aus sich erzeugt, welche die thatkräftigen Römer in sich aufnahmen, um sie neu zu verarbeiten und andern Völkern wieder mitzutheilen, ist — sehen wir von der Religion ab — die hauptsächlichste Grundlage aller neueren Bildung, und zumal auch der Bildung des deutschen Volkes, welches erst, nachdem es vor und zu den Zeiten der Reformation sich einem gründlichen Studium der Alten zugewandt, aufs neue zu erhöhtem geistigen Leben sich aufschwang. Sind die beiden eng zusammengehörigen Völker also für uns von besonderem Interesse, so ist ihre Geschichte durch das frische volle Leben, das uns überall anschaulich und charakteristisch entgegentritt, in hohem Maße anziehend und erhebend, sie ist überaus lehrreich wegen ihres naturgemäßen Entwickelungsganges, um so mehr, da bei der Einfachheit der Zustände der alten Welt die geschichtlichen Verhältnisse und die der historischen Bewegung zu Grunde liegenden Gesetze viel leichter zu Tage treten, als in der viel verzweigten und verschlungenen Geschichte des Mittelalters und der Neuzeit. Wer also mit den in der Geschichte waltenden Gesetzen sich vertraut machen will, um die Weltereignisse jeder Zeit und die Verhältnisse der Gegenwart zu verstehen, der wird wohlthun, wenn er zunächst der alten Welt, den Griechen und Römern sich zuwendet. Möge dieses Buch ihm ein anregender und belehrender Führer sein.

Weilburg.

H. W. Stoll.

Inhalt.

Dritter Zeitraum.

Von der Gleichstellung der Stände bis zu den gracchischen Unruhen. (366—133 v. Chr.) Bis zur Unterwerfung Italiens. (366—266 v. Chr.)

Die Zeit der punischen Kriege. (264—201.)

Erster Zeitraum.

Die Zeit der römischen Könige.

(753 — 510.)

Des Aeneas Einwanderung in Latium.

Wie die späteren Griechen einen Kadmos, Kekrops und Danaos aus Asien und Aegypten einwandern lassen, um die Anfänge der eigenen Cultur an die uralte Cultur der Ostländer anzuknüpfen, in derselben Weise leiten viele italischen Städte nichtgriechischen Ursprungs ihre Entstehung und die erste Civilisirung ihres Landes von Helden der griechischen Sage ab, besonders von Helden des homerischen Sagenkreises. Die Römer führen ihren Ursprung zurück auf den Trojaner Aeneas. Sie erzählen, daß bei der Eroberung Trojas Aeneas sich mit einem Theil der Seinen aus dem allgemeinen Untergange gerettet habe und über das Meer gegangen sei, um in der Fremde sich eine neue Heimat zu suchen. Nach langer Fahrt kam er endlich an die Küste von Latium, der Landschaft Italiens, welche sich am tyrrhenischen Meere vom Tiberflusse südlich hinab bis zu den Volskerbergen erstreckt. Als die von allem entblößten Fremdlinge nach ihrer Landung sogleich zu plündern begannen, eilte der König dieser Gegend, Latinus, mit seinen Unterthanen, den Aboriginern (d. h. Ureinwohnern, Autochthonen), in Waffen zur Abwehr herbei. In einem Treffen besiegt, schloß er Frieden mit

Aeneas und gab ihm seine Tochter Lavinia zum Weibe; oder er gewährte nach anderer Erzählung schon vor dem Beginn der Feindseligkeiten Bündniß und Ehe, aus Achtung vor dem Adel des Helden und des troischen Volkes.

Aeneas gründete eine Stadt, die er nach seiner Gemahlin Lavinium nannte. Da aber Lavinia schon vor der Ankunft des Aeneas mit Turnus, dem jungen kriegerischen König der Rutuler, verlobt gewesen war, so erhob dieser die Waffen gegen Latinus und Aeneas. Turnus wurde besiegt, aber Latinus fiel in dem Treffen. Als hierauf der geschlagene Rutulerfürst sich mit Mezentius verband, dem mächtigen König in dem hetruskischen Cäre, benannte Aeneas, um sich in der drohenden Gefahr die Liebe und Treue der Aboriginer zu sichern, nach dem König Latinus die beiden unter seinem Scepter stehenden Völker, Aboriginer und Trojaner, mit dem gemeinschaftlichen Namen Latiner, und im Vertrauen auf die muthige Stimmung der von nun an mit einander verschmelzenden Völker wagte er es, sein Heer gegen die mächtigen Hetrusker in die Schlacht zu führen. Das Treffen entschied sich zu Gunsten der Latiner, aber es war auch zugleich für Aeneas das Ende seiner irdischen Laufbahn. Er stieg während der Schlacht unter einem furchtbaren Gewitter in voller Rüstung zu den Göttern empor, oder verschwand, wie Andere erzählten, in dem heiligen Flusse Numicius, der bei Lavinium floß, und man verehrte ihn unter dem Namen Pater Indiges, „einheimischer Vater", oder Jupiter Indiges, d. h. Divus Pater Indiges, „göttlicher einheimischer Vater." Sein Grabeshügel wurde am Numicius gezeigt und verehrt.

Des Aeneas Sohn, Ascanius oder Julus, verließ 30 Jahre nach der Erbauung von Lavinium die ungesunde und unwirthliche Strandebene und gründete in fruchtbarer Gegend am westlichen Abhange des Albanerberges (Monte cavo) die Stadt Alba, welche nach ihrer langgestreckten Lage zwischen dem Berg und dem See gewöhnlich Alba Longa, „Lang Alba", genannt wurde.

Nach Ascanius kam hier sein jüngerer Bruder Silvius zur Herrschaft, und aus dieser von Aeneas abstammenden Königsfamilie
der Silvier erwuchsen Romulus und Remus, welche 300 Jahre
nach Albas Erbauung die Stadt Rom gründeten.

Die Wanderung des Aeneas nach Latium ist durchaus unhistorisch. Nach den ältesten Zeugnissen über Aeneas, Homers
Ilias und den darauf folgenden griechischen Dichtern, ist Aeneas
in dem trojanischen Lande geblieben und hat sich daselbst nach
dem Untergange der Familie des Priamus eine neue Herrschaft
gegründet. Als er den nahen Untergang Trojas voraussah, soll
er die Stadt verlassen und sich in das Idagebirge geflüchtet
haben, wo seine Nachkommen noch lange nach Trojas Zerstörung
in den Städten Skepsis und Gergis über die Reste des teukrischen
Volkes herrschten. Die späteren griechischen Sagen aber machen
den Auszug aus der Stadt Troja zu einem Auszug aus dem
trojanischen Lande und lassen ihn an verschiedenen Punkten
Thrakiens, Griechenlands, Unteritaliens oder Siciliens sich nieder-
lassen. Der Dichter Stesichoros von Himera, um 600 v. Chr.,
ist, soviel wir wissen, der erste, welcher den Aeneas nach Hesperien,
dem „Westlande", gelangen läßt; darunter verstand er Unteritalien oder Sicilien, denn von einer trojanischen Colonie in
Latium war ihm jedenfalls noch nichts bekannt. In der griechischen Litteratur tritt die Angabe, daß Aeneas nach Latium gekommen und den Grund zu dem späteren Rom gelegt habe, nicht
lange vor dem J. 300 v. Chr. auf, bei den Römern aber hatte
der Glaube, daß sie Abkömmlinge des Aeneas und der Trojaner
seien, zur Zeit des ersten punischen Krieges feste Wurzel geschlagen. Seitdem erhielt die Sage von der Einwanderung des
Aeneas in Latium durch das Uebergewicht der weltbeherrschenden
Stadt allgemeine Geltung, und die übrigen Städte, wo Aeneas
sich niedergelassen haben sollte, mußten sich in der Art unterordnen, daß sie als einzelne Stationen in der weiten Fahrt des
Aeneas eingereiht wurden.

1*

Die Sagen von den Wanderungen und Niederlassungen des Aeneas wurden zum Theil veranlaßt durch die Aehnlichkeit mancher Städtenamen mit dem Namen des Aeneas, seines Vaters Anchises und seines Großvaters Kapys, besonders aber durch die enge Verbindung, in welcher er mit der Seegöttin Aphrodite-Aeneas gedacht wurde. Wo an einer Küste ein Heiligthum dieser Göttin stand, da sollte es von Aeneas gegründet sein. Nun befand sich ein solches den Latinern gemeinsames Aphroditeheiligthum an der Küste von Latium in der Nähe von Ardea und Lavinium, und dieses gerade scheint die erste Veranlassung gegeben zu haben zu der Sage von der Einwanderung des Aeneas und seiner Trojaner in Latium. Bald wurde auch das benachbarte Lavinium in den Kreis der Sage hereingezogen. Diese Stadt war das Bundes-heiligthum der gesammten Latiner, wo die Laren und Penaten, die Schutzgötter Latiums gemeinsam verehrt wurden. Bei Aeneas aber wird immer als Hauptthat hervorgehoben, daß er die troi-schen Penaten aus der untergehenden Stadt gerettet und ihnen einen neuen Sitz gesucht habe. Lavinium, so glaubte man jetzt, ist von Aeneas gegründet und zum Sitz der troischen Penaten gemacht worden. Diese Sagen von der Gründung des Aphrodite-heiligthums und Laviniums sind keine Erdichtungen griechischer Schriftsteller, sondern sie sind in Latium selbst entstanden, angeregt durch die Griechen Unteritaliens, mit welchen die Latiner in regem Verkehr standen. Rom besonders, das sich von Lavinium her-leitete, stand lange in enger Verbindung mit Cumä, wo die Sagen von Aeneas im Schwange waren, und hat von daher Nahrung erhalten für den Glauben seiner trojanischen Abstammung, namentlich auch durch die von Cumä nach Rom gekommenen sibyllinischen Weissagebücher. Diese stammten ursprünglich von der am Hellespont und im Idagebirge heimischen teukrischen Sibylla und enthielten Weissagungen über die dereinstige Größe und Macht der im Ida herrschenden Aeneaden. Nachdem sie das Orakelbuch des römischen Staates geworden, bezogen die Römer jene Weissagungen von künftiger Weltherrschaft auf ihr eigenes Reich, indem sie sich selbst für die dort genannten Aeneaden ansahen. Dadurch befestigte sich bei ihnen der Glaube an ihre Herkunft von Troja immer mehr und wurde römischer Staatsglaube.

Die Annahme, daß Alba von Lavinium aus, Rom von Alba aus gegründet worden sei, ist entstanden durch die Sage von der Einwanderung des Aeneas und den Glauben der Römer an ihre Abstammung von Troja. In Wahrheit scheint Lavinium eine gemeinsame Gründung der Latiner zu sein, welche dort ihren religiösen Mittelpunkt stifteten, und zwar von Alba Longa aus, das das Haupt des latinischen Städtebundes war. .

Seitdem man den Aeneas für den Gründer von Lavinium und dem latinischen Bundesheiligthum ansah, konnte man auch sagen, er habe den Latinern ihren Namen gegeben, und als Stifter und Gründer der Latiner wurde er ein Vater Indiges, ein Jupiter Indiges, der Stammvater und Lar der Latiner. Dafür galt auch Latinus, der, nachdem er, wie Aeneas, zum Himmel gefahren, als Jupiter Latiaris verehrt wurde, ein Name, der nichts anders bedeutet, als Jupiter Indiges.

Die Latiner haben also mit den Trojanern nichts zu schaffen. Sie waren ein Zweig der zu der großen indogermanischen Völkerfamilie gehörenden mit den Griechen verwandten Italiker, welche aus den Umbrern, Sabinern, Samniten, Volskern und Latinern bestanden und den größten Theil der italischen Halbinsel einnahmen. Nur die Hetrusker im Norden, ein Volk, dessen Stammverwandtschaft und ursprüngliche Heimat unbekannt sind, und die Messapier im äußersten Süden, sowie die später eingewanderten Celten und Griechen sind unter den Bewohnern der Halbinsel von den Italikern zu scheiden. Die Latiner sind in vorgeschichtlicher Zeit von den Gebirgen Mittelitaliens in Latium eingewandert und haben sich wahrscheinlich zuerst auf dem Albanergebirge festgesetzt, wo sie am Albanerberge Alba Longa gründeten,

die Hauptstadt des aus 30 Ortschaften bestehenden latinischen
Bundes.

Die Gründung Roms.

Die ältere Sage der Römer von der Gründung ihrer Stadt
lautet also: Procas, der 13. König von Alba, aus dem von
Aeneas stammenden Geschlechte der Silvier, hinterließ zwei Söhne,
Numitor und Amulius. Dem älteren Numitor war das Reich
bestimmt; allein der jüngere Bruder stürzte ihn vom Throne,
und um der angemaßten Herrschaft sicher zu sein, tödtete er auch
Numitors Sohn und machte seine Tochter Rea Silvia oder Ilia
zur Vestalin, damit sie ehe= und kinderlos bliebe. Allein der
Rathschluß der Götter fügte es anders. Silvia war in den
heiligen Hain des Mars gegangen, um reines Wasser für den
Dienst der Vesta zu schöpfen. Ein Wolf schreckte die Jungfrau,
daß sie in eine Höhle floh. Hier nahte ihr der Gott Mars,
und zum Zeichen, daß kein menschliches Wesen sie überwältige,
erlosch die Sonne, und Finsterniß breitete sich über das Firmament.
Silvia gebar Zwillingsknaben, Romulus und Remus. Die Be=
theuerung ihrer Schuldlosigkeit rettete sie nicht; Vesta selbst schien
die Verurtheilung der unglücklichen Priesterin zu fordern, denn
während der Geburt verbarg die Göttin ihr Antlitz, der Altar
erbebte, und das heilige Feuer erlosch. Amulius beschloß den
Tod der Mutter und der Knaben; er ließ sie in den Strom
werfen, in den Tiber oder den in den Tiber fließenden Anio.
Die Mutter vertauschte in den Wellen ihr irdisches Leben mit
Vergötterung und ward die Gemahlin des Stromgottes; die
Knaben aber entgingen dem Tode, indem die Mulde, in welcher
die Diener des Königs sie in den angeschwollenen Strom aus=
gesetzt hatten, von dem zurücktretenden Wasser des Tiber am
seichten Ufer zurückgelassen wurde. Hier, am Fuße des Palatinus,
da wo der ruminalische Feigenbaum noch Jahrhunderte lang mit

Ehrfurcht erhalten wurde, kam eine Wölfin, das heilige Thier des Mars, vom Durst an den Fluß getrieben, zu den wimmernden Knäblein, trug sie in die nahe Höhle Lupercal und leckte und säugete sie. Als die Milch nicht mehr genügte, trug ihnen ein Specht, der dem Mars geweihte Vogel, süße Nahrung aus dem Gebirge zu, andere Vögel aber schwebten über ihnen und verscheuchten das Geschmeiß. Die so durch göttliche Fürsorge erhaltenen Kinder fand Faustulus, der Hirt der königlichen Heerden; die Wölfin entfloh und überließ die Kinder menschlicher Erziehung. Faustulus brachte sie seinem Weibe Acca Larentia, welche sie mit ihren 12 Söhnen aufzog. So wuchsen die Königskinder, die Göttersöhne als Hirten unter Hirten auf. Noch in später Zeit, bis zu der Regierung des Nero, zeigte man auf dem Palatinus die kleine Strohhütte des Romulus, in der er als Hirte gewohnt.

Die Jünglinge Romulus und Remus zeichneten sich unter allen Hirten aus durch Stärke und Muth und hochherzigen Sinn, so daß man überall freiwillig sich ihnen unterordnete. Jeder von beiden hatte seine Schaar; die Gesellen des Romulus hießen Quinctilier, die des Remus Fabier. Tapfer kämpften sie in Wald und Flur mit den Raubthieren und den Räubern, und ihr trotziges Selbstgefühl trieb sie auch manchmal wohl zu Unrecht und Gewaltthat. Einst geriethen sie in Händel mit den Hirten des Numitor, die ihren Viehstand auf dem gegenüberliegenden Aventinus hatten. Die Leute des Numitor zogen den Kürzeren und sannen auf Rache. Seit langer Zeit war in diesen Gegenden das ländliche Hirtenfest der Lupercalien heimisch. Der Arkader Evander, der 60 Jahre vor dem trojanischen Kriege sich in Latium auf dem palatinischen Berge angesiedelt und die ersten Keime milderer Cultur in Latium gepflanzt haben sollte, hatte es zu Ehren des lykäischen Pan, der in Latium Faunus oder Inuus genannt ward, auf dem Palatinus gestiftet. Als die Hirten des Palatin dieses Fest durch Wettlauf nackter Jünglinge feierten, lauerten die Hirten des Numitor den Wettläufern auf und fingen den Remus. Sie schleppten ihn nach Alba, wo er von Amulius dem Numitor zur Bestrafung übergeben wurde. Faustulus hatte von Anfang an vermuthet, daß seine Zöglinge die auf königlichen Befehl ausgesetzten Zwillinge der Silvia wären, doch hatte er bisher sein Geheimniß für sich behalten. Jetzt drängte ihn die Angst, dem Romulus alles zu offenbaren. Zu gleicher Zeit er-innerten den Numitor die Gesichtszüge und das durchaus nicht hirtenmäßige Betragen des Remus sowie das zutreffende Alter der Zwillingsbrüder an die Kinder seiner unglücklichen Tochter, und durch Forschen und Fragen kam er der Ueberzeugung nah, daß die beiden Jünglinge seine Enkel seien. Durch den mit Romulus herbeigeholten Faustulus erhielt er Gewißheit. Schnell war der Entschluß gefaßt, den Tyrannen Amulius, den Feind der Familie, zu strafen. Mit ihren Hirtenschaaren drangen Ro-mulus und Remus in die königliche Burg, erschlugen den Amulius und riefen den greisen Numitor zum König aus. Die Albaner begaben sich gerne wieder unter seine milde Herrschaft.

Die beiden Jünglinge kehrten hierauf zu der liebgewordenen Heimat, an die Ufer des Tiber zurück, mit der Absicht, an der Stelle, wo sie ihre Jugend verlebt, eine Stadt zu gründen. Ihre Jugendgenossen und die umwohnenden Hirten waren bereit, sich ihnen anzuschließen. Es erhob sich aber unter den beiden Brüdern ein Streit, ob die Stadt auf dem Palatinus, wie Romulus wollte, oder auf dem Aventinus, dem Lieblingsberge des Remus, erbaut werden, und wer von ihnen ihr den Namen geben sollte, ob sie nämlich Roma oder Remuria zu nennen sei. Sie kamen überein, durch ein Augurium, eine Vogelschau, den Streit zu ent-scheiden. Romulus wählte zu der Vogelschau den Palatinus, Remus den Aventinus. In der Stille tiefer Nacht — so for-derte es der heilige Brauch — erhoben sie sich und nahmen jeder den erwählten Standort ein, um innerhalb der Grenzen des Himmels, welche sie im Geiste sich gemerkt, die Vogelzeichen zu beobachten. Von ihrem Anhang umgeben, harrten sie lange in schweigender Erwartung. Eben neigte sich der Mond zum Untergange, und das Frühlicht umsäumte den östlichen Himmel, da erschienen in der Ferne zwölf Geier und flogen, als eben die Sonne golden hervorbrach, in rauschendem Zuge vor Romulus vorüber. Romulus hatte gesiegt, ihm war von den Göttern die Gründung der Stadt und die Herrschaft verliehn.

Nach einer andern Erzählung kamen dem Remus zuerst sechs Geier, und erst, nachdem diese Botschaft dem Romulus verkündet worden war, erschienen diesem zwölf Geier. Remus machte die frühere Zeit, Romulus die doppelte Zahl geltend, wodurch die Götter das vorausgehende Augurium aufgehoben hätten. Es erhob sich ein Streit, in welchem der stärkere Anhang dem Romulus den Sieg gewann.

Auf dem Palatinus stand neben der Hütte des Romulus ein heiliger Cornelkirschbaum. Als dem Romulus durch das Augurium die Herrschaft zugefallen war, hatte er von dem Aventinus aus seine Lanze nach dem Palatinus geschleudert, um dadurch Besitz von dem Hügel zu nehmen. Die Lanze schlug Wurzel in dem Boden und erwuchs zu einem stattlichen Baume, ein freudiges Vorzeichen für das kräftige Leben, das auf dieser Stätte sich entwickeln sollte.

Romulus begann sogleich den Bau seiner Stadt auf dem Palatinus, der auf der linken Seite des Tiber lag, 16,000 Schritt von dessen Ausfluß ins Meer*). In der Mitte des erwählten Raumes wurde nach altem heiligen Brauche der sogenannte Mundus gegraben, eine Grube, in welche man die Erstlinge von allen Naturerzeugnissen der Umgegend, welche zur Nahrung des Menschen nöthig waren, und jeder fremde Ansiedler eine Erdscholle seiner Heimat warf. Dieser ausgemauerte Raum, der heilige

*) Die Römer rechnen nach dem Doppelschritt. 5000 römische Schritt sind 1 deutsche Meile.

Mittelpunkt der Stadt, wurde hierauf geschlossen und mit einem
Altare gekrönt. Danach bestimmte Romulus die Grenze der
neuen Stadt. Er spannte einen Stier und eine Kuh an einen
Pflug und zog mit demselben, so daß der Stier rechts nach
außen, die Kuh links nach innen ging, eine Furche um den
Raum, innerhalb dessen die Stadt sich erheben sollte. Die
Schollen aus der Furche mußten alle nach innen fallen, und es
folgten Männer, welche Acht hatten, daß keine Scholle nach außen
gewandt liegen blieb. Auf diese Weise wurde die künftige Befestigung der Stadt angedeutet; die Furche stellte den Graben
dar, die Schollenlinie den Mauerzug. Wo ein Thor sein sollte,
wurde der Pflug aufgehoben und über die Stelle weggetragen;
daher heißt porta das Thor, von portare, tragen. Auf beiden
Seiten der Mauer wurde das Pomörium (d. i. postmoerium)
abgesteckt, ein geweihter, vom menschlichen Verkehr ausgeschlossener
Streifen Landes um die Stadt, der weder mit Gebäuden besetzt
noch bepflügt werden durfte.

Der Tag der Gründung Roms soll der 21. April, der
Festtag der Palilien, gewesen sein, eines ländlichen Festes der
Hirtengottheit Pales, deren Namen auf das Weiden des Viehes
Bezug hat und mit dem Worte Palatinus verwandt ist.

Als Romulus seine Befestigung um die Stadt baute, sprang
Remus, noch erzürnt über die ihm gewordene Hintansetzung,
spottend über die niedrige Wehr. Darum erschlug ihn Romulus,
mit den Worten: „So ergehe es Jedem, der in Zukunft über
meine Mauer setzt." Später hat man, um den Romulus von
der Schuld des Brudermordes zu befreien, erzählt, nicht er,
sondern Celer, der Oberste der Celeres, d. h. der Ritter, habe
bei dieser Gelegenheit den Remus erschlagen, oder man sagte,
Remus sei bei dem Streit, welcher nach dem Augurium der
Brüder entstand, im Handgemenge gefallen. Eine solche Aus-
flucht war nach den altrömischen Ansichten nicht nöthig; denn
eine Verletzung der Heiligkeit der Stadtmauer war ein todwürdiges

Verbrechen, das selbst an dem Bruder geahndet werden mußte. Doch Romulus versank wegen des Brudermordes in Gram, daß er Trost und Speise verwarf, und eine Pestilenz kam über das Volk, bis Romulus den Geist des Bruders dadurch versöhnte, daß er ein Fest für die abgeschiedenen Seelen stiftete, die Lemurien, und dem Bruder zu Ehren einen zweiten Thron mit Scepter und Krone neben dem seinigen aufstellte.

Das bisher Erzählte ist die einheimische, nationale Sage der Römer von der Gründung ihrer Stadt; sie knüpft überall an die Oertlichkeiten des römischen Bodens an und steht mit den religiösen Vorstellungen der ältesten Römerzeit in enger Verbindung. In dieser letzten Beziehung unterlassen wir es, auf das Einzelne einzugehen, und wollen nur anführen, daß, wie der Vater des Romulus und Remus ein Gott ist, so auch hinter den Namen des Faustulus und der Acca Larentia göttliche Wesen verborgen sind. Daß die Erzählungen von dem Gründer Roms durchaus ungeschichtlich sind, leuchtet ein; ihre Grundzüge sind Wunder. Romulus ist eine erdichtete Person, deren Namen von dem Namen Roma hergenommen ist, nicht umgekehrt kann Roma von dem Namen Romulus abgeleitet sein. Wie es sich mit der Abstammung des Romulus von Aeneas verhält, haben wir schon früher gesehen; ja es sprechen nicht wenig Umstände dagegen, daß überhaupt Rom eine Colonie von Alba Longa ist. Nur das können wir in dieser Gründungssage als etwas Geschichtliches annehmen, daß die ersten Anfänge von Rom auf dem palatinischen Berge zu suchen sind, daß die alte Roma quadrata, das „viereckige" Rom auf dem Palatinus, welches nach der Form des nach allen Seiten hin isolirten Berges ein unregelmäßiges Viereck bildete, der älteste Theil von Rom war, und zwar gegründet von einer latinischen Bevölkerung, deren Hauptbeschäftigung, wie die alten Gottesdienste zeigen, Ackerbau und Viehzucht war. Als das Gründungsjahr der Stadt nimmt man gewöhnlich mit dem römischen Gelehrten Varro des J. 753 v. Chr. an; allein die

Zeit von der Entſtehung Roms iſt durchaus nicht feſtzuſtellen. Wahrſcheinlich fällt die Gründung in eine viel frühere Zeit.

Die ſpäteren Römer zweifelten an der Wunderſage von Romulus; da ſie jedoch einen geſchichtlichen Kern in derſelben verborgen glaubten, ſo entfernten ſie, um die wahre Geſchichte zu finden, das Wunderbare, oder ſuchten es durch eine vernünftelnde, rationaliſtiſche Erklärung glaubhaft zu machen. Da ein Gott nicht der Vater des Romulus und Remus ſein konnte, ſo nahm man an, irgend ein Unbekannter oder der Tyrann Amulius ſelbſt oder auch ein Dämon habe die Rea Silvia überwältigt, nicht eine Wölfin habe die dem Tode geweihten Zwillinge geſäugt, ſondern ihre Pflegemutter Larentia ſei als ein lüderliches Weib unter den Hirten Lupa, d. i. Wölfin, genannt worden u. dgl. Von der nationalen Gründungsſage wiſſen die älteren griechiſchen Schriftſteller gar nichts. Ihre mannigfaltigen von der römiſchen Sage ganz verſchiedenen Angaben über den Urſprung Roms ſind reine Erdichtungen, in denen das Beſtreben ſichtbar iſt, die Entſtehung Roms mit dem griechiſchen Sagenkreiſe in Verbindung zu bringen. Die meiſten erklären Romulus und Romus — ſo heißt Remus durchgehends bei den Griechen — für Söhne oder Enkel des Aeneas, oder ſie machen den Gründer Roms, unter dem Namen Romus, Romanus, Latinus, zum Sohne des Odyſſeus und der Kirke; wieder Andere ſprechen von griechiſchen und trojaniſchen Elementen, welche ſich unter Odyſſeus und Aeneas oder ihren Nachkommen zur Gründung Roms vereinigt hätten.

Die Könige Romulus und Numa Pompilius.
(753—716. 715—682 v. Chr.)

Die erſten Anſiedler Roms, ſo erzählt die einheimiſche Sage weiter, waren gering an Zahl. Um die Einwohnerſchaft zu mehren, eröffnete Romulus auf dem gegenüberliegenden capitoli-

nischen Berge in der Niederung, die „zwischen den zwei Hainen"
hieß, ein Asyl. Hierher strömten, Schutz und Aufnahme suchend,
aus den benachbarten Landschaften Flüchtlinge und Heimatlose
aller Art, entronnene Sclaven, Verbannte, Missethäter und Abenteurer. Dadurch wuchs die Bevölkerung der Stadt mit raschen
Schritten; da aber die Eingewanderten nur aus Männern bestanden, so war zu befürchten, daß die Stadt im Verlauf eines
Menschenalters wieder aussterben werde. Um dem Mangel an
Frauen abzuhelfen, schickte Romulus Gesandte in die benachbarten
Städte und bat um den Abschluß gegenseitigen Ehebündnisses.
Allein die Nachbarn hatten keine Lust, mit dem zusammengelaufenen Haufen in verwandtschaftliche Verbindung zu treten; die
Gesandten wurden mit Verachtung und Hohn abgewiesen. Das
verdroß die römische Mannschaft, und sie war entschlossen, nun
mit Gewalt sich in den Besitz von Frauen zu setzen. Dazu war
ihnen Romulus behülflich; er veranstaltete ein großes Fest zu
Ehren des Neptunus Consus (die Consualien) mit ritterlichen
Spielen und lud, seinen Unwillen verbergend, die Einwohner der
benachbarten Städte zu diesem Schauspiel ein. Da kamen denn
die Schaulustigen in großer Menge mit Weib und Kind, die
Bürger aus den latinischen Städten Cänina, Crustumerium, Antemnä und aus weiter Ferne die Schaaren der Sabiner. Man
nahm sie freundlich in den Häusern auf; doch während sie arglos
sich dem Anblick der Festspiele hingaben, stürzten plötzlich auf ein
gegebenes Zeichen die römischen Jünglinge nach allen Seiten hin
über die Jungfrauen her und trugen sie, wie sie Jedem gerade in
die Hände fielen, raubend davon in ihre Häuser.

Wehklagend und voll Zorn flohen die Angehörigen der Geraubten aus der treulosen Stadt. Zu Hause regten sie durch
Trauerkleider, durch Thränen und Klagen ihre Mitbürger dermaßen auf, daß sie ohne Verzug sich zum Kriege rüsteten. Bei
den Cäninensern, Crustumeriern und Antemnaten war die Erbitterung so groß, daß sie sogleich, ohne die Hülfe der gleichfalls

zum Kriege rüstenden Sabiner abzuwarten, ja sogar jede Stadt
vereinzelt, in das römische Gebiet einfielen.   Zuerst brachen die
Cäninenser los.   Aber Romulus zog ihnen rasch entgegen und
bewies ihnen in einem schnell entschiedenen Treffen die Nichtigkeit
ihres ohnmächtigen Zornes; er schlug sie in die Flucht und eroberte beim ersten Anlauf ihre Stadt.   In dem Treffen hatte er
den König von Cänina, Acron, im Zweikampf mit eigener Hand
erlegt.   Beim Heimzug des siegreichen Heeres trug er die Rüstung
des erschlagenen Königs, die „Fürstenbeute“ (spolia opima),
triumphirend an einem Baumstamme in die Stadt auf das Capitolium, wo er sie dem Jupiter Feretrius weihte und als Auf-
bewahrungsort für diese und zukünftige Fürstenbeute einen Tempel
desselben Gottes stiftete, den ältesten in Rom.   Wie die Cäninenser
erlagen auch bald die Antemnaten und Crustumerier einzeln der
Tapferkeit der Römer.   Ihre Städte wurden erobert, und Romulus gestattete auf Bitten seiner Gattin Hersilia und der übrigen
geraubten Frauen, daß ihre Angehörigen aus beiden Städten
nach Rom ziehen durften.

Noch aber waren die Sabiner übrig.   Ohne Uebereilung
hatten sie sich gerüstet und zogen nun mit großer Macht unter
ihrem König Titus Tatius gegen die feindliche Stadt. Romulus
vermochte einem solchen Heer im Felde nicht zu widerstehen, er
zog sich in die Stadt zurück; aber die Sabiner bemächtigten sich
durch Verrath der römischen Burg, welche dem Palatinus gegenüber auf der nördlichen Kuppe des Capitolinus lag.   Tarpeja
nämlich, die Tochter des Befehlshabers der Burg, welche außerhalb der Mauer Wasser zum Opfer holte, versprach sabinischen
Kriegern, die zu ihr traten, das Thor der Burg zu öffnen, wenn
sie ihr zum Lohne gäben, was sie am linken Arme trügen.   Die
Sabiner aber pflegten am linken Arme goldene Spangen und
herrliche Ringe mit Edelsteinen zu tragen.   Als Tarpeja in der
Nacht die Feinde einließ, warfen diese ihr, statt ihr mit dem
Golde zu lohnen, von ihrem linken Arme die schweren Schilde

zu, daß sie von der Last erdrückt ward. Sie wollten zeigen, daß
ein Verräther nie auf Treue rechnen darf. Das Grab der Ver-
rätherin wurde auf dem Berge gezeigt, und der westliche Fels-
abhang desselben erhielt von ihr den Namen tarpejischer Fels.

Des folgenden Tages rückte Romulus vor die Burg, um
sie den Sabinern wieder zu entreißen. Diese aber zogen ihm in
das Freie entgegen, und so kam es in der sumpfigen Niederung
zwischen dem Capitolinus und Palatinus, wo später das Forum
oder der Markt war, zu einem heftigen Kampfe, in welchem die
Römer, nachdem ihr tapferer Führer Hostius Hostilius gefallen
war, zuletzt zur Flucht gezwungen wurden. Auch Romulus wurde
auf der Flucht mit fortgerissen. Als er an das Thor unter dem
Palatin kam, erhob er voll Verzweiflung seine Waffen gen Himmel
und flehte zu Jupiter, daß er der Flucht der Römer ein Ziel
setze, und gelobte ihm an dieser Stelle als dem „fluchthemmenden“
Jupiter (Jup. Stator) einen Tempel. Sein Gebet ward erhört.
Wie auf göttlichen Befehl blieben plötzlich die römischen Krieger
stehen und gingen, Romulus allen voran, mit erneuter Kraft
gegen den Feind. In dem wilden Kampfe, der sich jetzt erhob,
ward Metius Curtius, der Führer der Sabiner, derart bedrängt,
daß er, um sich zu retten, mit seinem Rosse sich in den Sumpf
des unteren Thales hineinwarf, aus dem er nur mit Mühe sich
wieder herausarbeitete. Seitdem hieß das Wasser der curtische
See. Lange noch fochten die beiden Heere mit wechselndem Glück
in der Mitte des Thales, da machte endlich ein unerwartetes
Schauspiel dem Kampfe ein Ende. Die geraubten Sabinerinnen
warfen sich, der weiblichen Furcht vergessend, mit fliegendem Haar
und zerrissenen Kleidern mitten unter die sausenden Geschosse und
flehten auf der einen Seite ihre Väter an, sie nicht zu Wittwen,
auf der andern ihre Männer, sie nicht zu Waisen zu machen,
den unseligen Verwandtenkampf einzustellen. Die Kämpfenden
senkten die Arme; die Feldherrn traten vor, um Friede und Freundschaft zu schließen. Die Sabiner ließen sich unter ihrem König

Titus Tatius auf dem capitolinischen und quirinalischen Hügel
nieder und verbanden sich mit den Römern auf dem Palatinus
zu Einem Staate, der von beiden Königen, Romulus und Tatius,
gemeinsam regiert werden sollte. Das vereinigte Volk wurde den
Sabinern zu Ehren hinfort Quiriten genannt.

Die Frauen hatten Rom gerettet und die Versöhnung ge-
stiftet. Zum Lohn für dies schöne Werk benannte Romulus, als
er das Volk in 30 Curien theilte, diese nach den Namen der
Frauen, und für alle Zeiten gewährte er den Matronen ehrende
Auszeichnungen. Keine Hausarbeit durfte den Ehefrauen zuge-
muthet werden außer Spinnen und Weben; wer einer Matrone
begegnete, mußte ihr ausweichen, wer ihre Zucht mit schamlosem
Wort oder Anblick kränkte, war des Todes schuldig. Wer seine
Frau ohne triftigen Grund verstieß, mußte ihr die Hälfte des
Vermögens aushändigen, die andere Hälfte verfiel dem Tempel
der Ceres.

Die Geschichte des Romulus ist durchgehends Sage, in
welcher nur hier und da ein geschichtliches Moment verborgen
liegt. So sind in dem eben Erzählten die Kriege gegen Cänina,
Crustumerium und Antemnä unhistorisch; sie sind erfunden, um
den Romulus als einen glücklichen Kriegshelden darzustellen, um
den Gründer der kriegerischen Stadt den ersten Triumph feiern
und die ersten Spolia opima gewinnen zu lassen. Dem Sabiner-
kriege dagegen liegt etwas Geschichtliches zu Grunde. Das Volk
der Sabiner nämlich, nahe verwandt mit dem latinischen Stamm,
war in jenen alten Zeiten aus den nordöstlichen Bergen um
Amiternum in das Tiberthal bis zum Anio erobernd vorgedrungen,
und ein Theil desselben hatte sich auf dem Hügel Quirinalis
niedergelassen, der dem Palatinus gegenüber lag. Diese Gemeinde
mag eine Zeitlang mit der latinischen Gemeinde auf dem Palatinus im Kriegszustande gelebt haben, während dessen sie den
Latinern ihre Burg auf dem Capitolinus abnahm. Später vereinigten sich beide Gemeinden zu einem Föderativstaate, einem

Staatenbund, in welchem beide Gemeinden im Innern selbständig, vielleicht noch eine Zeitlang unter eigenen Königen (Romulus — Tatius) nebeneinander standen, bis sie zuletzt zu einem Staate zusammenwuchsen. Die Niederung zwischen den drei genannten Hügeln wurde für beide Gemeinden der Verkehrsplatz, der Markt oder das Forum. Zwischen Sabinern und Latinern bestand ein Ehebündniß (connubium), und darauf bezieht sich die Sage von dem Jungfrauenraube, dem Raub der Sabinermädchen. Es war nämlich bei den Römern wie bei vielen andern Völkern Sitte, die Braut zu rauben; und so sollten denn auch bei der Gründung der ersten Ehen in Rom die römischen Jünglinge die sabinischen Mädchen geraubt haben. Noch in späterer Zeit wurde in Rom die Braut mit scheinbarer Gewalt aus den Armen der Mutter gerissen und bei ihrer Ankunft in dem Hause des künftigen Gatten über die Schwelle getragen. Man sagte, diese Gebräuche fänden statt, weil die ersten Ehen zu Rom durch Raub zu Stande gekommen seien, während in Wahrheit nach diesen Hochzeitsgebräuchen jene Sage gedichtet ist. Um nun aber den Raub der Sabinerinnen zu motiviren, erfand man die Sage von dem Asyl. Die römische Mannschaft sollte ein zusammengelaufener Haufe von allerlei Gesindel gewesen sein, der von den Nachbarn einer Eheverbindung nicht gewürdigt ward und sich gezwungen sah, mit Gewalt sich Frauen zu verschaffen. Das Asylwesen aber war eine griechische, den italienischen Völkern fremde Einrichtung, und zudem konnte sich die altrömische Bürgerschaft, welche einen wohlgeordneten Geschlechterstaat bildete, unmöglich aus einer solchen wirren Masse zusammengelaufenen Volkes herausgebildet haben.

Das Doppelkönigthum zu Rom dauerte nicht lange. Tatius wurde nach einiger Zeit, als er nach Lavinium zu dem jährlichen Opferfeste kam, von den Laurentern im Tumult erschlagen, weil er ihnen wegen einer Beleidigung, welche sich seine Verwandten gegen sie erlaubt hatten, die verlangte Genugthuung versagt hatte. So ward Romulus alleiniger König über den ganzen Staat,

und er blieb es bis an sein Ende. Noch einmal mußte er die
Waffen ergreifen. Der Tiber schied gegen Norden Latium von
den Hetruskern, und die nächste hetruskische Stadt war das mäch=
tige, 12,000 Schritte nördlich von Rom an der Cremera gelegene
Veji. Von da aus war wahrscheinlich die Stadt Fidenä gegründet,
welche eine deutsche Meile oberhalb Roms an der linken Seite
des Tiber lag und für die Vejenter gleichsam den Brückenkopf
gegen Latium bildete. Diese beiden Städte machten aus Eifer=
sucht gegen die steigende Macht des neuen Staates verwüstende
Einfälle in das römische Gebiet. Die Fidenaten lockte Romulus
in einen Hinterhalt, schlug sie und drang mit den Flüchtenden
erobernd in ihre Stadt ein. Die Macht der Vejenter wurde in
offener Feldschlacht überwältigt; sie verloren 14,000 Mann, von
denen Romulus mit eigener Hand mehr als die Hälfte erlegt
haben soll. Romulus gestattete ihnen gegen einen Theil ihres
Gebietes jenseits des Tiber einen 100jährigen Waffenstillstand.

Romulus gilt vorzugsweise als ein kriegerischer Fürst, der
dem jungen Staate Achtung unter den Nachbarvölkern erkämpfte,
daß sie dessen Existenz nicht mehr zu gefährden wagten. Als
Kriegsfürst mußte er auch dem römischen Volke seine militärische
Organisation gegeben haben; er schuf, wie es heißt, gleich Anfangs
ein Heer von 3000 Mann zu Fuß und 300 Reitern — soviel
betrug in alter Zeit die römische Legion — und soll später diese
Macht noch um ein Bedeutendes vermehrt haben. Als Kriegs=
fürst mußte er den ersten Triumph gefeiert und die ersten Spolia
opima davongetragen haben. Außerdem werden dem Romulus
noch manche politische Einrichtungen zugeschrieben, die bei dem
Gründer eines Staates nicht wohl fehlen durften. Er gliederte
die Bürgerschaft in 3 Tribus und 30 Curien, regelte das Ver=
hältniß der Clienten zu den Patronen, setzte als seinen Beirath
einen Senat, einen „Rath der Alten“ ein. Auch die ersten reli=
giösen und gottesdienstlichen Institutionen werden ihm zugeschrieben;
namentlich gilt er für den ersten und besten Augur oder Vogel=

schauer. In Folge eines Auguriums hat er die Stadt gegründet, und alle grundlegenden Einrichtungen des Staates nahm er erst nach vorher angestellter Vogelschau vor, so daß die Römer ihren Staat mit seinen fundamentalen Einrichtungen als eine nach göttlichem Rathschluß in die Welt eingetretene Gründung ansehen mußten.

Nachdem Romulus seine irdische Sendung vollendet hatte, wurde er nach einer 37jährigen gerechten und milden Regierung der Erde enthoben. Als er eines Tages am Ziegensumpfe eine Musterung des Heeres hielt, erhob sich plötzlich ein furchtbarer Sturm, die Sonne erlosch und Finsterniß deckte die Erde; unter Donner und Blitz fuhr Mars hernieder und führte seinen Sohn auf feurigem Wagen gen Himmel, wo er, der Göttersohn, in den Kreis der Götter einging. Als das Volk, welches erschreckt auseinander geflohen war, nach Vorübergang des Unwetters sich wieder sammelte und den königlichen Thron leer sah, da verfiel es im Gefühl der Verwaisung in Gram und Bangen. Nach kurzer Stille aber erhoben Einzelne ihre Stimmen, und bald rief das ganze Volk in lauter Begrüßung verehrend den Verschwundenen als Gott und Gottessohn an und flehte um seine Gnade, daß er huldvoll auch ferner sie als seine Kinder in segnende Obhut nehmen möge. Nicht lange nachher trat Julius Proculus, ein Mann von bewährter Glaubwürdigkeit, vor das Volk und erklärte, auf dem Wege von Alba her sei ihm Romulus in göttlicher Gestalt erschienen und habe ihm die Meldung aufgetragen, sie sollten ablassen von ihrer Trauer, er sei ein Gott geworden und werde als Quirinus über seinem Volke walten. Sein Rom werde nach dem Willen der Himmlischen das Oberhaupt des Erdkreises werden; sie sollten sich der Kriegskunst weihen und die Ueberzeugung ihren Nachkommen überliefern, daß keine menschliche Macht den römischen Waffen widerstehen könne. Seitdem erbaute man dem Romulus Tempel und verehrte ihn als Vater Quirinus.

Spätere römische Schriftsteller, an der wunderbaren Verklä-

2*

rung des Romulus zweifelnd, erfanden, um etwas Geschichtliches zu retten, einen abgeschmackten Ausweg. Sie erzählten, Romulus sei während des finsteren Wetters von den ihn zunächst umringenden Senatoren, weil sie ihn als einen despotischen König haßten, ermordet, sein Leichnam zerstückelt und in Stücken von den Einzelnen heimlich fortgebracht und begraben worden.

Nach dem Hingang des Romulus trat ein Interregnum (Zwischenreich) ein, indem die beiden Stämme aus gegenseitiger Eifersucht sich über einen neuen König nicht einigen konnten. Während dieser Zeit, die ein ganzes Jahr dauerte, führte der Senat die Regierung, der Art, daß jeder einzelne Senator eine Zahl von Tagen als Interrer, als Zwischenkönig, die königliche Gewalt mit ihren Insignien besaß. Doch das härter gedrückte Volk ward der vielköpfigen Regierung müde und forderte einen neuen König, den es sich selber wählen wollte. Man einigte sich dahin, daß hinfort die Könige abwechselnd aus den beiden Stämmen, der Latiner oder Altrömer und der Sabiner, genommen würden, und daß der eine Stamm jedesmal den König aus dem andern Stamme wählen sollte. Darum wählte denn jetzt die latinische Bevölkerung einen Mann aus dem sabinischen Stamm, und zwar den Numa Pompilius, einen Schwiegersohn des Königs Tatius, der im Sabinerlande zu Cures wohnte und durch seine strenge ernste Sitte, durch seine Weisheit und Kenntniß des göttlichen und menschlichen Rechtes weit und breit berühmt war, so daß ihn die Späteren, der Chronologie nicht achtend, für einen Schüler des griechischen Weisen Pythagoras ausgaben. Bei der Ernennung eines solchen Mannes verstummte aller Widerspruch, und man lud sogleich den Numa ein, nach Rom zu kommen zur Uebernahme der Königsherrschaft.

Nur mit Zögern ging Numa auf das Anerbieten ein, und er übernahm die Regierung nicht eher, als bis die Götter durch ein Augurium um ihre Zustimmung befragt waren. Dies geschah nach der Beschreibung des Livius folgendermaßen. Er wurde von einem Augur zu Rom auf die Burg geführt und setzte sich, gegen Mittag gewandt, auf einen Stein. Der Augur setzte sich mit verhülltem Haupte ihm zur Seite, in der Rechten den knotenlosen Krummstab (lituus). Er nahm die Aussicht über die Stadt und das Feld, und wie er nach Anrufung der Götter die Himmelsgegenden von Morgen bis Abend bestimmt hatte, nannte er Mittag die rechte, Mitternacht die linke Seite. Als Grenze zwischen beiden steckte er in Gedanken ein Ziel, sich gegenüber, soweit sein Auge reichte. Darauf nahm er seinen Seherstab aus der rechten in die linke Hand, legte die Rechte auf Numas Haupt und betete also: „Vater Jupiter, wenn es dein Wille ist, daß dieser Numa Pompilius, dessen Haupt ich jetzt berühre, König zu Rom werde, so offenbare uns ein untrügliches Zeichen innerhalb der Grenzen, die ich bezeichnet habe." Dann bestimmte er wörtlich, welche Vögel und wie sie geflogen kommen sollten, und als sie erschienen waren, stieg Numa als erklärter König von der Schauhöhe herab.

Der König Numa machte es sich zur Aufgabe, für die durch Waffengewalt gegründete Stadt durch Einführung von Recht, Gesetz und Sitte ein zweiter Gründer zu werden, das im Krieg verwilderte Volk durch religiöse Zucht und die Künste des Friedens zu milderer Gesittung zu führen. Darum schloß er zunächst Friede und Freundschaft mit allen Nachbarvölkern und baute als Symbol des Friedens am Fuße des capitolinischen Berges in dem sogenannten Argiletum dem Gott Janus ein Heiligthum. Es war eine Halle mit doppeltem Thore. Während eines Krieges sollten die Thore stets geöffnet sein, im Frieden aber geschlossen; und er selber schloß das Heiligthum für seine ganze Regierungszeit. Nach ihm ist der Tempel bis auf Augustus nur noch zweimal geschlossen worden, das erstemal nach Beendigung des 1. punischen Krieges, dann durch Augustus nach der Schlacht bei Actium.

Numa hatte Frieden mit den Nachbarstaaten während seiner

ganzen Regierung, und er benutzte diese Zeit, um seine Römer, die bisher nur durch die Furcht vor den Feinden und durch Kriegszucht in Ordnung gehalten worden waren, durch Gottes= furcht und geistliche Zucht zu sittigen. Er vermehrte die Zahl der Götter, baute viele Tempel und Altäre und schrieb aufs Genaufte das Ceremonienwesen des Gottesdienstes vor, das in einer großen Menge der sorgfältigsten Verrichtungen bestand, damit das Volk sich gewöhne, mit ängstlicher Gewissenhaftigkeit in Wort und That sich der Verehrung der Götter zuzuwenden. Um die Feste der Götter genau anfetzen zu können und die Tage zu bestimmen, an welchen aus religiösen Gründen gerichtliche Handlungen und Volksversammlungen gehalten werden durften, und an welchen nicht — die ersten hießen dies fasti, die anderen dies nefasti — ordnete Numa auch das Kalenderwesen, indem er statt des romulischen zehnmonatlichen Jahres von 304 Tagen ein zwölfmonatliches Jahr von 355 Tagen mit den nöthigen Schaltmonaten einführte.

Ferner setzte Numa verschiedene Priester und Priestercollegien ein. Er ernannte Opferpriester, die den öffentlichen Gottesdienst zu besorgen hatten; die drei Hauptschutzgottheiten des Staates, Jupiter, Mars und Quirinus, erhielten jeder seine Eigenpriester, den Flamen Dialis, Martialis und Quirinalis; für den Dienst der Vesta, welcher von ganz besonderer Heiligkeit war, setzte er vier auserwählte Jungfrauen als Priesterinnen ein. Ihre besondere Sorge war, das heilige Heerdfeuer der Göttin, die Heerdflamme der Staatsfamilie zu bewachen und zu unterhalten. Ferner stiftete er die 12 Salier (Tanzpriester) zum Dienste des Mars Gradivus. Sie wurden den vornehmsten Familien der Stadt entnommen und mußten jährlich vom 1. März an mehrere Tage zu Ehren des Gottes unter Gesang und Waffentanz einen Um= zug durch die Stadt halten. In der Linken trugen sie die Schilde des Mars (die Ancilia), welche sie während des Tanzes mit ehernen Stäben schlugen. Ein solches Ancile war zu den

Zeiten des Numa während einer Seuche vom Himmel gefallen, als Pfand der Rettung des Staates, wenn es demselben erhalten bliebe; darum ließ Numa noch 11 ganz gleiche Schilde fertigen, damit der wahre nicht herausgefunden werden könnte. Auch schuf Numa ein Collegium von vier Auguren, welche für das Volk die Auspicien zu halten, bei Unternehmungen des Staates den Willen der Götter in Donner und Blitz, im Fluge, dem Geschrei und dem Fressen der Vögel zu erforschen hatten, und außerdem das aus 20 Mitgliedern bestehende Collegium der Fetialen. Diese hatten die Obliegenheit, den Krieg in feierlicher Weise zu er- klären und Bündnisse und Friedensschlüsse im Namen des Volkes zu beschwören. Die Aufsicht über das ganze Religionswesen, öffentlichen wie Privatgottesdienst, erhielt das Collegium der vier Pontifices, dessen Vorsteher der Pontifex Maximus war. Numa verfertigte über alle seine gottesdienstlichen Anordnungen, damit dieselben in der Folge unverfälscht erhalten blieben, eine schrift- liche Uebersicht und übergab sie dem Pontifex Numa Marcius; das Volk sollte zu jeder Zeit über alles, was auf den öffentlichen und den Privatcult Bezug hatte, bei dem Pontifex sich Raths erholen können.

Neben den religiösen Dingen wandte Numa eine besondere Sorge auch dem Ackerbau zu, in der Ueberzeugung, daß diese Be- schäftigung mehr als alle anderen geeignet sei, die Gemüther der Menschen mild und friedlich zu stimmen, zur Einfachheit und Gesetzlichkeit zu erziehen und mit religiösem Sinn zu erfüllen. Seine erste Regierungshandlung war es, die Ländereien, welche Romulus im Kriege gewonnen und der Occupation überlassen hatte, unter die ärmeren Bürger zu vertheilen; er sorgte für Ab- grenzung der Ländereien und setzte den heiligen Dienst des Ter- minus, des Grenzgottes, ein. Wer einen Grenzstein auspflügte, war mit seinen Ochsen verflucht und den unterirdischen Göttern verfallen. Auch Handel und Gewerbe suchte Numa zu heben, dadurch daß er die städtische Bevölkerung in Zünfte und Innungen theilte und den Marktverkehr regelte, und damit Treue und Glauben im öffentlichen Verkehr heilig gehalten werde, stiftete er den Dienst der Fides, der Treue.

Bei allen diesen Anordnungen verfuhr Numa mit großer Weisheit, unterstützt durch die Rathschläge der Camena Egeria, einer weissagerischen Quellnymphe, mit der er vermählt war und die ihm in nächtlichen Zusammenkünften den Willen der Götter kund that. Dadurch erhielten alle seine Einrichtungen eine göttliche Sanction. Ungläubige, welche seine Verbindung mit der Göttin bezweifelten, wurden durch ein Wunder belehrt. Er lud sie zu Tische und ließ ihnen geringes Geschirr und alltägliche Speisen vorsetzen. Als sie zu speisen begonnen, erklärte er, seine Gemahlin komme, ihn zu besuchen, und in demselben Augenblick war das Zimmer voll von kostbaren Geräthen und die Tafel mit den herrlichsten Speisen besetzt.

Die 34 jährige Regierungszeit des Numa war für Rom und die umliegenden Lande gleich dem goldenen Zeitalter. Ueberall herrschte Friede und Freude, und kein Staat wagte es, eine Stadt, in der die Frömmigkeit und Gerechtigkeit so hoch galt, zu beunruhigen. Jedermann verehrte den milden frommen König, der ein Muster aller Tugenden war. Hochbetagt ging er endlich, sanft einschlummernd, heim zu seinen Vätern, tief betrauert von seinem Volke. Egeria floh in die dichten Schatten des Haines von Aricia und zerfloß in Thränen zum Quell.

Numa ist, wie Romulus, eine rein mythische Person. Er ist die Ergänzung des Romulus, der Religionsstifter in dem Staate, welchem Romulus seine erste Existenz, seine politische und militärische Verfassung gegeben. Denn dem kriegerischen Fürsten Romulus konnte man eine so fromme und friedliche Wirksamkeit nicht wohl zuschreiben. Beide Gründer Roms sind erdichtet in der Voraussetzung, daß Rom alle seine Ordnungen aus sich selbst geboren habe, daß seine ersten Bürger nichts von religiösen und politischen Institutionen aus der Heimat mitgebracht hätten. Erst mit den beiden folgenden Königen beginnt die Geschichte soweit zu dämmern, daß die Könige als historische Gestalten anerkannt werden können.

Die Könige Tullus Hostilius nnd Ancus Marcius.
(672—640 u. 640—616 v. Chr.)

Nach dem Tode des Numa trat wieder ein Zwischenreich ein, bis das Volk den Tullus Hostilius zum König ernannte, einen Enkel jenes Hostilius, der zur Zeit des Romulus in der Schlacht gegen die Sabiner tapfer fechtend gefallen war. So folgte also auf einen Sabiner wieder ein latinischer König. Hostilius war von seinem friedfertigen Vorgänger durchaus verschieden, er war noch kriegslustiger als Romulus. Voll Muth und jugendlicher Kraft und gespornt von dem Ruhme seiner tapferen Ahnen, suchte er auf allen Seiten Stoff zum Kriege, damit der Staat nicht durch Ruhe in Schlaffheit verfalle. Da geschah es, daß einige römische Landleute auf albanischem und Albaner auf römischem Gebiete plünderten. Fast zu gleicher Zeit gingen von beiden Seiten Gesandte ab, um Genugthuung zu fordern. Tullus hatte seinen Gesandten Befehl gegeben, ihre Aufträge unverzüglich auszurichten, und hielt unterdeß die albanischen Gesandten absichtlich durch Feste und Ehrenbezeugungen hin, bis der albanische König, wie er erwartete, abschlägigen Bescheid gegeben hätte; er wollte, daß die Schuld der verweigerten Sühne und alles aus dem Kriege erwachsende Unheil auf die Albaner falle. Die römischen Gesandten kündigten nach empfangener Zurückweisung den Albanern auf den 30. Tag den Krieg an.

Die Albaner fielen zuerst unter ihrem König Cluilius in das römische Gebiet ein und schlugen 5000 Schritt von Rom ihr Lager auf, das sie mit einem Graben umzogen. Dieser Graben hat noch mehrere Jahrhunderte nachher der cluilische

Graben geheißen. In dem Lager starb der König Cluilius, und die Albaner wählten statt seiner einen Dictator, den Mettius Fufetius. Tullus führte sein Heer in einer Nacht an dem albanischen Lager vorbei und fiel ins feindliche Land ein. Die Albaner zogen ihm nach, und als sie in die Nähe des Feindes gekommen, traten die beiden Anführer auf Antrag des Mettius zu einer Unterredung zusammen, in welcher dieser vorschlug, statt durch eine blutige Schlacht den Streit durch den Kampf Weniger entscheiden zu lassen, indem er die nahe Verwandtschaft der beiden einander bekämpfenden Städte hervorhob und auf die an der Nordgrenze von Latium stets lauernde Macht der Hetrusker hinwies, welche, wenn sie selbst sich im Kampfe zerfleischt, über die Sieger sowohl wie über die Besiegten herfallen würden. Tullus nahm den Vorschlag an. Zufällig fanden sich in beiden Heeren Drillingsbrüder, Söhne zweier Zwillingsschwestern, an Jahren und Stärke einander nicht ungleich. Die römischen Jünglinge hießen Horatier, die albanischen Curiatier. Diese wurden von den Feldherren zum Zweikampf auserwählt und erklärten sich bereit. Welcher Theil siegte, dessen Volk sollte über das andere die Herrschaft haben. Dieser Vertrag wurde vor dem Kampfe in feierlichster Weise abgeschlossen.

Die Drillingspaare schritten zum Kampf, während die Heere auf beiden Seiten vor den Lagern sich als besorgte Zuschauer aufgestellt hatten. Lange fochten sie mit Muth und Tapferkeit ohne merklichen Erfolg; da stürzten zwei von den römischen Kämpfern, einer über den anderen, sterbend nieder. Laut jauchzte das albanische Heer; den Römern sank alle Hoffnung, als jetzt die drei Curiatier ihren Kämpfer umstellten. Aber dieser war noch unverletzt, während die drei Albaner aus tiefen Wunden bluteten. Rasch entschlossen, wandte der Horatier sich zur Flucht, und es folgten ihm nun die drei Curiatier in größeren Zwischenräumen, wie jedem die schwächende Wunde es gestattete. So hatte es der Römer gewollt; als er nach einiger Zeit sich umschaute

und seine Feinde getrennt sah, stürzte er sich mit Ungestüm auf
den nächsten, und hatte ihn zu Boden geschlagen, ehe die beiden
Brüder ihm hatten zu Hülfe kommen können. Der Beifallsruf
der Seinen hob seine Kräfte; er eilte gegen den zweiten Feind,
und nach kurzer Zeit lag auch dieser am Boden. Jetzt stand
nur noch Mann gegen Mann; aber der eine war wundenfrei,
während der andere vor Ermattung kaum noch die Waffen heben
konnte. Frohlockend stieß der Römer ihm das Schwert in die
Gurgel. Mit Glückwünschen und Jubelgeschrei empfingen die
Römer ihren Horatius, der ihnen die Oberherrschaft über Alba
erkämpft hatte. Die Gräber der Gefallenen zeigte man noch in
späten Tagen da, wo ein Jeder zusammengesunken.

Als der Horatier mit der dreifachen Rüstung der erschlagenen Feinde prunkend an der Spitze des Heeres eben in die Stadt
einzog, kam ihm an dem capenischen Thore seine Schwester entgegen, welche mit einem der Curiatier verlobt gewesen war. Als
diese über den Schultern ihres Bruders den blutigen Kriegsrock
ihres Bräutigams sah, den sie selbst gewirkt hatte, da löste sie
ihr Haar und rief weinend den Namen ihres Bräutigams. Dies
Klagen der Schwester beim Siege und mitten in der allgemeinen
Freude weckte den Zorn des Jünglings; er zog sein Schwert
und stieß es ihr in die Brust, mit den strafenden Worten:
„Geh' hin mit deiner unzeitigen Liebe zu deinem Bräutigam,
uneingedenk deiner Brüder, der todten wie des lebenden, uneingedenk des Vaterlandes! so fahre künftig jede dahin, die — eine
Römerin — den Feind betrauert." Die schreckliche That konnte
nicht ungestraft bleiben, so hoch und frisch auch das Verdienst
des Mörders war. Man führte ihn zum Gericht vor den König;
der aber ernannte, um die dem Volk unangenehme Bestrafung
des Jünglings von sich selbst abzuwenden, eine Commission von
zwei Blutrichtern (duumviri oder quaestores parricidii), welche
den Horatius über öffentlichen Mord nach dem Gesetze richten
sollten. Das Gesetz lautete: „Die Duumvirn sollen auf öffent-

lichen Mord richten. Wenn der Thäter von dem Urtheil der
Duumvirn an die Volksgemeinde appellirt, so soll er vermittelst
der Appellation seine Sache führen. Wird der Spruch der
Duumvirn bestätigt, so sollst du ihm das Haupt verhüllen, ihn
peitschen und mit dem Stricke an den „argen Baum" (den Galgen)
hängen." Die Richter verurtheilten den Mörder zum Tode.
Als der Lictor ihm die Hände binden wollte, um die Strafe zu
vollziehen, rief der Horatier: „Ich appellire!" Das Volk, des großen
Verdienstes des Jünglings eingedenk und gerührt durch die Bitten
des alten Vaters, ihn nach dem Verluste von zwei Söhnen und
einer Tochter nicht ganz kinderlos zu machen, übte Gnade und
sprach den Verurtheilten los. Um indeß einen so offenbaren
Mord nicht ganz ohne Sühne zu lassen, ließ man den Mörder.
verhüllten Hauptes unter einem Balken hindurchgehen, der als
Joch über die Straße gelegt war. Dieses Joch, von Zeit zu
Zeit auf öffentliche Kosten erneuert, blieb bis in die spätesten
Jahrhunderte; man nannte es den Schwesterbalken. Außerdem
mußte der Vater noch ein Reinigungsopfer anstellen, das nachher
in der Familie der Horatier erblich blieb. Der gemordeten
Horatia wurde auf der Stelle, wo sie erstochen niedersank, ein
Grabmal von Quadern errichtet.

Die Albaner fügten sich mit Widerwillen in das römische
Joch und machten dem Mettius Vorwürfe, daß er das Schicksal
des Vaterlandes durch drei Krieger habe entscheiden lassen. Um
seinem Staate die Freiheit zu gewinnen, sann Mettius auf bösen
Verrath. Er verband sich heimlich mit den Vejentern und reizte
mit deren Hülfe Fidenä, das unter Romulus eine römische Colonie
hatte aufnehmen müssen, zum Abfall von Rom, indem er versprach, in dem Kriege die römische Sache zu verlassen. Tullus
zog mit dem vereinigten Heere der Römer und Albaner gegen
die abgefallene Stadt, welcher sofort die Vejenter zur Hülfe
kamen. An dem linken Ufer des Tiber ordneten sich die feindlichen Heere zur Schlacht, so daß auf der einen Seite die Vejenter

nach dem Flusse zu den rechten, die Fidenaten nach den Bergen
hin den linken Flügel ihrer Aufstellung bildeten, auf der andern
Seite aber sich die Römer den Bejentern, die Albaner unter
Mettius den Fidenaten gegenüber stellten. Mettius war ebenso
unentschlossen als treulos. Beim Beginne der Schlacht zog er
sich mit seinem Heere zur Seite an das Gebirge, um abzuwarten,
wohin sich das Kriegsglück neige. Als ein Ritter dem Tullus
den Abzug der Albaner meldete, rief er, den Verrath durch-
schauend, mit lauter Stimme, daß nicht blos die Seinen, sondern
auch die Feinde es hörten, er habe den Albanern den Befehl gegeben, eine Schwenkung zu machen und den Fidenaten in den
Rücken zu fallen. Die Fidenaten geriethen in Schrecken und
wandten sich zur Flucht. Nachdem Tullus sie völlig verjagt,
kehrte er mit um so größerem Muthe gegen die Bejenter zurück,
die nicht lange mehr Stand hielten. Der größte Theil derselben
wurde in den Tiber gesprengt oder an den Ufern desselben niedergehauen.

Jetzt kam Mettius in die Ebene herab und wünschte dem
Tullus zu seinem Siege Glück. Tullus stellte sich getäuscht und
antwortete freundlich; er gab den Albanern den Befehl, in das
römische Lager einzurücken, und setzte auf den folgenden Tag ein
Musterungsopfer an. Mit Tagesanbruch ließ er die beiden Heere
zur Versammlung entbieten; die Albaner wurden zuerst berufen
und stellten sich arglos ohne Waffen zunächst um den König.
Das bewaffnete römische Fußvolk umringte sie. Hierauf hielt
der König dem Mettius seinen Verrath vor und verurtheilte ihn
zur schrecklichsten Todesstrafe. Weil sein Herz treulos zwischen
Freund und Feind getheilt gewesen, wurde er zwischen zwei vier-
spännige Wagen gebunden und auseinander gerissen. „Dies ist
das erste und letztemal, sagt Livius, daß die Römer eine Todesstrafe auf eine Art vollzogen, die die Gesetze der Menschlichkeit
vergaß.“

Den Albanern verkündigte Tullus den Beschluß, daß sie

Alba räumen und nach Rom übersiedeln müßten. Die römische
Reiterei wurde nach Alba vorausgeschickt, um die Bevölkerung
nach Rom herüberzuholen; das Fußvolk folgte, um die Stadt zu
schleifen. Unter Trompetenschall wurde Alba longa niedergerissen,
mit Ausnahme der Tempel, und die Bürger siedelten sich in Rom
auf dem Berge Cälius an, auf welchem der König Tullus selbst
seinen Wohnsitz nahm. Die vornehmsten albanischen Familien,
wie die Julier, Servilier, Quinctier, Geganier, Curiatier, Clölier,
wurden in die Zahl der römischen Patricier aufgenommen. So
verdoppelte sich die Bürgerschaft Roms. In Folge davon wurden
zu den 10 Turmen oder Schwadronen der Reiter (je 30 Mann)
noch 10 neue hinzugefügt, und in demselben Maße ward das
Fußvolk vermehrt. Endlich baute Tullus für den Senat des
vergrößerten Staates ein neues Rathhaus, die hostilische Curie,
in welcher der Senat über 600 Jahre lang seine Sitzungen hielt.
Sie brannte im J. 52 v. Chr. nieder.

Im Vertrauen auf sein verstärktes Heer führte Tullus Krieg
nach allen Seiten, gegen die Sabiner, die Latiner und Hetrusker,
und überall war er siegreich. So erwarb er sich großen Kriegs-
ruhm, und der römische Staat war eine gefürchtete Macht.
Aber unter dem beständigen Waffengetümmel wurde der Gottesdienst verabsäumt, und die heiligen Satzungen des Numa geriethen
in Vergessenheit. Mancherlei drohende Anzeichen thaten den Zorn
der Götter kund. Auf dem Albanerberg fiel ein Steinregen,
er wurde durch eine neuntägige Festfeier gesühnt. Nicht lange
nachher brach eine Pest aus und machte das Volk unanfgelegt
zum Kriegsdienst; aber trotzdem gestattete der kriegslustige König
keine Waffenruhe. Da wurde er zuletzt selbst auf ein langwieriges
Krankenlager geworfen, und nun versank der Mann, der bisher
nichts für weniger königlich gehalten, als die Beschäftigung mit
dem Gottesdienst, kleinmüthig in ängstlichen Aberglauben. Aber
die Götter blieben ihm stumm und wollten durch kein Zeichen die
Mittel der Sühne andeuten. Da versuchte er durch geheimniß-

volle Zauberformeln, die er in den Büchern des Numa gefunden, dem Jupiter Elicius Offenbarungen abzuringen. Der fromme Numa hatte es vermocht, durch Zaubersprüche den mächtigen Blitzgott vom Himmel herabzurufen, um seinen Willen zu erfragen; aber Tullus, unbewandert in dem religiösen Ceremonienwesen, versah etwas in den gefährlichen Beschwörungen und wurde von dem gereizten Gotte mit dem Blitz erschlagen. Er verbrannte mit seinem ganzen Hause, nachdem er 32 Jahre regiert hatte.

Nach dem üblichen Interregnum folgte Ancus Marcius, ein Sabiner, Tochtersohn des Numa Pompilius. Ancus war ähnlich geartet wie sein Großvater; er war mild und friedliebend und ließ es sich angelegen sein, die gottesdienstlichen Anordnungen desselben, welche während der vorigen Regierung in Verfall gerathen waren, wieder herzustellen. Sämmtliche Anweisungen, welche in Bezug auf den Gottesdienst sich in den hinterlassenen Schriften des Numa vorfanden, ließ er in ein Verzeichniß bringen und stellte sie zur allgemeinen Kenntnißnahme auf einer weißen Tafel öffentlich aus. Das durch die Kriege des Tullus verwilderte Volk suchte er wieder einer milderen Sitte zuzuführen und für die ruhigen Beschäftigungen des Friedens zu gewinnen. Diese friedliebende Gesinnung aber erschien den benachbarten Latinern, mit denen unter Tullus ein Bündniß geschlossen worden war, als Schwäche, und sie glaubten diese ausbeuten zu können. Sie machten einen Einfall ins römische Gebiet, und als man Genugthuung forderte, gaben sie übermüthige Antwort. Ancus sah sich gezwungen, die Waffen zu ergreifen, wenn er nicht das Ansehen und die Sicherheit seines Staates aufs Spiel setzen wollte, und er zeigte seinen Feinden bald, daß sie sich in ihm getäuscht hatten. Er nahm Politorium mit Sturm und zwang die Einwohnerschaft, nach Rom überzuziehen. Dasselbe geschah mit den Städten Tellenä und Ficana. Als hierauf die Latiner das leerstehende Politorium wieder bevölkerten, zerstörte Ancus die Stadt von Grund aus. Jetzt erst sammelten die Latiner ein

Bundesheer, und der ganze Krieg zog sich vor Medullia, wo
Ancus in einem schweren Treffen endlich einen vollen Sieg
erfocht.

Die genannten vier latinischen Städte, welche von Ancus
zerstört wurden, lagen südlich von dem unteren Tiber zwischen
Rom und dem Meere. Ancus ließ, wie es heißt, ihre Einwohner
sich zu Rom auf dem Aventinus und bei dem Tempel der Venus
Murcia in der Niederung zwischen dem Aventin und Palatin
ansiedeln. Sie sind der Anfang der römischen Plebs. Die Gebiete jener Städte wurden der römischen Mark hinzugefügt, so
daß diese sich jetzt südlich am Tiber hin bis zum Meere erstreckte.
Am Ausfluß des Tiber gründete Ancus die Hafenstadt Ostia
und legte in der dortigen Gegend Salzgruben an. Den mäsischen
Wald an der Meeresküste, der den Vejentern gehörte, gewann er
diesen ab, als sie ihn durch einen Einfall in sein Gebiet zum
Kriege gezwungen hatten. Auch noch gegen die Sabiner und die
Volsker soll Ancus glückliche Kämpfe bestanden haben.

Zum Schutze der Stadt Rom legte Ancus auf dem jenseits
des Tiber gegenüberliegenden Janiculum eine Befestigung an,
um diesen die Stadt beherrschenden Berg gegen eine feindliche
Occupirung zu sichern, und er baute zur Verbindung desselben
mit der Stadt eine Balkenbrücke, die erste Brücke, die über den
Tiber geschlagen wurde. Auf der linken Seite des Flusses zog
er den sogenannten Quiritengraben als Schutzwehr für die ebenen
und offenen Gegenden der Stadt.

Ancus Marcius regierte 24 Jahre und hinterließ ein wohl-
geordnetes blühendes Reich, das er selbst nicht unbedeutend vergrößert hatte.

Während Romulus und Numa völlig erdichtete Personen
sind, dürfen wir die Existenz des Tullus Hostilius und Ancus
Marcius nicht bezweifeln; aber sie sind denn doch noch ganz von
dem Dunkel der Sage umhüllt, so daß man nicht annehmen
kann, daß die in ihre Regierungszeit verlegten Ereignisse und

Thaten, obgleich ihnen meist etwas Historisches zu Grunde liegt, in der Weise und dem Zusammenhang der Ueberlieferung geschehen sind. Nach einer völlig mythischen Zeit tritt nicht sogleich der helle Tag der Geschichte ein. Das Hauptereigniß in der Regierung des Tullus ist die Zerstörung von Alba und die Uebersiedelung von Albanern nach Rom; in der Regierung des Ancus ist es die Zerstörung der vier Latinerstädte nach der Meeresküste zu und die Entstehung der römischen Plebs. Diese Ereignisse sind ohne Zweifel geschichtliche Thatsachen; ob sie aber in die Zeit der beiden genannten Könige fallen, ist nicht sicher. Was die Zerstörung von Alba anlangt, so ist es noch sehr fraglich, ob von den Römern diese Stadt zerstört worden ist. Nach der Vernichtung Albas waren nicht die Römer, sondern die Gesammtlatiner im Besitz der albanischen Feldmark, und daraus schließt Niebuhr, der große Begründer der neueren römischen Geschichtschreibung, daß die latinischen Städte im Aufstande gegen Albas Uebermacht diese Stadt zerstört hätten, bei welcher Gelegenheit dann ein Theil der albanischen Bevölkerung sich nach Rom gezogen hätte. Die Besiegung der vier Latinerstädte und die Ausdehnung des römischen Gebietes bis zur Meeresküste, welche in die Zeit des Ancus verlegt worden sind, haben wahrscheinlich einen viel größeren Zeitraum ausgefüllt, als ihnen in der gangbaren Geschichte zugetheilt wird. Auch ist die Verpflanzung der Einwohner jener Städte nach Rom wenig glaublich. Ihre Städte wurden allerdings zerstört, aber sie blieben zum größten Theil auf ihrem Grund und Boden bei ihrem Ackerland als unterthänige Leute wohnen. Daß ihnen der Aventin, der erst viel später mit Häusern besetzt worden ist, als Wohnsitz zugewiesen worden sei, nahm man wohl an, weil in späterer Zeit der Aventinus das Plebejerquartier war.

Die Reihenfolge der vier ersten römischen Könige beruht nicht auf Wirklichkeit, sondern auf geschichtlicher Construction. Romulus und Numa stehen einander gegenüber als Fürsten des

Kriegs und des Friedens, und als ihre Gegenbilder stellte man
ihnen den Tullus und Ancus gegenüber, welche in demselben
Verhältniß zu einander stehen, wie jene beiden ersten Könige.
Der erste und der dritte König sind Latiner, der zweite und
vierte sind Sabiner. Die Latiner repräsentiren den kriegerischen
Geist der Nation, der den Bestand und das Wachsthum der
Nation sicherte, die beiden Sabiner sind die Gründer und Be-
festiger der religiösen Institutionen; die beiden Königspaare vertreten also die Grundelemente des römischen Wesens. In anderer
Beziehung bezeichnen die vier ersten Könige die Zeiträume, in
welchen die Bestandtheile des römischen Volkes, von denen in dem
nächsten Abschnitt genauer gesprochen werden wird, zuerst auftreten. Romulus vertritt die Tribus der Altrömer, der Ramnes,
Numa die der Sabiner oder Tities; unter Tullus kamen die
Albaner nach Rom, aus denen die dritten Tribus, die der
Luceres gebildet ward, und unter Ancus trat die Plebs zu der
römischen Bevölkerung hinzu.

Roms älteste Verfassung.

Rom ist aus mehreren Stadtdistricten erwachsen, welche
Anfangs selbständig neben einander bestanden, mit der Zeit aber
sich zu einem einzigen Gemeindewesen vereinigten. Als den
ältesten Theil der Stadt muß man die Roma Quadrata ansehen,
die Gründung der Latiner auf dem Palatinus. Neben dieser
entstand auf dem Quirinalis und Capitolinus die sabinische Gemeinde, welche mit ihr in eine eidgenössische Verbindung trat, so
daß jeder der beiden Staaten noch seinen eigenen König und
eigenen Senat hatte. Allmählich jedoch ward die Einigung enger,
es bildete sich ein Staat, in welchem die beiden Stämme eine
völlig gleiche Berechtigung hatten, mit Einer Volksversammlung,
Einem Senat und Einem König, der abwechselnd aus dem einen

ober andern Stamme genommen wurde. Der latinifche Stamm auf dem Palatinus waren die Ramnes, die Sabiner hießen Tities, Namen, welche man von Romulus und Titus Tatius ableitete.

Zu diefen beiden Stämmen trat noch ein dritter, die Luceres. Woher diefe ftammen, war felbft den Römern unbekannt. Viele halten fie für eingewanderte Hetrusker und leiten ihren Namen von dem Worte Lucumo her, welches bei den Hetruskern einen Edlen bedeutet, und für diefe Meinung fpricht Roms geo-graphifche Lage auf einem Punkte, wo Latiner, Sabiner und Hetrusker zufammenftoßen, fowie der Umftand, daß von der Ein-wanderung einer hetruskifchen Schaar erzählt wird, welche zur Zeit des Romulus unter ihrem Führer Cälius Bibennus oder Bibenna fich auf dem Berge Cälius niedergelaffen habe. Doch ift diefe Tradition fchlecht beglaubigt und erfcheint als eine ana-chroniftifche Zurückdatirung eines fpätern Ereigniffes; eine beffer bezeugte Nachricht nämlich läßt die Niederlaffung des Bibenna auf dem Cälius erft unter Tarquinius Priscus ftattfinden, zu einer Zeit, wo die drei römifchen Stämme oder Tribus (Drei-ftämme) ohne Zweifel fchon beftanden haben. Was aber befon-ders gegen den hetruskifchen Urfprung der Luceres fpricht, ift der Umftand, daß die Hetrusker nicht zu den urfprünglichen, grund-legenden Beftandtheilen der römifchen Nationalität gehören und auf die Ausbildung des römifchen Wefens nur einen fehr ge-ringen Einfluß geübt haben, daß fie vielmehr von den Römern, wie von den übrigen italifchen Völkern, immer als eine ihnen durchaus fremde Nation angefehen worden find. Die in Rom feßhaften Hetrusker waren wenig zahlreich und fcheinen fpäter in untergeordneter und gedrückter Stellung blos in dem fogenannten tuskifchen Quartier, dem Vicus Tuscus, gewohnt zu haben. Viel wahrfcheinlicher ift es, daß die Luceres in der aus dem zer-ftörten Alba auf den Cälius eingewanderten latinifchen Bevölke-rung ihren Urfprung haben. Darauf führt fchon die oben er-wähnte hiftorifche Conftruction der älteften Zeit, wonach die vier

erſten Könige die vier Hauptbeſtandtheile der alten Bevölkerung
Roms repräſentiren; Romulus vertritt die Ramnes, Numa die
Sabiner oder Tities, unter Tullus kamen die Albaner, unter
Ancus die Plebs. Auch die örtliche Vertheilung der Bevölkerung
und die ſucceſſive Vergrößerung Roms führt darauf. Nach der
Beſetzung des Palatinus durch die Ramnes, des Quirinalis und
Capitolin durch die Tities erfolgte unter Tullus die Anſiedlung
der Albaner auf dem Cälius. Auf dieſe Weiſe kamen gleich-
artige, ſtammverwandte Beſtandtheile zuſammen, welche leicht zu
einem einheitlichen Ganzen verſchmelzen konnten. Denn Latiner
und Sabiner waren Theile eines und deſſelben Volksſtammes
und ſtanden einander nahe in Sitte, Religion und Sprache; der
Unterſchied war nicht größer, als etwa der zwiſchen den griechiſchen Joniern und Doriern.

Indeß hatten die Luceres auf dem Cälius nicht von Anfang
an gleiche politiſche und gottesdienſtliche Rechte und Ehren mit
den beiden andern Stammtribus und ſtanden zu dieſen in einem
nur lockeren und vielleicht unterthänigen Verhältniß. Sie hatten
an dem wechſelnden Königthum keinen Theil und erhielten erſt
unter dem König Tarquinius Priscus Zutritt zum Senat.
Derſelbe König erhöhte erſt die Zahl der veſtaliſchen Jungfrauen
von vier auf ſechs, d. h. er fügte zu den zwei ramnenſiſchen und
zwei titienſiſchen Prieſterinnen zwei aus der Tribus der Luceres;
auch ſcheinen die übrigen Prieſterſchaften erſt ſpäter in ähnlicher
Weiſe vermehrt worden zu ſein.

Dieſe drei Stammtribus, die Ramnes, Tities und Luceres,
bildeten die römiſche Bürgerſchaft, den Populus Romanus, der
von Anfang an als eine ſtreng gegliederte Geſellſchaft auftritt.
Jede Tribus zerfiel in 10 Curien, und jede Curie in 10 Gentes
oder Geſchlechter, ſo daß die ganze Bürgerſchaft aus 30 Curien
und 300 Gentes beſtand. Dies iſt eine politiſche Eintheilung,
welche nicht auf wirklicher Verwandtſchaft beruhte, aber doch als
aus dieſem Princip hervorgegangen angeſehen ward. Die Curien

und Geschlechter galten für große Familiengenossenschaften, von denen eine jede wie eine erweiterte Familie ihre eigenen Opfer, eigenen Versammlungsort und Opferplatz besaß. Aus jeder Gens wurde ein Mitglied in den Senat gewählt, so daß dieser zu der Zeit, wo nur die Ramnes und Tities die vollen Bürgerrechte hatten, aus 200 Senatoren bestand. Jede Gens stellte zu dem Heere je 10 Mann Fußvolk und 1 Reiter; im Ganzen hatte also die Legion 3000 M. zu Fuß und 300 Reiter.

Die römische Bürgergemeinde bestand also aus Latinern und Sabinern, und diese Mischung der zwar nahe verwandten, aber doch in ihrem Wesen und Charakter verschiedenen Stämme hat viel zu einer lebendigen und kräftigen Entwickelung des Staates beigetragen. Die Sabiner, ein einfaches, rauhes und ernstes Gebirgsvolk, waren vorzugsweise die Träger der Sittenstrenge und Gottesfurcht, des Gehorsams gegen die gesetzliche Autorität, wodurch sich die älteste römische Bevölkerung auszeichnete, während der latinische Bestandtheil, von größerer Beweglichkeit und schon vorgeschrittener Civilisation, den Staat zu freier lebendiger Entwicklung forttrieb.

Von der wohlgegliederten und geschlossenen Gemeinde der römischen Vollbürger war streng geschieden die Plebs, die Anfangs untergeordnete Masse der Plebejer, deren Grundstock, wie wir gesehen, unter Ancus Marcius sich aus den unterworfenen Einwohnern der nächsten Latinerlandschaft bildete. Sie bestanden vorzugsweise aus Landbauern, die als freie Leute mit freiem Grundbesitz größtentheils auf ihrem Grund und Boden sitzen blieben und eine den Vollbürgern unterthänige Gemeinde von Halbbürgern ausmachten. Sie waren zum Kriegsdienst verpflichtet und zur Entrichtung einer Grundsteuer; aber an den Hoheitsrechten des Staates hatten sie keinen Antheil, sie besaßen weder das Stimmrecht in der Volksversammlung (jus suffragii), noch das Recht der Staatsämter (jus honorum). Wie von den politischen Rechten, so waren die Plebejer auch von den religiösen

Culten und Instituten der Alt- oder Vollbürger ausgeschlossen, sie hatten keinen Theil an der Verehrung der römischen Staatsgötter und kein Recht zur Abhaltung von Auspicien. Auch bestand keine Eheverbindung (connubium) zwischen Plebejern und den Vollbürgern. Diese betrachteten sich den Plebejern gegenüber als eine höhere Classe von Menschen mit besserem Blute, als einen auserwählten von den Göttern bevorzugten Adel, und nannten sich Patres, „Hausväter", weil sie allein Väter von Familien im vollen Sinne des römischen Rechtes waren, und Patricier, „Vaterkinder", weil nur Leute dieses Standes rechtlich einen Vater hatten. In späterer Zeit wurden die Senatoren Patres genannt als die sorgetragenden Väter des Staates.

Verschieden von den Plebejern waren die Clienten (Hörige, Erbunterthänige), ein mit den Patriciern eng verbundener Bestandtheil der ältesten römischen Bevölkerung, der, den einzelnen Patriciergeschlechtern zugefügt, in die Geschlechter vertheilt war und in einem besonderen persönlichen Schutzverhältniß stand. Der Patricier hatte als Patronus seinen Clienten wie ein Vater vor Gericht zu vertreten und seiner wirthschaftlichen Angelegenheiten und seines Vermögens sich anzunehmen, ihm Schutz und Beistand zu gewähren in allen Verhältnissen des Lebens; dagegen waren die Clienten ihrem Patron zu mancherlei Dienstleistungen, die in einem gewissen kindlichen Pietätsverhältniß beruhten, verpflichtet. War der Patron mittellos, so hatten sie ihn mit ihrem Vermögen zu unterstützen; sie mußten zur Ausstattung seiner Töchter beitragen, ihn aus der Kriegsgefangenschaft loskaufen, vom Gericht verhängte Geldbußen für ihn bezahlen und dergl. Die Clienten sind viel früher zu der römischen Bevölkerung hinzugetreten als die Plebejer, über ihre Entstehung aber sind wir ohne alle Nachricht. Die wahrscheinlichste Vermuthung ist, daß sie von den unterjochten Ureinwohnern des Landes herstammten, welche ihres Grund und Bodens beraubt worden waren und dafür in den erblichen Schutz der einzelnen Patriciergeschlechter gegeben wurden. Sie erhielten zum Theil Grundstücke ihrer Patronen in erblichen Pacht, die meisten aber werden sich durch Gewerbe und Handel genährt haben. In späterer Zeit sind die Clienten mit den Plebejern, von denen sich viele in das Verhältniß der Clientel begaben, allmählich verschmolzen.

Die höchste Gewalt im römischen Staate war vertheilt unter den König, den Senat und die Volksversammlung. Das römische Königthum beruhte nicht, wie bei den Griechen, auf Erbfolge, sondern auf der Wahl des Volkes. Wenn ein König gestorben war, so fiel die Souveränität, welche für einen Ausfluß des souveränen Volkswillens galt, wieder an das Volk zurück, und die Stelle des Königs wurde unterdessen von öfter wechselnden Zwischenkönigen vertreten. Der letzte Interrex schlug im Namen des Senates in der Volksversammlung den zu wählenden König vor. Nachdem der Gewählte durch die Auspicien die Genehmigung der Götter (inauguratio) empfangen hatte, übertrug ihm die Volksversammlung das Imperium, d. h. den militairischen Oberbefehl und die gesammte Straf- und Richtergewalt. Dies war der wesentlichste Theil der königlichen Macht. Außerdem besaß der König die oberste Regierungsgewalt. Die gesammte Verwaltung des Staates ruhte in seiner Hand, er sorgte für die öffentliche Ordnung, berief den Senat und die Volksversammlung, ernannte die Beamten und die Senatoren, er legte Steuern auf und verfügte über die Verwendung der öffentlichen Gelder, über die Vertheilung eroberten Landes u. s. w. Der König hatte ferner auch eine priesterliche Gewalt; er galt ursprünglich für den obersten Priester des Staates, und die sämmtlichen priesterlichen Aemter wurden nur als von dem König ausgegangen und von ihm eingesetzt betrachtet. Er hatte über sie und den ganzen Cultus die oberste Aufsicht; doch blieben auch noch einige gottesdienstliche Verrichtungen mit dem königlichen Amte verbunden. Im Ganzen war die Gewalt des Königs eine sehr ausgedehnte, wenig beschränkt durch den Senat und die Volksversammlung. Die äußeren

Zeichen seiner Ehre und Macht waren der curulische Stuhl (sella curulis), das mit Purpur verbrämte Oberkleid (toga praetexta) und die 12 Lictoren (von licere, laden), welche mit Ruthenbündeln (fasces) und dareingesteckten Beilen vor ihm hergingen, so oft er in amtlicher Function auftrat.

Dem König stand der Senatus, „der Rath der Alten", als eine berathende Behörde zur Seite. Seine Mitglieder waren wahrscheinlich eine Repräsentation der Geschlechter, so daß aus jedem Geschlechte ein Senator genommen ward. Der Senat bestand daher seit der Gleichstellung der drei Tribus aus 300 Mann, und dies ist in der Regel auch in der Folgezeit die Normalzahl geblieben. Die Macht des Senates dem König gegenüber war rechtlich sehr gering; er hatte nur eine berathende Stimme, und zwar blos über Gegenstände, welche der König ihm vorlegte, und konnte nur zusammentreten, wenn es dem König beliebte ihn zu berufen. Eine vollziehende Gewalt hatte er nicht. Trotz dieser beschränkten Macht ist jedoch bei einer so fest geschlossenen, kräftigen Aristokratie, welche der römische Senat vertrat, anzunehmen, daß der König in allen wichtigen Angelegenheiten des Staates nicht versäumt haben wird, den Rath desselben zu hören und sich nach seinem Willen zu richten.

Die Volksversammlung bestand aus den in die Curien vertheilten Vollbürgern · und hieß deshalb Comitia curiata. Der Versammlungsplatz war das Comitium, der obere Theil des Forums. Der Antheil der Volksversammlung an der Staatsregierung war ohne Zweifel ziemlich beschränkt. Das Volk durfte sich ohne Berufung des Königs nicht versammeln und hatte nur auf die Vorlagen desselben mit Ja oder Nein zu antworten; ein Recht, selbständige Anträge zu stellen, kam der Versammlung nicht zu. Ueber die Befugnisse derselben haben wir keine zuverlässigen Nachrichten; der Geschichtschreiber Dionysius gibt als solche an: 1) die Wahl der Beamten, die indeß vielleicht bloß auf die Königswahl sich beschränkte, 2) die Mitwirkung bei der

Gesetzgebung und 3) die Entscheidung über anzukündigenden Krieg. Dazu kommt noch das Recht der Begnadigung in Capitalsachen, wenn der Verbrecher Appellation (provocatio) einlegte, wofür als Beleg der Proceß des Horatius angeführt wird.

Der König Tarquinius Priscus.
(616—578.)

Unter der Regierung des Ancus kam der Sage zufolge ein Mann Namens Lucumo aus der hetruskischen Stadt Tarquinii nach Rom, um sich daselbst niederzulassen. Er war seiner Abstammung nach ein Grieche; denn sein Vater Demaratus war ein vornehmer Korinthier aus dem Geschlechte der Bakchiaden, der vor dem Tyrannen Kypselos aus seiner Heimat geflohen war und sich in Tarquinii angesiedelt und verheirathet hatte. Lucumo erbte von ihm einen ungeheuren Reichthum; da er jedoch der Sohn eines Ausländers war, so war ihm der Zutritt zu den öffentlichen Ehren und Würden verschlossen. Das kränkte ihn in seinem Ehrgeiz, mehr aber noch seine Gattin Tanaquil, eine stolze hochstrebende Frau aus einer der ersten tarquinischen Familien; und darum beredete sie ihren Gemahl, daß sie Tarquinii verließen und nach Rom zögen, der jungen Stadt, wo ein tüchtiger Mann, wenn er auch Ausländer sei, noch zu Ehren gelangen könne. So fuhren sie denn mit ihrer ganzen Habe nach Rom. Als sie in ihrem offenen Reisewagen an das Janiculum in die Nähe der Thore von Rom gekommen waren, wurde ihnen ein überraschendes Vorzeichen. Ein Adler schwebte auf gebreiteten Schwingen sanft hernieder, nahm dem Lucumo den Hut vom Kopf, kreiste damit laut schreiend mehrmals über dem Wagen her und setzte ihn dann dem Manne wieder auf. Tanaquil, welche als Hetruskerin sich auf die Deutung himmlischer Zeichen wohl verstand, schloß hocherfreut ihren Gemahl in die Arme und verkündete ihm in der Stadt hohe Macht und Ehre.

Mit stolzen Hoffnungen fuhr das Paar in Rom ein, wo
Lucumo sich Lucius Tarquinius nannte. Durch freundliches
zuvorkommendes Wesen und den freigebigen Gebrauch seines
großen Vermögens erwarb er sich bald die Gunst des Volkes,
und es dauerte nicht lange, so war der kluge und dienstfertige
Mann dem König Ancus ein hochgeschätzter vertrauter Freund.
Vor seinem Tode setzte ihn der König zum Vormund seiner
Kinder ein. Als Ancus nach langer ruhmvoller Regierung gestorben war, drang Tarquinius eifrig auf die Wahl eines neuen
Königs. Zu der Zeit aber, wo die Volksversammlung zu diesem
Zwecke gehalten wurde, schickte er die beiden Söhne des Ancus,
welche dem Jünglingsalter nahe standen, auf die Jagd, damit
sie sich nicht um die Königswürde bewerben könnten, und trat
nun selbst vor dem Volke als Bewerber auf. Er ward einstimmig als der Würdigste zum König erwählt.

Lucius Tarquinius — Priscus, „der Alte", hieß er zum
Unterschied von dem jüngeren Tarquinius — erwies sich als
einen thatkräftigen und unternehmenden Fürsten, der in glücklichen
Kriegen die Feinde Roms zu Paaren trieb. Zuerst begannen
die Latiner einen Krieg, indem sie den Vertrag, zu welchem
Ancus Marcius sie gezwungen hatte, für erloschen erklärten.
Tarquinius besiegte sie und nahm Apiolä, eine Stadt von unbekannter Lage, durch Sturm. Mit reicher Beute kehrte er heim.
Hierauf wandte er seine Waffen gegen die latinischen Städte,
welche jenseits des Anio in dem Dreieck zwischen Anio und Tiber
lagen, und eroberte eine nach der andern, Corniculum, Alt-
Ficulea, Cameria, Crustumerium, Ameriola, Medullia, Nomentum.
Auch Collatia auf dem linken Ufer des Anio, wahrscheinlich eine
latinische Stadt, die aber Livius den Sabinern zutheilt, wurde
zur Unterwerfung gezwungen. Tarquinius ließ hier eine Besatzung
zurück und setzte seinen Brudersohn Egerius, der davon den
Beinamen Collatinus erhielt, als Lehnsfürsten ein.

Einen schwereren Krieg hatte Tarquinius mit den streitbaren Sabinern zu führen. Diese drangen in raschem Marsche, ohne daß ihnen die Römer entgegentreten konnten, über den Anio bis in die Nähe von Rom. Die erste Schlacht blieb unentschieden, die zweite gewann Tarquinius durch die Tapferkeit der von ihm verdoppelten Reiterei und dadurch, daß er während der Schlacht die Brücke, welche im Rücken der Sabiner über den Anio führte, durch brennende Flöße in Brand stecken ließ. Die erschreckten Sabiner wandten sich zur Flucht und wurden zum größten Theil von der Reiterei in den Fluß gesprengt. Hierauf zog Tarquinius selbst ins Sabinische und zwang die Feinde nach einem nochmaligen großen Sieg zu einem demüthigenden Frieden. Auch die Hetrusker soll Tarquinius in zwei Schlachten entscheidend geschlagen und gezwungen haben, ihn als das Haupt ihres Städtebundes anzuerkennen. Sie schickten ihm als Abzeichen der Oberherrlichkeit eine goldene Krone, einen elfenbeinernen Thronsessel (sella curulis), ein Scepter, eine Purpurtoga und 12 Ruthenbündel mit Beilen.

Diese Kriege mit Hetrurien, von denen Livius nichts erwähnt, scheinen erdichtet zu sein, weil man den Tarquinius für einen Hetrusker hielt und die genannten Insignien des Königthums aus Hetrurien stammen sollten. Aber es ist durchaus nicht wahrscheinlich, daß Tarquinius ein Hetrusker, ein „Lucumo", d. h. ein Abliger aus Hetrurien war. Die Tarquinier waren eine römische Gens, und es scheint, daß blos die Aehnlichkeit dieses Geschlechtsnamens mit dem Namen der Stadt Tarquinii die Sage von der Einwanderung des Tarquinius aus dieser Stadt herbeigeführt hat. In der Zeit der Tarquinier ist zu Rom kein hetruskischer Einfluß sichtbar, und die politischen Neuerungen dieser Zeit haben keine Verwandtschaft mit der bei den Hetruskern blühenden Adels- und Priesterherrschaft. Das Wahrscheinlichste ist, daß Tarquinius ein Latiner war, daß er dem Stande der Luceres angehörte, welchem er die gleiche politische Berechtigung mit den beiden andern Tribus verschaffte.

Durch die Luceres scheint er auf eine gewaltsame Weise zur Herrschaft gekommen zu sein. Er gelangte wenigstens nach der gewöhnlichen Erzählung auf eine unregelmäßige Weise auf den Thron, ohne vorausgehendes Interregnum, und der Wechsel der latinischen und sabinischen Könige hörte auf. Die latinische Bevölkerung ist in dieser Zeit in Rom so sehr angewachsen, daß sie das starre sabinische Element in den Hintergrund drängte und den Staat in eine bewegtere Geschichte und neue Entwicklungen hineintrieb. Zu dem Einschlagen in diese neue Richtung scheint die Verbindung, in welcher Rom wie das gesammte Latium zur Zeit der Tarquinier mit den Griechen Unteritaliens, namentlich mit Cumä stand, nicht wenig beigetragen zu haben.

Zu den Verfassungsveränderungen, welche dem Tarquinius Priscus zugeschrieben werden, gehörte die Ernennung von 100 neuen Senatoren, welche aller Wahrscheinlichkeit nach aus den Luceres genommen wurden. Außerdem wollte er neben den drei alten patricischen Tribus aus der zahlreich gewordenen Plebs, die noch als eine ungegliederte und rechtlose Masse lebte, um sie dem Gemeinwesen als ein lebendiges Glied einzuverleiben und ihr eine bestimmte politische Stellung zu geben, drei neue Tribus bilden; aber diesem Vorhaben trat im Interesse der Patricier der Augur Attus Navius, ein Sabiner, mit dem Vorhalte entgegen, daß die bestehende Staatsordnung auf göttlicher, durch die Augurien gegebener Sanction beruhe und also nicht durch menschliche Will-kühr abgeändert werden dürfe. Ohne Genehmigung der Vögel könne man keine Neuerung einführen. Der König, über diesen Widerstand aufgebracht, spottete, wie es heißt, über den Augur und seine Kunst und sagte: „Nun wohlan, du Mann Gottes, befrage deine Vögel, ob das möglich sei, was ich jetzt in Ge-danken habe." Der Augur hielt seine Auspicien und erklärte, daß es möglich sei. „Nun, sprach der König, ich dachte mir, du solltest mit einem Scheermesser einen Schleifstein durchschneiden. Hier hast du beides; thue nun, was deine Vögel als möglich

kund thun." Attus nahm den Stein und schnitt ihn mitten
entzwei. Jetzt stand der König von seinem Plane ab, er begnügte
sich damit, daß er eine Anzahl vornehmer plebejischer Familien
unter die Patricier aufnahm und den drei bestehenden Tribus
einfügte, so daß die Zahl der patricischen Geschlechter aufs
Doppelte stieg. Diese neu aufgenommenen Geschlechter heißen
die jüngeren (minores gentes im Gegensatz zu den majores),
und die aus ihnen gebildeten drei Tribushälften wurden secundi
(die zweiten) Ramnes, Tities und Luceres genannt. In Folge
der Verdoppelung der Tribus wurden auch die Reitercenturien
aufs Doppelte gebracht, so daß die Reiterei jetzt aus 1200 Mann
bestand.

Auf dem Comitium zu Rom befand sich ein sogenanntes
Puteal, ein brunnenförmig eingefaßter Raum, in welchem ein
Blitz eingegraben war; denn bei den Römern war es heiliger
Brauch, an der Stelle, wo ein Blitz eingeschlagen hatte, zur
Sühnung den Blitz zu vergraben, indem man daselbst einen
Kieselstein und einen Stahl, die Werkzeuge der Feuererzeugung,
verscharrte. In der Nähe des Puteals stand die Bildsäule eines
Mannes mit verhülltem Haupte, wie man sagte, das Bild des
Attus Navius. An diesen Denkmälern, der Statue und dem
Puteal mit Stein und Stahl, hat sich die Sage von Attus ge-
bildet. Vielleicht hatte die Witterung Stahl und Stein dem
Auge blos gelegt, vielleicht war der Stein in zwei Stücke zer-
fallen.

Ein weiteres Verdienst des Tarquinius Priscus war die
Verschönerung und Befestigung der Stadt. Die sumpfigen Niederungen zwischen den einzelnen Hügeln, das untere Forum, das
Velabrum, das Thal zwischen Palatin und Aventin, legte er
trocken durch gewaltige unterirdische Abzugscanäle (Cloaken), die
noch heute die Bewunderung der Welt erregen und Zeugniß
geben von den großen Mitteln der damaligen Herrschaft. Das
trockengelegte Forum, von Alters her der Markt- und Verkehrsplatz,

wurde mit Hallen und Kaufbuden umgeben, in dem Thal zwischen Palatin und Aventin legte er den Circus Maximus an zur Abhaltung der „römischen Spiele", welche in Wagenrennen und Faustkampf bestanden. Den Senatoren und Rittern wurden Plätze angewiesen, wo sie sich Schaugerüste auf 12 Fuß hohen Gabeln erbauen konnten. Sodann begann Tarquinius den erst von seinem Nachfolger Servius vollendeten Bau der großen Ring-mauer, welche die 7 Hügel von Rom zu einer großen geschlossenen Stadt verband. Die 7 Hügel, auf der linken Seite des Flusses gelegen, sind: Palatinus, Capitolinus, Quirinalis, Viminalis, Esquilinus, Cölius, Aventinus, von denen die sechs letzten um den ersten in einem Halbkreis herumliegen; dazu kommt dann auf der rechten Seite des Tiber noch das Janiculum.

Zuletzt begann noch Tarquinius den Bau des großen Jupiter-tempels auf dem Capitol, welchen er in dem sabinischen Kriege gelobt hatte; aber es war ihm nur vergönnt, den Grundstein zu dem großen Werk zu legen, erst sein Sohn hat es vollendet. Livius sagt, Tarquinius habe den Bau in einer solchen Aus-dehnung angelegt, als hätte er von der künftigen Majestät des Ortes ein Vorgefühl gehabt. Derselbe Gedanke, welcher dem Plane des Tarquinius, die Plebs in neue Tribus zu ordnen und mit den Patriciern zu einem Ganzen zu einigen, zu Grunde lag, sprach sich auch in der Gründung dieses Tempels und des an demselben haftenden Cultus aus. Tarquinius war bestrebt, die Zersplitterung der römischen Bevölkerung zu beseitigen, durch eine innigere Verbindung der verschiedenen Bürgerclassen die Kräfte des Staates zu concentriren; aber die bevorrechteten Altbürger, als deren Vorkämpfer Attus Navius auftrat, widersetzten sich seinem Bestreben und nöthigten ihn, auf halbem Wege stehen zu bleiben. Eine besondere Ausschließlichkeit herrschte in den Gottes-diensten. Die Ramnes und Tities hatten gemeinsame Sacra; davon aber waren die Luceres ausgeschlossen, und von den Gottesdiensten beider wurden wieder die Plebejer fern gehalten. Darum gründete jetzt Tarquinius einen Gottesdienst, der die ganze Bevölkerung umfassen und einen sollte, den Cultus der zu einem Dreiverein von Staatsschutzgottheiten verbundenen Götter Jupiter, Juno und Minerva, welchen der Tempel des Jupiter Capitolinus bestimmt war.

Im 80. Jahre seines Lebens, nach 38jähriger ruhmreicher Regierung fand Tarquinius seinen Tod durch Mörderhand. Die Söhne des Ancus hatten nicht vergessen können, daß die List ihres Vormundes sie um den väterlichen Thron gebracht hatte. Ihr Unmuth stieg noch höher, als es immer deutlicher wurde, daß der König seinen Schwiegersohn Servius Tullius zu seinem Nachfolger ausersehen hatte, so daß für sie gar keine Hoffnung mehr auf den Thron blieb. Um sich zu rächen, dangen sie Mörder. Zwei Hirten erschienen mit Aexten in der Königsburg und begannen unter einander lauten Streit und Zank, indem sie beide sich auf den König beriefen. Der König ließ sie hereinrufen, um ihren Streit zu schlichten. Während er aufmerksam dem Einen, der seine Sache vortrug, zuhörte, schlug der Andere ihm die Art in den Kopf. Der Mörder ließ die Art in der Wunde stecken und floh eiligst mit seinem Genossen aus der Burg. Tarquinius war todt. Die Söhne des Ancus hatten zwar ihren Rachedurst gestillt, aber auf den Thron mußten sie verzichten, da dieser durch die Klugheit der Tanaquil dem Servius erhalten blieb. Sobald sie erfuhren, daß die von ihnen gedungenen Meuchelmörder ergriffen seien, flüchteten sie aus dem Vaterland und gingen nach Suessa Pometia ins Elend.

Das Andenken des Königs Tarquinius blieb bei den Nachkommen in Ehren; mit noch größerer Gunst gedachte man seiner Gemahlin, welche nach einer älteren Ueberlieferung nicht die Hetruskerin Tanaquil, sondern die Römerin Gaia Cäcilia war. Diese galt als eine wohlthätige Zauberin und wurde bis in späte Zeit als das Muster einer römischen Hausfrau von den Bräuten geehrt.

König Servius Tullius.
(578—534.)

Nach der gewöhnlichen Sage war Servius Tullius der Sohn der Ocrisia, einer Sclavin in dem Hause des Tarquinius Priscus. Sie war die Gemahlin des Fürsten in der latinischen Stadt Corniculum, Servius Tullius, und war nach der Eroberung dieser Stadt, wobei ihr Gemahl den Tod gefunden, als Kriegsgefangene nach Rom in das Haus des Königs geführt worden, wo sie bald darauf den Servius Tullius gebar. Der Knabe wuchs als Sclave in der königlichen Familie auf, bis eine Wundererscheinung seinem Geschick eine andere Wendung gab. Als er eines Tags in der Vorhalle der Königsburg eingeschlafen war, sah man mit Schrecken sein Haupt mit feurigen Flammen umspielt. Das Geschrei derer, die es sahen, zog auch den König und die Königin herbei. Diese verwehrte, das Feuer zu löschen und den Knaben anzurufen, bis er von selbst erwachen würde. Als er erwachte, verschwand auch das Feuer. Tanaquil, die weissagekundige Hetruskerin, erkannte aus dem Wunder, daß das Haupt des Knaben zu hoher Herrschaft berufen war, und veranlaßte ihren Gemahl, daß sie von nun an den Servius Tullius wie ihr eigenes Kind aufzogen und sein Talent mit aller Sorgfalt pflegten. Servius wurde ein Jüngling von ächt königlichen Eigenschaften und machte sich beliebt bei König und Volk. Der König erwählte ihn zu seinem Eidam und überließ ihm, bei zunehmendem Alter, einen Theil der Regierungsgeschäfte, so daß man allgemein annahm, daß Servius nach dem Hingange des Königs in seine Stelle einrücken werde, zumal da dessen Söhne noch im Knabenalter standen. Das brachte dem Tarquinius den Tod, die Söhne des Ancus ließen ihn ermorden.

Als Tarquinius den tödtlichen Hieb empfangen hatte, ließ Tanaquil sogleich die Burgthore schließen und erklärte dem voll Schreck herbeigeeilten Volke, der König sei durch den plötzlichen

Schlag betäubt gewesen, sei aber jetzt wieder zu sich gekommen. Sie möchten gutes Muthes sein; die Art sei nicht tief ein- gedrungen, der König werde in den nächsten Tagen sich ihnen wieder zeigen können. Bis dahin, lasse er ihnen sagen, möchten sie den Befehlen des Servius Tullius gehorsam sein; der werde ihnen Recht sprechen und die übrigen Geschäfte des Königs be- sorgen. Servius, von Lictoren umgeben, setzte sich im Königs- kleide auf den Königsstuhl und sprach Recht; manches entschied er sogleich, über anderes sagte er, werde er den König befragen. Nachdem er sich hinlänglich auf dem Thron befestigt und durch eine starke Leibwache gedeckt, wurde der Tod des Tarquinius be- kannt gemacht, und Servius war König, der erste, der, ohne vom Volk ernannt zu sein, blos mit Zustimmung des Senates regierte.

Wir sind in dem Vorigen der Erzählung des Livius gefolgt; doch gibt es über die Herkunft des Servius sehr verschiedene Traditionen, die aber meistens darin übereinstimmen, daß er aus dem Sclavenstande hervorgegangen sei. Eine besonders alter- thümliche Sage ist die, daß der Genius der Heerdflamme in der Königsburg, oder der Hauslar der Königsburg mit der Jungfrau Ocrisia, welche als Sclavin der Königin dem Heerdgeiste Opfer vom königlichen Tische brachte, den Servius erzeugt habe. Diese göttliche Abkunft von dem Heerdgeiste der Königsburg bezeichnet den Servius als einen Neugründer Roms; denn er wird nach Romulus und Numa gewissermaßen als der dritte Gründer Roms angesehen, insofern er durch seine Centuriatverfassung und die Einordnung der Plebejer in die Bürgerschaft dem Staat eine neue Grundlage gegeben hat. Servius gilt in der römischen Sage immer als ein Mann, der durch die Gunst des Geschickes aus niederem Stande zur königlichen Würde emporgehoben und mit einer langen glücklichen Regierung gesegnet worden ist. For- tuna, die Göttin des Glückes, liebte ihn, so sagte man, und war heimlich mit ihm vermählt, wie Egeria mit Numa; sie besuchte

ihn oft, indem sie unvermerkt durch ein kleines Fenster in sein
Haus einging. Und Servius hat die huldreiche Göttin stets
dankbar verehrt und ihr eine Menge von Heiligthümern gestiftet.
Als Sclavensohn war Servius immer ein Freund der Sclaven
und des niederen Volkes, deren Noth er auf alle Weise zu lindern
bemüht war. Wie es sich in Wahrheit mit der Abstammung
des Servius verhält, ist nicht zu ermitteln. Es ist nicht unmöglich, daß er aus dem Sclavenstande hervorgegangen, doch scheint
es, daß der Name Servius zu dieser Annahme die Veranlassung
gab; denn servus heißt „Sclave." Auf eine unregelmäßige und
ungesetzliche Weise muß er wohl zum Throne gelangt sein.
Vielleicht gehörte er dem Stande der Plebejer an, dem er seine
Freiheit und politischen Rechte begründet hat. Dafür spricht
auch der Umstand, daß er auf dem Esquilinus gewohnt haben
soll, der später besonders von Plebejern besetzt gewesen ist.

Mit der römischen Tradition über die Herkunft des Servius
steht die der Hetrusker in entschiedenem Widerspruch. Der Kaiser
Claudius sagte in einer im Senat gehaltenen Rede: „Servius
Tullius war, wenn wir unsern einheimischen Geschichtschreibern
folgen, ein Sohn der gefangenen Ocrisia; folgen wir aber den
Tuskern, so war er der treuste Gefährte des Cäles Vivenna
(s. S. 35) und aller seiner Schicksale Genosse. Nach mannig-
faltigem Schicksalswechsel verdrängt, räumte er Hetrurien mit
den Ueberresten des cälischen Heeres, nahm den Berg Cälius
in Besitz und benannte ihn so nach seinem Anführer Cäles; er
selbst aber wurde mit verändertem Namen — denn tuskisch heißt
er Mastarna — Servius Tullius benannt und erlangte zum
größten Nutzen des Gemeinwesens die römische Königswürde."
Diese Tradition läßt sich mit der römischen auf keine Weise
vereinigen, und eine Entscheidung zwischen beiden ist nicht möglich;
man sieht nur, daß die Hetrusker eine von den Römern durchaus
verschiedene Königsgeschichte von Rom gehabt haben müssen. Für
einen Hetrusker aber können wir den Servius nicht halten;

dagegen spricht der ganze Character der von ihm geschaffenen Verfassung sowie seine freundliche Stellung zum Latinerbunde.

Servius suchte sich den angemaßten Thron zu sichern. Die beiden Söhne des Tarquinius, die ihm ein ähnliches Loos hätten bereiten können, wie die Söhne des Ancus dem Tarquinius, knüpfte er dadurch an sich, daß er ihnen seine beiden Töchter zur Ehe gab. Die Gunst des Volkes erwarb er sich durch Freundlichkeit und Milde, sowie durch einen glücklichen Krieg gegen Hetrurien. Doch war seine Thätigkeit vorzüglich friedlicher Natur; seine zwei bedeutendsten Werke waren die Vollendung des äußeren Umfangs der Stadt durch die Ausführung der von seinem Vorgänger begonnenen Befestigungsmauer und zweitens der innere Ausbau des Staates durch seine Tribus- und Centuriats-verfassung.

Die Plebejer waren in der letzten Zeit bedeutend angewachsen, so daß ihre Zahl die der Patricier weit übertraf; aber noch immer waren sie, obgleich den Patriciern an Bildung und geistigem Gehalt nicht nachstehend, eine von allen politischen Rechten aus-geschlossene ungeordnete Masse. Da ein solcher Zustand des Staates nicht ohne Gefahr war, so beschloß Servius die Plebs zu organisiren und als ein lebendiges Glied in das Gemeinde-wesen einzufügen. Zunächst theilte er zum Zwecke der Verwal-tung, namentlich der Truppenaushebung, der Erhebung des Tributs, der Vornahme der Schätzung oder des Census, das ganze römische Territorium in 30 (?) Bezirke oder Tribus, 4 städtische (tribus urbanae) und 26 (?) ländliche (rusticae). Die Bevölkerung eines solchen Bezirks hieß auch Tribus. Wahrscheinlich bestand diese aus allen Einwohnern des Bezirks, den Patriciern, Clienten und Plebejern; aber die Plebejer erhielten durch diese Eintheilung auch für sich eine besondere Gliederung, so daß sie, wenn sie ihre eigenen Versammlungen, ihre Comitien hielten, sich nach Tribus ordneten und abstimmten. Dies waren die Comitia tributa, welche aber vor der Hand noch keine politische Geltung

4*

hatten, sondern lediglich sich mit den besondern Angelegenheiten
der Plebs befaßten.

Außer dieser Bezirkseintheilung nahm Servius noch eine
zweite Eintheilung vor, welche die gesammte Bürgerschaft, die
Plebejer und Patricier, umfaßte und den Zweck hatte, die beiden
Stände zu Einem politischen Ganzen zu verschmelzen und jedem
einzelnen Bürger seine Rechte in der Volksversammlung, seinen
Antheil an der Regierung und Gesetzgebung zu bestimmen. Dies
war die Centuriatverfassung, die Gliederung des Volkes in Classen
und Centurien; der Eintheilungsgrund war nicht Geburt und
Stand oder die Zufälligkeit des Wohnorts, sondern, wie in der
Verfassung des Solon, das Vermögen oder der Census, und
zwar das Vermögen im Grundbesitz. Danach zerfiel die ganze
Bürgerschaft in folgende Abtheilungen, die zugleich das römische
Heer repräsentirten.

A. Die Ritter (equites) mit 18 Centurien, von denen 6 aus
    den alten patricischen Doppelcenturien bestanden, 12 aus
    den vornehmsten Plebejern neu gebildet waren.

B. Das Fußvolk in 5 Classen und 170 Centurien:
    I. Classe, bestehend aus 80 Centurien, mit einem Census
        von wenigstens 100,000 Asses.
    II. Classe, aus 20 Centurien, Census 75,000 Asses.
    III. Classe, aus 20 Centurien, Census 50,000 Asses.
    IV. Classe, aus 20 Centurien, Census 25,000 Asses.
    V. Classe, aus 30 Centurien, Census 12,500 Asses.
    Dazu kamen dann noch

C. die außer den Classen, mit 5 Centurien, und zwar:
    1) Die Proletarii oder Capite censi mit einer Centurie;
        sie hatten ein Vermögen von weniger als 12,500 As
        und wurden ohne Rücksicht auf Vermögensunterschied nach
        dem Kopf gezählt; sie hießen Proletarier, weil sie dem
        Staate nicht mit ihrem Vermögen, sondern blos mit
        ihren Kindern (proles) dienen konnten. Dagegen hießen

die Bürger in den 5 Classen locupletes, d. h. Grund-
und Bodenbesitzende, oder assidui, Steuerzahlende,
2) die Werkleute (fabri) beim Heer, mit 2 Centurien,
3) die Spielleute beim Heer (tubicines und cornicines),
mit 2 Centurien.

Das As betrug in alter Zeit 1 Pfund Kupfer. Indeß
sind die obigen Censusansätze nicht die ursprünglichen des Servius,
sondern sie stammten aus der Zeit des ersten punischen Krieges,
wo das As auf ein Sechstheil des bisherigen Werthes reducirt war.

Die Gesammtzahl der Centurien betrug 193, welche aber in
Bezug auf die Zahl der Köpfe sehr verschieden waren. Nach
Angabe des Cicero zählte eine Centurie der unteren Classen mehr
Köpfe, als fast die ganze erste Classe, und Dionysius sagt, die
Centurie der Proletarier sei so zahlreich gewesen, wie alle übrigen
Centurien zusammengenommen. Die Abstimmungen in der Volksversammlung geschahen so, daß die Stimme jeder Centurie nach
den Köpfen ermittelt wurde und die Mehrzahl der Centurien
entschied. Wenn daher die reichen und vornehmen Ritter und die
erste Classe zusammenhielten, so hatten sie mit ihren 98 Stimmen
die Entscheidung. Die Verfassung des Servius hatte also einen
conservativen, aristokratischen Character, der Reichthum besaß die
Ueberhand, und dieser war vorzugsweise in den Händen der
Patricier; im Princip jedoch war die Verfassung demokratisch,
insofern auch der ärmste Plebejer wenigstens Theil an der Abstimmung, an der Entscheidung über die wichtigsten Angelegenheiten des Staates hatte. Auch das war ein conservatives Element in der Centurieneintheilung, daß in jeder Classe die Hälfte
der ihr zugetheilten Centurien auf die Aelteren fiel, welche das
45. Lebensjahr überschritten hatten, die andere Hälfte auf die
Jüngeren, vom 17—45. Jahre. Die Zahl der Aelteren war
natürlich geringer, aber sie erhielten durch diese Einrichtung bei
der Abstimmung ein gleiches Gewicht mit der zahlreichen Jugend;
die Besonnenheit und Weisheit des Alters behauptete also ein

Uebergewicht über die Beweglichkeit des jugendlichen Alters. Die nach Centurien geordnete Versammlung hieß Centuriatcomitien (Comitia centuriata), und Servius übertrug ihr die Rechte, welche bisher die Versammlung der Patricier, die Comitia curiata besessen hatten, nämlich die Annahme neuer Gesetze, Bestätigung des erwählten Königs und der höchsten Beamten, die Entscheidung über Krieg und die oberste Gerichtsbarkeit in Provocationsfällen. Bei der Gesetzgebung hatten die Centuriatcomitien nur das Recht, die Vorschläge des Senats zu genehmigen oder zu verwerfen, und ihr Beschluß bedurfte der Genehmigung der Curiatcomitien. Seit Servius bestehen also zu Rom drei verschiedene Volks-versammlungen, die Centuriatcomitien des gesammten Volkes, die Curiatcomitien der Patricier und die Tributcomitien der Plebejer; die letzteren aber waren ohne Einfluß auf die allgemeinen An-gelegenheiten des Staates.

Diese servianische Classeneintheilung bildete zugleich auch die Gliederung des römischen Heerbanns, daher die besonderen Ab-theilungen der Ritter, der Trompeter und Hornbläser, der das Heer begleitenden Zimmerleute und Schmiede (fabri). Das nach Centurien versammelte Volk hieß exercitus, „das Heer.“ Die an Kopfzahl so verschiedenen Centurien konnten allerdings keine Heeresabtheilungen ausmachen, sie sind nur zum Behuf der Ab-stimmung in der Volksversammlung gebildet; sondern das Heer war geordnet nach den Classen. Die fünf Classen waren fünf Heeresabtheilungen von verschiedener Bewaffnung. Die Waffen der ersten Classe waren Helm, Rundschild, Beinschienen, Brust-harnisch, alles aus Erz, außerdem als Angriffswaffe Lanze und Schwert; die zweite Classe hatte alles wie die erste, nur keinen Brustharnisch und statt des Rundschildes einen Langschild aus Holz mit Leder überzogen; bei der dritten Classe fehlten weiter die Beinschienen; die vierte Classe führte nur Lanze und Wurf-spieß; die fünfte Schleudern und Schleudersteine. Je reicher Einer war, desto mehr mußte er auf seine Waffen verwenden,

desto mehr mußte er auch in den vordersten Reihen der Schlachtlinie der Gefahr sich aussetzen. Die Proletarier waren vom
Kriegsdienste frei. Die Centurien der Aelteren dienten nur als
Reserve und nöthigenfalls zum Garnisonsdienst in der Stadt,
während die Centurien der Jüngeren für den Felddienst bestimmt
waren.

Außerdem hatte die Classeneintheilung einen finanziellen Zweck,
indem das Tributum, die Steuerzahlung, die übrigens keine regelmäßige war, nach ihr bemessen wurde. Die Proletarier waren
von der Steuerzahlung befreit. Die Classeneintheilung bestimmte
also den Bürgern nach dem Vermögen einerseits das Maß ihrer
Rechte, andererseits das ihrer Pflichten.

Nachdem die Schätzung zum Behufe der Classeneintheilung
vollendet war, versammelte Servius das Volk nach den Centurien
auf dem Marsfelde außerhalb der Stadt und ließ es durch ein
Opfer entsündigen. Die Opferthiere, ein Schwein, ein Widder
und ein Stier, weshalb das Opfer suovetaurilia hieß, wurden
um das versammelte Volk geführt und dann dem Mars geschlachtet.
Dieses Reinigungsopfer (lustrum) war der Schätzungsschluß, und
es sollte in der Folge alle fünf Jahre bei jeder neuen Schätzung
wiederholt werden. Bei dem damaligen Schätzungsschluß sollen
nach Livius 80,000 Bürger geschätzt worden sein.

Die politischen Einrichtungen des Servius waren von den
wohlthätigsten Folgen; sie brachten dem römischen Volke Einigung
und Versöhnung und gaben der ganzen Verfassungsentwicklung
eine neue Grundlage. Denselben Geist der Versöhnung zeigte
auch die auswärtige Politik des Servius. Er machte sich die
Latiner, mit welchen sein Vorgänger in häufigen Kriegen gelegen,
zu Freunden und überredete ihre Fürsten und Edlen, daß sie,
ähnlich wie die kleinasiatischen Griechen das gemeinsame Heiligthum der Diana zu Ephesus gebaut hätten, zu Rom auf dem
Palatinus auf gemeinsame Kosten einen Tempel der Diana als
Bundesheiligthum gründeten. So trat Rom in das Bündniß

der Latiner ein; aber eine Anerkennung der römischen Oberhoheit
lag in der Gründung dieses Tempels nicht; die Latiner hatten
mehrere solcher Bundesheiligthümer, bei denen sie sich zu jähr-
licher Festfeier versammelten und Handelsmessen abhielten. Auch
die Sabiner scheinen an diesem Heiligthume Theil genommen zu
haben. Es wird erzählt, zur Zeit des Servius habe ein Mann
im Sabinerlande ein Rind von außerordentlicher Größe und
Schönheit, das er in seinem Viehstand gezogen, nach Rom zu
dem Tempel der Diana geführt, um es daselbst zu opfern; denn
die Wahrsager hatten dem Staate die Oberherrschaft über die
andern prophezeiht, dessen Bürger dieses Rind der aventinischen
Diana opfern würden. Auch der Priester dieses Tempels kannte
diese Weissagung. Als daher der Sabiner mit dem Opferthiere
erschien, schalt er ihn, daß er mit unreinen Händen der Göttin
nahe, und schickte ihn an den Tiber hinab, sich zu waschen.
Während der Abwesenheit des Sabiners opferte er im Namen
der Römer das Rind und knüpfte so die Aussicht der Oberherrschaft an seine Vaterstadt. Die Hörner des Thieres sah man
noch Jahrhunderte lang über dem Eingang des Tempels ange-
nagelt.

Servius Tullius genoß von seiner Jugend an und während
der ganzen Zeit seiner Regierung eine seltene Gunst des Glückes,
aber desto unglücklicher und erschütternder war sein Ende. Er
hatte, wie schon früher gemeldet, seine beiden Töchter mit den
beiden Söhnen des Tarquinius Priscus, dem Lucius und Aruns
Tarquinius, vermählt. Die Schwestern waren unter sich sehr
ungleich an Charakter, und ebenso auch die beiden Brüder. Die
ältere Tullia war sanft und fromm, während ihre Schwester ein
leidenschaftliches, ruchloses Gemüth hatte. Servius hatte daher
jene mit Lucius Tarquinius vermählt, damit sie durch ihre Sanft-
muth diesen leidenschaftlichen, stolzen und herrschsüchtigen Charakter bändigen möchte; in derselben Absicht ward der sanfte
Aruns mit der wilden Tullia vereinigt. Allein die Berechnungen

des Vaters schlugen fehl. Die beiden leidenschaftlichen Charaktere räumten die ihnen ungleichen Gatten aus dem Wege und reichten einander über den Leichen der Schwester und des Bruders die Hand zur Ehe, um dem Vater die Herrschaft zu entreißen. Tullia war ruchloser als ihr Gatte. Wie eine Furie trieb sie ihn, den Vater zu stürzen und ihr die Krone ins Haus zu bringen. Und Tarquinius folgte nur allzu bereitwillig. Er suchte einen Anhang unter den Patriciern, besonders bei den jüngeren Geschlechtern, welche den König wegen seiner Volksfreundlichkeit und seiner Neuerungen haßten und noch mehr gegen ihn aufgebracht wurden, als sich das Gerücht verbreitete, er wolle die Regierung niederlegen und eine republikanische Verfassung einführen. Tarquinius versäumte nichts, um den Servius zu schmähen und zu verdächtigen, den Haß gegen ihn zu schüren. Als er seinen Plan zur Ausführung reif glaubte, brach er eines Tages, im königlichen Gewande, mit einer Schaar von Bewaffneten auf den Markt, setzte sich auf den königlichen Stuhl vor dem Rathhause und ließ durch einen Herold den Senat vor den „König Tarquinius" zum Rathhause fordern. Die Senatoren erschienen, theils aus Furcht, theils im Einverständniß mit Tarquinius. Während dieser in einer längeren Rede den Servius, den unwürdigen Sohn einer Sclavin, den König und Freund der gemeinen Menge wegen seiner die Vornehmen verkürzenden Regierung anklagte und sein eigenes Recht auf den Thron zu beweisen suchte, kam Servius herbeigeeilt und stellte den Tarquinius wegen seiner Anmaßung zur Rede. Es entspann sich ein Wortwechsel, das Volk drängte sich laut schreiend zum Rathhause, seinem König zu helfen; da, in dem allgemeinen Tumult, ergriff Tarquinius den König, trug ihn aus dem Hause und warf den alten schwachen Mann die Treppe hinab auf die untersten Stufen. Darauf ging er in die Curie zurück, um den Senat zusammenzuhalten. Das Gefolge des Königs entfloh; er selbst, fast ohne Leben und Besinnung, suchte sich in seinen Palast zu

retten. Unterwegs aber, als er auf die Höhe der cyprischen
Gasse gekommen, ereilten ihn die nachgesandten Schergen des
Tarquinius und hieben ihn nieder.

Tullia konnte ihre Ungeduld nicht bezähmen; sie fuhr in
ihrem Prachtwagen auf den Markt, ohne Scheu vor der Masse
der Männer, rief ihren Gemahl aus dem Rathhause und begrüßte
ihn zuerst als König. Dem Tarquinius mißfiel ihr unweibliches
Eindringen, und er hieß sie, aus diesem Auflaufe sich zu entfernen. Auf dem Heimwege kam sie an die Stelle, wo ihr Vater
ermordet im Blute lag. Der Wagenlenker hielt erschreckt die
Zügel an, aber das ruchlose Weib, wie von den Rachegeistern
des gemordeten Mannes und der gemordeten Schwester getrieben,
lenkte den Wagen mitten über die väterliche Leiche und brachte
an den Rädern des Wagens und an ihrem Kleide das nach
Rache schreiende Blut des Vaters in ihr Haus. Die Gasse, in
der dieser unerhörte Frevel geschehen, hieß seitdem die Frevelgasse
(vicus sceleratus).

So endete Servius Tullius nach einer 44jährigen segensreichen Regierung. Das römische Volk bewahrte ihm als seinem
Wohlthäter, dem menschenfreundlichen Beschützer aller Bedrückten
und Bedrängten, dem Stifter seiner Freiheit und bürgerlichen
Ordnung, ein dankbares Andenken bis in späte Zeiten.

König Tarquinius der Jüngere.
(534—510 v. Chr.)

Tarquinius, durch Verbrechen und Gewalt zum Throne gelangt, regierte als Tyrann, weshalb er den Beinamen Superbus
erhielt, d. h. der Uebermüthige, der Gewaltthätige. Er hob die
Verfassung des Servius wieder auf und regierte nach eigenem
Gutdünken hart und grausam. Die peinliche Gerichtsbarkeit nahm
er für sich allein in Beschlag, so daß er Jeden, der ihm ver-

dächtig oder mißliebig war, hinrichten, verbannen, seines Vermögens berauben konnte. Dadurch wurde der Zusammenhalt der
patricischen Familien erschüttert und namentlich der Senat stark
gelichtet; denn es war die Absicht des despotischen Königs, diese
Körperschaft, welche bisher die königliche Gewalt in Schranken
gehalten, ihrer Würde und Geltung zu berauben und zuletzt ganz
außer Thätigkeit zu setzen. Das niedere Volk bedrückte er durch
ungerechte Steuern und herbe Frohndienste bei seinen großartigen
Bauten dermaßen, daß viele sich aus Verzweiflung das Leben
nahmen. Da er wohl wußte, daß sein Thron nur auf Gewalt,
nicht auf Recht und der Liebe des Volkes ruhte, so sicherte er
sich durch eine starke Leibwache; er unterhielt eine Menge von
Lauschern und Spähern und verbot, um Tumult und Auflauf zu
verhüten, alle öffentlichen Zusammenkünfte. Um seine Gewaltherrschaft durch auswärtigen Beistand zu stützen, machte er sich
die vornehmsten Männer unter den Latinern zu Freunden und
verhalf ihnen in ihren Städten zu ähnlicher Macht. Dem Angesehensten und Einflußreichsten unter ihnen, dem Octavius Mamilius zu Tusculum, der sein Geschlecht von Odysseus und der
Zauberin Circe herleitete, gab er seine Tochter zur Ehe, wodurch
er die vielen Verwandten und Freunde desselben zu den seinigen
machte.

Aber dieser despotische König erhob Rom mehr als einer
seiner Vorgänger zu Macht und Glanz. Seine Verbindungen
mit den latinischen Großen dienten ihm zugleich dazu, die Herrschaft Roms über den ganzen latinischen Bund auszudehnen.
Sein Hauptgegner bei diesen Bestrebungen war Turnus Herdonius
von Aricia. Als Tarquinius eine Versammlung der Latiner zu
dem Haine der Ferentina am Fuße des albanischen Berges, wo
gewöhnlich die Tagsatzungen des latinischen Bundes gehalten
wurden, geladen hatte, und die Versammelten den ganzen Tag
über auf seine Ankunft warten ließ, um zu versuchen, wieviel er
den Latinern bieten dürfe, machte Herdonius auf die Pläne des

Römers aufmerksam und warnte vor seiner Herrschsucht. Tarquinius, der erst des Abends spät erschien, um die Verhandlungen
auf den folgenden Tag zu verlegen, beschloß den Untergang des
gefährlichen Mannes. Er ließ während der Nacht heimlich eine
Menge von Waffen und Schwertern in die Herberge des Herdonius schaffen, und nachdem er kurz vor Tagesanbruch die vornehmsten Latiner zu sich beschieden, klagte er ihn der Verschwörung gegen ihr Leben und gegen die Freiheit von Latium an.
Man fand die Schwerter, legte den Herdonius in Ketten und
verurtheilte ihn in der sogleich veranstalteten Versammlung zum
Tode. Die Erbitterung über den Verräther bei dem Anblicke
der Waffen war so groß, daß man ihm alle Vertheidigung versagte und ihn auf eine noch nie vorgekommene Weise tödtete.
Er wurde in dem Quell der Ferentina ertränkt. Das Schicksal
des Herdonius benahm den Widersachern des Tarquinius allen
Muth; als er hierauf den Antrag stellte, die Latiner möchten
sich um des gemeinschaftlichen Besten willen unter den Oberbefehl
Roms stellen, wagte keiner zu widersprechen, zumal da sie die
Häupter ihres Volkes auf des Tarquinius Seite sahen. Um
jedem Abfall der Verbündeten vorzubeugen, vermischte er die
Heerhaufen der Latiner mit den römischen und gab ihnen römische
Anführer.

In Gabii, einer der mächtigsten latinischen Städte, setzte
Tarquinius ein eigenes Erbfürstenthum unter seinem Sohne
Sextus ein. Der Bundesvertrag, den er damals mit Gabii
schloß, wurde noch in späten Zeiten zu Rom aufbewahrt; er
war geschrieben auf die über einen hölzernen Schild gezogene
Haut des Rindes, das bei dem Abschluß des Vertrags geopfert
worden war. Da ein solcher Vertrag nicht mit einem durch
Eroberung unterworfenen Staate abgeschlossen wurde, so kann
die gewöhnliche Tradition von der Unterwerfung Gabiis nicht
historisch sein. Diese lautet folgendermaßen: Gabii hatte dem
römischen Könige den Gehorsam verweigert und war längere Zeit

vergebens von ihm betriegt worden. Da er durch Gewalt nichts vermochte, verlegte er sich auf Betrug und List. Sextus, der jüngste seiner Söhne, kam, den Leib mit blutigen Striemen bedeckt, als Ueberläufer nach Gabii und klagte, er sei von seinem Vater grausam mißhandelt worden. Die Gabiner hießen ihn freundlich willkommen und schenkten ihm bald ihr ganzes Vertrauen. Er veranlaßte sie zur Erneuerung des Krieges mit Rom, in welchem er an der Spitze einer rüstigen Jünglingsschaar manches glückliche Gefecht bestand, so daß die Gabiner, ohne zu ahnen, daß jene Siege verabredete Sache waren, zuletzt ihm den Oberbefehl über ihre ganze Streitmacht gaben. Nachdem Sextus in Gabii die volle Gewalt in seine Hände gebracht hatte, schickte er einen Getreuen an seinen Vater mit der Anfrage, was er nun thun solle. Der König gab keine mündliche Antwort. Von dem Boten begleitet, ging er, wie in tiefen Gedanken, schweigend in seinem Garten hin und her und schlug mit seinem Stabe immer die höchsten Mohnköpfe ab. Sextus verstand die Weisung seines Vaters; er schaffte die Häupter der Stadt durch falsche Anklage und Meuchelmord aus dem Wege und lieferte darauf die ihrer Berather und Helfer beraubte Stadt ohne Schwertstreich seinem Vater in die Hände. — Diese ganze Geschichte ist eine nach griechischen Erzählungen gebildete Erdichtung. Die List des Sextus ist dem Verfahren des Zopyrus nachgebildet, der verstümmelt nach Babylon ging und die ihm vertrauenden Babylonier seinem König Darius in die Hände lieferte; der Rath des Vaters Tarquinius ist derselbe, welchen Thrasybulus, der Tyrann von Milet, dem Periander von Korinth gab (Griech. Geschichte Bd. I. S. 139).

Ein Grund, weshalb die Latiner ohne großen Widerstand die Führerschaft der Römer anerkannten, mag in dem Umstande gelegen haben, daß sie damals von ihren südlichen Nachbarn, den streitbaren Volskern, bedrängt wurden. Tarquinius begann einen Krieg mit den Volskern, der von da an noch fast 200 Jahre ununterbrochen fortgedauert hat, und nahm ihre reiche Stadt Suessa Pometia durch Sturm. Die Beute, welche er hier machte, war so groß, daß er den Plan faßte, den von seinem Vater begonnenen Tempel des Jupiter Capitolinus in einer solchen Größe und mit solcher Pracht auszuführen, wie sie des mächtigen Gottes und der römischen Herrschaft und der Majestät des Standplatzes selbst würdig wäre. In dem den Volskern abgenommenen Gebiete gründete er die römischen Colonien Signia im Trerusthal und Circeji auf dem Vorgebirge Circeji, welche, das eine von der Landseite, das andere von der See her die Hauptstadt decken sollten.

Der Macht seines Reiches sollte der Glanz seiner Hauptstadt entsprechen. Darum führte er die mächtigen und prachtvollen Bauten aus, die sein Vater begonnen, aber wegen ihrer Großartigkeit nicht hatte vollenden können. Der Bau der Cloaken wurde zu Ende geführt, unter denen die größte, die Cloaca Maxima, in welche das ganze System der Abzugscanäle mündete, eine solche Weite hatte, daß ein beladener Heuwagen in dieselbe einfahren konnte. Um den Circus Maximus, den sein Vater angelegt, baute Tarquinius feste Sitzbänke. Sein glänzendstes Werk aber war der Jupitertempel auf dem Capitol, der stets als der heilige Mittelpunkt des römischen Reiches angesehen worden ist. An der Stelle, wo er aufgeführt werden sollte, befanden sich mehrere Heiligthümer, welche exaugurirt werden mußten. Als man die Götter, welche dieselben besaßen, durch den Vogelflug um ihre Einwilligung befragte, gaben sie sämmtlich eine Verlegung ihrer Heiligthümer zu, mit Ausnahme des Grenzgottes Terminus und der Juventas, der Göttin der Jugend; und darin erkannte man die Verheißung, daß der römische Staat ewig jung bleiben und seine Grenzen nie zurückweichen würden. Die Heiligthümer beider Gottheiten wurden in den Umkreis des Tempels eingeschlossen. Ein anderes Zeichen verkündete die zukünftige Weltherrschaft. Als nämlich die Fundamente des Tempels gegraben wurden, fand

man in der Erde das Haupt (caput) eines Menschen mit un-
versehrtem Antlitz, und das erklärte man sich so, daß dieses
Capitol mit seinem Tempel dereinst das Haupt der Welt werden
würde. Der Tempel wurde von hetruskischen Meistern in hetrus-
kischem Style gebaut; er bestand aus einer Cella und einer Säulen-
halle, die vorn drei Reihen, auf den Seiten eine Reihe Säulen
hatte. Die Säulen hatten 9 Fuß Durchmesser und 64 Fuß
Höhe; der ganze Tempel betrug in der Breite 192½ Fuß, in
der Länge 207½ Fuß. Zum Schmucke des Giebels war ein
thönernes Viergespann bestimmt, das bei vejentischen Meistern
bestellt war. Als das Kunstwerk im Backofen gehärtet ward, schwoll
es so an, daß man den Ofen abbrechen mußte, um es herauszu-
nehmen. Dieses Wunder erklärten die hetruskischen Weissager
so, daß das Volk, bei welchem das Bildwerk aufgestellt werden
würde, zu Glück und Herrschaft emporwachsen würde, und deshalb wollten es die Vejenter nicht herausgeben. Als jedoch bei
Gelegenheit eines Wettrennens zu Veji das siegreiche Viergespann
plötzlich und unaufhaltsam nach Rom rannte bis vor den capitolinischen Tempel, da lieferten die Vejenter, durch das Wunderzeichen geschreckt, jenes Bildwerk den Römern aus. Auch ein in
Hetrurien gefertigtes thönernes Standbild des Jupiter wurde von
Tarquinius in dem Tempel aufgestellt, die erste Bildsäule eines
Gottes, welche zu Rom errichtet ward.

Unter Tarquinius Superbus empfingen die Römer die sibyl-
linischen Weissagebücher, in denen die künftigen Geschicke ihres
Staates verborgen lagen. Eines Tages kam zu dem König
Tarquinius eine unbekannte, fremd gekleidete Alte und bot ihm
gegen einen hohen Preis neue Bücher göttlicher Weissagung an.
Der König fand den Preis zu hoch und schickte sie fort. Die
Alte verbrannte drei Bücher und bot dann die übrigen sechs dem
König um denselben Preis an. Wieder fortgeschickt, kam sie mit
nur noch drei Büchern zurück, für welche sie wieder den alten
Preis forderte. Da ward der König nachdenklich; er berief

ſchleunigſt bie Prieſter und Weiſſager unb erfuhr, daß die Alte
die Sibylla von Cumä ſei und ihre Weiſſagungen die größte
Wichtigkeit für Rom hätten. Der König gab den verlangten
Preis, und die Alte verſchwand. Die ſibylliniſchen Bücher, über
deren’ Herkunft ſchon S. 4 geſprochen iſt, wurden in einem
unterirdiſchen Gewölbe des capitoliniſchen Tempels aufbewahrt
und bei wichtigen Angelegenheiten des Staates um Rath gefragt.
Sie waren in griechiſcher Sprache geſchrieben und haben einen
großen Einfluß auf die römiſche Religion geübt, indem durch ſie
griechiſche Götter und Religionsvorſtellungen in Rom allmählich
Eingang fanden.

Bisher waren dem Tarquinius alle ſeine Unternehmungen
wohl gelungen. Aber drohende Wunderzeichen und ſchlimme
Träume verkündeten ein nahendes Unheil. Eine Schaar von
Geiern zerſtörte ein Adlerneſt in der Nähe der Königsburg, töbtete
die Jungen und vertrieb die zurückkehrenden Alten; eine Schlange
raubte dem opfernden König das Opferfleiſch, eine Peſt brachte
Verderben den Müttern und Säuglingen. Der König träumte,
er führe zwei Widder zum Altar, ſie zu opfern; während er den
einen ſchlachtete, ſtieß ihn der andere rücklings zu Boden, und
er ſah am Himmel die Sonne ihre Bahn verkehren, daß ſie nach
Oſten ging. Die Traumbeuter warnten den König vor dem,
der dumm ſcheine wie ein Schaf, aber ein weiſes Herz im Buſen
trage; er werde ihn vom Throne ſtoßen. Die Verkehrung der
Sonne von der Linken zur Rechten bedeute einen heilſamen Um-
ſchwung in der Lage des römiſchen Volkes.

Der König ward von banger Sorge für ſein Haus erfüllt
und beſchloß, das delphiſche Orakel zu befragen; da es ihm aber
bedenklich ſchien, die Antwort des Gottes über ſein Haus einem
Fremden anzuvertrauen, ſo ſchickte er zwei ſeiner Söhne, Titus
und Aruns, nach Delphi und gab ihnen zur Unterhaltung, wie
es heißt, ihren blödſinnigen Vetter Lucius Junius Brutus mit:
dieſer war der Sohn eines eblen Römers, Marcus Junius, und

der Tarquinia, der Schwester des Königs. Tarquinius aber hatte seinen Schwager tödten lassen, um sich seiner großen Reichthümer zu bemächtigen, und um sich vor Blutrache zu sichern, mordete er auch dessen ältesten Sohn. Den jüngeren Sohn Lucius, der noch ein Kind war, nahm er in sein Haus und ließ ihn mit seinen Söhnen aufwachsen. Dem Knaben blieb das Geschick der Seinen nicht verborgen; um sich vor gleichem Loos zu bewahren, stellte er sich blödsinnig, und er führte seine Rolle so geschickt durch, daß er allgemein Brutus, d. h. der Blödsinnige, genannt ward. Jetzt gab ihn der König seinen Söhnen zur Kurzweil mit nach Delphi. Dort brachten die königlichen Prinzen dem Apollo kostbare Weihgeschenke dar, Brutus aber seinen einfachen Reisestab; jene wußten nicht, daß der hölzerne Stab des Brutus in seinem Inneren einen goldenen Stab barg — ein geheimes Sinnbild seines Geistes. Nachdem die Jünglinge die Aufträge ihres Vaters ausgerichtet hatten, kam ihnen die Lust, den Gott zu fragen, an wen von ihnen die römische Herrschaft fallen werde. Die Antwort lautete: „Die höchste Herrschaft in Rom wird der haben, welcher zuerst von euch, ihr Jünglinge, der Mutter den Kuß reicht." Die Prinzen kamen überein, ihrem Bruder Sextus das Orakel zu verheimlichen und nach ihrer Heimkehr der Mutter zugleich den Kuß zu geben. Brutus aber hatte sich den Spruch anders und besser ausgelegt. Er fiel wie stolpernd nieder und küßte die Mutter Erde. Als die Jünglinge nach Rom zurückkehrten, rüstete man sich dort mit aller Macht zum Krieg gegen Ardea, die reiche Stadt der Rutuler. Tarquinius versuchte die feste Stadt, welche auf einem hohen schroffen Felsen lag, im ersten Sturm zu nehmen; allein der Angriff wurde abgeschlagen, und man mußte sich zu einer längeren Belagerung bequemen. Während derselben verkürzten sich die jungen Prinzen oft die Zeit in dem Lager durch gegenseitige Gastgebote und nächtliches Schwärmen. Eines Abends zechten sie bei Sextus Tarquinius, und es war bei der Gesell-

schaft auch Tarquinius von Collatia, der Sohn des früher genannten Egerius. Das Gespräch fiel auf ihre Frauen, und jeder
pries die seinige über die Maßen. Als der Streit hitziger ward,
rief Tarquinius Collatinus: „Wozu bedarf's der Worte! Laßt
uns zu Pferde steigen und mit eigenen Augen sehen, was jetzt
unsere Frauen treiben. Das ist die beste Probe." Die von
Wein erhitzten jungen Männer flogen auf ihren Rossen nach
Rom. Hier trafen sie die königlichen Schwiegertöchter im Kreis
ihrer Gespielen bei üppigen Gastereien; als sie aber nach Collatia kamen, saß Lucretia, des Collatinus Gemahlin, noch in
später Nacht mit ihren Mägden beim Wollespinnen. Lucretia
erhielt den Preis. Aber die Schönheit der trefflichen Frau hatte
den Sextus Tarquinius zu schnöder Lust entflammt. Nach einigen
Tagen kam er, nur von einem Sclaven begleitet, nach Collatia
in das Haus der Lucretia, wo er freundliche Aufnahme fand.
In der Nacht aber trat er an das Lager der Lucretia, und als
alle Mittel der Ueberredung an der Standhaftigkeit der keuschen
Frau scheiterten, drohte er zuletzt, er werde sie ermorden und
einen ermordeten Sclaven nackend neben sie legen, damit es hieße,
er habe sie im schmutzigsten Ehebruch getödtet, ein Rächer der
Ehre ihres Mannes. So zwang er endlich durch die Furcht
unauslöschlicher Schande die unglückliche Frau, welche sein Schwert
nicht erschreckt hatte, zur Befriedigung seiner verbrecherischen Gelüste. Stolz auf seinen Triumph über weibliche Ehre ritt der
Frevler leichtsinnigen Herzens davon, nicht ahnend, wie hinter
ihm schnellen Schrittes die Rache ihm folgte zu seinem und seines
Hauses Verderben.

Voll tiefen Grams über ihr Unglück, sandte Lucretia sogleich
einen Boten nach Rom an ihren Vater Spurius Lucretius und
nach Ardea an ihren Mann, sie möchten jeder mit einem treuen
Freunde kommen, in aller Eile, denn es sei Schreckliches geschehen.
Der alte Lucretius kam mit Publius Valerius, dem Sohne des
Volesus, demselben, der später den Namen Poplicola erhielt,

Collatinus kam mit L. Junius Brutus. Sie fanden Lucretia tief betrübt in ihrem Schlafgemach sitzen. Voll Scham und unter vielen Thränen erzählte sie, was geschehen, und beschwor die Männer, daß sie ihre Ehre rächten an dem Ehebrecher. Hierauf stieß sie sich einen verborgen gehaltenen Dolch ins Herz und fiel sterbend zu Boden. Laut auf schrieen Mann und Vater.

Noch standen Vater und Gatte in stummem Schmerze da, als Brutus, die Maske des Blödsinnigen abwerfend, den bluttriefenden Dolch aus der Brust der Lucretia zog, voll eblen Zorns emporhielt und schwor, den despotischen Tarquinius mit seinem gottlosen Weibe und allen Kindern seines Stammes mit Feuer und Schwert und aller möglichen Gewalt zu verfolgen und nicht mehr zu dulden, daß hinfort zu Rom ein König herrsche. Darauf reichte er den Dolch dem Collatinus, dem Lucretius, dem Valerius, welche, über die Verwandlung des Mannes staunend, den Schwur wiederholten. Sie trugen die Leiche der Lucretia auf den Markt. Das herbeigeströmte Volk, erschüttert durch das entsetzliche Ereigniß, folgte willig den Zorneworten des Brutus, der sie aufforderte, die Waffen zu ergreifen und sich loszusagen von dem frevelhaften Königshause. Man besetzte die Thore, und eine Schaar Bewaffneter folgte dem Brutus nach Rom. Der König war bei dem Heere vor Ardea. Brutus, der damals als Oberster der Ritter (Tribunus celerum) die nächste Stelle nach dem König bekleidete, rief das Volk zur Versammlung, schilderte in einer feurigen Rede das verbrecherische Treiben des Königs und seiner Familie und forderte zur Empörung auf. Das schon längst unzufriedene Volk faßte den Beschluß, dem König die Regierung abzusprechen und ihn mit seinem ganzen Hause des Landes zu verweisen.

Hierauf zog Brutus mit einer Schaar von Bewaffneten in das Lager bei Ardea, um auch das Heer gegen den König aufzuwiegeln, während er dem Lucretius, der von dem König zu seinem Statthalter in Rom (Praefectus urbi) ernannt war,

den Oberbefehl in der Stadt ließ. Tarquinius war voll Bestürzung nach Rom geeilt, um den Aufstand zu dämpfen, und ohne
auf einander zu treffen, kamen sie fast zu gleicher Zeit, der Eine
vor Ardea, der Andere vor Rom an. Hier fand der König die
Thore verschlossen und empfing die Verkündigung seiner Verbannung. Er wanderte nach Cäre im Hetruskerland; denn das
Heer vor Ardea hatte sich unterdessen auch dem Brutus und der
Sache der Freiheit angeschlossen und die königlichen Prinzen aus
dem Lager verjagt. Zwei folgten dem Vater nach Cäre, Sextus
ging nach Gabii, wo er von den erbitterten Bürgern wegen seiner
früheren Missethaten erschlagen wurde. Tullia, die verhaßte Königin, war schon gleich nach dem ersten Tumulte in Rom mit
wenigen Begleitern aus ihrem Palaste geflüchtet, verfolgt von den
Flüchen der Männer und Frauen, welche die Göttinnen der
Rache gegen die ruchlose Mörderin aufriefen.

Tarquinius Superbus hatte 25 Jahre regiert. Er war
der letzte römische König; denn von nun an, seit 510 v. Chr.,
ist Rom ein Freistaat, an dessen Spitze statt eines Königs zwei
jährliche Consuln stehen.

Die Geschichte des Tarquinius Superbus muß in ihren
Grundzügen als historisch angenommen werden, ohne daß wir
jedoch die Wahrheit alles Einzelnen behaupten dürften. Es
mischt sich noch manches Sagenhafte und Unglaubliche mit ein.
Wir wollen nur an Brutus erinnern, der der Oberste der Ritter
war, also der Erste nach dem König, und doch viele Jahre lang
die Rolle eines Blödsinnigen gespielt haben soll. Offenbar hat
nur der Name Brutus diese Sage von seinem Blödsinn hervorgerufen. Daß Tarquinius despotisch und ungesetzlich geherrscht,
ist wohl nicht zu bezweifeln, aber gewiß ist auch, daß der Haß
derer, die ihn gestürzt, und der Abscheu späterer Zeit vor aller
Alleinherrschaft sein Bild schwärzer gemalt hat, als es wirklich
war. Er war ein bedeutender Mann, der, wenn auch durch
Mittel der Gewalt, den römischen Staat zu großer Macht er-

hoben hatte. Seine Widersacher waren die vornehmen Geschlechter, die sich durch seine Herrschaft niedergedrückt sahen, und sie haben ihn gestürzt, um die Regierung in ihre Hand zu nehmen. Wieweit die Plebs an der Umwälzung betheiligt war, läßt sich nicht bestimmen; wenigstens hat sie keine Vortheile von derselben gezogen, und der König war dem niederen Volke immer ein Schutz gegen die Ansprüche der vornehmen Geschlechter gewesen.

Die Zeit des Tarquinius Priscus, Servius Tullius und Tarquinius Superbus, oder das tarquinische Zeitalter hat einen von der vorausgehenden Periode verschiedenen Character. Der Wechsel der latinischen und sabinischen Könige hört auf; die Könige gelangen ohne vorausgehendes Interregnum auf unregelmäßige Weise zur Herrschaft und verlieren sie durch Mord und Gewalt. Die drei letzten Könige scheinen dem latinischen Stamme anzugehören, der im Laufe der Zeit über die Sabiner die Ueberhand bekommen hatte. Die Sabiner waren es vorzugsweise, welche dem römischen Staat durch ihren gläubigen, an alter Satzung festhaltenden Sinn den Character der Stabilität und Ausschließlichkeit aufgedrückt, ihn zu einer Art von patriarchalischem Kirchenstaat gemacht hatten; die Latiner, von größerer Lebendigkeit und Beweglichkeit und mehr dem politischen Leben zugewandt, durchbrachen die Schranken, welche die sabinische Starrheit dem Staate gezogen hatte, und trieben ihn auf die Bahn des Fortschritts. Auf dieses latinische Element gestützt, unternahmen es Tarquinius Priscus und Servius, den locker zusammengefügten Geschlechterstaat einheitlicher zu gestalten, durch eine neue Verfassung die gebundenen Kräfte des Volkes zu lösen und zugleich zu concentriren, um dem Staate nach außen eine größere Macht zu verschaffen. Tarquinius Superbus folgte seinen Vorgängern in diesen Bestrebungen; aber er suchte seinen Zweck zu erreichen durch eine unumschränkte Alleinherrschaft. Und er erreichte Großes, es gelang ihm, Rom zur Hauptstadt von ganz Latium zu machen. Aus einem Handelsvertrag, den Rom im

erſten Jahre der Republik mit Carthago abſchloß, einem zuver-
läſſigen Documente, erſehen wir, daß die römiſche Herrſchaft an
der Küſte hinabging von Oſtia bis nach Terracina. Dieſe Macht
des Staates ging bedeutend rückwärts, ſobald die Alleinherrſchaft
der Tarquinier geſtürzt und das Regiment in die Hände der
Geſchlechter gekommen war.

Aus dem eben erwähnten Vertrag ergibt ſich auch, daß
Rom und die ihm unterthänigen Latinerſtädte in der tarquiniſchen
Zeit einen nicht unbedeutenden Handelsverkehr hatten. Ihre
Schiffe gingen bis an die Küſte von Afrika. Der Träger dieſes
Verkehrs war für Rom ohne Zweifel nicht der ſabiniſche, ſondern
der beweglichere latiniſche Beſtandtheil der Bevölkerung, der
weniger an der Scholle haftete und ſich fremden Einflüſſen zu-
gänglich zeigte. Beſonders lebhaft war der Verkehr mit den
Griechen Unteritaliens, und daher ſchreibt ſich der griechiſche
Einfluß, der unter den Tarquiniern nicht nur in Rom, ſondern
in ganz Latium zu Tage tritt. Nach dem Ausſpruch des Cicero
iſt „mit den Tarquiniern nicht blos ein ſchwaches Bächlein,
ſondern ein überwallender Strom griechiſcher Wiſſenſchaft und
Kunſt" nach Rom gefloſſen. Von Unteritalien erhielten die
Römer die Buchſtabenſchrift, ſie lernten von dorther die Helden-
ſage und die epiſche Poeſie der Griechen kennen, weshalb in
dieſer Zeit die Gründungsſagen vieler latiniſchen Städte, die von
homeriſchen Helden abſtammen wollen, ihre Entſtehung haben.
Von Cumä aus kamen die ſibylliniſchen Bücher nach Rom,
welche ganz in griechiſchen Vorſtellungen ſich bewegen. Sie wurden Orakelbücher des Staates; aber Tarquinius Superbus be-
ſchickte auch ſchon das Orakel des delphiſchen Apollon. Durch den
eindringenden helleniſchen Geiſt entſtanden nicht blos neue Formen
des Gottesdienſtes und neue Arten der Weiſſagung, glänzendere
Feſte, großartige reich ausgeſtattete Tempel, wie der capitoliniſche
Jupitertempel mit ſeinen Anſprüchen auf Herrſchaft und königliche
Macht, ſondern man begann auch die Götter in menſchlicher

Gestalt darzustellen; die römische Religion wurde gleich der griechischen anthropomorphistisch, während sie bisher in altitalischer Weise
die Götter nur in Symbolen verehrt hatte. Jupiter z. B. war
durch einen Stein repräsentirt, Mars durch eine Lanze. Derselbe
Geist der Neuerung, den wir auf dem politischen Gebiete gesehen,
machte sich also auch in der Religion geltend; überhaupt trat
Rom in der tarquinischen Zeit aus den gebundenen Zuständen
des alten Patriarchalstaates heraus und gelangte in regem Verkehr
mit fremden Nationen unter der Leitung staatskluger hochstrebender
Fürsten zu einer höheren Cultur, in welcher das altitalische Wesen
mit ausländischer Civilisation sich mischte. Die Revolution,
welche das Königthum beseitigte, setzte für längere Zeit auch den
Culturbestrebungen der Tarquinier ein Ziel und suchte den Staat
im Interesse des patricischen Standes auf die alten einfachen
Verhältnisse zurückzuführen, Schifffahrt und Handelsverkehr mit
dem fernen Ausland scheinen in den zwei nächsten Jahrhunderten
völlig barniedergelegen zu haben.

Die Chronologie der tarquinischen Zeit in ihrer gewöhnlichen Ueberlieferung leidet an großen Unwahrscheinlichkeiten.
Tarquinius Priscus soll im achten Regierungsjahr des Ancus
als Mann von etwa 30 Jahren nach Rom gekommen sein; er
war also nach den noch übrigen 16 Jahren des Ancus und
seinen eigenen 38 Regierungsjahren über 80 Jahre alt, und er
soll noch unmündige Kinder zurückgelassen haben. Servius Tullius
regierte 44 Jahre; war also bei seinem Regierungsantritt Tarquinius Superbus, der Sohn des ersten Tarquinius, nur 10 Jahre
alt, so hatte er beim Sturz des Servius 54 Jahre, und doch
war er nach der allgemeinen Tradition damals noch ein jugendlicher Mann. War aber Tarquinius Superbus beim Tode
seines Vaters ein Jüngling von etwa 25 Jahren — Servius
verheirathete ihn nach Livius bald nach seinem Regierungsantritt
— so war er beim Sturz des Servius gegen 70 Jahre alt,
bei seiner eigenen Vertreibung mehr als 90 und in der Schlacht

beim See Regillus, in der er mitfocht, in einem Alter von 108 Jahren. Um diese Unwahrscheinlichkeiten zu beseitigen, nahmen einige römische Schriftsteller an, der zweite Tarquinius sei ein Enkel des ersten gewesen; aber dies ist eben gegen die allgemeine Ueberlieferung. Besser wäre noch in dieser Beziehung die Annahme, Servius habe nur kurze Zeit regiert. Doch alle chronologischen Angaben über die Königszeit sind ohne feste Grundlage. Die Römer hatten über die Königszeit keine gleichzeitigen schriftlichen Aufzeichnungen; was die späteren Schriftsteller über dieselbe erzählen, beruht auf mündlicher Tradition, deren Inhalt Sage ist, gemischt mit historischen Facten, der Art, daß in der späteren Königszeit das Historische immer mehr hervortritt. Die Zeit der Könige soll von 753—510 v. Chr., also im Ganzen 243 Jahre gedauert, und in diesem langen Zeitraum sollen nur sieben Könige regiert haben, ein sonst in der Geschichte nicht vorkommendes Verhältniß. Rom hat ohne Zweifel mehr Könige gehabt als sieben, zumal da man höchst wahrscheinlich der römischen Königszeit eine größere Ausdehnung zuschreiben muß, als 243 Jahre. Der späteren Zeit waren nur sieben Königsnamen überliefert, und danach hat sie sich die Geschichte der Königszeit construirt, so daß in den sieben Königen sich die sieben Hauptmomente oder Grundthatsachen der vorrepublikanischen Verfassungsgeschichte darstellen. Die drei ersten Könige vertraten die drei alten Tribus der Ramnes, Tities und Luceres, Ancus Marcius legte den Grund zur Plebs, Tarquinius Priscus stiftete die jüngeren Geschlechter; Servius die Tribus- und Centurienverfassung, an Tarquinius Superbus knüpft sich der Sturz des Königthums. Die Zeit des römischen Königthums hat übrigens die politischen Ordnungen geschaffen, auf welchen die spätere Größe Roms sich aufbaut; das römische Volk trat aus ihr hervor als ein ernstes thatkräftiges, zu Gemeinsinn und Gesetzlichkeit erzogenes Geschlecht, das im Gefühl seiner moralischen Tüchtigkeit und seiner lebendigen Kraft sich zu großen Dingen berufen glaubte.

Vom Beginn der Republik bis zur Ausgleichung der Stände.

(509 — 366.)

Die ersten Jahre der Republik bis zu des Tarquinius Tod.

Nach der Vertreibung des Tarquinius setzten die Römer an die Stelle eines Königs zwei jährlich wechselnde Consuln oder, wie sie Anfangs hießen, Prätoren, und sie wählten fürs erste Jahr den Junius Brutus und den Tarquinius Collatinus. Die leitende Persönlichkeit war Brutus, der die Freiheit nicht eifriger begründet hatte, als er sie von nun an bewachte. Er ließ das Volk schwören, daß es nie mehr zu Rom einen König dulden wolle. Die von Tarquinius beseitigte servianische Verfassung stellte er wieder her, und den Senat, der unter dem letzten König sehr zusammengeschmolzen war, ergänzte er durch Aufnahme vornehmer Plebejer wieder zu der vollen Zahl von 300 Mitgliedern. Diese neu Aufgenommenen hießen Conscripti, „Zugewählte", und daher schreibt sich die Anrede der Senatoren: Patres (et) conscripti. Beide Maßnahmen waren geeignet, die Plebs für die neue Ordnung zu gewinnen.

Die Consuln hatten dieselben militärischen und politischen Befugnisse, dieselbe Richter- und Strafgewalt, wie die Könige; aber der jährliche Wechsel und die Theilung der Gewalt unter

zwei Personen sicherte den Staat vor der Gefahr einer tyranni-
schen Herrschaft. Am Schlusse ihres Amtsjahres traten die Consuln wieder in den Privatstand zurück und konnten dann zur
Verantwortung gezogen werden, und während ihres Amtes konnte
der eine immer durch die Einsprache des andern an seinen Unternehmungen gehindert werden. Die Wahl der Consuln geschah
durch die Centuriatcomitien, aber danach mußte ihnen noch von
den Curiatcomitien durch ein besonderes Gesetz (lex curiata de
imperio) das Imperium übertragen werden, dessen Inbegriff
folgende Rechte waren: Der militärische Oberbefehl, die Berufung
der Centuriatcomitien, die Richter- und Strafgewalt. Die königliche Machtfülle blieb also ungeschmälert bei den Consuln, nur
die priesterlichen Functionen, die der König gehabt hatte, gingen
nicht auf sie über. Da diese Cultushandlungen von alter Zeit
her mit dem königlichen Namen verbunden gewesen waren, so
glaubte man, den Göttern gegenüber das Königthum nicht aufheben zu dürfen und schuf, wie auch die Griechen nach Abschaffung
der Könige thaten, ein besonderes Priesteramt, dem der Königstitel blieb. Dies war der Opferkönig (Rex sacrificulus oder
Rex sacrorum), der, wie früher die Könige, auf Lebenslang
gewählt ward und äußerlich einen sehr hohen Rang einnahm, so
daß er scheinbar selbst über dem Pontifex Maximus stand; aber
in Bezug auf seine Amtsthätigkeit war er diesem untergeben.
Um jedem Gelüste nach königlicher Gewalt, wozu der Königstitel
hätte verleiten können, vorzubeugen, entzog man dem Opferkönig
allen politischen Einfluß, er durfte nie ein bürgerliches Amt bekleiden und nie vor einer Volksversammlung auftreten.

Wenn Zeiten großer Bedrängniß eintraten, wo ein rasches
und durchgreifendes Handeln nöthig war, wurde außerordentlicher
Weise die volle königliche Gewalt für kurze Zeit wieder hergestellt
durch Ernennung eines Dictators, dessen Amt höchstens sechs
Monate dauern durfte. Der Dictator wurde im Auftrag des
Senates ohne Theilnahme des Volkes von einem der Consuln

ernannt und empfing alsdann von den Curiatcomitien fein
Imperium, eine unumschränkte Gewalt ohne Verantwortlichkeit
und ohne Appellation. Alle übrigen Magistrate, auch die Consuln, waren ihm untergeordnet. Seinen nächsten Unterbeamten,
den Magister Equitum, den Anführer der Reiterei, welcher dem
Tribunus Celerum unter den Königen entsprach, erwählte sich
der Dictator selbst. Zum Zeichen seiner hohen Macht hatte der
Dictator 24 Lictoren, während die Consuln deren nur 12 hatten.
In welchem Jahre der erste Dictator ernannt worden ist, und
wer dieser war, wissen die alten Schriftsteller uns nicht bestimmt
zu sagen.

Der Senat stand zwar rechtlich unter den Consuln, allein
durch den jährlichen Wechsel der Consuln und der übrigen
Magistrate kam es, daß der Senat, eine ständige Körperschaft
von 300 auf Lebensdauer berufenen Männern von angesehener
Stellung, politischer Einsicht und Erfahrung, der eigentliche
Träger der römischen Politik ward und einen weit ausgedehnteren
Einfluß hatte, als in der Königszeit. Der Senat beherrschte die
auswärtigen Angelegenheiten; er leitete die völkerrechtlichen Beziehungen zu andern Staaten, beantragte bei den Comitien den
Krieg und besorgte die Führung desselben, indem die Aushebung
der Mannschaft, die Ernennung der Feldherrn, die Verwilligung
der Gelder u. f. w. in seiner Hand lag; er genehmigte die
Friedensschlüsse, gestattete den Triumph und die Dankfeste zu
Ehren der Feldherrn. Ebenso bedeutend waren seine Befugnisse
in der inneren Verwaltung; er hatte die Aufsicht über das gesammte Religionswesen und über alle Magistraturen, er leitete
als oberste Finanzbehörde den ganzen Staatshaushalt und hatte
einen wesentlichen Einfluß auf die Comitien, indem kein Beschluß
in den Centuriat- und Curiatcomitien gefaßt werden konnte ohne
einen Vorbeschluß des Senates.

Die Centuriatcomitien, in denen die Plebejer mit den
Patriciern stimmten, erhielten bei der Gründung der Republik

dieselben Rechte, die ihnen von Servius gegeben worden waren:
die Wahl der obersten Beamten, die Entscheidung über Kriegserklärung, die Mitwirkung bei der Gesetzgebung.   Dazu kam
noch im ersten Jahre der Republik durch Valerius Poplicola als
viertes Recht, bei Appellation in Capitalverbrechen als oberstes
Gericht zu fungiren.   Bei der Ausübung dieser Rechte waren
jedoch die Centuriatcomitien in mancher Hinsicht beschränkt; bei
den Wahlen nämlich und den auf die Gesetzgebung bezüglichen
Beschlüssen hatten sie nur einen Vorbeschluß des Senates zu genehmigen oder zu verwerfen, und die Wahlen sowohl wie die
Gesetzesbeschlüsse wurden nur gültig durch die Genehmigung der
Curiatcomitien.   Die Plebejer also, wenn sie auch das Uebergewicht in den Centuriatcomitien besaßen, hatten doch gegen die
Patricier, die in den Curiatcomitien allein und im Senate vorzugsweise vertreten waren, eine machtlose Stellung.

Ueberhaupt war die Lage der Plebs beim Beginn der
Republik eine sehr gedrückte, die Patricier allein hatten das
Regiment.   Sie herrschten im Senate und in den Comitien, sie
waren im ausschließlichen Besitz der bürgerlichen Aemter, der
Priesterthümer und der Auspicien, welche bei allen politischen
Acten von großer Wichtigkeit waren.   Sie bewahrten für sich
die Rechtskenntniß in bürgerlichen und geistlichen Dingen wie
eine Geheimlehre, so daß die Plebs in der Rechtspflege ganz in
ihre Hände gegeben war; auch hatte die Plebs keinen Schutz
gegen die Willkühr der Magistrate.   Da die Patricier sich allein
als Vollbürger betrachteten, so gaben sie den Plebejern auch
keinen Antheil an dem Staatsvermögen und an der Benutzung
des Gemeindelandes; und doch hatten die Plebejer vorzugsweise
die Lasten des Staates zu tragen.   Sie machten den Haupttheil
des Heeres aus und zahlten den größten Theil der Steuern.
Der römische Staat war also bei Beginn der Republik eine aus-
gebildete Aristokratenherrschaft, die wohl deswegen Anfangs noch

einen milderen Anſtrich hatte, weil eine günſtige Stimmung der
Plebejer zur Aufrechterhaltung des Staates nöthig war.

Das römiſche Volk, ſo heißt es, war um die Erhaltung
ſeiner jungen Freiheit ſo ſehr beſorgt, daß ihm der Conſul Tarquinius Collatinus blos ſchon wegen ſeines Namens und ſeiner
Verwandtſchaft mit den Tarquiniern verdächtig ward. So lange
ein Tarquinier in der Stadt ſei, ſagte man, habe man für die
Freiheit zu fürchten, und nun habe ein Tarquinier noch die
Regierung in Händen. Als Brutus die Stimmung des Volkes
erfuhr, berief er eine Volksverſammlung und forderte ſeinen
Collegen auf, durch freiwillige Entfernung den Staat von dieſer
Furcht zu befreien. Collatinus war über den Antrag ſo erſtaunt,
daß er Anfangs keine Worte fand; als er endlich anfangen wollte
zu reden, umringten ihn die Erſten des Staates und unterſtützten
des Brutus Bitten. Aber erſt als auch der alte Lucretius, ſein
Schwiegervater, in ihn drang, den Wünſchen des Volkes zu will-
fahren, legte er freiwillig, wenn auch mit widerſtrebendem Herzen,
ſein Amt nieder und wanderte nach Lavinium aus. Nach einer
andern Erzählung wollte Collatinus ſich nicht fügen und wurde
deshalb von Brutus durch einen Volksbeſchluß aus der Stadt
gewieſen. Durch einen weiteren Beſchluß, den Brutus veranlaßte,
wurde über das ganze Geſchlecht der Tarquinier die Verbannung
ausgeſprochen. An die Stelle des Collatinus ließ ſich Brutus
den Publius Valerius zum Mitconſul wählen.

Der vertriebene König hatte übrigens in der Stadt noch
manchen Anhänger. Durch deren Hülfe verſuchte er die Rückkehr.
Er ſchickte Geſandte nach Rom, mit dem Auftrag, die Herausgabe der königlichen Güter zu verlangen. Da ſich wegen der
Verhandlungen mit dem Senat ihr Aufenthalt in die Länge zog,
ſo hatten ſie Zeit, mit einzelnen vornehmen Perſonen in der
Stadt geheime Verbindungen anzuknüpfen, welche die Wieder-
einſetzung des Königs Tarquinius zum Zwecke hatten. Unter
den Verſchwörern waren beſonders thätig die Gebrüder Vitellius,

nahe Anverwandte des Brutus, der mit ihrer Schwester Vitellia
vermählt war, und die Gebrüder Aquillius, Neffen des Consuls
Collatinus. Durch diese wurde noch eine Anzahl vornehmer
Jünglinge gewonnen, welche mit den Söhnen des Königs be-
freundet waren und, mißvergnügt mit der jetzigen Strenge des
Rechts, das ungebundene Leben zurückwünschten, das sie mit ihren
Freunden unter der Königsherrschaft geführt hatten. Auch zwei
Söhne des Brutus, Titus und Tiberius, waren unter ihrer Zahl,
verführt durch ihre Oheime, die Vitellier. Unterdeß hatte der
Senat die Herausgabe der königlichen Güter beschlossen, und die
Gesandten hielten noch, ehe sie abzogen, häufige Zusammenkünfte
mit den Verräthern. Am Abend aber vor ihrer Abreise, als sie
in dem Hause der Vitellier Briefe der Verschwornen in Empfang
nahmen und die letzte Absprache hielten, wurden sie von einem
Sclaven, Namens Vindicius, belauscht, der nichts Eiligeres zu
thun hatte, als die Sache den Consuln anzuzeigen. Die Verschwornen wurden sogleich in Haft genommen und, da die Briefe
ihre Schuld offenbarten, zum Tode verurtheilt.

Bei diesem Blutgericht hatte Brutus den Vorsitz, und es
ward ihm die schwere Aufgabe zu Theil, über die eigenen Söhne
den Todesspruch zu thun. Ohne in seinen Mienen die Regungen
des Vaterherzens zu verrathen, mit strengem ernsten Antlitz sah
er zu, wie auf seinen Befehl die Lictoren den gebundenen Söhnen
den Rücken mit Ruthen stäubten, sie zu Boden warfen und
ihnen mit dem Beil das Haupt abschlugen. Dann ging er mit
verhülltem Haupte von der Richtstätte in sein verödetes Haus
und überließ es dem versammelten Volke, die Hinrichtung der
übrigen Verschworenen vollstrecken zu lassen.

Nach der Erzählung des Plutarch in dem Leben des Poplicola
war damals Collatinus noch im Consulat. Weicheren Herzens als
sein College Brutus, versuchte er seine Neffen, die Aquillier, zu
retten. Aber Valerius trat ihm entgegen, und das Volk verurtheilte die beiden Brüder gleich den Uebrigen zum Tode. Dieser

Vorfall ſoll dann dem Collatinus, der wegen ſeines Namens ſchon verdächtig war, vollends die Gunſt des Volkes entzogen haben, ſo daß er ſich zur Auswanderung entſchloß.

Der Sclave Vindicius, welcher die Verſchwörung entdeckt hatte, wurde mit der Freiheit und dem Bürgerrechte beſchenkt. Deshalb ſoll die feierliche, vor dem Magiſtrat vorgenommene Form der Freilaſſung vindicta genannt worden ſein. Umgekehrt wird man nach dem Worte vindicta den Namen Vindicius gedichtet haben.

Die Geſandten des Tarquinius wurden, obgleich ſie das Geſandtſchaftsrecht verwirkt hatten, ungekränkt entlaſſen; aber die Güter gab man nunmehr dem Tarquinius nicht zurück. Der Senat überließ ſie dem Volke zur Plünderung, um es durch dieſen Raub für immer mit den vertriebenen Königen zu entzweien. Das Feld zwiſchen dem Capitol und dem Tiber, das nicht königliches Privateigenthum, ſondern Krongut geweſen war, wurde dem Mars geweiht und hieß ſeitdem das Marsfeld (Campus Martius). Das Korn, welches auf dem geweihten Felde ſtand, ſcheute man ſich in menſchlichen Gebrauch zu nehmen; es wurde in den Fluß geworfen und bildete, da es in dem ſeichten Waſſer hangen blieb und mit Schlamm überdeckt ward, die Grundlage für die heilige Tiberinſel, die ſpäter auf beiden Seiten durch Brücken mit der Stadt verbunden wurde.

Nachdem Tarquinius durch Verrath und Liſt nicht zu ſeinem Ziel gekommen, verſuchte er es mit Krieg und Gewalt. Er brachte die hetruskiſchen Städte Veji und Tarquinii dahin, daß ſie mit bewaffneter Macht gegen Rom zogen, um es dem König wieder zu unterwerfen. In der Nähe des Waldes Arſia trafen die feindlichen Heere auf einander. Brutus zog an der Spitze der römiſchen Reiterei recognoscirend dem Fußvolke, das unter Valerius folgte, voraus; ebenſo bildete bei den Feinden die Reiterei unter Aruns Tarquinius den Vortrab. Sobald beide Führer einander anſichtig wurden und erkannten, ſprengten ſie,

von Haß und Zorn getrieben, mit verhängtem Zügel auf einander
los und durchbohrten sich gegenseitig mit den Lanzen, daß sie
beide sterbend zur Erde sanken.

· Bald geriethen auch die Heere aneinander, Reiterei und
Fußvolk, und sie kämpften ohne Entscheidung, bis ein Gewittersturm sie trennte. · Während in der Nacht die beiden Heere ruhig
in ihren Lagern standen, durchzog plötzlich ein Rauschen den
Wald Arsia, und eine Stimme rief laut, die Römer hätten
gesiegt, von den Hetruskern wäre ein Mann mehr gefallen. Das
war die Stimme des Waldgottes Silvanus, welche den Hetruskern
einen so panischen Schrecken einjagte, daß sie sogleich flüchtend
davoneilten. Die Römer nahmen ihr Lager, und als sie auf dem
Schlachtfelde die Todten zählten, war auf der hetruskischen Seite
Ein Mann mehr.

Der Tod des Brutus ließ die Römer ihres Sieges nicht froh
werden. Sie bestatteten ·den Begründer ihrer Freiheit mit aller
damals möglichen Pracht, und die Frauen betrauerten ihn ein
ganzes Jahr als den Rächer gekränkter Frauenehre. Die dankbare Nachwelt setzte ihm ein ehernes Standbild auf dem Capitol;
es stand mit gezücktem Schwert mitten unter den Bildern der
Könige.

Nach dem Tode des Brutus führte Valerius das Consulat
allein weiter, damit er bei der Einführung der Gesetze, welche er
zur Sicherung der Freiheit beabsichtigte, durch den Einspruch
eines Collegen nicht behindert würde. Das Volk aber, welches
seine Absichten nicht kannte, glaubte, er strebe nach der Alleinherrschaft, um so mehr, als Valerius sich ein burgähnliches Haus
auf der Velia baute, einem Vorsprung des Palatinus, der den
Markt beherrschte und vordem der Wohnsitz von mehreren Königen
gewesen war. Sobald Valerius den Argwohn des Volkes merkte,
berief er eine Volksversammlung, um sich zu rechtfertigen, und
als er vor sie trat, ließ er seine Lictoren die Fasces senken.
Deß freute sich das Volk; denn es sah, daß er die Majestät und

Macht des Volkes über die des Consuls ſetzte. Nachdem er hierauf in einer längeren Rede ihnen ihren unbegründeten Verdacht zum Vorwurf gemacht, erklärte er, daß er ſein Haus abbrechen und am Fuße des Hügels aufſchlagen laſſen werde. Und ſo that er.

Der Argwohn des Volkes war gebrochen, und die alte Liebe und das Vertrauen zu dem Conſul ſteigerte ſich, als er mit folgenden zwei populären Geſetzesvorſchriften vor die Volksverſammlung trat. Das eine belegte jeden Verſuch, das Königthum wieder herzuſtellen und eine Alleinherrſchaft aufzurichten, mit Fluch und Aechtung; das andere gab jedem Bürger, dem Plebejer wie dem Patricier, das Recht, gegen Strafurtheile der Magiſtrate, welche auf Tod oder körperliche Züchtigung lauteten, an die Volksverſammlung zu appelliren; und zwar appellirte, wie es ſcheint, der Plebejer an die Centuriat-, der Patricier an die Curiatcomitien. Dies iſt die wichtige Lex Valeria de provocatione. In Folge dieſes Geſetzes ward es für alle Zeiten Sitte, innerhalb der ſtädtiſchen Bannmeile, d. h. in der Stadt und in einem Umkreis von 1000 Schritten um dieſelbe, die Beile in den Faſces der Lictoren wegzulaſſen, zum Zeichen, daß in dieſem Umkreis dem Conſul das Recht über Leben und Tod der Bürger nicht zuſtehe. Wegen dieſer und mehrerer andern volksfreundlichen Geſetze erhielt Valerius den Beinamen Poplicola, „Volksfreund.“

Valerius ſoll auch die Verwaltung des Staatsſchatzes von den Conſuln auf die Quäſtoren übertragen haben, eine Maßnahme, wodurch die conſulariſche Gewalt eine Beſchränkung erlitt. Wir haben bei dem Proceß des Horatius unter Tullus Hoſtilius die zwei vom König ernannten Quäſtoren (quaestores parricidii) als Criminalrichter und öffentliche Ankläger fungiren ſehen. Dieſe werden alſo jetzt zugleich Schatzbeamte (quaestores aerarii), und das ſind ſie ſpäter ausſchließlich, indem der Criminalproceß auf Andere übertragen wird. Es wird jedoch von Manchen bezweifelt, ob überhaupt die Schatzquästur und die Criminalquästur je einmal mit einander vereinigt gewesen seien.

Nachdem Valerius seine Gesetze durchgeführt hatte, ließ er sich einen Mitconsul wählen in der Person des Spurius Lucretius, des Vaters der Lucretia, und als dieser hochbetagte Mann nach wenigen Tagen starb, folgte ihm M. Horatius Pulvillus. Noch war der Tempel des Jupiter auf dem Capitol, den die Tarquinier erbaut, nicht eingeweiht. Jeder der beiden Consule wünschte für sich die Ehre der Einweihung, aber das Loos entschied für Horatius. Das verdroß die Familie der Valerier, und sie suchte, während Poplicola im Krieg gegen die Vejenter abwesend war, die heilige Handlung durch List zu vereiteln. Als eben Horatius die Hand an die Thürpfosten des Tempels gelegt hatte und unter allgemeinem Schweigen die Weiheformel sprach, trat M. Valerius, Poplicolas Bruder, zu ihm vor und sprach: „Dein Sohn Horatius ist todt, eine Krankheit hat ihn im Lager weggerafft; da du eine Leiche im Hause hast, darfst du den Tempel nicht weihen." Doch ohne die Handlung zu unterbrechen, rief Horatius festen Muthes: „Werfet den Leichnam weg, mir gilt es gleich!" Der capitolinische Tempel trug bis auf die Zeiten des Sulla, wo er vom Feuer verzehrt ward, in seiner Weiheschrift den Namen des Horatius.

Dies sind die Ereignisse im ersten Jahre der Republik. Aber es ist zu bemerken, daß im Anfang der Republik die römische Geschichte noch eine Zeit lang ohne Boden ist, sie schwankt zwischen Sage und wirklicher Geschichte. Zwar wird uns die Tradition jetzt nach den einzelnen Magistratsjahren überliefert, was in der Königszeit nicht der Fall war; aber die Folge der Consuln und die Einreihung der Ereignisse in ihre Magistratsjahre erscheint noch sehr unsicher. So sollen, was kaum glaublich, im ersten Jahre fünf Consuln gewesen sein, und unter diesen sind vier, welche bei der Vertreibung der Könige betheiligt waren. Auch ist es zweifelhaft, ob die Vertreibung der Könige so schnell

und mühelos vor ſich gegangen iſt, ob die neue Regierungsform
mit zwei Prätoren oder Conſuln ſogleich eingeführt ward. Es
wird nicht ohne Grund vermuthet, daß nach der Vertreibung des
Tarquinius Superbus ſein Verwandter Collatinus noch eine
Zeit lang mit beſchränkter Macht und ohne den königlichen Titel
regiert hat, und daß, als auch er weichen mußte, die Familie
der Valerier nach der Herrſchaft ſtrebte; da ſie jedoch ihre Ab-
ſichten nicht durchzuſetzen vermochte, ſo begründete Poplicola die
republikaniſche Freiheit. Der ſagenhafte Character dieſer erſten
Zeit der Republik tritt noch recht augenſcheinlich hervor in dem
nun folgenden Kriege mit Porſenna.

Nachdem die Vejenter und Tarquinienſer ſich vom Kriege
zurückgezogen hatten, fand Tarquinius Zuflucht und Hülfe bei
Porſenna, dem König von Cluſium, dem mächtigſten Fürſten in
Hetrurien. Als dieſer mit einem großen Heere gegen Rom zog,
gerieth der Senat in Schrecken, nicht blos wegen der Macht des
Feindes, ſondern auch wegen der eigenen Bürger; er fürchtete,
dieſe möchten in der erſten Beſtürzung durch die Wiederaufnahme
des Tarquinius den Frieden erkaufen wollen. Darum ſuchte er
durch mancherlei Vergünſtigungen das Volk zu gewinnen; er befreite es von Schoß und Zoll, ſorgte für billiges Getreide,
ermäßigte die Salzpreiſe. Bei der Annäherung des Feindes zog
ſich Alles vom Lande in die Stadt zurück, welche durch ihre
Mauern und den Fluß hinlänglich geſchützt ſchien. Doch beinahe
wäre die Stadt beim erſten Anlauf genommen worden. Porſenna
erſtürmte die Schanze auf dem Janiculum, und die römiſche
Mannſchaft eilte mit ſolchem Schrecken den Berg hinab, über die
Tiberbrücke in die Stadt, daß der Feind mit eingebrungen wäre,
wenn nicht Ein Mann, Horatius Cales, am Eingang der Brücke
ſich aufgeſtellt und ihren Andrang abgewehrt hätte. Zwei andere
Männer, Spurius Lartius und Titus Herminius, blieben bei
ihm zurück und kämpften an ſeiner Seite mit Todesmuth, während
die übrigen Römer auf des Horatius Aufforderung in ihrem

Rücken die Brücke zerstörten. Endlich sandte Horatius auch seine
beiden Genossen zurück, und nachdem die Brücke hinter ihm krachend
zusammengestürzt war, warf er sich in voller Rüstung in den
Fluß und schwamm unter dem Hagel feindlicher Geschosse unversehrt zu den Seinigen hinüber. Der Staat ehrte ihn durch Errichtung eines Standbildes und schenkte ihm soviel Ackerland, als
er an einem Tage mit dem Pfluge umziehen konnte. Auch die
Einzelnen zeigten sich dankbar; bei der bald eintretenden Hungersnoth steuerten sie ihm soviel Lebensmittel, als sich Jeder ab-
darben konnte.

Nachdem nämlich der erste Angriff mißglückt war, belagerte
Porsenna die Stadt vom Janiculum und vom Flusse aus und
schnitt ihr durch ausgesandte Streifzüge alle Zufuhr ab. Die
Stadt schien verloren. Da entschloß sich ein römischer Jüngling,
Cajus Mucius, zu einer kühnen That; er schlich sich in das
feindliche Lager, um den Porsenna zu ermorden Dort stellte er
sich in den dichtesten Haufen der Krieger, welche, um das königli-
liche Tribunal gedrängt, eben ihre Löhnung in Empfang nahmen.
Der Schreiber des Königs, welcher neben diesem in fast ebenso
prächtiger Kleidung dasaß, war ganz besonders beschäftigt, und
an ihn wandten sich nach der Reihe die Soldaten. Diesen hielt
Mucius für den König, und er stieß ihm den Dolch in die
Brust. Mit der blutigen Waffe bahnte er sich den Rückweg
durch den bestürzten Haufen; aber er ward ergriffen und vor
den König geführt. Trotzig und ungebeugt erklärte er dem
König, daß er ihn habe tödten wollen, um seine Vaterstadt zu
retten, daß aber nach ihm noch eine ganze Reihe anderer römischer Jünglinge erscheinen werde mit derselben Absicht. Voll
Zorn und erschreckt durch die Gefahr, befahl der König, den
Jüngling durch Feuersqual zu foltern, damit er über die gegen
sein Leben gemachten Pläne näheren Aufschluß gäbe. Da streckte
Mucius seine Rechte in das Feuer eines danebenstehenden Opfer-
beckens, mit den Worten: „Sieh her und lerne, wie wenig denen

der Körper gilt, die hohen Ruhm vor Augen haben." Mit
empfindungsloſer Feſtigkeit brannte er ſich die Hand ab. Entſetzt
ſprang der König von ſeinem Sitz auf, ließ den heldenmüthigen
Jüngling von dem Feuer wegreißen und ſchenkte ihm die Freiheit.
Da offenbarte Mucius, wie zum Danke für ſolche Großmuth,
daß 300 römiſche Jünglinge ſich verſchworen hätten, den König
zu tödten, ihn ſelbſt habe zuerſt das Loos getroffen. Der König
ſei alſo zu keiner Stunde ſeines Lebens ſicher. Ungekränkt kehrte
Mucius heim. Man gab ihm wegen des Verluſtes ſeiner rechten
Hand den Beinamen Scävola, d. h. „Linkhand", und der Senat
ſchenkte ihm zum Lohn ſeines Heldenmuthes eine Strecke Landes
jenſeits des Tiber, welche ſeitdem die muciſchen Wieſen hieß.   .

Dem Mucius folgten ſogleich die Geſandten des Porſenna
in die Stadt. Die Drohungen deſſelben hatten den König ſo
erſchreckt, daß er ſich nirgends mehr ſicher fühlte, und darum bot
er den Römern den Frieden an, unter der Bedingung, daß ſie
den Tarquinius wieder in die Stadt aufnähmen. Da aber der
Senat dies Anſinnen mit aller Entſchiedenheit abwies, ſo ließ er
den Tarquinius fallen und verlangte nur, daß die Römer den
Vejentern die ihnen abgenommenen ſogenannten Sieben Gaue zurück-
gäben und ihm zehn Jünglinge und ebenſoviele Jungfrauen als
Geißeln ſtellten. Das geſchah, und die Römer behielten ihre
Freiheit und Unabhängigkeit ungeſchmälert.

Unter den Geißeln befand ſich Clölia, eine vornehme
Jungfrau. Dieſe benutzte den Umſtand, daß das hetruskiſche
Lager nahe am Ufer des Tiber ſtand, zu kühner Flucht. Sie
täuſchte die Wachen und ſchwamm muthig den übrigen Mädchen
voran unter den Pfeilen der Feinde über den Fluß und brachte
ſie alle unverſehrt nach Rom zurück. Porſenna war Anfangs
erzürnt und forderte die Zurückgabe der Jungfrauen; doch als
ſie ihm zurückerſtattet waren, ſchenkte er der Clölia, um ihren
Muth zu ehren, die Freiheit und erlaubte ihr, noch einen Theil
der Geißeln mit ſich zu nehmen. Sie wählte Jungfrauen, die

am ersten fremder Willkühr ausgesetzt waren. Die Römer setzten ihr zum Lohn ihrer männlichen Tapferkeit eine Reiterstatue. Uebrigens war diese Jungfrau zu Roß auf der Höhe des heiligen Berges kein Standbild dieser Clölia, die sich ohnedies durch ihre Flucht kein Verdienst um den Staat erworben hatte; es war das Bild der Venus, mit dem Beinamen Cluilia oder Cluacina, welche öfter zu Pferde sitzend dargestellt wurde.

Porsenna zog wieder nach Clusium, die Römer in Frieden zurücklassend; sein Sohn Aruns dagegen unternahm noch mit einem Theil des Heeres einen Kriegszug gegen Aricia, das nach Rom die bedeutendste Stadt in Latium war. Die Völker Latiums und der Tyrann Aristodemus von Cumä kamen den Aricinern zu Hülfe, und Aruns verlor in einer Schlacht Heer und Leben. Die traurigen Reste seines Heeres retteten sich nach Rom und wurden hier mitleidig aufgenommen und in die Häuser vertheilt. Einige gingen später nach Hause, die meisten aber blieben in Rom zurück, wo ihnen das Tuskerviertel zum Wohnsitz angewiesen wurde. Diese Freundlichkeit der Römer lohnte Porsenna dadurch, daß er ihnen ihre Geißeln und auch die Sieben Gaue zurückgab.

Den Krieg des Porsenna setzen manche alte Schriftsteller in das zweite Jahr der Republik (508 v. Chr.), wo Valerius Poplicola und Titus Lucretius Consuln waren. Andere lassen ihn im zweiten oder auch im dritten Jahre beginnen und sich bis ins folgende Jahr fortziehen. Die Römer sprechen viel von der Großmuth und der Milde des Porsenna, von seiner Bewunderung römischen Heldenmuths, und wollen durch ihn fast gar keine Einbuße erlitten haben; doch dem widerspricht die Angabe des Tacitus, daß Rom sich dem Porsenna habe ergeben müssen, und der ältere Plinius erwähnt die drückende Bedingung, daß die Römer kein Eisen besitzen durften außer zum Ackerbau. Die Römer haben sich demnach zu einem schimpflichen Frieden verstehen müssen; um jedoch diese Schmach zu verdecken, haben sie

den Schmuck ſchöner Heldenthaten darübergeſtreut, von denen die
des Mucius und der Clölia, von moraliſcher Seite betrachtet,
nicht einmal beſonders hoch ſtehen. Das Beginnen des Mucius
war ein einfacher Meuchelmord. Ob der Krieg des Porſenna
im Intereſſe des Tarquinius unternommen war, ſteht ſehr dahin;
denn — ſo muß man fragen — warum hat nicht Porſenna, wenn
ſich die Römer ihm unterwerfen mußten, den Tarquinius wieder
eingeſetzt? Die Gründe, die von einigen alten Schriftſtellern für
eine Sinnesänderung des Porſenna geltend gemacht werden,
tragen zu ſehr das Gepräge abſichtlicher Erfindung. Was die
Veranlaſſung des Krieges war, wiſſen wir nicht; es ſteht nur
ſoviel feſt, daß Rom ſich für eine kurze Zeit den hetruskiſchen
Waffen hat beugen müſſen, vielleicht bei einem Zuge, welchen
hetruskiſche Schaaren, aus ihren Sitzen im Norden durch eingewanderte Celten verdrängt, nach Campanien unternahmen, wo
ſchon von früherer Zeit her Hetrusker ſaßen. Und dieſe Schaaren
fanden dann ihren Untergang im Kampfe mit den Latinern und
den campaniſchen Griechen.

Bald nach dem Kriege mit Porſenna, im 6. Jahre der
Republik, ſtarb Valerius Poplicola, der erſte Krieger und Staatsmann ſeiner Zeit, nachdem er noch einen Krieg gegen die Sabiner
rühmlich ausgefochten. Er war viermal Conſul geweſen und
hatte zwei Triumphe gefeiert; den Todten ehrten die Römer
wegen ſeiner hohen Verdienſte durch eine Beſtattung auf öffentliche
Koſten und wieſen ihm einen Begräbnißplatz innerhalb der Stadt an.
Die Frauen betrauerten ihn, wie den Brutus, ein ganzes Jahr.
Da zu ſeiner Beſtattung jeder Bürger einen Quadrans (den
4. Theil eines As) ſteuerte, ſo kam ſpäter der Glaube auf, er
ſei ſo arm geſtorben, daß er auf eigene Koſten nicht habe begraben
werden können.

Um dieſelbe Zeit ſiedelte ſich ein vornehmer Sabiner, Namens
Attus Clauſus, aus ſeiner Heimat Regillum durch Parteiſtreit
vertrieben, in Rom an, wo er den Namen Appius Claudius erhielt.

5000 Clienten folgten ihm. Sie erhielten römisches Bürgerrecht und Landbesitz jenseits des Anio; er selbst wurde unter die römischen Patricier aufgenommen und nahm durch seinen Reichthum und Adel, seine Beredtsamkeit und entschiedenes Auftreten bald unter der Bürgerschaft eine hervorragende Stellung ein. Er ist der Stammvater des claudischen Geschlechtes, das gleich ihm durch schroffen Adelsstolz, Härte und Feindseligkeit gegen die Plebs in der römischen Geschichte sich ausgezeichnet hat.

Von Tarquinius heißt es, er habe sich, von Porsenna im Stich gelassen, nach Latium begeben und durch seinen Schwiegersohn Octavius Mamilius, den Fürsten von Tusculum, die Latiner zum Krieg gegen Rom gereizt. Die Römer, zugleich auch von den Sabinern bedroht, griffen zur Dictatur. Man ernannte den Aulus Postumius zum Dictator, und dieser erwählte sich zum Magister Equitum den Titus Aebutius. Sie zogen mit ansehnlicher Macht gegen den Feind, und am See Regillus, der bei Tusculum lag, kam es zu einer großen Schlacht (496 v. Chr.?), in welchem nach der Schilderung des Livius, wie in einem homerischen Treffen, die Haupthelden im Zweikampf auf einander stoßen. Auf den Dictator Postumius, der im Vordertreffen focht, sprengte der alte Tarquinius an, wurde aber von der Seite her verwundet und von den herbeieilenden Freunden in Sicherheit zurückgebracht. Am andern Flügel stürzten Aebutius und Mamilius mit eingelegter Lanze auf einander; der Römer erhielt einen Stich durch den Arm, der Latiner eine Wunde auf der Brust. Aebutius verließ das Treffen, Mamilius aber kämpfte weiter. Da er den Seinigen den Muth sinken sah, so ließ er die Schaar der römischen Verbannten anrücken, welche von Titus, dem Sohne des Tarquinius, geführt wurde. Diese kämpften mit großer Erbitterung und stellten für eine Zeitlang das Gefecht wieder her. Schon wichen auf dieser Seite die Römer, als M. Valerius, der Bruder des Poplicola, den lecken Titus Tarquinius an der Spitze seiner Schaar gewahr wurde und mit eingelegter Lanze

auf ihn einſprengte. Titus zog ſich, dem erbitterten Feinde aus=
weichend, in den Haufen der Seinigen zurück, und als Valerius
zu unvorſichtig nachjagte und eindrang, ward er von einem Un=
genannten durchbohrt. Mit klirrenden Waffen ſank er ſterbend
vom Pferd. Nach des Valerius Fall wichen die Römer voll
Beſtürzung zurück. Das ſah Poſtumius, er gab der Cohorte
ſeiner Auserwählten den Befehl, Jeden, den ſie fliehen ſähen,
als Feind zu behandeln; ſo ward das Treffen wieder zum Stehen
gebracht. Jetzt erſt trat die Cohorte des Dictators zum Gefechte
auf; ungeſchwächt an Kraft und Muth, warf ſie ſich auf die
Verbannten, deren Kraft ſchon ermattete, und hieb ſie zuſammen.
Als Mamilius die Noth der Verbannten ſah, raffte er einige
Haufen friſcher Truppen mit ſich fort ins erſte Glied; da ſtürzte
Titus Herminius, derſelbe, der mit Horatius Cocles die Brücke
vertheidigt hatte, mit Ungeſtüm heran und durchſtach ihn. Als
er dem Erſchlagenen die Waffen abzog, ward er von einem Wurf=
ſpieß tödtlich getroffen. Er ſtarb, ſobald man ihn ins Lager
gebracht hatte. Schon ermattete das römiſche Fußvolk, da ließ
Poſtumius die Reiter abſitzen und zu Fuß gegen den Feind gehen.
Dadurch bekam das Fußvolk neuen Muth, und nicht lange, ſo
waren die Latiner zur Flucht gewandt. Nun ſaß die Reiterei
wieder auf und verfolgte den Feind, und das Fußvolk drang nach.
Im erſten Anlauf wurde das Lager der Latiner erobert, und ihre
Niederlage war vollſtändig. Im Triumphe kehrten der Dictator
und der Magiſter Equitum zur Stadt zurück.

Als die römiſche Reiterei zur Verfolgung des Feindes wieder
die Pferde beſtieg, hatte der Dictator den Dioskuren ·Caſtor und
Pollux einen Tempel gelobt, und zwei Jünglinge auf weißen
Roſſen waren an der Spitze der römiſchen Geſchwader den Feinden
nachgejagt. Nach der Schlacht waren die beiden Jünglinge
nirgends zu ſehen. Dagegen erſchienen ſie, noch ehe der Kampf
ganz beendet war, auf ſchweißtriefenden Roſſen, mit Blut und
Staub bedeckt, zu Rom und verkündeten auf dem Forum den Sieg.

Nachdem sie ihre Rosse im Quell der Juturna gewaschen, ver-
schwanden sie. Das waren die Dioskuren gewesen. Am Quell
der Juturna erbaute man ihnen den Tempel, welchen Postumius
gelobt .hatte. Der Sohn des Dictators weihte ihn ein im
J. 484 v. Chr.

Tarquinius gab endlich die Hoffnung auf, je wieder nach
Rom zurückzukehren. Er ging zu seinem Freunde Aristodemus
nach Cumä, wo er bald darauf (495 v. Chr.?), von Gram und
Alter gebeugt, sein wechselvolles Leben beschloß.

Die Schlacht am Regillus ist poetisch ausgemalt, es ist
eine Schlacht, in der die noch übrigen Helden der tarquinischen
Zeit zum letztenmal auftreten. So ausführlich uns dieses Treffen
beschrieben wird, so karg und lückenhaft ist die Tradition über
den ganzen latinischen Krieg. Es ist sehr zweifelhaft, daß er zu
Gunsten des Tarquinius geführt worden ist. Erwägen wir, daß
in der Regierungszeit des Tarquinius die Latiner unter Rom
standen, daß aber im J. 493 v. Chr. von dem römischen Consul
Spurius Cassius ein Bund mit den Latinern auf gleichem Fuße
abgeschlossen worden ist, so liegt der Schluß nahe, daß in der
Zwischenzweit, nach dem Sturze des Tarquinius der latinische
Bund sich von Rom losgesagt hat und Rom nicht stark genug
war, ihn wieder in seine Botmäßigkeit zu bringen. Vielleicht
geschah dieser Abfall nach Roms Demüthigung durch Porsenna.
So viel sehen wir, daß durch die Revolution, die Vertreibung
der Könige der römische Staat die Errungenschaften der Tarquinier
wieder eingebüßt hat und für eine Zeitlang in einen Zustand
der Ohnmacht verfiel, aus dem er erst allmählich wieder sich
herausarbeitete.

Die Auswanderung der Plebs auf den heiligen Berg.

Die junge Republik war nicht blos durch äußerliche Feinde
bedrängt, sondern auch im Innern wurde sie durch Unzufriedenheit

und Zwietracht zerrüttet. Die Patricier hatten, wie wir gesehen, das Regiment allein in ihre Hände gebracht und hielten die Plebs in einer machtlosen und gedrückten Stellung. So lange zwar die neue Ordnung noch nicht gefestigt war, behandelten die Patricier das Volk mit Freundlichkeit und Milde und machten ihm mancherlei Zugeständnisse; sobald sie aber nichts mehr für ihre Herrschaft glaubten befürchten zu müssen, erlaubten sie sich eine rücksichtslose Bedrückung. Nach der Angabe des Livius begann dieser Druck in dem J. 495 mit dem Tode des Tarquinius, den man noch immer gefürchtet hatte; wenn aber die Auswanderung der Plebs in das J. 494 fällt, so müssen die Zustände, welche diesen Verzweiflungsschritt der Plebejer herbeiführten, schon früher ihren Anfang genommen haben.

Was die Plebejer am härtesten empfanden, war nicht ihre rechtlose politische und untergeordnete Stellung, sondern die materielle Noth, die ungeheure Schuldenlast, welche die meisten niederdrückte. Als ein Hauptgrund der Verarmung der Plebs werden von den alten Schriftstellern die häufigen Kriege angeführt, in welche die junge Republik verwickelt ward. Die Plebejer waren zum großen Theil Ackerbauer, ihre Güter litten unter den verheerenden Einfällen der Feinde, sie selbst waren durch den beständigen Kriegsdienst zur Vernachlässigung ihrer Wirthschaft gezwungen, und zu dem erforderte der Krieg Geld, das durch Steuererhebung aufgebracht wurde. Die Plebejer aber waren durch die Steuer viel mehr gedrückt, als die Patricier; denn der Grundbesitz, wonach allein die Steuer bezahlt wurde, war größtentheils in ihren Händen, sie hatten nicht, wie die Patricier, neben dem eigenen Grund und Boden noch die Benutzung des steuerfreien Gemeindelandes, und Capitalien an Geld fehlten den meisten. Dagegen besaßen die Patricier mehr Geldvermögen als Grundbesitz. Durch welche Verhältnisse und Erwerbsquellen sie zu diesem Geldreichthum gekommen sind, wissen wir nicht mehr zu sagen; aber es ist sicher, daß sie den eigentlichen Capitalisten-

stand bildeten, während der Plebejer von den Erträgnissen seines
Ackers leben und zahlen mußte. Brauchte der Plebejer baares
Geld — und er kam bei der damaligen Lage der Dinge häufig
in diese Verlegenheit — so war er an die reichen Patricier
gewiesen. Diese aber liehen nur zu außerordentlich hohen Zinsen,
so daß in wenigen Jahren das dargeliehene Capital durch Zu-
schlag der Zinsen aufs Doppelte anwuchs und der Schuldner mit
raschen Schritten seinem Ruin zuging.

Das römische Schuldrecht war ungewöhnlich hart, und die
Habsucht der Patricier beutete es aus bis zum Aeußersten.
Indem der Schuldner sich in Gegenwart von fünf Zeugen die
Geldsumme zuwägen ließ, verpflichtete er sich contractlich für die
Rückzahlung innerhalb einer bestimmten Frist mit seiner eigenen
Person. Ein solcher Vertrag hieß Nexum, und der Schuldner
selbst Nexus. Hatte der Nexus nach abgelaufener Frist das
Darlehen nicht zurückgezahlt, so führte ihn der Gläubiger, ohne
eines besonderen Richterspruchs zu bedürfen oder durch eine
Appellation gehindert zu werden, in sein Haus in die Schuld-
knechtschaft ab. Hier verblieb er bis zur Abtragung seiner Schuld
und wurde mit schonungsloser Härte behandelt. Der Gläubiger
ließ ihn nicht blos, um sich für die anwachsenden Zinsen schadlos
zu halten, in Zwangshäusern für sich arbeiten, sondern er quälte
ihn auch noch durch körperliche Mißhandlung, legte ihn in Ketten,
fesselte ihn mit Hals- und Beineisen, mit Fußblöcken oder eisernen
Gewichten, um so seine Angehörigen zur Zahlung der Schuld
und zur Lösung des Unglücklichen zu zwingen. Blieben solche
Zwangsmaßregeln ohne Erfolg und wuchs im Laufe der Zeit
die Schuld nur noch mehr, so fielen das ganze Vermögen des
Mannes, sein Weib und Kind in die Hände des Gläubigers,
der zuletzt alle als Sclaven in die Fremde verkaufen oder sie
bis zu ihrem Tode in Schuldhaft halten konnte. Massenweise
schmachteten so die verarmten Plebejer in den Schuldkerkern der
reichen Patricier, ohne Aussicht auf Erlösung.

Die Patricier hatten bei dieser unmenschlichen Behandlung ihrer Schuldner wohl auch den politischen Zweck, die Plebejer in Unterthänigkeit zu erhalten und durch die materielle Noth alle Freiheitsgedanken zu erdrücken. Aber ihre Berechnung schlug fehl; der allzuharte Druck führte gerade herbei, was sie verhindern wollten, er zwang die Plebejer zu dem verzweifelten Schritt einer Auswanderung aus Rom, welche den Grund legte zu der allmählichen Befreiung der Plebejer und endlichen Gleichstellung mit dem Patriciat.

Die Geschichte dieser Auswanderung erzählen wir nach Livius. Ist das Einzelne auch Ausführung späterer Schriftsteller, so können wir die Erzählung doch in ihren wesentlichen Zügen für wahr halten. Im J. 495, als von außen der volskische Krieg drohte, wüthete, gleich einem inneren Feuer, in dem zwieträchtigen Staate Erbitterung zwischen den Patriciern und dem Volke, hauptsächlich wegen der Schuldverhafteten. Diese murrten laut, wenn sie draußen für die Republik ihr Leben gewagt, würden sie zu Hause von ihren Mitbürgern gefangen gelegt und zu Grunde gerichtet; die Freiheit des Volkes sei im Kriege sicherer, als im Frieden, unter Feinden sicherer als unter Mitbürgern. Dieser glühende Groll kam durch das auffallende Elend eines Einzigen zum Ausbruch. Ein hochbetagter Mann stürzte sich mit allen Zeichen seiner Leiden auf den Markt, in schmutzigem Kleid, blaß und abgezehrt, mit verwildertem Bart und Haupthaar. Trotz seiner Entstellung erkannten ihn Manche und sagten, er sei lange Hauptmann gewesen und habe im Kriege durch tapfere Thaten sich ausgezeichnet. Er selbst enthüllte seine Narben auf der Brust, die Zeugen seines Verdienstes, und erzählte der ihn umringenden, stets wachsenden Menge, während er im Sabinerkrieg Dienste gethan, sei ihm seine Ernte verheert, sein Hof verbrannt, sein Vieh weggetrieben worden. Zur Unzeit für ihn wurde Tribut eingefordert, er mußte Schulden machen. Die Zinsen wuchsen, er verlor sein väterliches und großväterliches Grundstück, dann sein übriges Vermögen. Zuletzt habe dieser Krebs seinen eigenen Leib ergriffen; er sei dem Gläubiger als Leibeigener hingegeben worden, nicht in die Sclaverei, nein, in ein Zuchthaus und eine Marterkammer. Dann entblößte er seinen Rücken, der noch die Spuren blutiger Mißhandlung trug.

Bei diesem Anblick erhob sich ein allgemeines Geschrei; lärmender Aufruhr durchlief die ganze Stadt. Von allen Seiten stürzten Verhaftete und solche, die verhaftet gewesen, auf die Straße und schrien laut um Hülfe. Alles eilte zum Markt, und schon war man im Begriff, an einzelnen Patriciern Rache zu nehmen, da erschienen die Consuln P. Servilius und Appius Claudius, um den Aufruhr zu dämpfen. Das drohende Volk verlangte die Berufung des Senates und umstellte das Rathhaus, um selbst die Verhandlungen prüfen und leiten zu können. Weder die Senatoren noch die Consuln konnten sich über die zu ergreifenden Maßregeln einigen. Servilius rieth zur Nachgiebigkeit und Milde; Appius Claudius, der eingewanderte Sabiner (S. 87), ein harter übermüthiger Character, verlangte consularische Strenge. Noch berieth man hin und her, da brachte ein latinischer Ritter die Nachricht, daß die Volsker im Anzuge seien gegen die Stadt. Der Senat erschrak, das Volk frohlockte und rief, jetzt möchten die Patricier allein den Dienst thun, die Plebejer würden zu Hause bleiben, damit nicht den Einen die Gefahren des Kriegs, den Andern der Nutzen und Lohn zu Theil würde. Die Senatoren baten in ihrer Rathlosigkeit den Consul Servilius, der beim Volke beliebt war, er möge helfen und das Volk versöhnen. Dieser beschwichtigte die Menge und gab das Edict: Es solle Niemand einen römischen Bürger, der ins Heer eintreten wolle, gebunden oder eingesperrt halten; es solle Niemand das Vermögen eines Dienstthuenden, solange dieser im Lager stehe, in Besitz haben oder verkaufen, noch Anspruch machen auf dessen Kinder oder Enkel. Jetzt eilten die Schuldknechte in Haufen auf den Markt, um zur Fahne zu schwören, und das römische Heer focht diesmal mit doppelter Tapferkeit. Unter Anführung des Servilius schlug es die Volsker und erstürmte ihre Hauptstadt Suessa Pometia, es trieb mit raschen Schlägen die Aurunker zurück, die zu gleicher Zeit die Waffen ergriffen hatten.

In wenigen Tagen hatte das römische Heer die Feinde besiegt, und es durfte wohl hoffen, daß die Versprechungen, welche Servilius mit Zustimmung des Senates gegeben, jetzt erfüllt werden würden; aber Appius Claudius lieferte nach den Feldzügen die gewesenen Schuldknechte wieder an ihre Gläubiger aus und fuhr fort auch über Andere, deren Zahlungsfrist verstrichen war, die Schuldhaft zu verfügen. Die Soldaten wandten sich um Hülfe an Servilius; diesem jedoch fehlte der Muth, gegen den Senat und die ganze Patricierschaft, die sich auf die Seite des Appius Claudius geschlagen hatten, anzukämpfen, und so verdarb er es mit beiden Theilen, ja er wurde dem Volke fast noch verhaßter als Claudius. Von den Consuln und dem Senate betrogen, griff jetzt das Volk zur Selbsthülfe. Sobald sie einen Schuldner vor Gericht bringen sahen, liefen sie von allen Seiten herbei und tobten und schrien so laut, daß man den Ausspruch des Consuls nicht vernehmen konnte, sie mißhandelten die Gläubiger vor den Augen des Consuls. Als eine neue Aushebung für den bevorstehenden Sabinerkrieg angeordnet ward, gab Niemand seinen Namen an. Da beschloß Appius, die Werbung mit Gewalt zu erzwingen, und es wäre wahrscheinlich zu einem förmlichen Aufstand gekommen, wenn nicht mehrere der vornehmsten Patricier sich ins Mittel gelegt und erwirkt hätten, daß man für den Augenblick von einer Aushebung absah. Das Consularjahr endete, ohne daß die Sache zu einer Entscheidung gebracht war.

In dem nächsten Jahre 494, wo Aulus Virginius und Titus Vetusius Consuln waren, setzte der Streit und die Aufregung sich fort. Die Plebejer hielten nächtliche Zusammenkünfte auf dem Esquilin und Aventin, um sich über die zu ergreifenden Maßregeln zu verständigen. Die neuen Consuln erkannten die

Gefahr, die hierin für die patricische Sache lag, und machten dem Senat Vorlage. Sie wurden mit Vorwürfen überhäuft, daß sie nicht schon auf eigene Hand den empörerischen Umtrieben gesteuert hätten, und erhielten den Auftrag, sofort mit möglichster Strenge eine Aushebung zu veranstalten; der Uebermuth der Menge sei die Folge der Ruhe. Die Consuln bestiegen ihren Amtsstuhl und riefen die Dienstfähigen, Jeden mit seinem Namen, auf. Vergebens, Niemand antwortete auf seinen Namen. Zuletzt riefen sie Einen vor, der ihnen zunächst vor Augen stand. Er blieb stehen und schwieg, und die Andern stellten sich im Kreise um ihn her. Als der Consul einen Lictor gegen ihn schickte, wurde er zurückgetrieben, ja mehrere Senatoren, welche dem Lictor beisprangen, wurden angegriffen und mißhandelt, so daß die Consuln dazwischentreten und den Thätlichkeiten ein Ende machen mußten.

Der Senat trat in Folge dieses Aufruhrs zu neuer Berathung zusammen. Nach stürmischem Hin- und Herreden drang endlich der leidenschaftliche und harte Appius Claudius durch, mit dem Vorschlag, man müsse einen Dictator wählen, gegen den keine Provocation möglich sei; die Widerspänstigen hätten nur Muth, solange ihnen das Recht der Berufung ans Volk zustehe, nur die Straflosigkeit mache sie kühn. Beinahe wäre Appius selbst zum Dictator ernannt worden; doch die Consuln und bejahrteren Väter sorgten dafür, daß eine Gewalt, die ihrer Natur nach schon streng genug war, in sanfte Hände kam. Sie wählten den Marcus Valerius, den Bruder des Poplicola*). Dieser ließ eine Verordnung ergehen, die freilich mit der des Servilius fast gleichlautend war; aber dem Valerier traute das Volk, und Alles strömte zu den Fahnen. Rom stellte ein Heer auf so groß, wie nie zuvor, und in kurzer Zeit waren Aequer, Volsker und Sabiner aus dem Felde geschlagen. Als aber Valerius nach

---

*) Nach der dichterischen Erzählung von der Schlacht am See Regillus soll er schon in dieser Schlacht gefallen sein (S. 89).

Beendigung des Krieges die versprochene Befreiung der Schuldknechte von dem Senate forderte, wurde sie wieder versagt.
Deshalb legte er voll Unwillen die Dictatur nieder und verließ
die Curie. Das Volk ehrte seinen guten Willen und gab ihm,
als wenn er sein Versprechen erfüllt hätte, unter Beweisen des
Wohlwollens und Dankes das Geleit nach Hause.

Da der Senat befürchtete, die Plebs möchte, wenn das Heer
entlassen würde, von neuem geheime verschwörerische Zusammenkünfte halten, so befahl er, unter dem Vorwand eines neuen
Krieges gegen die Aequer, daß die Legionen wieder ins Feld
rückten; denn man glaubte, die Heiligkeit des den Heerführern
geleisteten Eides werde den Soldaten im Zaum halten. Aber
diese Maßregel grade brachte den Aufstand zur Reife. Anfangs
sollen die empörten Truppen damit umgegangen sein, durch Ermordung der Consuln sich ihres Eides zu entledigen; allein sie
ließen sich bald belehren, daß durch eine Frevelthat keine Verbindlichkeit getilgt werde, und zogen auf den Rath des L. Sicinius Bellutus über den Anio und schlugen auf dem heiligen
Berge, der im crustumerischen Gebiete lag, 3000 Schritte von
Rom, ein festes Lager auf. Hier hielten sie sich, ohne etwas
weiter zu nehmen als die nöthigen Lebensmittel, mehrere Tage
ruhig, wurden von Niemand angegriffen und vergriffen sich an
Niemand.

In Rom herrschte die größte Bestürzung, und Alles schwebte
in gegenseitiger Furcht; die von den Ihrigen zurückgelassenen
Plebejer fürchteten Gewalt von den Patriciern, diese von den
zurückgebliebenen Plebejern. Zugleich mußte man einen Angriff
der Ausgezogenen auf die Stadt besorgen; und wenn nun ein
auswärtiger Feind heranzog und das abtrünnige Heer sich mit
ihm verband, so war keine Rettung. Selbst wenn die Plebejer
in ihrer Feindseligkeit nicht so weit gingen, so waren die Patricier
doch allein nicht im Stande, die Stadt zu schützen. Die Besonneneren unter den Patriciern sahen ein, daß die Nation in

diesem zerrissenen Zustande nicht bestehen konnte, man mußte von der Hartnäckigkeit ablassen und um jeden Preis die Einheit wieder herstellen. Es wurde daher beschlossen, den Menenius Agrippa, einen beredten, billig denkenden und bei dem Volke beliebten Mann, als Gesandten nach dem heiligen Berg zu schicken. Dieser redete den Ausgewanderten freundlich zu und erzählte ihnen fol- gende Fabel: „Einst, als im Menschen noch nicht alles so ein- stimmig war, wie jetzt, sondern jedes Glied seinen eigenen Willen, seine eigene Sprache hatte, verdroß es die übrigen Glieder, daß ihre Sorge, Arbeit und Dienstleistung alles nur für den Magen herbeischaffe, der Magen aber, ruhig in der Mitte, nichts weiter thue, als daß er in den ihm zugeführten Genüssen sich sättige. Sie verabredeten also, die Hände sollten keine Speise mehr zum Munde führen, der Mund die gebotene Speise nicht annehmen, die Zähne sie nicht zermalmen. Durch diese Spannung aber, in der sie den Magen durch Hunger zu zwingen dachten, kamen zugleich die Glieder selbst und der ganze Körper zur äußersten Abzehrung. Da wurde es ihnen denn einleuchtend, daß auch das Geschäft des Magens nicht in Unthätigkeit bestehe, und daß er ebenso, wie er genährt werde, auch selbst wieder nähre, indem er das durch Verdauung der Speise erzeugte Blut in sämmtliche Adern vertheile und in alle Glieder des Körpers ausgehen lasse."

Diese Gleichnißrede fand Eingang bei den Plebejern; sie erkannten, daß sie der Patricier ebenso wenig entbehren könnten, als diese der Plebejer, und ließen sich auf Unterhandlungen ein. Menenius vermittelte einen förmlichen Vertrag (lex sacrata), der durch Fetialen, wie zwischen zwei verschiedenen Völkern, ab- geschlossen und von beiden Theilen feierlich beschworen wurde. Ein solcher Vertrag war unter den Schutz und die Bürgschaft der Götter gestellt, so daß, wer ihn verletzte, den beleidigten Göttern verfiel; er konnte von Jedermann getödtet werden, und sein Vermögen fiel den unterirdischen Göttern anheim. Als Hauptpunkt des Vertrags wird immer von den alten Schriftstellern angeführt das Zugeständniß einer eigenen Obrigkeit für die Plebs, die Einsetzung von Tribunen, welche, nur aus dem Plebejerstande gewählt, die Plebejer gegen die patricischen Magistrate beschützen und zu diesem Zwecke unverletzlich (sacrosancti) sein sollten. Außerdem aber sind jedenfalls auch Zugeständnisse in Betreff der Schuldangelegenheiten, die ja die Veranlassung der Auswanderung waren, gemacht worden. Es soll versprochen worden sein, daß den völlig Zahlungsunfähigen ihre Schuld erlassen, den leibeigen Gewordenen ihre Freiheit zurückgegeben und demnächst das Schuldenwesen durch die Gesetzgebung geregelt werden solle.

Nach Abschluß des Friedens kehrten die Ausgewanderten nach Rom zurück, und zum Andenken an die Aussöhnung der Bürgerschaft und zum Dank gegen die Götter wurden die sogenannten plebejischen Spiele gestiftet, welche von den ebenfalls jetzt eingesetzten plebejischen Aedilen besorgt werden sollten. Menenius starb schon im folgenden Jahre. Die Bürgerschaft ehrte ihn als ihren Wohlthäter durch eine Bestattung auf öffentliche Kosten, weshalb von ihm, wie auch von Poplicola, gesagt wurde, er sei in völliger Armuth gestorben. Wie Poplicola wurde er von den Matronen ein ganzes Jahr betrauert.

Ueber die anfängliche Zahl der Tribunen sind die Angaben der Schriftsteller verschieden; am wahrscheinlichsten ist die des Livius, daß die Plebejer auf dem heiligen Berge zuerst zwei Tribunen gewählt und diese darauf noch drei Collegen sich ernannt hätten. Sie bildeten also vorerst ein Collegium von fünf Mann, und ihre Amtszeit dauerte ein Jahr. Die Befugnisse der Tribunen waren Anfangs nicht bedeutend. Sie hatten das Recht, die einzelnen Plebejer, welche ihre Hülfe anriefen, gegen den ungerechten Druck der Patricier und der Consuln zu schützen. Dies war das jus auxilii, das Recht der Hülfeleistung. Dazu bedurfte es ihrer persönlichen Anwesenheit und Dazwischenkunft, weshalb sie keinen ganzen Tag von Rom abwesend sein durften und ihr Haus bei Tag und Nacht offen stand. Um ihr Hülfs-

7*

recht, das sich übrigens nur bis 1000 Schritt von der Stadt erstreckte, ungehindert ausüben zu können, waren sie sacrosanct, so daß, wer sich an ihnen vergriff, verfehmt war und von Jedermann getödtet werden konnte. Unter diesem Schilde der Unverletzlichkeit erweiterten die Tribunen allmählich auf dem Wege der Usurpation ihr Recht des Dazwischentretens, der Intercession, das ursprünglich nur dem Einzelnen galt, zu einem allgemeinen Intercessionsrecht, daß sie durch ihr Veto (d. h. „ich verbiete es") jede Handlung der Magistrate, jede Verwaltungsmaßregel, alle an die Comitien zu bringenden Anträge und Vorschläge, auch die Verhandlungen und Beschlüsse des Senates hemmen und aufheben konnten. Anfangs durften die Tribunen nur, wie auch Andere, an der Thür der Curie stehen oder sitzen, um den Verhandlungen des Senates zuzuhören, aber dabei errangen sie sich durch eine geschickte Anwendung des Hülfsrechtes nach und nach das Recht der Intercession gegen die Beschlüsse des Senates. Es dauerte nicht lange, so erhielten die Tribunen einen regelmäßigen Sitz in der Curie und sogar das Recht, den Senat zusammenzuberufen, demselben Vorlagen zu machen und mit ihm zu verhandeln. Ihre executive Gewalt bestand in dem schon früh angemaßten Rechte der Verhaftung (jus prehensionis), kraft dessen sie nicht blos Privatleute, sondern auch Magistrate, selbst die Consuln ergreifen lassen und festsetzen konnten. Von besonderer Wichtigkeit wurde das Recht der Tribunen, mit der Plebs in Tributcomitien zu verhandeln (jus agendi cum plebe). Hier fanden sie später einen Haupttummelplatz ihrer Thätigkeit; sie wurden die eigentlichen Leiter dieser Versammlungen und steigerten durch sie ihre Macht in dem Maße, wie die politische Bedeutung derselben wuchs.

Die Tribunen haben, geschützt durch ihre Unverletzlichkeit, auf Grund des ursprünglich beschränkten Rechtes der Hülfeleistung im Laufe der Zeit ihr Amt zu einer Machtfülle emporgehoben, welche alle übrigen Magistrate weit überragte und den Staat in

allen seinen Beziehungen beherrschte. Daß lange Zeit mit einer
solchen Macht kein Mißbrauch getrieben wurde, ist ein Zeichen
von dem gesunden politischen Sinne des römischen Volkes. In
dem Tribunat erhielt die Plebs erst einen Arm für die Kämpfe
mit den Patriciern; mit den Tribunen an der Spitze errang sie
Schritt vor Schritt auf gesetzlichem Wege ihre politischen Rechte,
bis zuletzt eine völlige Gleichstellung der Stände eintrat.

Den Tribunen, welche wahrscheinlich schon vor der Auswanderung als eine Obrigkeit der Plebs bestanden hatten, waren
die zwei plebejischen Aedilen untergeordnet; sie fungirten als
deren Gehülfen und Schriftführer. Auch sie scheinen vor der
Auswanderung als eine Verwaltungsbehörde der Plebs existirt
zu haben. Wie die Tribunen die Plebs besonders nach außen
vertraten, so erstreckte sich die Thätigkeit der Aedilen auf die inneren Angelegenheiten derselben. In ihren Geschäftskreis gehört
die Aufrechterhaltung der öffentlichen Ordnung und Zucht innerhalb der plebejischen Gemeinde, die Aufsicht über den Kornmarkt,
die Verwaltung der plebejischen Casse und des plebejischen Archivs,
ein Theil der plebejischen Gerichtsbarkeit. Mit der Zeit ging ihre
Thätigkeit über den Kreis der Plebejergemeinde hinaus, und als
im J. 365 zu den zwei plebejischen Aedilen noch zwei curulische
oder patricische Aedilen hinzukamen, waren sämmtliche Aedilen
eine Obrigkeit der ganzen Nation, welcher die Sicherheits- und
Wohlfahrtspolizei (cura urbis) im weitesten Sinne oblag.

Seit dem Vertrag auf dem heiligen Berge bildeten die
Plebejer eine für sich geordnete und geschlossene Gemeinde mit
verfassungsmäßig anerkannten Obrigkeiten und Standesrechten.
Der römische Staat war jetzt gewissermaßen ein Doppelstaat, in
welchem die beiden Stände einander gegenüberstanden wie zwei
völkerrechtlich unter ungleichem Rechte verbündete Staaten, die
nicht einmal durch Connubium mit einander verbunden waren.
Jede Gemeinde hatte ihre eigenen selbstgewählten Obrigkeiten,
eigene Verwaltung und Gerichtsbarkeit und Finanzwesen, eigene

Volksversammlungen mit verschiedenem Versammlungsort; die Patricier hielten ihre Comitien auf dem Comitium, die Plebs auf dem Forum. Dem Senate der Patricier stand das plebejische Collegium der Tribunen gegenüber. Selbst die Festspiele waren geschieden; die Patricier feierten die sogenannten römischen (ludi Romani), die Plebejer die plebejischen Spiele (ludi plebeji). Bei einem so in sich gespaltenen Staate war die Gefahr vorhanden, völlig auseinander zu fallen; aber der auf dem heiligen Berge durch Menenius zum Bewußtsein gebrachte Gedanke, daß keiner der beiden Stände ohne den anderen bestehen könne, waltete bei den Römern auch in der Folgezeit und hat allmählich, allerdings erst durch lange Parteikämpfe, eine völlige Ineinsbildung zu Wege gebracht.

Die Kriege bis zum Decemvirat.

Im J. 493, das auf die Auswanderung der Plebs folgte, schlossen die Römer ein Bündniß ab mit der latinischen Eidgenossenschaft. Wir haben gesehen, daß die Latiner zur Zeit des Tarquinius Superbus die Oberhoheit Roms anerkannten, daß sie aber nach dessen Sturz das lästige Band zerrissen. In Folge davon war mehrere Jahre lang zwischen Rom und Latinern Kriegszustand, in welchem jedoch keine bedeutenden Kämpfe scheinen vorgekommen zu sein; denn das poetische Gemälde der Schlacht am Regillus können wir nicht in Anrechnung bringen. Schon im J. 496 und 95 soll die alte Freundschaft wieder erneuert worden sein, und im J. 493 traten beide Theile in ein enges Schutz- und Trutzbündniß. Es wurde römischerseits abgeschlossen von Spurius Cassius Viscellinus, einem Manne von großer staatsmännischer Bedeutung, der in diesem Jahre zum zweitenmal Consul war. Der Vertrag, der noch in den jüngeren Jahren des Cicero zu Rom auf dem Forum hinter der Rednerbühne auf einer ehernen Säule eingegraben stand, enthielt unter anderen folgende Punkte: 1) Zwischen den Römern und sämmtlichen Staaten der Latiner soll Friede sein, so lange Himmel und Erde stehen; kein Theil soll den andern bekriegen oder von auswärts Feinde herbeiziehen, oder angreifenden Feinden sichere Straße gewähren. 2) Wer mit Krieg überzogen wird, dem soll der andere Theil mit aller Macht Beistand leisten. 3) Die Beute, und was im gemeinen Bundeskrieg gewonnen wird, soll zwischen beiden zur Hälfte getheilt werden. 4) Privatprocesse zwischen einem Römer und Latiner sollen binnen zehn Tagen gerichtlich entschieden werden, und zwar an dem Orte, wo der Contract geschlossen worden ist. 5) An diesem Bunde soll nichts ab- und zugethan werden, es sei denn, daß Römer und sämmtliche Latiner damit einverstanden wären. Außerdem gewährleistete der Vertrag gegenseitige Rechtsgleichheit im Privatverkehr (jus commercii). Das Eherecht (jus connubii), nach welchem die Ehen zwischen Bürgern und Bürgerinnen der verschiedenen Städte als legitim anerkannt wurden, war wohl deswegen nicht namentlich in dem Vertrage aufgeführt, weil es schon von früher her zwischen Römern und Latinern bestand.

Das Bündniß war ein Bündniß auf gleichem Fuße (foedus aequum). Die Römer handelten klug, daß sie die Latiner, zu deren Unterwerfung sie die Macht nicht besaßen, mit Verzichtleistung auf frühere Ansprüche sich zu Bundesgenossen machten, in einer Zeit, wo sie, innerlich schwach, von zahlreichen Feinden umgeben waren. Die Latiner mögen eine Stütze an Rom gesucht haben, weil Feinde von verschiedenen Seiten sie bedrängten, besonders die Volsker und Aequer. Die Volsker wohnten südlich von den Latinern in den nach ihnen benannten Volskerbergen zwischen den pontinischen Sümpfen und dem Trerusfluß (Sacco), sowie in den östlich davon gelegenen Gebirgen am mittleren Lauf des Liris (Garigliano). Die Aequer saßen in den Gebirgen um den oberen Anio (Teverone), östlich von Latium, südlich von den

Sabinerbergen. Beide scheinen verbrüderte Völker und die Reste einer älteren Bevölkerung gewesen zu sein, jedoch auch verwandt mit den übrigen Italikern. Als Bergbewohner waren sie von rauher Art, kräftig und kriegerisch, und sie strebten jetzt, wie von jeher die Bergbewohner des mittleren Italiens, in der niederen Landschaft von Latium sich auszubreiten, wodurch die Latiner und auch die Römer bedroht wurden. Zwischen beiden Völkern wohnten auf engem Raume die Herniker, ein Volk von sabinischer Abstammung, von beiden Seiten ihren Angriffen ausgesetzt und in Gefahr, völlig erdrückt zu werden. Die Römer, oder man kann sagen, der staatskluge Spurius Cassius rettete die Herniker; er schloß in seinem dritten Consulat (486 v. Chr.) ein Bündniß mit ihnen ab unter denselben Bedingungen, wie vor sieben Jahren mit den Latinern, und gewann dadurch die Kräfte des ausdauernden kriegerischen Stammes für Rom. So hatte sich also ein Dreivölkerbündniß gebildet von Römern, Latinern und Hernikern, welche zusammenstanden gegen Volsker und Aequer.

Der ganze Zeitraum von den ersten Jahren der römischen Republik bis zu dem Decemvirat (451), ein halbes Jahrhundert, ist mit diesen Volsker- und Aequerkriegen ausgefüllt, und Rom hatte alle seine Kräfte aufzubieten, um nicht zu erliegen. Denn es hatte zu gleicher Zeit auch gegen die Angriffe seiner nächsten Nachbarn, der Sabiner und der Bejenter, sich zu vertheidigen. Dazu kam die innere Zwietracht der Stände, welche die Kräfte des Staates lähmte, Seuchen und Hungersnoth und anderes Ungemach, so daß diese Zeit zu der bedrängtesten und unglücklichsten der Stadt gehört. Es geschah öfter, daß der Feind verderbendrohend bis vor die Mauern Roms kam.

Die Geschichte der Volsker- und Aequerkriege ist höchst einförmig und ermüdend, ohne Uebersicht und Hervorhebung entscheidender Wendepunkte. Ein Kriegszug nach dem anderen wird mit kurzen Worten aufgeführt — nur hie und da wird ein Ereigniß sagenhaft ausgemalt — an Schlachten und Siegen der

Römer fehlt es nicht, aber wir sehen keine Erfolge. Man sieht, die Römer haben die Geschichte dieses unglücklichen Zeitraums gefälscht; sie haben Niederlagen und Verluste verschwiegen, von Siegen erzählt, die nie stattfanden. Daß die Römer in diesen langen Kämpfen ihre Kräfte nicht völlig aufgerieben haben, kommt wohl von dem Charakter des Krieges her; es waren jedesmal verheerende Raubzüge von kurzer Dauer, in denen wenig Blut floß, meist nur kleinere unbedeutende Treffen vorkamen.

Der erste Volskerkrieg wurde, wie früher erwähnt ist, von Tarquinius Superbus geführt. Im J. 503 begannen aufs neue die Feindseligkeiten, und das Resultat des mehrjährigen Krieges war die Eroberung und Zerstörung der volskischen Stadt Suessa Pometia. Bis zum J. 494 aber muß die wichtige Stadt Antium an die Volsker verloren gegangen sein, wovon die Römer kein Wort erzählen. Man erschließt dies aber sicher aus dem Um-stand, daß Antium, welches in dem Vertrage mit Karthago (S. 6) noch unter den latinischen Städten aufgezählt wird, in dem Vertrage des Cassius vom J. 493 nicht mehr unter den latinischen Städten vorkommt. Aus dem Vertrage des Cassius sieht man übrigens, daß Latium zu dieser Zeit außer Antium und Terracina noch nichts eingebüßt hat. Dagegen erlitten Latium und Rom große Verluste im J. 490, wenn man der im Volks-mund ausgesponnenen Sage von Coriolanus trauen dürfte.

Cnejus Marcius, ein junger römischer Patricier, welcher von der Stadt Corioli, deren Eroberung durch seine Tapferkeit gelang, den Beinamen Coriolanus empfangen haben soll, hatte sich durch viele herrliche Kriegsthaten einen glänzenden Namen erworben. Er war der Stolz der Patricier. Aber so tapfer und kriegsmuthig er einerseits war, so stolz und übermüthig be-wies er sich gegen die Plebs, der er als einer nur zum Gehorchen geschaffenen Menge überall seinen Haß und seine Verachtung kund that. Natürlich, daß auch das Volk ihn haßte. Als er sich zum Consulat meldete, fiel er durch. Dafür schwor er Rache.

Im J. 492 herrschte in Rom eine Hungersnoth, und der Senat schickte, um dem Unheil zu steuern, nach allen Seiten hin Leute aus, um Getreide zu kaufen. Aber im Volskerland wurden die Kornkäufer verjagt, in Cumä nahm der Tyrann Aristodemus die römischen Schiffe mit ihrer Ladung weg, um sich für das Vermögen des Tarquinius, der ihn zum Erben eingesetzt, schadlos zu halten; das Volk zu Rom mußte sich mit dem wenigen Getreide begnügen, das aus Hetrurien eingeführt ward. Da kamen große Kornvorräthe aus Sicilien, theils gekauft, theils von einem befreundeten Tyrannen der Insel dem Staate geschenkt. Der Senat berieth, wie man das Getreide an das niedere Volk ablassen sollte, ob zu billigem Preis oder ohne allen Entgelt. Da trat Coriolan auf und rieth in einer heftigen Rede, die voll war von Schmähungen gegen die Plebs, das Getreide nur zu den bisherigen Theuerungspreisen herzugeben; wolle das Volk billiges Brot, so solle es seinen angemaßten Rechten entsagen und das Tribunat wieder aufgeben.

Diese Rede versetzte das Volk in Wuth. Als Coriolan aus der Curie trat, fiel es über ihn her und hätte ihn zerrissen, wenn nicht die Tribunen es durch das Versprechen beschwichtigt hätten, daß sie den Mann vor das Gericht der plebejischen Gemeinde zur Verantwortung ziehen würden. Dazu hatten sie ein Recht vermöge des Vertrages auf dem heiligen Berge, in welchem bestimmt war, daß der, welcher die der Plebs zugestandenen Rechte verletzte, den Plebejern zur Bestrafung ausgeliefert, vor das Gericht der Tributcomitien gestellt werden sollte. Das geschah; aber der stolze, trotzige Coriolan war auf keine Weise zu bestimmen, sich vor ein Volksgericht zu stellen, er ging lieber ins Elend. Abwesend wurde er zu lebenslänglicher Verbannung verurtheilt. Coriolan begab sich nach Antium, der Volskerstadt, in das Haus des Attius Tullius, des mächtigsten und angesehensten Mannes in seinem Volke, und bot diesem seinen Arm zum Kriege gegen Rom an. Die Volsker hatten damals Frieden

mit den Römern; aber Tullius wußte durch eine List sein Volk
wieder in die Waffen zu treiben. Coriolan übernahm den Oberbefehl über das volskische Heer, um es gegen seine Vaterstadt
und die mit ihr verbündeten Latiner zu führen, während Tullius
zur Sicherung der volskischen Städte zurückblieb. In kurzer Zeit
hatte Coriolan zwölf latinische Städte erobert und stand am
cluilischen Graben, eine deutsche Meile von Rom. Die Römer
waren in rathloser Verzweiflung. Von Latium war keine Hülfe
zu erwarten, und im Innern war solche Zwietracht, daß man
kein Heer zusammenbringen konnte. Coriolan schlug ein Lager
auf und ließ durch seine Streifschaaren die ganze Gemarkung
verwüsten, doch so, daß er die Ländereien der Patricier verschonte,
sei es, daß er nur an den Plebejern sich rächen, sei es, daß er
den Argwohn und die Zwietracht innerhalb der Mauern nur noch
schüren wollte. Dem Senate blieb nichts anders übrig, als eine
Gesandtschaft an Coriolan zu schicken und um Frieden zu bitten.

Fünf Senatoren, Coriolans beste Freunde, gingen in das
volskische Lager. Sie erhielten die stolze Antwort: von Frieden
könne keine Rede sein, wenn nicht Rom den Volskern alles eroberte Land mit den Städten zurückgäbe und ihnen staatsbürger-
liche Gleichheit, wie den Latinern, einräume. Der Feldherr gab
30 Tage Bedenkzeit. Nach Verlauf derselben kamen neue Gesandten und baten um mildere Bedingungen. Es wurde ihnen
dieselbe Antwort und eine Frist von drei Tagen. Da kamen die
ehrwürdigen Priester der Stadt, Pontifices und Flamines und
Augurn, alle in ihrem Feierkleid, und baten und flehten, daß er
den Krieg von der Vaterstadt entferne, um dann für die Volsker
mit ihnen zu unterhandeln. Vergebens. Da in der höchsten
Noth versuchten es noch die vornehmsten Matronen der Stadt,
an ihrer Spitze Coriolans Mutter Veturia und seine Gattin
Volumnia, die letztere mit ihren beiden Knaben an der Hand,
den harten Mann zu erweichen und das Vaterland zu retten.
Als sie in langem Zuge daherwandelten in das feindliche Lager,

eilte Coriolan mit ausgebreiteten Armen seinen Lieben entgegen und umarmte und küßte sie unter einem Strom von Thränen. Die Vorwürfe und Bitten der geliebten Mutter, die Thränen der ehrwürdigen Frauen, das Flehen der Gattin und der Kinder, die seine Knie umfaßten, brachen zuletzt den starren Sinn des Mannes. „Mutter, du hast mich überwunden, rief er, aber nach Rom kehre ich nie wieder; behalte statt meiner das Vaterland, da du also zwischen Rom und dem Sohne gewählt hast." Am folgenden Tage führte er das Heer zurück ins Volskerland, wo er nach langen Jahren in hohem Alter starb. Nach einer andern Angabe tödteten ihn die Volsker, weil er ihnen Rom, das sie schon als sichere Beute betrachteten, nicht in die Hände geliefert habe.

Man sieht leicht diesem Berichte die sagenhafte Färbung an. Wir wollen von seinen Unglaublichkeiten nur einige hervorheben. Es ist undenkbar, daß die Volsker bei dem Sondergeiste, welcher damals die Völker beseelte, einem Fremden, der zudem noch bisher ihr erbittertster Feind gewesen, die Führung ihres Heeres übergaben, und daß sie, eben auf dem Punkte, die verhaßte Stadt zu bewältigen, sich ruhig von dem Römer wieder hätten zurückführen lassen; es ist bei der damaligen Kriegsführung, wo eine einzige Stadt kaum im Verlauf eines Sommers genommen zu werden pflegte, nicht wohl anzunehmen, daß Coriolan in einem kurzen Sommerfeldzuge zwölf latinische Städte erobert hat. Die Unrichtigkeit dieser Angabe erweist sich aber deutlich dadurch, daß in den nächsten Jahren nach Coriolans Feldzug die Städte, welche er den Volskern erobert haben soll, noch in den Händen der Latiner sind. Einige Jahrzehnte nachher sind allerdings diese Latiner- städte wirklich in die Gewalt der Volsker und Aequer gekommen. Da die Römer dies nicht leugnen konnten, so mochte ihr National- stolz doch nicht zugeben, daß dies das Werk der Volsker gewesen sei; sie dichteten, ein römischer Feldherr habe an der Spitze eines Volskerheeres diese Erfolge errungen. Coriolan war wahrscheinlich, als ein verbannter Patricier, der Führer von Schaaren flüchtiger und verbannter Römer, die in Verbindung mit anderm beute-süchtigen Volke das römische Gebiet heimsuchten und auch wohl einmal Rom selbst bedrohten, bei welcher Gelegenheit ihn die Bitten der Mutter zur Rückkehr bewogen haben mögen. Vielleicht hat auch die Schaar des Coriolan Gemeinschaft mit den Volskern gemacht, die um jene Zeit wirklich unter Attius Tullius im Verein mit den Aequern Rom mit Erfolg bekriegten, bis Tullius in einer blutigen Schlacht des Jahres 487 gegen den Consul Titus Sicinius fiel.

In den folgenden Jahren setzten sich die Volsker- und Aequerkriege ohne bedeutende Unterbrechungen fort. Für eine Zeitlang wendete sich einmal das Glück auf die römische Seite; sie eroberten Antium im Jahre 468. Aber seit diesem günstigen Ereigniß ist der Glücksstern Roms erloschen; Unheil aller Art, Kriegsgefahr und Bürgerzwist, Seuchen und Hungersnoth stürzen vereinigt auf es ein und bringen es an den Rand des Verderbens. Aber die Römer verschweigen zum größten Theil ihr Ungemach im Krieg, sie geben uns sogar aus dieser Zeit glänzende Sieges-nachrichten, die jedoch vor dem Auge der Geschichte in Nichts zerfallen. Welche Fortschritte die Feinde gemacht, ersieht man aus dem Umstand, daß seit 465 die Aequer tief in Latium, auf dem Algidus, der östlichen Bergwand des Albanergebirgs, wieder-holt ihr Lager aufgeschlagen haben und von da aus das römische und latinische Gebiet verwüsten und plündern. Manchmal kommen sie sogar bis in die Nähe von Rom, daß das Landvolk voll Schreck in die Mauern flüchtet.

Ein besonders unglückliches Jahr war das Jahr 463. Im Monat September — für Italien die Zeit der Seuchen — brach eine verderbliche Pest aus, die ein ganzes Jahr dauerte. Sie zeigte sich zuerst bei dem Vieh, steckte die Hirten an und ver-breitete sich verheerend über das Land und die Stadt. Hier hauste sie mit besonderer Wuth, seit das Landvolk aus Furcht vor den

Aequern und Volskern sich in die Stadt gedrängt hatte und alle
Räume dicht voll aufgeregter, verzweifelter Menschen waren. Die
Herniker hatten Gesandten geschickt und um schleunige Hülfe gebeten, da die Volsker und Aequer sich in ihrem Lande gelagert
hätten und alles verwüsteten; aber sie erhielten den traurigen
Bescheid, sie möchten im Verein mit den Latinern sich allein
schützen, Rom sei durch die Pest dermaßen verheert, daß es kein
Heer aufstellen könne. Nicht lange, so rückte der Feind durch
Latium gegen Rom heran, bis zum dritten Meilenstein. In Rom
war der eine Consul gestorben, der andere lag fast ohne Hoffnung darnieder, es lagen darnieder die meisten Senatoren und
vornehmen Männer, die waffenfähige Mannschaft war zum Theil
todt, zum Theil krank; man konnte dem Feind kein Heer entgegen-
schicken, ja kaum die nöthigsten Posten auf der Mauer besetzen.
Wenn der Feind angriff, so war alles verloren. Aber dieser
wagte nicht zu nahen, er fürchtete die ansteckende Seuche und verließ das öde, vom Würgengel heimgesuchte Land, in dem nichts
mehr zu zerstören und nichts zu erbeuten war. Er zog plündernd
über die Höhen von Tusculum ins albaner Thal. Hier stellte
sich ihm ein Heer der Herniker und Latiner entgegen, das aber
geschlagen und zerstreut ward.

In einem der nächsten Jahre (459) kommt Antium wieder
in die Hände der Volsker; die Römer scheinen es abgetreten zu
haben, um Frieden mit den westlichen Volskern zu erlangen und
die Macht der Feinde zu trennen. Von nun an hat Rom nach
dieser Seite hin Ruhe; mit den Aequern dagegen ward noch fort-
gekämpft. In das folgende Jahr 458 verlegen die Römer einen
glorreichen Feldzug gegen die Aequer. Diese hatten sich wieder
auf dem Algibus gelagert unter Anführung des Gracchus Clölius.
Der Consul Minucius zog gegen sie, führte aber seine Sache so
ungeschickt und zögernd aus, daß er mit seinem ganzen Heere
durch einen Wall eingeschlossen wurde. In Rom verbreitete die
Nachricht so große Bestürzung, daß man es für nöthig hielt, zur

Dictatur zu greifen. Man wählte den L. Quinctius Cincinnatus, einen Mann von großen Verdiensten, bewährt im Feld und im Rathe; der allein schien helfen zu können. Cincinnatus, damals ein Mann von mehr als 60 Jahren, lebte jenseits des Tiber auf seinem Grundstücke von vier Jugern, das er, ein Muster alt-römischer Einfachheit und Nüchternheit, mit eigener Hand bebaute. Als der Senatsdiener (viator) ihm die Ernennung zum Dictator überbrachte, traf er ihn, wie er, ohne Oberkleid und mit Staub bedeckt, ackernd hinter seinem Pfluge herging. Er bat ihn, er möge die Toga anlegen, um zum Segen für ihn und den Staat die Botschaft des Senates entgegenzunehmen. Seine Gattin Racilia brachte die Toga aus der Hütte, und nachdem er Staub und Schweiß sich abgewischt, verkündete ihm der Viator seine Er-nennung zum Dictator und berief ihn sogleich zur Stadt.

In der nächsten Nacht blieb in Rom Alles wach. Mit Tagesanbruch erschien der Dictator mit den 24 Lictoren auf dem Markt und ernannte sich den L. Tarquitius, einen armen aber durch Tapferkeit ausgezeichneten patricischen Jüngling, zum Ma-gister Equitum. Hierauf verordnete er einen Gerichtsstillstand, hieß in der ganzen Stadt die Kaufläden schließen und alle Ge-schäfte ruhen. Dann gab er Befehl, daß alle Waffenfähigen mit ihren Waffen, mit fertigem Mundvorrath auf 5 Tage und 12 Schanzpfählen vor Sonnenuntergang sich auf dem Marsfelde einfänden; wer zum Dienste zu alt sei, solle dem dienstthuenden Nachbar die Kost bereiten, während dieser seine Waffen in Stand setze und die Schanzpfähle hole. Mit Sonnenuntergange brach man auf; rasch und immer rascher ging der Zug, denn schon den dritten Tag waren das Heer und der Consul eingeschlossen. Um Mitternacht war man an Ort und Stelle, man hatte acht Stunden Wegs zurückgelegt.

Nachdem der Dictator das feindliche Lager umritten und die Lage der Dinge in Augenschein genommen hatte, ließ er die Soldaten das Gepäck abwerfen und stellte sie dann in langer

Reihe mit Waffen und Pfählen rings um das Lager der Aequer. Auf ein gegebenes Zeichen erhoben sie ein lautes Geschrei und begannen einen Graben aufzuwerfen und die Pfähle einzusenken. Das Geschrei verkündete den eingeschlossenen Römern, daß ihre Freunde nahe waren; sie griffen sogleich den Feind von Innen an und kämpften bis zur Morgendämmerung, während Cincinnatus draußen seine Umwallung ungehindert vollendete. Am Morgen wurden die Aequer von zwei Seiten bestürmt, und da sie dem doppelten Angriff nicht gewachsen waren, so flehten sie bald verzweifelnd um ihr Leben. Der Dictator schenkte ihnen das Leben, aber sie mußten ohne Waffen und im bloßen Unterkleid abziehen. Um die Schmach voll zu machen, ließ man sie unter einem Jochgalgen durchgehen, unter einem Speer, der quer über zwei in die Erde gesteckte Speere gelegt war. Der Anführer Gracchus Clölius und seine Obersten wurden zurück behalten und, mit Ketten beschwert, für den Triumph aufbewahrt. Das feindliche Lager mit seiner großen Beute wurde dem Heere des Dictators überlassen, das consularische Heer erhielt keinen Theil daran, und der Consul wurde sogar von dem Dictator abgesetzt. Aber die Soldaten des Consuls waren mehr der Rettung als der Beschimpfung eingedenk; sie beehrten den Dictator mit einem goldenen Kranze von fünf Pfund und begrüßten ihn bei seinem Abzug als ihren Patronus.

Das dictatorische Heer zog im Triumphe, die gefesselten feindlichen Führer voran, beutebeladen in Rom ein. Es wurde mit unendlichem Jubel empfangen. Vor jedem Hause stand ein Tisch mit Speisen zur Labung der Einziehenden. Sechzehn Tage nach seiner Ernennung legte Cincinnatus sein Amt nieder.

Wir haben hier wieder eine Erzählung, die mehr Dichtung als Wahrheit ist. Man erwäge, ob ein Heer, über alle Maßen belastet, von Sonnenuntergang bis Mitternacht einen Weg von acht Stunden zurücklegen und dann noch die Nacht durch eine Umwallung, die außerordentlich groß gewesen sein muß, vollenden konnte, ob das äquische Heer sich ruhig würde haben umwallen lassen, da es doch ein Leichtes war, die dünne Reihe des einschließenden Feindes zu durchbrechen. Als historischer Kern der ganzen Erzählung wird übrig bleiben, daß Cincinnatus einmal ein eingeschlossenes römisches Heer befreit hat. — Folgen von dem angeblichen großen Siege des Cincinnatus sind nicht ersichtlich; schon im nächsten Jahre und danach noch öfter sehen wir die Aequer wieder auf dem Algibus. Diese behaupten noch längere Zeit die überwiegende Macht.

Obgleich die Römer durch die langwierigen Aequer- und Volsker-kriege schwere Schläge erlitten, so trugen dieselben doch zuletzt zur Vergrößerung ihrer Macht bei. Die Latiner nämlich und die Herniker, welche von Anfang an auf gleichem Fuße mit ihnen verbündet waren, wurden so geschwächt, daß sie in der Folge ihre Freiheit nicht behaupten konnten. Diejenigen Städte, welche den Aequern und Volskern nicht in die Hände fielen, vermochten nicht auf eigenen Füßen zu stehen und ordneten sich den Römern unter, und als später die Römer den Feinden die übrigen Städte wieder abrangen, mußten diese in dasselbe Unterthänigkeitsverhältniß treten, wie jene.

Während der oben beschriebenen Kriege hatten die Römer auch häufig mit den Sabinern zu thun. Diese Kriege aber blieben ohne politische Bedeutung. Die Sabiner machten kurze Plünderungszüge in das römische Gebiet, die dann wieder in die Berge zurückgetrieben werden mußten. Nach dem Sturze der Decemvirn, im J. 449, wurden endlich die Sabiner von dem Consul Horatius dermaßen geschlagen, daß sie auf lange Zeit sich ruhig verhielten.

Der vierte Feind, von dem Rom in dieser Zeit zu leiden hatte, waren die Vejenter. Vom J. 485 an bestand länger als 10 Jahre zwischen beiden Städten eine hartnäckige Fehde, in welcher die Vejenter auch öfter durch die übrigen Hetrusker unterstützt wurden. Da die beständigen Einfälle der Vejenter sehr

beschwerlich und drückend wurden, so entschloß sich die Familie
der Fabier, den Krieg, dessen Ausbruch sie besonders verschuldet
hatte, allein auf sich zu nehmen und durch Anlegung einer Feste
in Feindesland den Verwüstungen auf römischem Gebiete zu
steuern. Sie zogen, im Ganzen 306 Mann, mit ihren 4—5000
Clienten, im J. 479 an den Bach Cremera in die Nähe von
Veji und gründeten hier eine Burg, von welcher aus sie die
Vejenter beschäftigten und schädigten. So trieben sie es zwei
Jahre lang. Da die Vejenter ihnen in der hohen Feste nicht
ankommen konnten, so versuchten sie durch List sie herauszulocken
und in einen Hinterhalt zu ziehen. Sie trieben zu wiederholten
Malen Heerden in die Nähe der Burg, und wenn dann die
Fabier herabstürzten, nahmen sie, das Vieh preisgebend, in er-
heucheltem Schreck eiligst die Flucht. Dadurch wurden die Fabier
immer dreister und entfernten sich weiter und weiter von ihrer
Burg. Eines Tages sahen sie in weiter Ferne wieder eine Heerde
und eilten darauf zu. Indem das Vieh sich zerstreute, zerstreuten
auch sie sich in einzelne Haufen; da brachen plötzlich von verschiedenen Seiten die Vejenter in großer Zahl aus den Wäldern
hervor und fielen über sie her. Die Fabier fochten als Helden,
aber gegen die Ueberzahl war alle Tapferkeit vergebens; die ganze
Schaar fiel bis auf den letzten Mann.

Nach einer andern Erzählung wurden die 300 Fabier, als
sie unbewaffnet nach Rom zogen, um daselbst ein Opferfest zu
feiern, von einem Hinterhalte der Vejenter überfallen und sämmtlich niedergemacht. Nur ein unmündiger Knabe, der in Rom
zurückgeblieben war, soll aus dem allgemeinen Untergange seines
Geschlechtes übrig geblieben sein; nach Andern war der Stamm-
halter M. Fabius, einer der Decemvirn im J. 450, der bei
jenem Unglück schon erwachsen gewesen sein muß. Der Tag der
Niederlage der Fabier, der 18. Juni, galt in der Folge für einen
Unglückstag, an welchem kein öffentliches oder Privatgeschäft von
Wichtigkeit unternommen werden durfte.

Der Consul Menenius hatte, während die Fabier den Vejentern erlagen, mit seinem Heere in der Nähe gestanden, aber aus Haß gegen die Fabier sich ruhig verhalten. Die durch ihren Sieg ermuthigten Vejenter griffen ihn sofort an und schlugen ihn völlig, worauf sie ohne Widerstand bis vor die Mauern Roms zogen und das Janiculum besetzten. Die Stadt kam in große Noth, denn der Feind schnitt ihr alle Zufuhr ab. Zuletzt jedoch wurden die Hetrusker in zwei Schlachten überwältigt und zogen davon. Zwei Jahre darauf (475) wurden die Vejenter von dem Consul P. Valerius unter den Mauern ihrer eignen Stadt der Art geschlagen, daß sie im folgenden Jahre einen Waffenstillstand auf 40 Jahre abschlossen.

Menenius wurde wegen seines Verrathes an den Fabiern von den Tribunen vor Gericht gezogen und von dem Volke zu einer Geldbuße von 2000 Assen verurtheilt. Das grämte ihn so, daß er sich vor Niemand mehr sehen ließ und bald starb.

Innere Kämpfe von der Auswanderung auf den heiligen Berg bis zum Decemvirat.

Seit dem Vertrag auf dem heiligen Berge hören wir nichts mehr von der Schuldennoth; dagegen erhebt sich bald wieder ein neuer, sehr bewegter Kampf zwischen Patriciern und Plebejern wegen der Benutzung des Gemeindelandes (ager publicus), in welchem die Tribunen, als die Vorkämpfer der Plebs, Gelegenheit fanden, ihre Macht zu erproben.

Schon bei der Gründung der Stadt, als Romulus die römische Feldmark unter seine Bürgerschaft zu erblichem Eigenthum vertheilte, soll ein Theil des Landes als Tempelgut und ein anderer Theil als Staats- oder Gemeindeland ausgeschieden worden sein. Dieser Ager Publicus erhielt im Laufe der Zeit durch Eroberungen einen beträchtlichen Zuwachs, indem dem

8*

überwundenen Volke gewöhnlich der dritte Theil seines Grund und Bodens abgenommen und in römisches Staatseigenthum verwandelt wurde. Was davon urbares Land war, wurde verpachtet oder verkauft oder an römische Bürger, welche man zur Behauptung der eroberten Stadt als Colonisten in dieselbe schickte, als erbliches Eigenthum vertheilt. Dies war nach römischem Ausdruck die Assignation. Bei weitem der größte Theil des Gemeindelandes aber wurde den Bürgern zu freiwilliger Besitzergreifung (Occupation) überlassen, ohne daß sie jedoch dadurch ein Eigenthumsrecht erlangten. Der Staat behielt sich das Eigenthumsrecht vor, so daß er das Grundstück zu jeder Zeit wieder an sich nehmen konnte, und gestattete nur die Benutzung (possessio) desselben gegen eine jährliche Nutzungssteuer; aber die Possessoren, die Besitzer, wurden von der Obrigkeit in ihrem Besitze geschützt und konnten über denselben wie über Grundeigenthum verfügen, sie konnten das Land vererben, verkaufen, verschenken u. s. w. Zur Zeit der Könige werden auch die Plebejer zur Occupation zugelassen worden sein; als aber die Patricier mit der Vertreibung der Könige die Regierungsgewalt an sich rissen und sich allein für die eigentlichen Bürger ansahen, nahmen sie auch die Benutzung des Gemeindelandes für sich allein in Anspruch und schlossen die Plebejer aus; ja sie hielten es in ihrem Interesse, auch keine Nutzungssteuer mehr zu zahlen. Sah sich der Senat bisweilen genöthigt, auch den Plebejern von dem Grund und Boden, den sie hatten erobern helfen, einen Theil abzugeben, so geschah dies immer auf dem Wege der Assignation, d. h. man fand sie durch einige Ländereien, die man dem Einzelnen zum Eigenthum anwies, ab, um den Grundsatz zu retten, daß nur die Patricier ein Recht auf die Nutzung des Gemeindelandes hätten. Solche Anweisungen aber waren im Ganzen gering.

Das Verfahren der Patricier in Betreff des Ager Publicus war ein Unrecht, an dem aber ihr Eigennutz hartnäckig festhielt. Denn die Plebejer waren keine politisch-rechtlose Masse mehr, sie waren auch Staatsbürger, obgleich mit beschränkten Rechten, und durch ihr Blut vornehmlich waren die neuen Erwerbungen gemacht worden. Da nun auch noch obendrein die Nutzung des gemeinen Feldes steuerfrei, der Grundbesitz allein versteuert war, so lastete der Steuerdruck unverhältnißmäßig stark auf der Plebs, die nur Grundeigenthum besaß. Diese Verhältnisse mußte die Plebs schwer empfinden, und die Billigkeit forderte eine Aenderung; da aber die Patricier hierzu auf keine Weise. zu bewegen waren, so entspannen sich die heftigsten Parteikämpfe. Die Ackergesetze (Leges agrariae) haben eine große Bedeutung in der römischen Geschichte und haben mehr als einmal den Staat erschüttert.

Das erste Ackergesetz, von welchem wir wissen, wurde von dem schon mehr erwähnten Spurius Cassius .in seinem dritten Consulat im J. 486 in Vorschlag gebracht. Ueber den Inhalt desselben sind wir nicht genau unterrichtet; wahrscheinlich verordnete es, daß von dem Ager Publicus ein angemessener Theil der Plebs als Eigenthum zugewiesen, das übrige den Patriciern zur Benutzung belassen werden solle, jedoch gegen die Entrichtung einer Nutzungssteuer. Das Gesetz wurde angenommen, mit der Bestimmung, daß es die Consuln des nächsten Jahres durch eine Commission der zehn ältesten Consularen (Altconsuln) in Aus- führung bringen sollten. Die Patricier, mit dem Senat an der Spitze, hatten nur aus Furcht vor der drohenden Haltung der Plebs nachgegeben; aber sie gedachten die Ausführung zu ver- hindern. Ihr ganzer Haß wendete sich zunächst gegen den Ur- heber des Gesetzes, der die Interessen seines eigenen Standes so mit Füßen getreten hatte; an ihm, dem Verräther, mußte Rache genommen werden, und war Er aus dem Wege geräumt, so hoffte man auch, mit seinem Gesetze schon fertig zu werden. Er wurde daher, sobald er sein Consulat niedergelegt hatte, von den Quästoren Käso Fabius und L. Valerius vor den Curien des Strebens nach Alleinherrschaft angeklagt und zum Tode verurtheilt. Die Quästoren stürzten ihn den tarpejischen Felsen hinab; sein

Vermögen wurde eingezogen und der Ceres geweiht, sein Haus ward geschleift und die Stätte desselben öde gelassen, sein Stand-bild eingeschmolzen. Doch giebt es noch eine andere Nachricht über den Tod des Cassius. Sein Vater soll, vermöge der väter-lichen Gewalt, Gericht über ihn gehalten und ihn in seinem Hause getödtet haben.

So unterlag ein außerordentlicher Mann, der dreimal Consul gewesen und zweimal triumphirt hatte, der dem Vaterland die größten Dienste geleistet, der Rache patricischer Selbstsucht. Nach seinem Sturze trat eine Reaction gegen die aufstrebende Plebs ein. Das Ackergesetz, obgleich auf gesetzlichem Wege zu Stande gekommen, wurde nicht in Vollzug gesetzt, und der Senat ließ solche Männer zu Consuln wählen, von denen er wußte, daß sie dem Drängen des Volkes und der Tribunen den festesten Wider-stand entgegensetzen würden. Denn der Senat hatte die Wahl der Consuln in der Hand, indem er die zu Wählenden den Cen-turiatcomitien vorschlug und der vorsitzende Consul in denselben nur über die Vorgeschlagenen abstimmen ließ*). Eine hervor-ragende Rolle spielte in diesen Jahren das Geschlecht der Fabier, welche aus irgend einem uns unbekannten Grunde sich als die heftigsten Gegner des cassischen Gesetzes erwiesen; sieben Jahre hinter einander war immer einer der Consuln ein Fabier. Es entspann sich ein leidenschaftlicher Kampf zwischen Volk und Patriciern, indem seit 485 die Tribunen alljährlich die Aus-führung des Ackergesetzes forderten und den Widerstand der Consuln durch Hemmung ihrer Amtsthätigkeit zu brechen suchten. Im J. 483 verhinderte der Tribun Mänius die Truppenaus-hebung, aber die Consuln vereitelten seinen Widerstand; sie ver-legten ihr Tribunal außerhalb der städtischen Bannmeile, wo das

---

*) Seit dem J. 482 konnte der Senat allerdings nur noch über die Wahl des einen Consuls bestimmen, die Vorwahl des andern wurde der Plebs überlassen. Dies Uebereinkommen zwischen Patriciern und Plebs bestand bis zum J. 460.

Hülfsrecht der Tribunen keine Geltung mehr hatte, und riefen die Dienstpflichtigen zur Fahne, indem sie die Nichterscheinenden mit Verwüstung ihres Ackerfeldes, Niederreißung ihrer Ackerhütten und Wegtreibung ihres Viehs bestraften. Im J. 481, wo wieder durch einen Tribunen die Truppenaushebung untersagt wurde, gewannen die Patricier die vier übrigen Tribunen, welche das Vorgehen ihres Collegen unwirksam machten. Das Volk war so erbittert, daß das Heer, welches dem Consul Käso in den vejentischen Krieg folgte, sich absichtlich schlagen ließ, um dem verhaßten Führer den Triumph zu entziehen. Diesen Krieg gegen die Vejenter hatten die Fabier entzündet, um die Parteikämpfe im Innern verstummen zu lassen; denn wenn das Heer im Felde stand, fehlte den Tribunen auf dem Forum für ihre Agitationen die Volksmenge.

Mit dem Jahre 480 trat eine Aenderung in der Stellung der Fabier ein. Die überwiegende Macht dieses Geschlechtes scheint bei den übrigen Patriciern Eifersucht und Argwohn erweckt zu haben, so daß unter die Patricier selbst Zwiespalt und Parteiung kam. Das veranlaßte die Fabier, ihr schroffes Verhalten gegen das Ackergesetz aufzugeben und sich der Plebs zu nähern. M. Fabius, der Consul des J. 480, führte die Versöhnung herbei. Das Heer, mit dem er gegen die Vejenter im Felde stand, hatte ihm, gereizt durch den Uebermuth des Feindes, unbedingten Gehorsam und den Sieg gelobt, wenn er sie zur Schlacht führen wollte, und in blutigem Kampfe einen schönen Sieg errungen. Aus Dankbarkeit vertheilte er die Verwundeten zur Heilung und Wartung in die patricischen Häuser, die meisten in die Häuser der Fabier, bei denen sie aufs freundlichste gepflegt wurden. Seitdem war der Bund zwischen Plebs und Fabiern geschlossen. Bei der Consulwahl für das nächste Jahr (479) gab die Plebs in Masse dem Käso Fabius ihre Stimmen, demselben Manne, den sie früher als Ankläger des Sp. Cassius und entschiedenen Gegner des cassischen Gesetzes so sehr gehaßt hatte, und gleich nach Antritt seines Amtes beantragte K. Fabius die Ausführung des Ackergesetzes. Der Senat verwarf den Antrag, wodurch der Riß zwischen den Fabiern und den übrigen Patriciern vergrößert wurde. Derselbe Käso Fabius führte noch in diesem Jahre das ganze Geschlecht der Fabier ins Vejenterland, um dort an der Cremera eine Feste anzulegen, von wo aus sie den Krieg gegen Veji allein führen wollten (S. 114). Das Zerwürfniß mit den Patriciern und Vorwürfe von patricischer Seite wegen des lästigen Vejenterkrieges, den die Fabier vorzugsweise veranlaßt, mögen zum größten Theil diesen Entschluß herbeigeführt haben. Zwei Jahre nachher wurde, wie wir gesehen, das ganze fabische Geschlecht an der Cremera aufgerieben.

Von jetzt an beginnt ein neuer Aufschwung der Plebs. Die Tribunen geben in ihrem Kampfe gegen die Patricier das bisherige Mittel einer Verhinderung der Truppenaushebung, welche ihnen wenig geholfen hat, auf und gehen zum Angriff über, indem sie die Consuln nach Ablauf ihres Amtsjahres wegen Nichtvollzugs des Ackergesetzes oder auch wegen sonstiger Schädigung der Plebs vor das Gericht der Tributcomitien ziehen. So wurde im J. 476 der Consul des vorigen Jahres, Menenius, vor Gericht gezogen und verurtheilt, weil er den Fabiern an der Cremera nicht zu Hülfe gekommen war (S. 115). Im folgenden Jahre wurde der vorjährige Consul Servilius wegen eines verunglückten Angriffs auf das vejentische Heer verklagt. Im J. 473 lud der Tribun Cn. Genucius die gewesenen Consuln L. Furius und C. Manlius vor das Volksgericht, weil sie das Ackergesetz nicht pflichtgemäß auf Forderung der Tribunen zur Ausführung gebracht hätten. Als der Gerichtstag erschienen war und die Plebs auf dem Forum voll Erwartung auf den Tribunen harrte, brachten plötzlich einige seiner Freunde die Nachricht, derselbe sei auf seinem Bette ermordet gefunden worden. Die Versammlung stob erschreckt auseinander, wie ein Heer, dem der Feldherr fiel; aber die Patricier frohlockten laut, und selbst solche, die der That fern gestanden, wollten für die Mörder des Tribunen gehalten werden. Die tribunicische Gewalt, sagte man, wolle nun einmal durch schlimme Mittel gebändigt sein.

Die Patricier scheuten also in diesem Parteikampfe auch den Meuchelmord nicht. Sie hatten für eine Zeitlang ihren Zweck erreicht; denn das Volk war eingeschüchtert, und die Tribunen wagten aus Furcht vor dem verborgenen Dolch einige Zeit keine Anklage mehr. Dagegen wurde das Ackergesetz doch nicht vergessen; der Streit wurde ohne Entscheidung fortgesetzt, bis mit dem Jahre 467 für längere Zeit nichts mehr davon verlautet. Damals war Rom durch die Aequer- und Volskerkriege aufs Aeußerste bedrängt, und das römische Gemeindeland mag zum größten Theil in den Händen der Feinde gewesen sein, so daß der Gegenstand selbst, um den man so lange gekämpft, verloren war. Als im J. 456 durch das icilische Gesetz die Bodenfläche des Aventinus der Benutzung der Patricier entzogen und der Plebs zum Häuserbau überlassen ward, scheint diese für eine Zeitlang anderen Ansprüchen auf Gemeindeland entsagt zu haben.

In demselben J. 473, wo Genucius ermordet ward, wurde der Grund zu einem neuen Streit gelegt. Die Consuln benutzten den allgemeinen Schreck, welchen dieser Mord hervorgerufen, zu einer Truppenaushebung. Da kam es vor, daß ein angesehener Plebejer, Namens Volero Publilius, der früher als Hauptmann (Centurio) mit Auszeichnung gedient hatte, als gemeiner Soldat eingereiht werden sollte. Da er sich dessen weigerte, so schickten die Consuln, durch die Widersetzlichkeit gereizt, einen Lictor gegen ihn. Publilius sprach die Tribunen um Hülfe an, aber diese ließen ihn im Stich aus Furcht vor dem Schicksal des Genucius. Als jetzt die Consuln befahlen, dem Manne die Kleider abzureißen und die Ruthenbündel zu öffnen, legte Publilius Berufung an das Gesammtvolk ein. Aber auch das war vergebens. Je trotziger er schrie, desto eifriger zerrte und riß der Lictor ihm am Rocke. Da griff er zur Selbsthülfe; er stieß mit kräftigem

Arm den Gerichtsdiener zurück und warf sich, den Schutz des
Volkes anrufend, in die dichteste Masse der herandrängenden
Menge. Diese machte sich fertig wie zur Schlacht, sie mißhandelte
die Lictoren, zerbrach ihre Ruthenbündel und bedrohte die Consuln
selbst, welche vom Markt in die Curie flüchteten, ungewiß, wieweit
Volero seinen Sieg verfolgen würde. Der Senat wurde eiligst
berufen, und man berieth, was zu thun. Viele stimmten für
strenge Maßregeln, allein die Besonneneren behielten die Oberhand und stellten die Ruhe wieder her.

Von nun an war Publilius der Mann des Volkes. Man
wählte ihn für das folgende Jahr 472 zum Tribunen, in der
Erwartung, daß er seine Stellung benutzen werde, um sich für
die im vorigen Jahre widerfahrenen Unbilden zu rächen. Aber
Publilius dachte höher; er vergaß die persönliche Kränkung und
beleidigte die Consuln des vorigen Jahres auch nicht mit einem
Worte. Dagegen wollte er die ihm anvertraute Amtsgewalt benutzen, um seinem Stande dauernde Rechte zu sichern, die Rechte
der plebejischen Volksversammlung gesetzlich festzustellen. Diese
Versammlungen hatten bis dahin keine verfassungsmäßige Anerkennung und wurden von den Patriciern nur als willkürliche
Zusammenkünfte einer zufälligen Volksmenge betrachtet, weshalb
namentlich die übermüthige patricische Jugend sich oft erlaubte,
störend sich in dieselben einzumischen. Publilius brachte daher
bei der Volksgemeinde ein Gesetz in Vorschlag, das wahrscheinlich
folgende Hauptbestimmungen enthielt: „Die Plebs hat das Recht,
eigene Comitien (die Tributcomitien) zu halten. Diese werden
von den Obrigkeiten der Plebs (den Tribunen) berufen und geleitet. Nur die Plebejer sind berechtigt, theilzunehmen und abzustimmen. Wer kein Recht hat, in denselben abzustimmen, ist
nicht befugt, sich innerhalb der Versammlungsstätte aufzuhalten,
und handelt er dawider, so hat der vorsitzende Tribun das Recht,
ihn durch seine Diener wegweisen zu lassen. In diesen Versammlungen beräth und beschließt die plebejische Gemeinde über

ihre inneren Angelegenheiten, wählt ihre Obrigkeiten, ihre Tribunen und Aedilen; auch über Gegenstände, welche den gesammten Staat und das öffentliche Wohl betreffen, ist sie berechtigt, auf Antrag eines Tribunen Beschlüsse zu fassen."

Die Patricier widersetzten sich diesem höchst unwillkommenen Gesetzesvorschlag aus allen Kräften; allein das Mittel, welches sie früher in dem Streit wegen des caffischen Ackergesetzes oft mit Erfolg versucht, nämlich einen Theil der übrigen Tribunen für ihre Sache zu gewinnen, wollte diesmal nicht gelingen, weder die Consuln noch die Ersten des Senates vermochten einen Tribunen zur Einsprache zu verleiten. Dennoch zog sich die Sache in fruchtlosem Streit durch das ganze Jahr hin. Die Plebejer gaben nicht nach, sie wählten den Publilius auch für das folgende Jahr (471) wieder zum Tribunen; die Patricier aber machten, in der Voraussicht eines äußerst heftigen Kampfes, den Appius Claudius zum Consul, einen harten starrsinnigen Mann, welcher den Haß gegen das Volk von seinem Vater, dem aus den Kämpfen wegen der Schuldennoth uns bekannten Appius Claudius, geerbt hatte. Sein College ward Titus Quinctius.

Gleich mit dem Anfang des Jahres begannen die Verhandlungen wegen des publilischen Gesetzes. Publilius empfahl es mit derselben Ruhe und Mäßigung, wie im vorigen Jahre; aber mit neuem Eifer und Muth nahm sich desselben sein College Lätorius an, ein tapferer Kriegsmann voll Feuer und Kraftgefühl. Als Volero am Abend vor der Hauptversammlung, in welcher über den Vorschlag abgestimmt werden sollte, noch eine berathende Vorversammlung (contio) abhielt, trat auch Lätorius auf und erging sich in einer heftigen Rede in Angriffen auf den Consul Appius Claudius und sein Geschlecht, das aus lauter Tyrannen und Verfolgern der Plebs bestehe; in Appius selbst hätte der Senat keinen Consul, sondern einen Henker gewählt, um die Plebejer zu martern und zu zerfleischen. Plötzlich versagte dem im Reden wenig geübten Kriegsmann die Sprache. Da rief er:

„Weil ich nicht so fertig in Worten bin, ihr Quiriten, als ich mein Wort zu halten pflege, so seid morgenden Tages hier. Ich will entweder hier vor euren Augen mein Leben lassen oder den Vorschlag durchsetzen."

Am folgenden Tage setzten sich die Tribunen frühzeitig in Besitz der Rednerbühne. Die Consuln und die Patricier, welche den Vorschlag bekämpfen wollten, standen unten in der Versammlung. Da befahl Lätorius, Jeden wegzupeitschen, der in dieser plebejischen Versammlung keine Stimme abzugeben habe. Die jungen Patricier blieben stehen, ohne dem Amtsboten zu weichen. Da wollte Lätorius einige greifen lassen. Aber der Consul Appius trat dazwischen und behauptete, das Recht eines Tribunen erstrecke sich nur über die Plebejer, das Tribunat sei eine Obrigkeit der Plebs und nicht des Gesammtvolkes. Die Verächtlichkeit, mit der er von dem Rechte des Tribunats sprach, brachte den Lätorius außer Fassung. Glühend vor Zorn schickte er seinen Amtsboten gegen den Consul; aber zu gleicher Zeit schickte auch der Consul seinen Lictor gegen den Tribunen, indem er ihn laut für einen Privatmann erklärte, der keinen Oberbefehl, keine Amtswürde habe, und der Tribun wäre mißhandelt worden, wenn nicht die ganze Versammlung für ihn tobend gegen den Consul aufgestanden wäre. Dennoch ließ Appius von seiner trotzigen Hartnäckigkeit nicht ab; aber der andere Consul, T. Quinctius, ein besonnener, versöhnlich gesinnter Mann, gab, um ein blutiges Handgemenge zu verhüten, einigen Consularen den Auftrag, seinen Collegen in Gutem oder nöthigenfalls mit Gewalt vom Forum wegzuführen. Während dieses — doch mit großer Mühe nur — geschah, besänftigte Quinctius die aufgebrachte Menge und bat die Tribunen, die Versammlung zu entlassen, indem er in Aussicht stellte, wenn sie ihr Ziel planmäßig und mit Ruhe verfolgten, so würde der Senat sich dem Willen des Gesammtvolkes fügen, sowie der Consul dem Willen des Senates.

Das Volk setzte seine Verhandlungen fort und beschloß die

Annahme des publilischen Gesetzes. Darauf zog es mit den Tribunen bewaffnet auf das Capitol und drohte mit einem neuen Auszug aus der Stadt, wenn die Patricier nicht nachgäben. Der Senat, welcher gleich nach Aufhebung der Volksversammlung zur Berathung zusammengetreten war, erschrak um so mehr, da eben die Aequer und Volsker, von der Zwietracht der Römer unterrichtet und einen Anschluß der Plebejer erwartend, ins Land eingefallen waren. Zwar wechselten Anfangs noch widersprechende Meinungen mit großer Heftigkeit, doch allmählich legte sich die Hitze, und die Besonnenen und Gemäßigten siegten. Unter dem heftigsten Widerspruch des Appius Claudius, der Götter und Menschen laut zu Zeugen anrief, daß das allgemeine Beste aus Feigheit verrathen und preisgegeben werde, wurde der Gesetzesvorschlag des Publilius angenommen.

Durch das publilische Gesetz hatte die Plebs viel gewonnen. Ihre Tributcomitien wurden als rechtliche Versammlungen anerkannt und bekamen eine verfassungsmäßige Stellung im Staate. Die Beschlüsse dieser Comitien, die Plebiscite, erhielten eine größere Wichtigkeit. Bis hierher hatte die plebejische Gemeinde in den Tributcomitien nur über ihre inneren Angelegenheiten berathen und Beschlüsse gefaßt, und wenn ihr auch Besprechungen über Dinge, welche den ganzen Staat betrafen, nicht verwehrt waren, so hatten etwaige Beschlüsse doch keinen Anspruch auf irgend welche Berücksichtigung von Seiten des Staates. Auch jetzt hatten allerdings die Plebiscite noch nicht ohne Weiteres eine verbindende Kraft, aber die Plebs erhielt dadurch eine Art Initiative in der Gesetzgebung, daß, wenn sie einen Wunsch in Betreff eines neu einzuführenden Gesetzes in den Tributcomitien zu einem Beschluß formulirt hatte, dieser Beschluß durch die Tribunen dem Senate vorgelegt wurde, damit derselbe auf dem verfassungsmäßigen Wege den Gegenstand zur Entscheidung brächte. War der Senat mit dem Plebiscit einverstanden, so brachte er es zunächst vor

die Centuriatcomitien; wurde er hier angenommen und darauf
von den Curiatcomitien bestätigt, so hatte es Gesetzeskraft.

Sobald die Versöhnung gestiftet war, zogen die Consuln
in den Krieg, Appius Claudius gegen die Volsker, T. Quinctius
gegen die Aequer. Appius, noch erbittert über den Sieg der
Volkspartei und die eigene Niederlage, behandelte sein Heer mit
der größten Härte. Die Soldaten vergalten ihm mit gleichem
Hasse; sie zeigten sich nachlässig, trotzig und widerspenstig in allem
Thun, und als es zum Treffen kam, ließen sie sich absichtlich
besiegen und liefen in eiligster Flucht in ihr Lager. Erst als
der Feind das Lager bestürmte, setzten sie sich zur Wehr und
schlugen ihn ab. Der Consul wüthete; er berief eine Versammlung, um blutiges Gericht zu halten. Aber die Unterfeldherrn
und Obersten eilten zu ihm und warnten ihn, er möge den Oberbefehl, dessen Kraft denn doch auf der Beistimmung der Ge-
horchenden beruhe, nicht geradezu aufs Spiel setzen; die Soldaten
versicherten durchgehends, sie würden nicht zur Versammlung
kommen, und man höre sie schon hin und wieder laut rufen, sie
müßten aus dem Feindeslande zurückgeführt werden. Appius gab
nach; er stand von der Versammlung ab und ließ am folgenden
Tage früh Morgens zum Abmarsch blasen. Kaum hatte das
Heer das Lager verlassen, so griffen schon die Volsker an, und
es entstand unter den Abziehenden solcher Schreck und Unordnung,
daß sie, ohne noch auf einen Befehl zu hören, Hals über Kopf
davonliefen und der Feind nicht eher von der Verfolgung abließ,
als der Römer von der Flucht. Der Consul, der unter vergeb-
lichem Zuruf seinen Leuten gefolgt war, sammelte endlich wieder
das zerstreute Heer auf dem vaterländischen Boden und berief,
nachdem er ein Lager aufgeschlagen, eine Versammlung. Nach
einer strafenden Rede über ihre Feigheit und Verwahrlosung der
Kriegszucht ließ er die Soldaten, welche ihre Waffen, die Fahnenträger, welche ihre Fahnen weggeworfen hatten, die Hauptleute,
die ihre Rotten im Stich gelassen, und außerdem von der übrigen

Mannschaft je den zehnten Mann, den das Loos traf, mit Ruthen peitschen und enthaupten.

Ganz anders ging es im Aequerlande. Hier wetteiferten Consul und Soldaten mit einander in Wohlwollen und Gefälligkeit, und die Aequer wagten es gar nicht, sich einem so einigen Heere entgegenzustellen. Ohne Hinderniß zogen die Römer im Lande umher und machten reiche Beute, die sämmtlich den Soldaten verblieb. Zufrieden mit seinem Feldherrn, kehrte das Heer nach Hause zurück und erklärte, sie hätten einen Vater gehabt, das andere Heer einen Tyrannen.

Das folgende Jahr war nicht weniger stürmisch, als das verflossene, theils durch Streitigkeiten wegen des Ackergesetzes, theils durch die Anklage des Appius Claudius. Dieser hatte durch seine Härte und Grausamkeit im vorigen Jahre einen Sturm des Zorns gegen sich heraufbeschworen, der noch gesteigert wurde durch die Hartnäckigkeit, mit der er das Ackergesetz bekämpfte. Darum klagten ihn die Tribunen Duillius und Sicinius bei der Plebs auf den Tod an. Nie war ein verhaßterer Mann vor das Volksgericht gezogen worden; das Volk haßte in ihm ihn selbst uud seinen Vater. Die Patricier boten alles auf, die Klage rückgängig zu machen, den eifrigsten Vorfechter des Senates, den muthigsten Vertreter ihrer Standesinteressen dem Zorne des Volkes zu entziehen. Nur Appius Claudius selbst verachtete Tribunen und Volk und die Gefahr des Gerichtes. Weder die Drohungen des Volkes noch die Bitten des Senates konnten ihn dazu vermögen, wie sonst die Verklagten thaten, Trauerkleider anzuziehen oder den Leuten vom Volk flehend die Hände zu drücken, und als er vor dem versammelten Volke seine Sache führen mußte, trug er sein Antlitz eben so hoch, redete er mit derselben Festigkeit und demselben strafenden Ton, wie früher, so daß ein großer Theil der Bürger den angeklagten Appius nicht weniger fürchtete, als den Consul Appius. Er setzte durch seine Standhaftigkeit die Tribunen und das ganze Volk in solches

Staunen, daß sie ihm unaufgefordert den Gerichtstag weiter
hinausrückten und dann sich die Sache verzögern ließen. Unterdessen starb Appius, wie Livius sagt, an einer Krankheit, nach
Andern gab er sich selbst den Tod. Als seine Leiche auf das
Forum gebracht wurde und sein Sohn ihm die übliche Leichenrede
halten wollte, versuchten dies die Tribunen zu verhindern. Aber
das Volk widersetzte sich den Tribunen; es lieh der Lobrede des
Todten sein Ohr ebenso gern, wie der Anklage des Lebenden,
und ehrte seinen Leichenzug durch zahlreiches Gefolge.

Von besonderer Bedeutung in der Geschichte der römischen
Parteikämpfe ist das J. 462 durch einen Gesetzesvorschlag des
Tribunen Terentilius Harsa, welcher zehn Jahre lang die Bürgerschaft in heftige Bewegung setzte, aber für die Verfassung des
Staates von den wichtigsten Folgen ward. Er führte zu der
Abfassung der Zwölftafelgesetze. Terentilius Harsa stellte, um
das Volk gegen die unbeschränkte und willkührliche Strafgewalt
der Consuln zu schützen, den Antrag, daß eine Commission von
fünf Männern aus dem Stande der Plebejer für die Ausübung
der consularischen Amtsgewalt bestimmte Gesetze aufstellen und
niederschreiben solle; die Consuln, sagte er, dürften in der Folge
nicht ihre Willkühr und Eigenmacht als Gesetz ansehen, sondern
nur so viel Gewalt haben, als ihnen das Volk über sich einräume. Das Gesetz fand bei dem Senat und den Consuln einen
solchen Widerstand, daß er es nach mehrtägigen Verhandlungen
fallen ließ. Seitdem wird er nicht mehr genannt; aber die
Tribunen des folgenden Jahres nahmen den Vorschlag wieder
auf, und fünf Jahre hintereinander wurden dieselben Männer
immer aufs neue gewählt; denn der Streit zog sich von Jahr
zu Jahr ohne Entscheidung hin mit steigender Gereiztheit.

Wie sehr damals die Bürgerschaft in Aufregung war, ersieht man aus den vielen Wunderzeichen, die man nach der Aufzeichnung des Livius in dem J. 461 wahrnahm. Man sah den
ganzen Himmel in Feuer, ein Ochs sollte geredet haben, es regnete

Fleisch; eine große Schaar Vögel schnappte das regnende Fleisch weg, aber die Stücke, welche zur Erde fielen, blieben mehrere Tage liegen, ohne den Geruch zu verändern. Die sibyllinischen Bücher wurden wegen dieser ängstigenden Vorfälle nachgeschlagen und verkündeten Gefahr von einer Zusammenrottung von Fremblingen, einen Angriff auf die höchsten Plätze der Stadt und ein Blutvergießen von da herab. Auch warnten sie vor aller inneren Uneinigkeit. Die Tribunen achteten der Warnung nicht, sie meinten, dies alles sei nur angestellt, um ihren Gesetzesvorschlag zu hintertreiben, und man sah einem heftigen Kampfe entgegen. Um die Verhandlungen wegen des Gesetzes zu vereiteln, beschlossen die Consuln einen Krieg gegen die Volsker und Aequer. Aber die Tribunen verhinderten die Aushebung, was ohne Schlägerei und Gewaltthat nicht abging. Die Patricier vergalten dem Volke Gleiches mit Gleichem. Wenn die plebejischen Versammlungen über den Gesetzesvorschlag abgehalten wurden, mischten sich die jungen Patricier unter das Volk und verhinderten es durch allerlei Störungen, sich zur Abstimmung in die Tribus zu ordnen; wollte man sie wegtreiben, so kam es zu Raufereien. Der Führer dieser Ruhestörungen war Käso Quinctius, der Sohn des Quinctius Cincinnatus, der, stolz auf seine hohe Geburt, seine Größe und Stärke und glänzenden Waffenthaten, in der Versammlung sich geberdete, als wären alle Dictaturen und Consulate sein. Wer ihm entgegentrat, zog mit Schlägen und ohne Kleider ab; mehrmals vertrieb er die Tribunen vom Markt und zerstreute und verjagte das Volk.

Wenn Käso dies Treiben ungestraft fortsetzte, so war der terentilische Gesetzesvorschlag nicht durchzubringen. Darum klagte ihn der Tribun Aulus Virginius vor den Tributcomitien auf Leib und Leben an. Das schreckte den stolzen Jüngling weniger, als es ihn erbitterte; als hätte er nun ein Recht dazu, trieb er seinen Krieg gegen die Tribunen und die Plebs mit um so größerem Uebermuth. Das Volk harrte mit steigender Erbitterung

des Gerichtstages, wo es Rache an dem Frevler nehmen wollte.
Da endlich, als der Tag erschienen war, stimmte die Gefahr den
Käso um. Er ging demüthig unter dem Volke umher, drückte
dem Niedrigsten die Hand und bat um Schonung. Seine Ver=
wandten, die Vornehmsten des Staates, gingen mit ihm herum,
entschuldigten seine Fehltritte, versprachen Besserung, priesen seine
Kriegsthaten. Den meisten Eindruck aber machten die Bitten
des alten Vaters, der wegen seiner kriegerischen Verdienste, seiner
Rechtschaffenheit und Leutseligkeit bei Allen in Liebe und Achtung
stand; aus Liebe zu ihm, der nie einen Menschen durch Wort
oder That beleidigt habe, möchten sie seinem Sohn verzeihen.
Das Volk war umgestimmt, und es stand eine Freisprechung des
Käso zu erwarten. Da trat ein früherer Tribun, Namens
M. Volscius, auf und erzählte, wie vor einigen Jahren zur Zeit
der Pest Käso, an der Spitze einer schwärmenden Schaar patri=
cischer Jünglinge, seinen Bruder, der kaum die Seuche über=
standen, auf der Straße zu Boden geschlagen habe, daß er bald
darauf gestorben sei; seine Klage bei den Consuln sei fruchtlos
geblieben; so oft er den Käso vor Gericht geladen habe, sei er
von diesem mit Schlägen mißhandelt worden. Diese Erzählung
brachte das Volk in solche Wuth, daß es auf Käso losstürzte
und ihn erschlagen hätte, wenn nicht Birginius ihn hätte ergreifen
lassen, um ihn ins Gefängniß abzuführen, damit später über
seinen Mord gerichtet würde. Dem aber widersetzten sich die
Patricier mit Gewalt; sie veranlaßten die übrigen Tribunen zur
Einsprache, und diese bestimmten, daß der Angeklagte bis zum
Gerichtstage auf freiem Fuße bleibe gegen Stellung von zehn
Bürgen; jeder derselben solle beim Nichterscheinen des Käso
3000 Kupferas zahlen. Dies war der erste Fall, wo von einem
Angeklagten dem Volke Bürgen gestellt wurden.

Sobald Käso entlassen war, ging er in die Verbannung
nach Hetrurien. Am Gerichtstage entschuldigten die Verwandten
sein Ausbleiben mit seiner Auswanderung in die Fremde; als

trotzdem Virginius seine Klage aufrecht erhielt, untersagten die übrigen Tribunen die weitere Verhandlung und schickten die Versammlung auseinander. Die Bürgen sollen das Geld, welches sie für Käso bezahlen mußten, von dem Vater mit großer Härte eingetrieben haben, so daß er alle seine Habe verkaufen mußte und lange Zeit jenseits des Tiber, gleich einem Verbannten, in einer abgelegenen Hütte lebte. Drei Jahre später (458) wurde Cincinnatus, wie früher erzählt worden, von seinem vier Morgen großen Gütchen jenseits des Tiber vom Pfluge weggeholt, um als Dictator das auf dem Algibus eingeschloffene Heer zu befreien. Jene Erzählung von der Härte der Bürgen scheint nur erdichtet, um zu erklären, wie der große verdienstvolle Mann, das Haupt des patricischen Standes, ein so ärmliches Gut besaß. Die Bürgen hatten kein Recht, von Cincinnatus das Geld beizutreiben, und thaten sie es, so hatten seine Geschlechtsverwandten und Clienten so viel beizusteuern, daß er vor Armuth gesichert war.

Die Freunde des Käso trieben nach deffen Auswanderung die Störung der Tributcomitien nach wie vor, nur mit größerer Vorsicht. Als es zum erstenmal wieder über das terentilische Gesetz zur Abstimmung kommen sollte, machten sie mit einer großen Schaar von Clienten einen so stürmischen Angriff auf die Tribunen, daß die Abstimmung unmöglich war, aber in solcher Weise zusammen, daß ein Einzelner nicht besonders hervortrat und angeklagt werden konnte, daß das Volk klagte, statt Eines Käso seien jetzt tausend aufgestanden. In der Zwischenzeit dagegen, wo die Verhandlungen über das terentilische Gesetz ruhten, benahmen sie sich gegen das Volk äußerst friedlich und sanftmüthig; sie grüßten die gemeinen Leute freundlich, redeten mit ihnen, luden sie ein, leisteten ihnen gerichtlichen Beistand; auch die übrigen Versammlungen, in denen das terentilische Gesetz nicht zur Sprache kam, blieben ungestört. Durch dieses kluge Verhalten gewannen sie das Volk und hintertrieben den terentilischen Vorschlag das ganze Jahr.

9*

In dem folgenden J. 460 dauerten die Streitigkeiten über dasselbe Gesetz fort. Die patricische Jugend schmiegte sich, wie im vorigen Jahre, schmeichelnd an die Plebejer an, im Geheimen aber arbeitete sie an einem Umsturz der bestehenden Verfassung. Allerlei schlimme Gerüchte von einer patricischen Verschwörung gingen durch die Stadt: Käso rücke mit einem Heer von Verbannten und Flüchtigen heran, um im Einverständniß mit den Verschwornen die Tribunen zu ermorden und die Bürger niederzumachen, die tribunische Gewalt aus dem Staate zu vertilgen und die Verfassung herzustellen, wie sie vor der Besetzung des heiligen Berges gewesen. Andere sagten, Käso sei schon in der Stadt und beabsichtige mit seinen Verschwornen die Anhöhen und festen Plätze in der Stadt zu besetzen; dergleichen hatten ja die sibyllinischen Bücher im vorigen Jahre geweissagt. Man war in banger Sorge. Da erscholl plötzlich in der Nacht auf dem Markte das Geschrei: „Zu den Waffen! Die Feinde sind in der Stadt! Claudius der Consul hat dem Käso die Burg geöffnet." Der Sabiner Appius Herdonius hatte mit einer Schaar von römischen Vertriebenen und Sclaven, an 4500 Menschen, die Burg überfallen und von der Besatzung alle die niedergemacht, welche der Verschwörung nicht hatten beitreten wollen; nur wenige waren entronnen und verbreiteten in der Stadt die Schreckensbotschaft, daß der Feind im Besitz der Burg sei. Die Nacht verstrich unter Tumult und Schrecken; mit Mühe konnten die Consuln eine kleine zuverläßige Mannschaft bewaffnen. Als es Tag ward, rief Herdonius die Sclaven zur Freiheit auf; die Consuln aber beschlossen sofort, die Burg zu stürmen, denn die Befürchtung lag nahe, daß äußere Feinde, die Aequer und Volsker, mit dem Feind auf der Burg im Einverständniß, bald vor den Thoren erscheinen würden. Jedoch die Tribunen widersetzten sich ihrem Vorhaben. Die Besetzung des Capitols, sagten sie, sei nur das Werk eines Scheinkriegs, blos dazu veranstaltet, den Eifer der Bürger von der Betreibung des terentilischen Vor-

schlags abzulenken. Wenn die Gastfreunde und Clienten der
Patricier sähen, daß man den Vorschlag, ohne sich an ihren
Lärm zu kehren, durchgesetzt habe, so würden sie noch stiller, als
sie gekommen, wieder abziehen. Sie riefen also das Volk von
den Waffen weg und hielten eine Versammlung, um die Durch-
setzung des Vorschlags zu erzwingen. Der Consul Valerius
Poplicola, der Sohn des berühmten Poplicola, versuchte vergebens, das Volk und die Tribunen auf andre Wege zu bringen.
Der Tag verstrich unter nutzlosen Verhandlungen; die Abstimmung
über die Rogation kam nicht zu Stande, aber es unterblieb auch
die Erstürmung des Capitols.

Erst am nächsten Morgen brachte Poplicola das Volk durch
Bitten und Vorstellungen dahin, daß es den Heereseid leistete
und sich zur Erstürmung des Capitols verstand; er versprach
feierlich, wenn das Capitol erobert und die Stadt wieder beruhigt
sei, so sollten die Verhandlungen über das terentilische Gesetz
nicht mehr gestört werden, wofern das Volk sich noch nicht habe
überzeugen lassen, welche verderblichen Ränke die Tribunen mit
jenem Vorschlag beabsichtigten. Das Volk vertraute den Worten
eines Poplicola und überließ sich seiner Anführung, ohne sich
durch das Gegengeschrei der Tribunen zurückrufen zu lassen. Die
Sturmcolonnen formirten sich, und die Burg wurde in blutigem
Kampfe genommen. Herdonius fiel mit dem größten Theil der
Seinen, aber es fiel auch der Consul Poplicola. Die Gefangenen
wurden, je nach ihrem Stande, hingerichtet, die Freien wurden
enthauptet, die Sclaven gekreuzigt. Manche Andeutungen machen
es wahrscheinlich, daß Käso Quinctius unter den Flüchtlingen
auf dem Capitol war und in dem Treffen ebenfalls umkam.
War dies der Fall, so wird er bei dem verschwörerischen Unter-
nehmen, das die Rückkehr der Verbannten und den Umsturz der
Verfassung zum Zwecke hatte, die Hauptrolle gespielt haben; den
Sabiner Herdonius scheinen die Verschworenen durch irgend eine

glänzende Versprechung gewonnen zu haben, um seine zahlreiche
Clientenschaar für ihre Zwecke zu benutzen.

Nachdem die Ruhe wieder hergestellt war, drangen die Tribunen in den Senat und den Consul Claudius, daß sie das
Versprechen des Poplicola erfüllten und die Verhandlungen über
die terentilische Rogation vor sich gehen ließen. Aber Claudius
erklärte, dies werde nicht geschehen, bevor ihm an die Stelle des
Gefallenen ein College gewählt sei. Auf Vorschlag des Senates
wurde L. Quinctius Cincinnatus, der Vater des Käso, Ersatz-
consul (Consul suffectus). Dies geschah gegen die Uebereinkunft
des J. 482, wonach der eine Consul auf Vorschlag des Senates,
der andere durch Vorwahl der Plebs ernannt werden sollte; denn
da Valerius Poplicola der Consul plebejischer Wahl gewesen war,
so hätte auch der Ersatzmann von der Plebs bestimmt werden
müssen. Die Patricier aber scheinen von jetzt an die Uebereinkunft aus dem Grunde aufgehoben zu haben, weil die Plebejer
dieselben Tribunen mehrere Jahre hintereinander wählten. Sie
bedurften dem entschiedenen Auftreten der Tribunen gegenüber
energischer Männer von streng aristokratischer Gesinnung. C. Claudius, ein Bruder des aus den Kämpfen um das cassische Ackergesetz bekannten Appius Claudius, hatte sich als solcher bewährt,
und Cincinnatus war ebenso als der entschiedenste und kräftigste
Vertreter der patricischen Interessen bekannt; er war überdies
jetzt, nach dem Untergang seines Sohnes Käso, von schwerem
Zorn gegen die Plebs erfüllt. Die Plebejer geriethen über seine
Wahl in Bestürzung, denn es stand zu erwarten, daß er an die
Spitze der schrofferen Partei unter den Patriciern treten werde,
welche ihre Gedanken an einen Umsturz der Verfassung und Be-
seitigung des Tribunats noch nicht aufgegeben hatte. Diese Befürchtung war nicht unbegründet. Gleich nach seinem Amtsantritt
hielt er drohende Reden gegen die Tribunen und erklärte, er
werde mit seinem Collegen das Heer gegen die Aequer und
Volsker ins Feld führen, um der Ungebundenheit der Tribunen

ein Ziel zu setzen; die Tribunen spotteten seiner Rede, da sie
ihm die Truppenwerbung nicht gestatten würden. Aber Cincinnatus
behauptete, sie hätten keine Werbung nöthig, da von der Erstürmung des Capitols her die Mannschaft noch an den Fahneneid
gebunden sei, und kündigte allen denen, welche den Eid geschworen,
an, daß sie morgenden Tages sich mit ihren Waffen am See
Regillus einzufinden hätten.

Den Plebejern war es klar, daß man einen Staatsstreich
beabsichtigte; außerhalb der städtischen Bannmeile, wo die Gewalt der Tribunen aufhörte und eine Provocation gegen das
Imperium des Consuls nicht zulässig war, sollte das Heer, ganz
von den Befehlen des Feldherrn abhängig, zur Abhaltung einer
Volksversammlung (Centuriatcomitien) gezwungen und alle Rechte,
welche die Plebs seit der Auswanderung auf den heiligen Berg
errungen hatte, durch Volksbeschluß vernichtet werden. Schon
waren, so hieß es in der Stadt, Augurn an den Regillus vorausgeschickt, um den Platz für die Comitien zu weihen. Die Plebs
war in großer Besorgniß, zumal da Cincinnatus wiederholt hatte
verlauten lassen, er werde keine neuen Consuln wählen lassen, die
Krankheit des Staates sei von der Art, daß er durch gewöhnliche
Mittel nicht gerettet werden könne. Die Republik bedürfe zur
Aufrechterhaltung der Ordnung der Dictatur, die keine Provocation
und tribunicische Einsprache zulasse.

Der Plan zur patricischen Revolution war fertig, aber zuletzt schrak man doch vor der Ausführung zurück; ein so frecher
Mißbrauch der rechtlichen Formen konnte das aufgebrachte Volk
zum Aeußersten bringen. Es kam wahrscheinlich zu höchst drohenden Auftritten, welche die Patricier zwangen, sich zu einem Vergleich zu bequemen. Die Consuln versprachen, das Heer nicht
hinauszuführen, und die Tribunen standen davon ab, in diesem
Jahre noch die terentilische Rogation zur Verhandlung zu bringen.
Der Senat verlangte auch, daß die Tribunen sich für das nächste
Jahr nicht sollten wiederwählen lassen; da aber das Volk nicht

darauf einging, so wollten sie auch ihrerseits den Cincinnatus wieder zum Consul machen. Doch dieser wies es mit Entschiedenheit von sich. Nach zwei Jahren sehen wir ihn als Dictator. Ob die Rettung eines auf dem Algibus eingeschlossenen römischen Heeres der Zweck der damaligen Dictatur war, steht dahin; vielleicht wurde er blos zum Dictator gewählt, um den M. Volscius, durch dessen Zeugniß sein Sohn Käso ins Unglück gekommen war, zu Gericht zu ziehen. Es waren nämlich Zeugen aufgetreten, welche aussagten, der Bruder des Volscius sei vom Beginn seiner Krankheit an nicht mehr ausgegangen, sondern an der Zehrung gestorben; Andere bezeugten, Käso sei zu jener Zeit, wo die Gewaltthat geschehen sein sollte, gar nicht zu Rom, sondern bei dem Heere im Feld gewesen. Deshalb wollten im J. 459 die Quästoren den Volscius wegen falschen Zeugnisses vor Gericht ziehen; aber die Tribunen untersagten jede Verhandlung, ehe man über das terentilische Gesetz zu Ende gekommen. So zog sich die Sache bis ins nächste Jahr hin, ohne daß die Patricier dem Volscius etwas anhaben konnten. Vor einem Dictator aber verstummte die tribunicische Einsprache. Volscius wurde von Cincinnatus vor die Gemeinde der Patricier, die Curiatcomitien geladen und verurtheilt. Er ging in die Verbannung nach Lanuvium, vielleicht ein schuldloses Opfer patricischer Rache.

In diesen Jahren 459 und 458 blieben die Verhandlungen wegen des terentilischen Gesetzes ohne Erfolg. Auch im J. 457 ging es nicht durch; dagegen errangen die Tribunen durch Benutzung auswärtiger Kriegsgefahr das Zugeständniß, daß hinfort jährlich zehn Tribunen gewählt werden sollten — eine Errungenschaft allerdings von zweifelhaftem Werthe; denn obgleich die Verdoppelung der Zahl dem Collegium der Tribunen ein größeres Ansehen gab und zehn Tribunen durch persönliche Dazwischenkunft die Plebejer mehr schützen konnten als fünf, so ließ sich doch auch unter zehn Tribunen leichter als unter fünf Einer finden, der im Interesse der Patricier gegen seine Collegen intercedirte.

Im nächsten Jahre 456, wo also zum erstenmal zehn Tribunen auftreten, ruhte das terentilische Gesetz; die fünf Männer, welche in den letzten fünf Jahren hintereinander Tribunen gewesen und es mit steigendem Nachdrucke betrieben hatten, waren diesmal nicht unter der Zahl der Tribunen. Dagegen setzte der Tribun Icilius das für die Plebs sehr vortheilhafte Gesetz durch, daß der aventinische Hügel, der zwar innerhalb der Ringmauer Roms lag, aber zum Theil noch mit Wald bedeckt, zum Theil als Gemeindeland den Patriciern preisgegeben war, den Plebejern zur Erbauung von Wohnungen zugewiesen wurde. Dadurch erhielt die Plebs, welche zum großen Theil bisher in engen und ungesunden Districten der Stadt zusammengedrängt mag gewohnt haben, ein geräumiges und gesundes Stadtquartier, welches zugleich in der Folge ihr als eine Festung diente; denn der Berg war isolirt und schwer zu ersteigen.

In den Jahren 455 und 54 erneuerten sich die Agitationen wegen des terentilischen Gesetzes. Da jedoch die Patricier nicht nachgaben, so ließen die Tribunen endlich, des langen Haders müde, den Vorschlag in seiner ursprünglichen Form fallen und verständigten sich mit den Patriciern dahin, daß ein für beide Stände gemeinschaftliches Landrecht, ein gemeinschaftliches Gesetzbuch des bürgerlichen und peinlichen Rechts abgefaßt und eingeführt werden sollte. Denn bisher hatten beide Stände ihr eigenes Recht und Rechtsverfahren gehabt, eine Trennung, welche den gegenseitigen Verkehr vielfach hemmte und den Patriciern sowohl, wie den Plebejern lästig sein mußte. Insofern lag die Aufstellung eines gemeinschaftlichen Rechts im beiderseitigen Interesse: die Plebejer aber mußten um so mehr die schriftliche Aufzeichnung wünschen, da alle Streitigkeiten zwischen Patriciern und Plebejern von patricischen Gerichten nach patricischem Rechte entschieden wurden und bei dem bisherigen Zustande, wo das geltende Recht nur als mündliche Ueberlieferung bei den Patriciern sich forterbte, der Willkühr der patricischen Magistrate ein großer

Spielraum gelassen war, so daß in der damals so aufgeregten Zeit der Parteiung manch ungerechter Spruch mag gefällt worden sein. Die Tribunen verlangten eine aus Plebejern und Patriciern zusammengesetzte Gesetzgebungscommission; allein der Senat bestand darauf, daß nur Patricier gewählt würden. Während man über die Gesetzgebung selbst einverstanden und nur noch über die Gesetzgeber uneins war, schickte der Senat drei seiner würdigsten Mitglieder, Spurius Postumius Albus, Aulus Manlius und P. Sulpicius Camerinus, als Gesandte in die griechischen Städte Unteritaliens und nach Griechenland, mit dem Auftrag, sich mit den Einrichtungen, Gewohnheiten und Rechten der griechischen Staaten bekannt zu machen. Sie kamen auch nach Athen und studirten die Gesetze Solons. Als die Gesandten im J. 452 zurückkehrten, wurde beschlossen, zehn Männern (Decemvirn) die Abfassung der Gesetze zu übertragen; man stritt nur noch, ob auch Plebejer in die Commission eintreten sollten. Zuletzt gab die Plebs nach, und es wurden nur Patricier gewählt.

Das terentilische Gesetz hatte die Sicherstellung der Plebs gegen die willkührliche Strafgewalt der Consuln zum Zweck gehabt. Als die Tribunen des J. 464 dasselbe aufgaben, wurde dieser Forderung auf eine andere Weise Genüge geleistet. Die beiden Consuln dieses Jahres, Spurius Tarpejus und Aulus Alternius, legten, gewiß nicht ohne Betreiben der Tribunen, den Centuriatcomitien ein Gesetz vor, welches das Strafmaß der Consuln feststellte. Die Patricier scheinen hier, wie auch bei der Abfassung des allgemeinen Landrechtes darauf bestanden zu haben, daß die Gesetzgebung nur von Patriciern ausgehe. Als höchste Vermögensstrafe wurden in jenem Gesetze zwei Schafe und 30 Rinder angenommen, d. h. die Strafe begann mit einem Schaf, bei fortdauernder Widersetzlichkeit wurden am zweiten Tage zwei Schafe, am dritten ein Rind, am vierten zwei Rinder angesetzt,

und so fort von Tag zu Tag bis zu 30 Rindern; höhere Straf-
ansätze waren der Provocation unterworfen.

So hatte die Plebs in zehnjährigem ausdauernden Kampfe
nicht blos die Forderung des Terentilius Harsa durchgesetzt, sondern sie erreichte auch außer den im Verlauf des Kampfes gemachten anderweitigen Zugeständnissen die Abfassung eines allgemeinen Civil- und Criminalrechts, wodurch eine allmähliche Annäherung und Ausgleichung der beiden Stände herbeigeführt wurde.

Das Decemvirat.

Im J. 451, nachdem die Gesandten aus Griechenland zurückgekehrt waren, wurde in den Centuriatcomitien ein Collegium
aus zehn Männern (Decemviri legibus scribundis) erwählt,
um die Gesetzgebung in Angriff zu nehmen. Sie waren sämmtlich
Patricier; außer den drei Gesandten gehörten zu ihnen die beiden
Consuln dieses Jahres, Appius Claudius und T. Genucius, welche
ihr Amt hatten niederlegen müssen, und fünf ältere Senatoren,
meistens Consulare, gewesene Consuln. Für die Dauer ihres
Auftrags, zunächst für ein Jahr, wurde ihnen die ganze Regierungsgewalt in die Hände gegeben. Das Provocationsrecht wurde
sistirt, und alle Magistrate dankten ab, auch die Tribunen, doch
unter dem Vorbehalt, daß die der Plebs zustehenden beschworenen
Rechte durch die neue Gesetzgebung nicht dürften aufgehoben
werden.

Mit dem 15. Mai traten die Decemvirn ihr Amt an.
Das höchste Imperium, die unumschränkte königliche Gewalt
wechselte täglich unter ihnen ab, und derjenige, welcher jedesmal
im Besitz desselben war und den Vorsitz im Gerichte führte, hatte
als Zeichen seiner Macht die zwölf Lictoren mit den Ruthenbündeln, die übrigen begnügten sich jeder mit einem Diener oder
Waibel. Das Collegium regierte mit einer musterhaften Eintracht

und handhabte die ihm übertragene Gewalt mit Billigkeit und
Mäßigung.   Dem Höchsten wie dem Niedrigsten wurde sein Recht
unverzögert und ungebeugt zu Theil, und jeder Decemvir gestattete
gegen sich die Appellation an einen seiner Collegen, so daß das
Volk die Tribunen nicht vermißte.   Als ein Beispiel ihrer
Mäßigung führt Livius an, daß, als in dem Hause des Patriciers
Sestius eine verscharrte Leiche gefunden ward, der Decemvir C.
Julius das Gericht über Sestius, welches ihm selbst rechtlich zustand, dem Gesammtvolk, den Centurien übertrug, um in dem,
was er an seiner obrigkeitlichen Gewalt schwinden ließ, der Freiheit
des Volkes einen Zuwachs zu geben.

Die Gesetzgebung selbst nahm einen raschen und guten Fortgang, so daß im Laufe eines Jahres zehn Gesetzestafeln vollendet
wurden.   Die Aufgabe der Decemvirn bestand nicht in der Abfassung ganz neuer Gesetze, sondern es war zum größten Theil
eine Zusammenstellung, Sichtung und Besserung des bisher gültigen Rechtes; die Rechtsungleichheit beider Stände war aufgehoben, das Veraltete und Unzweckmäßige ausgeschieden, Lücken
wurden ergänzt, Widersprüche ausgeglichen, Willführliches durch
feste Normen beseitigt.   Im Ganzen trug die Gesetzgebung einen
ächtrömischen Charakter, sie enthielt eben das altrömische Gewohn-
heitsrecht; doch kann nicht geleugnet werden, daß fremden Ge-
setzgebungen, namentlich der des Solon, einiger Einfluß zugestanden worden ist.   Auch erkennt man aus dem Wenigen, was
uns von diesen Gesetzen noch bekannt ist, daß sie im Sinn und
Geist eines zeitgemäßen Fortschrittes abgefaßt, daß manche Härten
des alten Rechtes gemildert waren.   So wurde z. B. die Strenge
der väterlichen Gewalt gemäßigt, das Schuldrecht verlor manche
seiner Härten, den Uebertreibungen bei der Todtentrauer und dem
allzu großen Luxus der Leichenfeier wurden Schranken gesetzt.

Als die Gesetze im Entwurfe fertig waren, wurden die zehn
Tafeln öffentlich ausgestellt und das Volk aufgefordert, das Einzelne zu prüfen und zu überlegen und den Decemvirn über etwaige

Unzweckmäßigkeiten Mittheilung zu machen. So wurde noch dieses und jenes gebessert und darauf das Ganze dem Senat und dann den Centuriatcomitien zur Annahme und zuletzt den Curiatcomitien zur Bestätigung vorgelegt. Nachdem sie auf diesem Wege Gesetzeskraft erlangt, wurden sie in eherne Tafeln eingegraben und auf dem Comitium angeschlagen. Mit den im folgenden Jahre hinzugefügten zwei Tafeln machen sie die sogenannten Zwölftafelgesetze aus, welche die Grundlage für das römische Recht blieben bis in späte Jahrhunderte. Wir besitzen nur noch einige wenige Bruchstücke derselben, und auch diese nicht in ihrer ursprünglichen Gestalt.

Nach der Annahme der zehn Tafeln hörte man bald sagen, es fehlten noch zwei Tafeln; wenn diese hinzukämen, so könne das gesammte römische Recht zu einer vollendeten Sammlung gedeihen. Man beschloß daher, zum Zweck einer Vervollständigung der Gesetze auch für das folgende Jahr noch einmal Decemvirn zu wählen; das Volk sah in der Fortsetzung einer so großen Gewalt keine Gefahr für sich, da ja die Decemvirn die Provocation von dem Einen an den Anderen gestatteten und so der Beistand der Tribunen nicht vermißt wurde. Unter den Decemvirn des ersten Jahres war Appius Claudius durch seinen Geist und die Entschiedenheit seines Charakters die hervorragendste Persönlichkeit. Er war der Sohn jenes Appius Claudius, der das publilische und das Ackergesetz so hartnäckig bekämpft und sich als den starrsten Gegner der Plebs erwiesen hatte. Er selbst war von ähnlichem Charakter wie sein Vater und hatte die Plebs oft seinen Haß und seine Verachtung fühlen lassen; mit übermüthigem Hohn hatte er das Gefängniß oft die Wohnstube der Plebs genannt. Während seines Decemvirats aber war er wie umgewandelt; aus einem ungestümen Verfolger der Plebs war er auf einmal ein Freund derselben geworden, der nach jedem Lüftchen der Volksgunst haschte. Er suchte die Umgebung von Plebejern und ehemaligen Tribunen, war Jedermann zugänglich und drückte selbst dem

Niedrigsten die Hand; in seiner Amtsthätigkeit bewies er die größte Milde und Gerechtigkeit. Als jetzt die Wahl des neuen Decemvirats herannahte und viele aus den Ersten des Staates sich mit Eifer um das neue Amt beim Volke bewarben, war Appius unter allen der Eifrigste. Umringt von ehemaligen Tribunen, flog er auf dem Markte umher und ließ sich durch sie den Plebejern anpreisen; über die Vornehmen führte er Klage, während er die Niedrigsten unter den Bewerbern lobte und hervorhob. Dies Treiben wurde seinen Amtsgenossen verdächtig; sie merkten seine Absicht und suchten ihm dadurch die Bewerbung abzuschneiden, daß sie ihm am Wahltage unter dem Schein der Gefälligkeit den Vorsitz in den Comitien übertrugen; sie glaubten, er werde doch so viel Scheu haben, daß er sich nicht selbst würde wählen lassen. Aber sie bahnten dadurch gerade dem Appius den Weg zu dem neuen Amte. Als Vorsitzender und Leiter der Wahlversammlung schlug er sich selbst als Candidaten vor und ließ, mit Uebergehung der vornehmsten und ausgezeichnetsten Männer, eines Quinctius Capitolinus und Quinctius Cincinnatus, seines Oheims Cajus Claudius u. A., unbedeutende und unbekannte Männer neben sich wählen, die ihm ganz ergeben waren und sich durch einen Schwur verbindlich gemacht hatten, im völligen Einverständniß mit ihm zu handeln. Unter ihnen waren auch vier Plebejer. Der stolze Appius hatte erreicht, was er wünschte, eine unumschränkte Herrschergewalt.

Mit dem 15. Mai 450 traten die neuen Decemvirn ihr Amt an. Jetzt warf Appius die lange getragene Maske ab und ließ der ihm angebornen Härte und Grausamkeit freien Spielraum. Gleich der erste Tag war ein Tag des Schreckens. Jeder der zehn Regenten trat mit 12 Lictoren auf, und diese trugen in ihren Ruthenbündeln die aufgesteckten Beile zur Schau. Es sei kein Grund vorhanden, sagten die Decemvirn, die Beile wegzulassen, da ja alle Provocation gegen sie ungültig sei. Es war ein Anblick von zwölf Königen, und nicht blos die Niedrigen, sondern auch die Ersten des Staates geriethen in Furcht, es möchte jetzt um die Freiheit geschehen und Keiner mehr seines Lebens sicher sein. Indeß die Patricier wurden verschont, alle Willkühr und Grausamkeit wandte sich gegen die Plebs; die patricischen Jünglinge sogar schaarten sich bald als dienstfertige Gehülfen um die Richterstühle der Gewalthaber. Ihnen gefiel dieser Zustand ungebundener Willkühr, die sich blos gegen die Plebejer richtete, und der Gewinn lockte sie, denn die Decemvirn schenkten ihnen die Güter, welche sie den Plebejern absprachen. Kein Plebejer war seines Besitzes mehr sicher, kein Tag verging ohne Ruthenhiebe und Hinrichtung, denn die Decemvirn gestatteten keine Provocation, und wenn auch der Eine oder der Andere von ihnen mit einer so ungerechten und blutigen Gewaltherrschaft nicht einverstanden war, so wagte er doch nicht dem an Geist und Energie weit überlegenen Appius entgegenzutreten. Die Plebejer waren in Verzweiflung und sehnten sich zurück nach der Consularregierung, die doch durch die Hülfe der Tribunen beschränkt gewesen war. Sie sahen voll Angst nach den Mienen der Patricier, ob nicht irgend eine Hoffnung auf Befreiung zu erspähen sei. Aber obgleich die Ersten unter den Patriciern die Gewaltherrschaft der Decemvirn haßten, so haßten sie doch den Plebejerstand noch mehr, der mit ihrer Herrschaft nicht zufrieden gewesen war und im gierigen Drang nach Freiheit sich selbst und den Staat in Knechtschaft gestürzt habe. Sie gönnten der Plebs das jetzige Elend als eine gerechte Strafe, die sie für die Zukunft williger machen werde, das Consulat zu ertragen.

Die Decemvirn beeilten sich nicht, die Gesetzgebung zu vollenden. Erst gegen Ende des Jahres wurden die zwei noch übrigen Tafeln aufgestellt, und sie bedurften nur noch der Genehmigung des Volkes. War diese erfolgt, so war kein Grund mehr für die Fortdauer der außerordentlichen Magistratur vorhanden. Man sah daher mit Spannung der Ankündigung einer Versammlung zur Consulwahl und der Wiederherstellung der früheren Ordnung entgegen. Doch der 15. Mai erschien, und noch hatten die Decemvirn keine neue Obrigkeit wählen lassen. Von nun an waren sie gesetzlich keine Obrigkeit mehr, sondern Privatpersonen; aber sie machten geltend, ihre Aufgabe sei noch nicht zu Ende, die zwei Tafeln seien noch nicht von den Centurien angenommen. Das Volk sah mit Sorge und Bangen in die Zukunft, die Tyrannenherrschaft schien ewig dauern zu sollen.

Nicht genug, daß den Römern selbst der Muth sank, schon erhob sich unter den Nachbarvölkern Verachtung. Im Vertrauen auf die Uneinigkeit in Rom fielen die Sabiner verheerend ins römische Gebiet ein und schlugen bei Eretum ein Lager auf; die in die Stadt flüchtenden Landleute setzten Alles in Bestürzung. Zu gleicher Zeit kamen Gesandte von Tusculum und meldeten Hülfe suchend, die Aequer hätten sich wieder auf dem Algibus gelagert und verwüsteten das tusculanische Feld. Die Noth dieses doppelten Krieges zwang die Decemvirn, den Senat zu berufen, was sie schon längst nicht mehr gethan hatten. Die Senatoren erschienen zahlreich, aber nur zwei Männer traten mit Freimuth den Decemvirn entgegen; es waren L. Valerius Potitus, der Enkel des Poplicola, der Sohn des bei der Erstürmung des Capitols gefallenen Valerius, und M. Horatius Barbatus, ein Nachkomme jenes Horatius, der im ersten Jahre der Republik Consul gewesen. Valerius verlangte über die Lage des Staates reden zu dürfen, und als ihm dies die Decemvirn drohend verwehrten, rief er laut, so werde er vor dem Volke reden. Nicht weniger muthvoll sprach Horatius; er erklärte die Decemvirn für Privatleute, welche kein Recht hätten zur Ausübung irgend einer Gewalt. In demselben Sinne sprach der alte C. Claudius, der mit dem gesetzlosen Treiben seines Neffen Appius Claudius keineswegs einverstanden war, als er vorschlug, der Senat solle gar keinen Beschluß fassen. Alle nahmen dies so auf, als habe er die Decemvirn für amtlos und die von ihnen berufene Senatsversammlung für gesetzwidrig erklärt, und viele von den Consularen traten seiner Meinung bei. Schon begann die Sache der Decemvirn zu wanken, da nahm sich der Altconsul L. Cornelius Maluginensis, der Bruder des Decemvirs M. Cornelius, der Angegriffenen an; er verlangte, daß man jetzt, wo die Feinde fast vor den Thoren ständen, alle Uneinigkeit unterdrücke, daß die Decemvirn sofort eine Aushebung veranstalteten und das Heer gegen den Feind führten; wenn der Feind abgeschlagen und die Ruhe wieder hergestellt sei, sollten die Decemvirn Rede stehen, ob sie nur auf ein Jahr oder bis zur Annahme der noch fehlenden Gesetze gewählt seien.

Die Mehrzahl nahm diesen Vorschlag an; aber Valerius und Horatius beruhigten sich nicht, sie riefen, es müsse ihnen erlaubt sein, über die Lage des Staates zu reden, und wenn ihnen dies der Parteigeist im Senate nicht gestatte, so würden sie vor dem Volke auftreten. Da rief ihnen Appius, durch die Gefahr des nahenden Sturmes doppelt kühn gemacht, entgegen: „Ich will's euch rathen, kein Wort euch entfallen zu lassen, das nicht zu unserm Antrag gehört!" Und als Valerius erwiederte, vor einem Privatmann brauche er nicht zu schweigen, schickte er den Lictor gegen ihn. Schon rief Valerius von der Schwelle des Rathhauses: „Ihr Quiriten, zur Hülfe!" da umfaßte L. Cornelius den Appius und brachte den Streit soweit zur Ruhe, daß dem Valerius erlaubt wurde, nach Belieben zu reden. Die Worte des Valerius blieben wirkungslos. Die meisten Senatoren wünschten aus Haß gegen die tribunicische Gewalt die Decemvirn vor einem gewaltsamen Sturze bewahrt zu sehen, damit dem Volke keine Gelegenheit würde, sich wieder zu erheben; mit schonendem Zögern, mit Vermeidung aller heftigen Auftritte hoffte man die Regierung der Consuln zurückzuführen, ohne daß das Tribunat wieder ins Leben träte.

Der Krieg wurde beschlossen und die Werbung anbefohlen; die Dienstfähigen stellten sich ohne Zögern, da eine Provocation nicht möglich war. Quintus Fabius, nach Appius der bedeutendste

unter den Decemvirn, zog mit zwei Collegen gegen die Sabiner,
M. Cornelius mit vier andern gegen die Aequer. Appius blieb
mit Spurius Oppius, einem plebejischen Decemvirn, in der Stadt,
um die Bürgerschaft niederzuhalten. Der Krieg wurde unglücklich
geführt, denn die Soldaten, mißvergnügt über das gewaltsame
Regiment, ließen sich absichtlich schlagen. Die Nachricht hiervon
verursachte zu Rom großen Schrecken.

Zu der Schmach fügten die Decemvirn noch ein empörendes
Verbrechen. Bei dem Heere im Sabinischen stand ein alter Kriegsmann, Namens L. Siccius Dentatus, der, wie man sich wenigstens
erzählte, in 120 Schlachten gefochten und neun Triumphe begleitet
hatte. Er hatte acht Feinde im Zweikampf erlegt und unzählige
Auszeichnungen und Ehren davongetragen; 45 Narben, sämmtlich
auf der Brust, waren die bleibenden Zeugen seiner Tapferkeit.
Vor mehreren Jahren war er Volkstribun gewesen, und er hatte
zu jeder Zeit sich als einen kräftigen unerschrockenen Vertheidiger
der plebejischen Rechte bewährt. Mit dem Regiment der Decemvirn
war er natürlich wenig zufrieden; er schalt bei den Soldaten
nicht blos auf ihre Feigheit und Ungeschicklichkeit in der Führung
des Heeres, sondern sprach auch im Geheimen schon von Tribunenwahl und Auswanderung. Ein solcher Mann konnte bei dem
Ansehen, das er bei dem gemeinen Soldaten hatte, den Decemvirn
höchst gefährlich werden, und sie beschlossen, ihn aus dem Wege
zu räumen. Eines Tages schickten sie ihn aus, um einen Platz
für ein Lager auszuwählen, und sie gaben den Soldaten, die
ihm zur Bedeckung mitgegeben wurden, den Auftrag, ihn an
einem schicklichen Orte zu überfallen und zu tödten. Siccius
vertheidigte sich gegen die Meuchelmörder mit starkem Arm und
unerschrockenem Muthe und verkaufte sein Leben theuer; er fiel,
rings umgeben von den Leichen seiner Mörder. Die übrigen erzählten nach ihrer Rückkehr im Lager, sie seien in einen Hinterhalt
gerathen und Siccius sei nach tapferer Gegenwehr mit einigen
andern Soldaten gefallen. Man glaubte ihnen. Als aber die

zur Beerdigung der Gefallenen ausgeschickte Cohorte keine Leiche
beraubt fand, den Siccius in der Mitte liegen und alle Leichen
gegen ihn gekehrt sah, während kein Feind auf dem Wahlplatz lag,
da erkannten sie, daß Siccius von den eigenen Leuten mußte
erschlagen worden sein, und brachten seine Leiche ins Lager. Hier
entstand die größte Erbitterung, und es war schon beschlossen,
die Leiche sofort nach Rom zu tragen, als die Decemvirn eilten,
ihn mit allen kriegerischen Ehren auf öffentliche Kosten zu be=
statten.

Dem Morde des Siccius folgte in Rom bald eine neue
Schandthat, ein frecher Angriff auf weibliche Keuschheit, der, wie
einst die Schändung der Lucretia der Thrannis der Tarquinier
ein Ende machte, die Gewaltherrschaft der Decemvirn umwarf.
Der Decemvir Appius Claudius hatte sein begehrliches Auge
auf eine durch ihre Schönheit ausgezeichnete Jungfrau geworfen,
Virginia, die Tochter eines der angesehensten Plebejer, L. Virginius, der damals als Hauptmann bei dem Heere auf dem Algidus
stand. Sie war die Verlobte des L. Icilius, der im J. 456
als Tribun das Gesetz über die Zutheilung des Aventinus an
die Plebs veranlaßt hatte. Da Appius durch Geschenke und
Versprechungen bei dem Mädchen keinen Zugang fand, so entschloß er sich zu rücksichtsloser Gewaltthat. Die Abwesenheit des
Vaters schien den frechen Streich zu begünstigen. Er gab seinem
Clienten M. Claudius den Auftrag, die Virginia als seine Sclavin
zu beanspruchen und sich ihrer zu bemächtigen. Als das Mädchen
eines Tages auf das Forum kam, um die Schule zu besuchen —
sie war kaum 12 Jahre alt, aber in diesem Alter bei den
Römern schon heirathsfähig — legte der Kuppler des Decemvirs
Hand an sie und forderte sie auf, ihm zu folgen; sie sei seine
Sclavin, seiner Sclavin Tochter. Während die Jungfrau starr
vor Schrecken dastand, die sie begleitende Amme laut um Hülfe
schrie, drängte das Volk sich voll Unwillen herbei, um des Virginius Tochter, die Braut des Icilius, in seinen Schutz zu

nehmen. Da rief der Client, der Zusammenlauf sei unnöthig, er verfahre nach Recht, nicht mit Gewalt, er gehe mit dem Mädchen vor Gericht. So kamen sie vor den Richterstuhl des Appius. Hier erklärte der Kläger, wie es Appius ihm vor= gesagt, Virginia sei in seinem Hause von einer seiner Sclavinnen geboren, ihm gestohlen und dem Virginius von seiner kinderlosen Gattin als Kind untergeschoben worden. Er werde seine Aus= sage durch Zeugen beweisen; bis zur Entscheidung des Processes aber müsse die Sclavin ihrem Herrn folgen. Die Vertheidiger des Mädchens forderten, daß der Urtheilsspruch aufgeschoben werde, bis der im Dienste des Staates abwesende Vater der Jungfrau herbeigerufen sei; in zwei Tagen könne er hier sein. Bis dahin möge Appius, kraft des von ihm selbst gegebenen Gesetzes, die Jungfrau dem zusprechen, der ihre Freiheit behaupte. Appius antwortete, das eben erwähnte Gesetz beweise, wie sehr er die Freiheit begünstige, aber es passe auf diesen Fall nicht, es rede von solchen, die noch unter der väterlichen Gewalt ständen, also unfrei wären. Wäre der vorgebliche Vater anwesend, so müßte ihm allerdings der vorgebliche Eigenthümer nachstehen und bis zur richterlichen Entscheidung auf den Besitz seines Eigen= thums verzichten. Da der Vater aber abwesend sei, so sei der Eigenthümer der Nächstberechtigte, und es müsse ihm vorläufig der Besitz des beanspruchten Eigenthums zugesprochen werden. Der vorgebliche Vater also solle herbeigeholt werden, aber bis zu dessen Ankunft gebe er dem Rechte gemäß die Jungfrau in die Gewalt des Klägers.

Allgemeines Murren entstand unter der Menge über den ungerechten Spruch; aber Keiner wagte sich zu widersetzen. Da erschienen Icilius, der Bräutigam der Virginia, und Publius Numitorius, der Mutterbruder derselben, auf dem Markte und erhoben, indem sie sich durch das Volk hindurchdrängten, Ein= sprache gegen das Urtheil. Der Lictor rief, das Urtheil sei schon gesprochen, und wollte den Icilius wegpeitschen; der aber wich

nicht und setzte durch seine Zornesworte, die er dem Decemvir
entgegenschleuderte, die Menge in Bewegung, daß schon Alles
sich zum Kampfe anließ. Die Gerichtsdiener hatten den Icilius
umstellt, doch es blieb bei Drohungen. Appius merkte, daß es
jetzt nicht möglich war, die Jungfrau fortzuschleppen, und erklärte
daher mit erheuchelter Milde, er wolle dem Icilius, dem unruhigen Menschen, dem es weniger um die Braut, als um Tumult
und Unruhstiftung zu thun sei, keine Gelegenheit zum Aufruhr
geben und ersuche den M. Claudius, von seinem Rechte abzustehen und das Mädchen bis zum folgenden Tage in den Händen
ihrer Vertheidiger zu lassen. Stelle sich aber der Vater morgen
nicht, so werde er ohne Rücksicht auf ihn seinen Ausspruch thun
und dem Icilius und allen Aufrührern zeigen, daß seine Lictoren
ausreichten, die Ordnung zu handhaben.

Die Frevelthat sollte also auf den morgenden Tag verschoben werden. Kaum hörten dies die Beistände des Mädchens,
so traten sie auf die Seite und schickten den Bruder des Icilius
und den Sohn des Numitorius, zwei rasche Jünglinge, zu Roß
in das Lager zu Virginius, daß er sofort in die Stadt käme.
Um ihnen einen Vorsprung zu verschaffen, hielt Icilius die Gerichtssitzung hin durch zögernde Verhandlung wegen der Bürgschaft, daß er die Jungfrau morgen vor Gericht bringen werde,
obgleich alles Volk die Hände emporstreckte und seine Bürgschaft
anbot. Icilius dankte ihnen unter Thränen und bat sie, morgen
wieder zu erscheinen. Als Bürgen stellten sich die nächsten Verwandten. Nach dem Schlusse der Gerichtssitzung schickte Appius
einen Brief an seine Collegen in das Lager, sie sollten dem
Icilius keinen Urlaub geben, sondern ihn in Haft halten. Allein
am andern Morgen, als der Brief im Lager ankam, war Virginius
schon in Rom.

Am frühen Morgen schon standen die Bürger mit gespannter
Erwartung auf dem Markte. Virginius erschien im Trauerkleid
mit seiner Tochter, ging mit Icilius unter den Leuten umher,

drückte ihnen die Hand und bat um ihren Beistand; mehr noch
rührten die stummen Thränen des weiblichen Gefolges. Appius,
durch seine Liebestollheit gegen alles verhärtet, bestieg den Richterstuhl, und kaum hatte der Kläger seine Rede begonnen, so nahm
er, ohne dem Virginius eine Gegenrede zu gestatten, das Wort,
um den Urtheilsspruch zu fällen; er sprach, ohne nur einen Schein
des Rechts zu suchen, dem Kläger die Virginia als seine
Sclavin zu.

Anfangs war Alles erstarrt über das Unbegreifliche eines
solchen Spruches, und es herrschte tiefe Stille; als aber M.
Claudius auf das Mädchen zuging, um es zu ergreifen, da erhoben die umgebenden Frauen ein lautes Geheul, und Virginius
und seine Freunde stießen ihn unter Verwünschungen und Drohungen
zurück. Das schalt der Decemvir Empörung; er wisse durch zuverlässige Anzeige, daß die ganze Nacht Zusammenrottungen statt-
gefunden hätten, um Aufruhr zu erregen; aber auf diesen Kampf
sei er gefaßt, seine Bewaffneten würden schon die Störer der
öffentlichen Ruhe in Schranken halten. „Also rathe ich euch,
ruhig zu sein! Dorthin, Lictor, schlag den Haufen auseinander
und schaffe Platz, daß der Eigenthümer seine Sclavin greifen
kann."

Bei diesen Zornesworten trat die Menge von selbst auseinander und das Mädchen stand verlassen da, der Mißhandlung
zum Raube. Wie Virginius nirgends Hülfe sah, rief er: „Ich
bitte dich, Appius, verzeihe dem väterlichen Schmerze, wenn ich
mich zu hart gegen dich herausgelassen habe; dann aber erlaube mir,
hier im Angesicht des Mädchens die Amme zu befragen, wie die
Sache möglich sei, damit ich, wenn ich mit Unrecht Vater geheißen,
so viel eher beruhigt hier abtreten kann." Nachdem er die Erlaubniß
erhalten, führte er die Tochter und Amme auf die Seite, zu den
Kaufbuden hin, ergriff hier bei einem Fleischer ein Messer und
stieß es der Tochter in die Brust, unter den Worten: „Dies

einzige Mittel blieb mir, mein Kind, deine Freiheit zu retten." Dann rief er zum Richterstuhl hinauf: „Auf dich, Appius, und dein Haupt lade ich den Fluch dieses Blutes!" Appius befahl, den Virginius zu greifen; der aber bahnte sich mit dem blutigen Messer den Weg und erreichte, von der nacheilenden Menge gedeckt, glücklich das Thor.

Icilius und Numitorius nahmen die Leiche der Jungfrau auf und zeigten sie unter Thränen dem Volke; die Frauen zogen hinterher mit rührender Klage. Laut aber schrien die Männer, und vor allen Icilius, über die blutige Gewaltherrschaft, über den Mangel der Tribunen und der Provocation. Die Bewegung wurde immer drohender. Appius befahl, den Icilius zu greifen, es war nicht möglich. Da brach er selbst mit einer Schaar patricischer Jünglinge durch das Gedränge, um sich des Widerspänstigen zu bemächtigen; aber die Menge ließ ihn nicht heran, und schon hatten sich L. Valerius und M. Horatius an ihre Spitze gestellt und erklärten sich als die Beschützer des Icilius gegen einen Mann ohne Amt. Es erfolgte ein stürmisches Kampfgewühl. Der Lictor des Decemvirs fiel den Horatius und Valerius an; das Volk zerbrach ihm die Ruthenbündel. Appius bestieg die Bühne, Horatius und Valerius ihm nach. Auf sie hörte das Volk, dem Appius tobte es entgegen. Schon gebot Valerius den Lictoren, von Appius als einem amtlosen Manne abzutreten, da floh dieser, in seinem Trotze gebrochen und für sein Leben fürchtend, den Gegnern unbemerkt, verhüllten Hauptes in ein Haus, das nahe am Markte stand.

Indessen war Virginius in das Lager hinausgeeilt, das auf dem Berge Vecilius stand, und hatte, das mit dem Blute seiner Tochter befleckte Messer emporhaltend, die Soldaten zur Empörung gegen die Gewaltherrschaft aufgefordert. Fast 400 Männer, alle von gleicher Erbitterung gegen die Decemvirn erfüllt, waren ihm gefolgt; sie mischten sich unter die Soldaten, erzählten von dem gräßlichen Ereigniß und versicherten, daß die Regierung in Rom schon so gut wie abgesetzt sei. Als Andre, die nachkamen, berichteten, Appius habe sich mit Lebensgefahr kaum noch ins Ausland geflüchtet, da rief alle Mannschaft zu den Waffen, hob die Fahnen aus und marschirte, ohne auf die Vorstellungen der Decemvirn zu achten, nach Rom. Hier besetzten sie den Aventinus, und die Unzufriedenen in der Stadt schlossen sich ihnen an.

Der Senat, von Sp. Oppius, dem andern Decemvir in der Stadt, zusammen berufen, war in großer Verlegenheit und wagte nicht mit Strenge einzuschreiten. Er schickte drei Consulare nach dem Aventin und ließ die Soldaten befragen, auf wessen Befehl sie ihr Lager verlassen hätten, in welcher Absicht sie bewaffnet den Aventin besetzt, den Krieg gegen den Feind aufgegeben und sich der Vaterstadt bemächtigt hätten. Die Menge ließ sie ohne Antwort und verlangte, daß man ihnen den Lucius Valerius und Marcus Valerius schickte; denen wollten sie antworten. Um Wortführer für diese Verhandlungen zu haben, wählte hierauf das Volk auf des Virginius Rath zehn Kriegstribunen. Auch das Heer im Sabinischen, schon schwierig durch die Ermordung des Siccius und jetzt durch die Reden des Icilius und Numitorius aufgeregt, sagte sich von den Decemvirn los, wählte zehn Kriegstribunen und zog ebenfalls auf den Aventin.

Der Senat hielt täglich Sitzungen, ohne jedoch zu einem Entschluß zu kommen; man wünschte wohl eine Ausgleichung, aber Valerius und Horatius weigerten sich nach dem Aventin zu gehen, bevor die Decemvirn abgedankt hätten. Allein die Decemvirn erklärten, sie würden die Regierung nicht eher niederlegen, als bis die Gesetze eingeführt wären, um derentwillen sie erwählt seien. Unterdeß benachrichtigte der Alttribun M. Duilius das Volk von den Zerwürfnissen im Senat und forderte es auf, noch einmal nach dem heiligen Berge auszuwandern, denn die Patricier würden nicht eher nachgeben, als bis das Volk einen entschiedenen Schritt gethan. Man zog nach dem heiligen Berg und schlug dort ein Lager auf. Es folgte ihnen aus der Stadt Alles, was Alters halber gehen konnte.

Die Stadt war öde und auf dem Markte war außer einigen Greisen Niemand zu sehen. Das brach die Hartnäckigkeit des Senats; man verstand sich endlich zu nachgiebigem Entgegenkommen, zur Wiederherstellung des Tribunats und drang von allen Seiten in die Decemvirn, daß sie zurücktreten möchten. Diese fügten sich, nur baten sie den Senat, daß er ihr Leben gegen den Zorn des Volkes in Schutz nehme. Valerius und Horatius gingen zu dem heiligen Berg und wurden mit außerordentlicher Freude aufgenommen. Das Volk stellte billige Bedingungen, es verlangte Wiederherstellung der tribunicischen Gewalt und der Provocation und Straflosigkeit aller bei dem Aufstand Betheiligten. Nur in Ansehung der Decemvirn war die Forderung hart, sie sollten dem Volke ausgeliefert und verbrannt werden. Die beiden Abgesandten wußten die Rachegedanken der Plebejer zu beschwichtigen, besonders durch die Aussicht, daß sie ja später, wenn sie ihre Obrigkeiten wieder hätten, auf gesetzlichem Wege die Decemvirn für ihre Vergehen zur Rechenschaft ziehen könnten, und zu Rom nahm der Senat die übrigen Bedingungen an. Die Decemvirn entsagten ihrem Amt, und die Ausgewanderten kehrten jubelnd zur Stadt zurück. Auf dem Aventinus wählten sie unter dem Vorsitz des Pontifex Maximus, der ihnen von dem Senat zugesandt ward, ihre zehn Volkstribunen, unter ihnen den Virginius, Icilius und Numitorius, den Duilius und Sicinius, einen Nachkommen des Sicinius, der die erste Auswanderung auf den heiligen Berg veranlaßt hatte. Hierauf wurde das Consulat wieder hergestellt, und man wählte die Volksfreunde L. Valerius und M. Horatius, die den Frieden herbeigeführt hatten. Der Name Consul für dieses Amt kam jetzt erst auf; bisher hatten sie Prätoren geheißen.

Die Consuln traten sogleich ihr Amt an — es war im Sommer 449 — und machten es sich zur ersten Aufgabe, die

wiederhergestellte Verfassung und die Rechte der Plebs für die
Folge zu sichern. Dies geschah durch folgende drei Gesetze, die
unter dem Namen die valerisch-horazischen Gesetze (Leges Valeriae
Horatiae) bekannt sind: 1) Das Provocationsrecht wird wieder
hergestellt und hat auch Geltung gegen den Dictator. 2) Die
Unverletzlichkeit der plebejischen Beamten, der Tribunen und
Aedilen, wird von neuem zugesichert; wer sie verletzt, dessen Haupt
ist dem Jupiter geweiht und seine Habe verfällt dem Tempel der
Ceres. Diese Unverletzlichkeit verblieb den Tribunen für alle
Zeiten; die Aedilen aber verloren sie später, als sie nicht mehr
die besonderen Beamten der Plebs, sondern eine Magistratur
des gesammten Volkes waren. 3) Die Tributcomitien haben die
Geltung der Centuriatcomitien, einer allgemeinen Nationalver-
sammlung, so daß, was in ihnen beschlossen wird, für das gesammte Volk verbindlich ist. Die vorausgehende Einwilligung
des Senates (auctoritas senatus) scheint zu der formellen
Gültigkeit der Beschlüsse der Tributcomitien (Plebiscite) nicht
nothwendig gewesen zu sein, sie war aber in allen den Fällen,
wo die Vollziehung derselben in den Händen des Senates ruhte,
nicht wohl zu umgehen, so daß es im Interesse der Tribunen
lag, sich im Voraus der Zustimmung des Senates zu versichern.
Auch wird nicht ausdrücklich erwähnt, daß die Plebiscite noch
nachträglich der Bestätigung der Curien bedurft hätten; wir
müssen dies aber doch annehmen, da die Geltung der Tributcomitien sich nicht weiter als die der Centuriatcomitien erstreckt
haben wird, die Beschlüsse der letzteren aber an eine Bestätigung
der Curien gebunden waren. Seit diesem Gesetze entwickeln die
von den Tribunen geleiteten Tributcomitien ein sehr reges Leben
und üben großen Einfluß auf die Fortbildung der Verfassung;
denn alle Gesetze, welche die Hebung und Gleichstellung der Plebs
mit den Patriciern bezweckten, hatten ihren Ausgangspunkt in den
Tributcomitien.

Die Patricier waren mit diesen Gesetzen selbstverständlich

wenig zufrieden, aber die letzten Ereignisse hatten sie so eingeschüchtert, daß sie ihnen keinen Widerstand entgegensetzten. Doch
konnten sie es sich nicht versagen, an den Urhebern derselben,
den verhaßten Consuln, kleinliche Rache zu nehmen. Diese hatten
nach Ordnung der innern Verhältnisse einen glücklichen Krieg
gegen die Aequer und Sabiner geführt und beanspruchten einen
Triumph. Der Senat aber verweigerte ihn. Da nahm sich der
Tribun Icilius der Gekränkten an und beantragte ihnen den
Triumph bei den Tributcomitien. Alle Tribus genehmigten den
Antrag, obgleich der Senat heftig widersprach, da die Zuerkennung
eines Triumphes von jeher ihm allein zustände. Aber die Ausführung bedurfte des Senates nicht — die Consuln triumphirten.

Den Decemvirn blieb die verdiente Strafe nicht aus. Den
Appius Claudius zog der Tribun Virginius, der Vater der unglücklichen Virginia, vor Gericht. Am ersten Klagetag, wo
Virginius vorläufig seine Anklage begründen wollte, erschien der
Geladene auf dem Forum, umgeben von einer Schaar patricischer
Jünglinge. Er hätte sich durch die Flucht dem Gericht entziehen
können, aber er hatte die Zuversicht, der Tribun würde nicht
wagen Hand an ihn zu legen und ihn zu verhaften. Virginius
erklärte, er werde die Zeit nicht damit verderben, den Appius
wegen all seiner Vergehungen anzuklagen, sondern fordere denselben blos auf, vor einem freigewählten Richter zu beweisen,
daß er nicht gesetzwidrig gegen eine freie Person auf Sclaverei
erkannt habe. Thue er dies nicht, so werde er ihn verhaften
lassen. Appius rief die Hülfe der Tribunen an, aber umsonst.
Als der Diener des Virginius auf ihn zuging, um ihn zu fassen,
legte er Berufung an das Volk ein. Das machte einen tiefen
Eindruck auf das Volk; es sah darin das Walten der Nemesis,
daß der Mann seine Zuflucht zur Provocation nahm, der die
Provocation aufgehoben, daß der jetzt das Volk um Schutz an-
flehe, der die Rechte des Volkes niedergetreten, daß der zur Haft
fortgeschleppt werde, der eine freie Person der Sclaverei zuge-

sprochen habe. Die Provocation blieb erfolglos. Virginius
bestand auf seiner Forderung, und da Appius nicht wagte darauf
einzugehen, so wurde er ins Gefängniß abgeführt, um an einem
späteren Gerichtstage über sich aburtheilen zu lassen. Die Verwandten und Clienten des Appius gaben sich unterdessen alle
Mühe, durch ihre Fürbitte bei dem Volke die Gefahr von ihm
abzuwenden; der alte Cajus Claudius, der aus Abscheu vor den
Frevelthaten seines Neffen und der Decemvirn Rom verlassen
und sich nach Regillus, dem Stammorte seines Geschlechtes, zurückgezogen hatte, kam jetzt wieder in die Stadt und ging in Trauer-
kleidern bei den Bürgern flehend umher, sie möchten den Stamm
der Claudier nicht so schwer beschimpfen, einen Claudier nicht
schmachvoll in Kerker und Banden liegen lassen. Die Bitten
des alten hochangesehenen Mannes rührten das Volk, aber die
Erinnerung an den Tod der Virginia und die grausame Herrschaft
der Decemvirn behielt die Oberhand. Vor seiner Verurtheilung
jedoch starb Appius im Gefängniß, er gab sich selbst den Tod.

Auch Spurius Oppius wurde zu Gericht gezogen; nächst
Appius traf ihn zumeist der Haß des Volkes, da er zu der Zeit,
wo Appius sein ungerechtes Urtheil fällte, in der Stadt gewesen
war. Die Erbitterung steigerte sich, als ein Mann als Zeuge
gegen ihn auftrat, der 27 Dienstjahre hatte und durch zahlreiche
Auszeichnungen geehrt worden war, seinen von Ruthen zerhauenen
Rücken zeigte und dabei erklärte, wenn der Beklagte ihm die
mindeste Schuld nachsagen könnte, so wolle er sich diese wüthende
Behandlung von ihm als Privatmann noch einmal gefallen lassen.
Oppius wurde ins Gefängniß geführt und machte dort ebenfalls
seinem Leben ein Ende. Sein Vermögen wurde wie das des
Appius Claudius eingezogen. Durch das Schicksal beider erschreckt, gingen die übrigen Decemvirn in die Verbannung. Auch
ihre Güter wurden confiscirt. Marcus Claudius, der Client
des Appius, wurde zum Tode verurtheilt; aber Virginius schenkte
ihm das Leben, und er ging nach Tibur ins Elend.

So waren die Hauptschuldigen alle bestraft und die Manen der Virginia waren versöhnt. Da aber die Patricier, welche es mit den Decemvirn gehalten, in Furcht waren, daß die Tribunen auch gegen sie vorgehen würden, so erklärte der Tribun Duilius, ein gemäßigter Mann, er werde nicht zugeben, daß in diesem Jahre noch Jemand vor Gericht gefordert und ins Gefängniß geführt werde; der Gerechtigkeit sei genug geschehen, und der Staat bedürfe der Ruhe.

Innere Geschichte vom Decemvirat bis zum Einfall der Gallier.

Seit der Zwölftafelgesetzgebung trat eine Aenderung in den Parteikämpfen der Stände ein. Bis dahin hatten die Plebejer blos gegen den Druck der materiellen Noth angekämpft und Schutz gesucht gegen die Härte und die Willkühr der patricischen Magistrate; die Plebejergemeinde hatte sich von der patricischen Gemeinde möglichst abzusondern und selbständig hinzustellen gesucht, um der Uebermacht der Patricier nicht zu erliegen. Wenn sie auf diesem Wege weiter ging, so war Gefahr vorhanden, daß das Band zwischen beiden Ständen sich immer mehr lockerte und der Staat auseinanderfiel. Nachdem aber beide durch ein gemeinschaftliches Civil- und Criminalrecht vereinigt waren, trat bei den Plebejern das Streben hervor, auch in den politischen und gottesdienstlichen Rechten sich den Patriciern gleichzustellen und die Trennung der Stände völlig aufzuheben. In consequentem Fortschritt räumten die Tribunen, die Vorkämpfer der Plebs, eine Schranke nach der andern hinweg, bis die Patricier alle Staatsämter und die politisch wichtigen Priesterthümer mit den Plebejern theilen mußten und kein Unterschied mehr zwischen beiden Ständen vorhanden war.

In den ersten Jahren nach dem Decemvirat dauerte der

Parteikampf fort, ohne daß wir wissen, um was sich derselbe drehte. Die beiden Parteien standen sich gespannt und mit Gereiztheit gegenüber, aber es kam zu keinen Entscheidungen. Die Verhältnisse waren zu schwankend und unentschieden. Die Volkspartei hatte sich nach zwei Seiten hin geschieden. Ein Theil der Plebejer war mit den letzten Errungenschaften zufrieden und wünschte Ruhe, um das Gewonnene zu sichern und zu befestigen; der Führer dieser Partei war Duilius, der Tribun des J. 449. Dem anderen Theil genügten die errungenen Vortheile nicht, sie wünschten einen rascheren Fortschritt. Zu ihnen gehörten wahrscheinlich die meisten Tribunen des J. 449, mit denen es auch die Consuln des Jahres, Valerius und Horatius, gehalten zu haben scheinen. Consuln und Tribunen wünschten für das folgende Jahr ihr Amt zu behalten, um die bisherigen Erfolge noch weiter ausnutzen zu können; aber Duilius brachte die Consuln dahin, daß sie auf eine Wiederwahl verzichteten, und bei der Tribunenwahl, wo er den Vorsitz hatte, verhinderte er die Wahl der alten Tribunen, indem er kraft des ihm zustehenden Rechtes ihre Namen zurückwies. So kam es, daß nur fünf neue Tribunen gewählt wurden. Duilius erklärte, dies genüge, die fünf Erwählten sollten durch eigene Wahl (durch Cooptation) ihr Collegium vollzählig machen. Das geschah, und es trat der eigenthümliche Fall ein, daß sogar zwei Patricier zu Tribunen gewählt wurden. Um solche Gesetzwidrigkeiten für die Folge zu verhüten, gab im J. 448 der Tribun Trebonius das Gesetz, daß der vorsitzende Tribun die Tribunenwahl nicht mehr schließen dürfe, bis die volle Zahl der Tribunen ernannt sei.

Diese Vorfälle zeigen, wie schwankend damals die Verhältnisse waren. Die Zerwürfnisse unter den Plebejern ermuthigten die Patricier; sie übten einen starken Druck auf die Tribunenwahl, und schon begannen die jüngeren Patricier wieder, die Plebejer und selbst die Tribunen zu kränken und zu mißhandeln. Die Plebejer klagten, sie hätten keine Tribunen mehr, sie hätten nur leere Namen. Mit dem J. 445 aber kamen entschlossene Tribunen an die Spitze, welche dem Kampf eine entschiedene Richtung gaben. Der Tribun C. Canulejus brachte den Gesetzesvorschlag ein, daß hinfort zwischen den Patriciern und Plebejern Connubium bestehen solle, was noch jüngst durch die zwölf Tafeln verwehrt worden war, und neun Tribunen, unter denen sich auch Canulejus befand, verlangten, daß von den zwei Consuln der eine stets ein Plebejer sei.

Der Vorschlag des Canulejus war von größter Wichtigkeit. Zwischen Patriciern und Plebejern bestand noch eine weite Kluft. Die Patricier sahen sich für eine höhere Menschenclasse an, welche sich mit plebejischem Blute nicht verunreinigen dürfe. Sollte eine Ausgleichung und Verschmelzung der beiden Stände zu Wege kommen, so mußte vor allem dieser Unterschied verschwinden. Die Patricier erkannten die Bedeutung des Gesetzes und bekämpften es aus allen Kräften. Sie erklärten, eine Vermischung mit der Plebs werfe die Familien bunt durch einander, zerstöre die patricische Geschlechterverfassung; Niemand werde in Zukunft wissen, zu welchem Blut, zu welcher Religion und zu welchen Opfern er gehöre. Durch eine Vermischung des Blutes würden die Auspicien in Verwirrung gebracht, denn die Patricier behaupteten, daß sie allein fähig seien, Staatsauspicien abzuhalten, mit den Staatsgöttern zu verkehren, ein Vorzug, der an der Reinheit des patricischen Blutes hafte und sich nur innerhalb der patricischen Familien fortpflanze. Diesen Standesvorurtheilen trat Canulejus mit den einfachen Forderungen des Naturrechtes entgegen. Die Plebejer seien Menschen so gut wie die Patricier, sie lebten mit den Patriciern in derselben Stadt und denselben Mauern, bildeten mit ihnen Einen Staat und müßten es als die tiefste Herabwürdigung erkennen, wenn die Patricier sie als unrein betrachteten, ihnen, ihren Mitbürgern, eine Verbindung verweigerten, welche sie selbst den auswärtigen Völkern, wie den Latinern, bewilligt hätten. Ob denn nicht die Patricier von jeher sogar Fremde in ihre Geschlechter aufgenommen hätten? Auch sollten ja die Patricier nicht gezwungen werden, ihre Töchter an Plebejer zu verheirathen; aber das förmliche Verbot einer solchen Verbindung sei schmachvoll für die Plebejer und nicht länger zu dulden. Endlich müsse einmal die unheilvolle Trennung der Bürgerschaft aufgehoben und der Staat zu einem wirklichen Ganzen vereinigt werden.

Von verschiedenen Seiten drohte der Krieg; aber Canulejus erklärte, er werde nicht eher eine Aushebung gestatten, als bis sein Gesetzesvorschlag angenommen sei. Endlich gaben die Patricier nach, sie gestatteten den Plebejern das Connubium, in der Hoffnung, dies Zugeständniß werde die Tribunen bewegen, von der anderen Forderung, daß das Consulat auch den Plebejern zugänglich werde, abzustehen. Auch mochten sich die Patricier mit dem Gedanken trösten, daß es ja nach wie vor in ihrer Hand liege, sich von dem plebejischen Stande fern zu halten, und die Einsichtigeren mochten erwägen, welche Einbuße die Zahl des ohnehin mehr und mehr zusammenschmelzenden Patriciats bei der Fortdauer des bisherigen Verhältnisses erleiden müßte. Denn Mischehen konnten nicht verhindert werden und waren zu jeder Zeit vorgekommen; da aber in einer Ehe ohne Connubium die Kinder der geringeren Hand nachschlugen, so fielen die Kinder eines mit einer Plebejerin verheiratheten Patriciers der Plebs zu und gingen dem Patriciat verloren. Die Plebejer erhielten durch solche neugegründete Familien von Ansehen und Bildung einen nicht unbeträchtlichen Zuwachs, und es ist natürlich, daß Männer aus solchen Familien an dem Kampfe gegen die Patricier sich mit besonderem Interesse betheiligten. Die plebejischen Virginier, Genucier, Sicinier, neben den patricischen Familien gleichen Namens, gehörten unter diese Zahl.

Die Patricier täuschten sich, wenn sie glaubten, nach der Annahme der canulejischen Gesetze würde der Vorschlag wegen der plebejischen Consuln entweder ganz aufgehoben oder wenigstens bis nach dem Kriege verschoben werden. Der Sieg des Canulejus erregte den Wetteifer der übrigen Tribunen, daß sie mit um so größerer Entschiedenheit auf ihrer Forderung bestanden; sie widersetzten sich, so sehr auch die Kriegsgerüchte sich täglich mehrten, aller Werbung und verhinderten sogar die Senatssitzungen, so daß die Consuln sich gezwungen sahen, sich mit den vornehmeren Senatoren in ihren Häusern zu berathen. Der alte Cajus Claudius, der Oheim des Decemvirs, rieth, man solle die unbequemen Tribunen durch Mord auf die Seite schaffen; aber die beiden Quinctier — Cincinnatus und Capitolinus — widersprachen, sie fanden es unverantwortlich, Mord und Gewalt gegen Männer zu gebrauchen, deren Unverletzlichkeit noch vor Kurzem anerkannt worden war. Man ließ sich in Unterhandlungen mit den Tribunen ein und brachte sie dahin, daß sie von ihrer ursprünglichen Forderung, wonach das Consulat unter die Patricier und Plebejer getheilt werden sollte, abstanden und einen Vergleich eingingen, dem zufolge in Zukunft statt der Consuln Kriegstribunen mit consularischer Gewalt (tribuni militum consulari potestate) ohne Rücksicht des Standes gewählt werden dürften.

Das Consulartribunat, zu welchem den Plebejern jetzt der Zugang gewährt war, umfaßte im Ganzen die consularische Gewalt. Aber die Patricier hatten doch noch klug zu retten gewußt, was zu retten war. Sie behielten für sich ausschließlich das Consulat, das an Rang und Ehren über dem Militärtribunat stand, und es war die Anordnung getroffen, daß der Senat jedesmal entscheiden sollte, ob für das nächste Jahr patricische Consuln oder Militärtribunen ohne Unterschied des Standes an die Spitze des Staates zu setzen seien. Ferner war es für die Patricier ein großer Vortheil, daß den Plebejern kein bestimmter Antheil an dem Consulartribunat gegeben war. Es durften Plebejer gewählt werden; aber da die Patricier die Mittel zur Beherrschung der Wahl in Händen hatten, so war es ihnen nicht schwer, die Plebejer von dem Militärtribunat fern zu halten.

Als bei der Wahl für das nächste Jahr unter den drei regel-
mäßig zu wählenden Militärtribunen sich zwei Plebejer befanden,
mußten die Patricier diese durch den Vorwand, daß die Auspicien
bei der Wahl fehlerhaft gewesen wären, bald wieder zu beseitigen,
und nun wurden entweder Consuln oder lauter patricische Militärtribunen gewählt bis zum J. 400. Die Patricier wußten es
jedenfalls immer so einzurichten, daß, wenn keine Consuln, sondern
Militärtribunen gewählt werden sollten, wenigstens ein Patricier
in ihrer Zahl war, und daß diesem dann die Vornahme der
Auspicien und die Jurisdiction in der Stadt verblieb; denn
diese beiden betrachteten die Patricier als ihr ausschließliches
Privilegium.   Den plebejischen Militärtribunen kam daher vorzugsweise nur eine militärische Function zu. Denn von dem
Consulartribunat wurde außerdem noch eine andere sehr wichtige
Function, welche die Consuln bisher besessen, abgetrennt, um
allein dem patricischen Stande vorbehalten zu werden, das Amt
der Censur.

Die von dem Consulate auf die zwei Censoren übertragene
Amtsthätigkeit bestand in der Abhaltung des Census. Alle fünf
Jahre wurde eine Aufnahme des Personal- und Vermögensstandes
der sämmtlichen Bürgerschaft gemacht, danach die Steuerlisten
gefertigt, die Bürger in die einzelnen Classen und Centurien ein-
gewiesen und die Listen der Senatoren und der Ritter aufgestellt.
Die Befugnisse, welche hierbei den Censoren zustanden, waren
von tiefgreifender Natur; sie konnten Bürger bei der Vertheilung
in die Classen erhöhen und erniedrigen, auch sie ganz des Bürger-
rechtes berauben und unter die Aerarier verweisen, sie konnten
Senatoren aus dem Senat, Ritter aus dem Ritterstande aus-
stoßen, und dabei brauchten sie sich nicht blos an das Vermögen
zu halten, sondern sie konnten auch moralische Rücksichten walten
lassen, wobei sie blos ihrem Gewissen verantwortlich waren. Dadurch erhielten sie allmählich ein außerordentlich einflußreiches
Sittenrichteramt, demgemäß sie namentlich Vergehen, welche dem

Richter unerreichbar waren, zur Strafe ziehen konnten, wie lüderlichen Haushalt, schlechte Kindererziehung, Härte gegen die Sclaven, Verletzung der öffentlichen Sitte, unwürdiges Benehmen der Beamten u. dgl. Das Amt der Censur dauerte Anfangs fünf Jahre, aber seit der Lex Aemilia im J. 434 wurden die Censoren alle fünf Jahre nur für eine Amtsthätigkeit von $1\frac{1}{2}$ Jahren gewählt. Es ist kein Wunder, wenn die Patricier die mit der Censur verbundenen wichtigen Befugnisse, mit denen der Parteihaß leicht Mißbrauch treiben konnte, nicht in die Hände der Plebejer kommen lassen wollten und dafür ein ihnen allein vorbehaltenes neues Amt schufen.

Das Militärtribunat dauerte im Ganzen 77 Jahre, bis zum J. 367, doch so, daß auch zwischendurch öfter Consuln gewählt wurden. Anfangs war die regelmäßige Zahl der Militärtribunen drei. Seit 426 kommen gewöhnlich vier vor, und zwar, wie es scheint, in Folge der Abkürzung des Censorenamtes durch die Lex Aemilia; man wählte in den Jahren, wo keine Censoren im Amte waren, einen vierten Tribunen zur Besorgung der Geschäfte, welche sonst die Censoren versahen. Im J. 405 stieg die Zahl der Militärtribunen auf sechs. Damals begannen die Römer den letzten entscheidenden Krieg mit Veji, zu dessen kräftiger Durchführung sie eine größere Zahl von Anführern scheinen bedurft zu haben. Wenn in diesen letzten Zeiten bisweilen acht Consulartribunen genannt werden, so sind die zwei Censoren mitgerechnet.

Nachdem die Plebs mit Anstrengung aller ihrer Kräfte die Siege des J. 445 errungen hatte, verfiel sie für längere Zeit in eine gewisse Erschlaffung, so sehr, daß die eben errungenen Rechte in der Praxis nicht zur Geltung gebracht werden konnten. Fast jedes Jahr wurde zwischen dem Senat und den Tribunen darüber gestritten, ob für das nächste Jahr patricische Consuln oder Militärtribunen zu wählen seien, und der Senat setzte immer seinen Willen durch, so daß entweder Consuln gewählt wurden ober, wenn er sich zur Wahl von Militärtribunen verstehen mußte, lauter Patricier ans Ruder kamen. Bis zum J. 400 war kein Plebejer Militärtribun. Die Patricier, wahrscheinlich auch durch Verbindung mit auswärtigem Adel unterstützt, fühlten sich so sehr als die Herrn im Staate, daß sie sich ungescheut Gewaltthat und Unrecht erlaubten. Ein empörendes Beispiel der Art ist die Ermordung des Mälius.

Im J. 440 herrschte nämlich zu Rom eine große Hungers-noth. Nachdem der Senat und die Tribunen wegen der einge-tretenen Noth sich gegenseitig mit Vorwürfen überhäuft, brachten die Tribunen es dahin, daß zur Abhülfe ein besonderer Korn-meister (Praefectus annonae) ernannt wurde in der Person des Patriciers L. Minucius. Die Bemühungen desselben aber hatten keinen Erfolg; nur aus Hetrurien kam einiges Getreide, wodurch jedoch ein Rückgang der Kornpreise nicht herbeigeführt wurde. Deshalb verordnete Minucius, daß jeder Hausvater von seinem Getreidevorrath alles verkaufen mußte, was er über den Bedarf eines Monats besaß, und daß den Sclaven ein Theil ihrer täglichen Kost abgezogen würde. Aber welche Mittel er auch ergriff, sie dienten mehr dazu, die Noth aufzudecken, als sie zu mildern. Der Mangel ward so groß, daß viele aus dem Volke, um einem langsamen qualvollen Tode zu entgehen, sich ver-hüllten Hauptes in den Tiber stürzten. Da nahm sich ein ple-bejischer Mann aus dem Ritterstande von ungewöhnlich großem Vermögen, Namens Spurius Mälius, der Noth des Volkes an. Indem er theils selbst, theils durch seine Gastfreunde in Hetrurien und Campanien große Ankäufe machte, brachte er Getreide in Menge nach Rom, wo er es zu mäßigem Preise verkaufte und zum Theil umsonst an die Armen vergab. Dadurch gewann er sich den Dank und die Liebe des Volkes in hohem Maße, während die Patricier, die bei dem Elend des Volkes fühllos und gleich-gültig blieben, seine Mildthätigkeit mit Aerger und Eifersucht betrachteten.

Die Hungersnoth dauerte auch in dem folgenden Jahre noch fort, und Minucius behielt das ihm anvertraute Amt; aber seine Bemühungen wurden auch in diesem Jahre durch die freigebigen Spenden des Mälius beschämt. Je höher dieser in der Gunst des Volkes stieg, desto mehr haßten ihn die Patricier und Minucius. Sie beschlossen, ihn zu verderben. Minucius machte bei dem Senat die Anzeige, Mälius strebe nach dem Königthum, in seinem Hause fänden geheime Zusammenkünfte statt, Waffen würden in demselben angesammelt; schon seien die Tribunen zum Verrath der Freiheit erkauft, die Anführerrollen vertheilt, Alles sei zum Ausbruch reif, nur die Zeit noch nicht bestimmt. Der Senat nahm die Anzeige mit Begierde auf und beschloß, da er die Macht der Consuln nicht für ausreichend hielt, einen Dictator zu ernennen in der Person des 80jährigen Quinctius Cincinnatus. Dieser weigerte sich Anfangs, da er wegen seines Alters zu einem solchen Amte zu schwach sei; doch die Bitten der Consuln und das Zureden der Senatoren besiegten seinen Widerstand, er wählte sich den C. Servilius Ahala zum Magister Equitum. Sogleich wurden die nöthigen Anordnungen verabredet; bis nach Sonnenuntergang blieb der Senat zusammen, damit nichts von den gefaßten Beschlüssen unter das Volk komme. Während der Nacht besetzte der Dictator das Capitol, wo am frühen Morgen der Senat sich versammelte. Als es Tag ward, sammelte sich eine Menge Volks auf dem Markte und fragte verwundert nach dem Grund so ungewöhnlicher Maßregeln; auch Mälius war erschienen. Plötzlich kam Ahala, der Magister Equitum, an der Spitze einer Ritterschaar vom Capitolium herab und forderte den Mälius vor den Dictator. Voll Bestürzung zog sich Mälius in den Haufen des Volkes zurück, und als der Magister Equitum ihm nachdrang, floh er in eine Fleischbude und ergriff ein Messer, um sich zu vertheidigen. Er wurde überwältigt, zu Boden geworfen und todt gestochen. Das Volk gerieth in die größte Aufregung, und schon war es im Begriff, an den Mördern seines Wohlthäters

Rache zu nehmen, da kam der Dictator an der Spitze der Senatoren und der patricischen Ritter, die entblößte Schwerter trugen,
auf das Forum und brachte die tobende Menge zu Ruhe und
Gehorsam. Dem Empörer, sagte er, der das Königthum wieder
habe aufrichten wollen, sei sein Recht geschehen, und selbst, wenn
er nicht schuldig gewesen, habe er doch den Tod verdient, da er,
vom Magister Equitum vor den Dictator gefordert, sich nicht
gestellt habe. Das Haus des Mälius wurde auf Befehl des
Dictators niedergerissen, und die Stätte blieb öde bis in späte
Zeiten, „zum Andenken an die Vernichtung gottlosen Entwurfes.“

Die alten Schriftsteller sind durchgehends von der Schuld
des Mälius überzeugt, doch eine unbefangene Prüfung findet
nirgends einen Beweis dafür. So weit wir sehen, müssen wir
ihn für unschuldig halten, für das Opfer einer frevelhaften Gewaltthat patricischen Hasses. Verfolgte er bei seinem Wohlthun
ehrgeizige Pläne, so waren sie höchstens auf das Volkstribunat
oder das Militärtribunat gerichtet; das Streben nach dem Königthum wäre das unsinnigste Beginnen gewesen. Die Patricier
haben ihm, um ihren Frevel zu rechtfertigen, diese Absicht ange-
dichtet. Noch auffälliger tritt die Ungerechtigkeit und brutale
Gewalt der Patricier in einer von der vorhergehenden verschiedenen
Erzählung hervor, welche ir einem in neuerer Zeit aufgefundenen
Bruchstück aus dem Geschichtswerk des Dionysius enthalten ist
und auf älteren zuverläßigeren Berichten beruht. Danach waren
weder Cincinnatus zu jener Zeit Dictator, noch Ahala dessen
Magister Equitum; sondern der Senat gab auf die Anzeige des
Minucius ohne Weiteres dem Ahala den Auftrag, den Mälius
aus dem Wege zu räumen. Dieser trat mit dem Dolch unter
dem Gewande zu Mälius heran, führte ihn unter irgend einem
Vorwand auf die Seite und erstach ihn. So sehr diese That
des Ahala unser Gemüth empört, so gern sehen wir es, daß nach
dieser Erzählung Cincinnatus daran keinen Theil gehabt und in

seinen alten Tagen nicht seinen ruhmreichen Namen durch den
Mord eines schuldlosen Mannes befleckt hat.

Die Ermordung des Mälius erregte bei dem Volke eine
solche Erbitterung, daß es Ahala für gut fand, sich derselben
durch selbstgewählte Verbannung zu entziehen, und der Senat
sah sich durch die Aufregung genöthigt, für das folgende Jahr
statt der Consuln Consulartribunen wählen zu lassen.   Indeß
wurden doch blos Patricier gewählt.   In einem der nächsten
Jahre (434) gewannen die Plebs einen erheblicheren Vortheil
durch den volksfreundlichen Patricier Mamercus Aemilius, der
es während seiner zweiten Dictatur durchsetzte, daß die Censur
auf die Dauer von $1\frac{1}{2}$ Jahren herabgesetzt wurde, wodurch
dieses patricische Amt in seinem Einfluß gemindert wurde.   Die
damaligen Censoren rächten sich an Mamercus für diese Schmä-
lerung patricischer Ehren dadurch, daß sie ihn aus seiner
Tribus ausstießen und unter die Aerarier verjetzten und außerdem
seine Steuer auf das Achtfache erhöhten.   Mamercus ertrug diese
Beschimpfung mit vieler Seelengröße und hielt noch das erbitterte
Volk zurück, daß es sich nicht an den Censoren vergriff.   Der
ausgezeichnete Mann wurde durch die censorische Strafe nicht
unterdrückt; im J. 426, während der Noth eines Bejenterkrieges,
trat er zum drittenmal als Dictator an die Spitze des Staates.

Den bedeutendsten Vortheil seit Einsetzung der Consulartribunen errangen die Plebejer im J. 421.   Damals beantragten
die Consuln, daß die Schatzquästoren wegen Vermehrung der
Geschäfte von zwei auf vier vermehrt würden; aber die Tribunen
wollten es nur unter der Bedingung gestatten, daß die Hälfte
der Quästoren aus Plebejern bestände.   Nach längeren Kämpfen
gaben die Patricier so weit nach, daß die Plebejer, ohne eine
bestimmte Zahl von Stellen fordern zu können, zu dem Amte
Zutritt haben sollten.

Im Allgemeinen hatten die Parteikämpfe zwischen dem
Decemvirat und der gallischen Invasion nicht den leidenschaftlichen

heftigen Character wie vor dem Decemvirat. Die Tribunen zeigten eine geringe Thatkraft, während auf der andern Seite die Patricier durch kleinliche, zum Theil unredliche Mittel, durch List und Ränke und widerrechtliche Anmaßung, auch durch Mißbrauch der Religion und Ausbeutung des Aberglaubens ihren Vortheil suchten. Als z. B. im J. 400 ein unerhört strenger Winter gewesen war, so daß der Tiber zufror, manche Häuser vom Schnee erdrückt wurden und Vieh, Fruchtbäume und Reben zu Grunde gingen, und als dann in dem darauffolgenden ungewöhnlich schwülen Sommer eine große Seuche eintrat, da erklärte der Senat diese Uebel für ein göttliches Strafgericht, weil in den beiden letzten Jahren plebejische Consulartribunen gewählt worden seien, und das erschreckte Volk wählte diesmal nur Patricier. Die plebejische Sache schwebte ·in dem ganzen Zeitraume unsicher hin und her, abwechselnd steigend und wieder sinkend; aber im Ganzen ging sie doch vorwärts, wenn auch langsam und in kleinen Schritten. Namentlich entwickelte das Volkstribunat eine immer größere Macht, indem es sein Intercessionsrecht bedeutend erweiterte. Während vor dem Decemvirat die Tribunen vorzugsweise gegen die Truppenaushebungen intercedirt hatten, richteten sie in dieser Zeit ihre Einsprache mit Erfolg auch gegen die Erhebung von Kriegssteuern, gegen Senatssitzungen und Senatsbeschlüsse, gerichtliche Untersuchungen, Veranstaltung von Wahlcomitien u. s. w.

Die Kriege zwischen dem Decemvirat und dem Einfall der Gallier.

Wie seit dem Decemvirat der römische Staat im Innern durch die Erstarkung der Plebs und die allmählich sich vollziehende Ausgleichung der Stände im Aufstreben begriffen war, so wuchs auch nach Außen hin seine Macht durch glückliche Kriege. Die feindlichen Völker, von denen Rom bisher so hart bedrängt worden war, wurden auf allen Seiten zurückgedrängt ober unterworfen. Die Sabiner gaben seit 449 den Krieg gegen Rom ganz auf, was wahrscheinlich in starken Auswanderungen von Zweigen des sabinischen Stammes nach den südlichen Landschaften seinen Grund hatte. Auch mit den westlichen Volskern von Antium hatte man beständigen Frieden seit 459; dagegen dauerten die Kämpfe gegen die östlichen Volsker und die mit ihnen verbündeten Aequer noch fort, und zwar hatten diese Völker in der ersten Zeit nach dem Sturze des Decemvirats noch die Ueberhand. Im J. 449 waren die Aequer wieder auf dem Algibus, und im J. 446 kamen sie mit den Volskern bis vor die Thore Roms. Aber im J. 431 erlitten Aequer und Volsker, welche mit einem außerordentlich starken Heere wieder auf dem Algibus erschienen waren, durch den römischen Dictator Aulus Postumius eine schwere Niederlage, und seit dieser Zeit tritt eine Wendung in diesen langwierigen Kriegen ein. Wir haben keine genauere Einsicht in den Verlauf derselben; aber so viel sehen wir, daß seit dem J. 431 die Sache der Aequer und Volsker im Rückgang ist. Sie verlieren eine Stadt nach der andern in Latium, die Römer bringen vor bis in das Land der Herniker und durchziehen das Volskergebiet, ohne beträchtlichen Widerstand zu finden. Die Kraft der einst so kriegstüchtigen Völker ist zu der Zeit, wo Rom den letzten Entscheidungskrieg mit Veji führte, gebrochen. Wahrscheinlich hatten sie von zwei Seiten Angriffe zu erleiden, von den Römern und den sabellischen, von den Sabinern abstammenden Völkern, welche sich in ihrem Rücken ausbreiteten und festsetzten.

Die Römer hatten durch diese glücklichen Kriege einen doppelten Gewinn. Sie entledigten sich nicht blos eines bisher so furchtbaren Feindes, sondern gewannen auch die Oberhoheit über Latium; denn die latinischen Städte, welche von den Aequern und Volskern befreit wurden, so wie auch die Herniker traten nicht wieder in das frühere Verhältniß gleichstehender Bundesgenossen, sondern kamen in ein... ...sse Unterthänigkeit zu Rom.

Nicht geringere Erfolge erkämpften die Römer im Norden gegen die Hetrusker. Mit Veji, der alten Feindin, begannen die Kriege wieder, nachdem mit dem J. 445 der auf 400 Monate geschlossene Waffenstillstand zu Ende gegangen war. Die Veranlassung zum Friedensbruch wurde der Abfall Fidenäs (438), das eine römische Colonie war, aber von früherer Zeit her noch eine starke hetruskische Bevölkerung hatte. Höchst wahrscheinlich hatten die Vejenter zum Abfall gereizt. Als die Römer mehrere Gesandte nach Fidenä schickten, um die Stadt wegen ihrer Untreue zur Rede zu stellen, nahmen die Fidenaten sie gefangen und führten sie nach Veji. Hier saß eben bei ihrem Eintreten der König Lar Tolumnius am Würfelspiel, und ein doppelsinniger Ausruf, den er bei einem glücklichen Wurfe that, wurde von den Fidenaten so mißverstanden, daß sie die Gesandten hinrichteten. Livius hält diese Anekdote mit Recht für unglaublich. Wahrscheinlicher ist es, daß der Vejenterkönig die Fidenaten zu der Ermordung der römischen Gesandten trieb, damit ihnen keine Rückkehr zu den Römern mehr möglich sei und sie um so fester an Veji hielten. Die vereinigten Vejenter und Fidenaten drangen über den Anio bis in die Nähe von Rom. Der Consul Sergius warf sie zwar durch einen blutigen Sieg zurück, allein der Erfolg desselben war im Ganzen so gering, daß die Römer in ihrer Noth einen Dictator ernannten, den Mamercus Aemilius. Dieser stellte sich jenseits des Anio, in dem Winkel des Anio und Tiber, den Vejentern und Fidenaten, denen noch die Legionen der Falisker zu Hülfe gekommen waren, entgegen und schlug sie in einer schweren Schlacht aufs Haupt. Der König Tolumnius focht in diesem Treffen tapfer an der Spitze seiner Reiter und machte den Sieg lange zweifelhaft. Da sah ihn der römische Reiteroberst A. Cornelius Cossus und stürzte voll Zorn mit eingelegter Lanze auf ihn ein, um ihn, den Frevler am Völkerrecht, den gemordeten römischen Gesandten als Todtenopfer nachzusenden. Er warf ihn vom Pferde und erstach ihn am Boden, zog ihm die

Rüstung ab und stürzte sich dann, hoch auf der Spitze seiner Lanze das Haupt des Erschlagenen, unter die feindlichen Reiter, die jetzt, voll Schreck über den Tod ihres Königs, ihrem fliehenden Fußvolk nachjagten. Cossus weihte die Rüstung des Vejenterkönigs als Spolia Opima dem Jupiter Feretrius.

Der Sieg des Aemilius war nicht entscheidend; der Krieg dauerte fort und nahm für Rom eine schlimme Wendung, da die Stadt und Umgegend durch eine schwere Seuche heimgesucht wurden. Der Feind drang sogar bis vor das collinische Thor. Die Römer mußten wieder zur Dictatur greifen. Sie wählten den Aulus Servilius, und dieser schlug die Feinde bei Nomentum und eroberte Fidenä, wie es heißt, durch einen Minengang. Als hierauf die Vejenter die gesammten Hetrusker zum Kriege gegen Rom aufriefen, ernannten die Römer, um der Gefahr zu begegnen, abermals den Mamercus Aemilius zum Dictator. Allein die Gefahr verzog sich; die übrigen Hetrusker schlugen den Vejentern die Hülfe ab in einem Kriege, den sie auf eigne Hand in frevelnder Weise begonnen, und so hielten es die Vejenter fürs Beste, den Frieden zu suchen. Es wurde ein mehrjähriger Waffenstillstand geschlossen im J. 434.

Noch ehe der Waffenstillstand abgelaufen war, erlaubten sich die Vejenter Raubeinfälle ins römische Gebiet, und da sie die Genugthuung verweigerten, so griff Rom wieder zu den Waffen. Gleich in der ersten Schlacht (426) erlitten die Römer eine Niederlage, und das hatte zur Folge, daß Fidenä, wohin die Römer wieder eine Colonie verlegt hatten, abermals abfiel. Sie begannen die Empörung wieder mit einer blutigen That; sie mordeten die römischen Colonisten. Als die Nachricht nach Rom kam, daß Fidenä abgefallen und das vejentische Heer über den Tiber gegangen sei, gerieth Alles in größten Schrecken; man ernannte den Mamercus Aemilius zum drittenmal zum Dictator, und dieser erwählte sich den Cornelius Cossus zum Magister Equitum. Vor den Mauern Fidenäs kam es zur Schlacht. Während

beide Heere blutig mit einander rangen, öffneten sich plötzlich die
Thore von Fidenä, und heraus stürzte eine mit brennenden Fackeln
bewaffnete Schaar und warf sich, wie in begeistertem Rasen,
gegen die römische Schlachtlinie. Die Römer wichen Anfangs
bestürzt zurück; bald aber drangen sie, angefeuert durch den Zuruf
des Dictators, wieder vor, fingen die entgegengeworfenen Fackeln
auf oder rissen sie dem Feinde aus den Händen, so daß nun
beide Heere mit Feuer bewaffnet waren. Bei den Reitern befahl
Cossus, der Magister Equitum, den Pferden das Gebiß auszu-
hängen, und sprengte mit ungezügeltem Rosse den Seinen voran
mitten in die Feuer; vom Sporn getrieben, rannten die Pferde
vorwärts durch Staub und Dampf und warfen Alles vor sich
nieder. Zu gleicher Zeit fiel auf Anordnung des Dictators der
Legat Quinctius unter lautem Geschrei dem Feind in den Rücken.
Erschreckt und von verschiedenen Seiten gefaßt, stürzten die
Vejenter zum größten Theil flüchtend dem Tiber zu, die Fidenaten
eilten nach ihrer Stadt. Viele wurden niedergemacht, Andre in
den Tiber gesprengt, der Rest erreichte die Stadt; aber zugleich
mit ihnen drangen auch die Römer ein. Das Gemetzel in der
Stadt war nicht geringer als in der Schlacht. Der Rest der
Bürgerschaft wurde in die Sclaverei abgeführt oder verkauft und
die Stadt zerstört. Nach diesem Strafgericht blieb Fidenä
verödet.

Nach Fidenäs Fall (425) schlossen die Vejenter wieder einen
Waffenstillstand von 20 zehnmonatlichen Jahren. Als dieser aber
abgelaufen war, glaubte der römische Senat die Zeit gekommen,
wo mit der verhaßten Nebenbuhlerin für immer abgerechnet werden
müßte. Beide Städte konnten für die Dauer nicht nebeneinander
bestehen, Veji mußte vernichtet werden. Der Senat forderte
daher im J. 407, um einen Krieg herbeizuführen, von den
Vejentern Genugthuung für alte Beleidigungen, und da die
Vejenter durch dringendes Bitten einen Aufschub der Sache er-
wirkten, so wurde im nächsten Jahre die Forderung erneuert.

Diesmal sollen die Vejenter den römischen Gesandten trotzig geantwortet und gedroht haben, wenn sie nicht schnell Stadt und Gebiet verließen, so würden sie ihnen geben, was einst der König Tolumnius den römischen Gesandten gegeben habe.

Jetzt beauftragte der römische Senat die Consulartribunen, bei dem Volke auf eine Kriegserklärung gegen die Vejenter anzutragen. Aber die Dienstfähigen wollten von dem Antrag nichts wissen; noch sei der Krieg mit den Volskern nicht abgethan, riefen sie, kein Jahr gehe ohne Schlacht vorüber, und nun schaffe man, wie wenn noch nicht Noth genug vorhanden wäre, einen Krieg mit einem so mächtigen Nachbarvolke, das ganz Hetrurien aufwiegeln werde. Die Tribunen unterstützten diese Stimmung, sie sagten, der Senat errege geflissentlich Krieg, um das Volk im Kriegsdienste zu zerplagen und niederhauen zu lassen; sie drückten den Veteranen die Hände und fragten, wie viel wundenfreie Stellen sie für neue Wunden noch am Leibe hätten, wie viel Blut sie noch übrig hätten, um es dem Staate darzubringen. Die Abneigung gegen den Krieg zeigte sich so stark, daß der Senat es für gut fand, seinen Antrag zu verschieben, bis er einen Umschlag der Stimmung herbeigeführt.

Dies erreichte er durch den Beschluß, daß in Zukunft den Truppen auf Staatskosten Sold gezahlt werden sollte; denn bis dahin hatte jeder Soldat die Kosten des Dienstes aus eigenen Mitteln tragen müssen. Die Verkündigung dieses Beschlusses wurde mit großem Jubel aufgenommen, um so mehr, da der Senat ihn aus freien Stücken gefaßt hatte, ohne Anregung der Volkstribunen und ohne daß im Volke dafür Stimmen laut geworden wären. Die Tribunen ärgerten sich über die populäre Verfügung, welche dem Senat die Gunst des gemeinen Mannes zuwandte; sie erkannten, daß die Einführung des Soldes ihre Wirksamkeit schmälerte, da jetzt viele sich um des Soldes willen zum Kriegsdienste melden und ihnen keine Gelegenheit mehr geben würden, gegen die Truppenaushebung Einsprache zu thun. Außer

dem wurde es bei der Soldzahlung möglich, das Heer auch
während des Winters im Felde zu halten; dann aber fehlte diese
ganze Zeit hindurch den Tribunen für ihre Agitationen auf dem
Forum die Volksmenge. Der Senat mochte diese Folgen schon
berechnet haben und ließ sich durch das Schreien der Tribunen
nicht irre machen; er schrieb die Steuern für den Kriegssold aus.
Nun machten die Tribunen öffentlich bekannt, daß sie jeden, der
zum Solde der Truppen nicht steuern wolle, in Schutz nehmen
würden. Doch der Senat blieb standhaft; die Senatoren waren
die ersten, welche ihre Steuern einzahlten, und es erregte Auf-
sehen, als Manche ihre pfündigen Kupferasse auf Wagen zur
Schatzkammer fahren ließen. Denn damals gab es noch kein
geprägtes Silber. Dem Beispiele der Senatoren folgten die
Vornehmsten aus dem Plebejerstande, welche den Patriciern be-
freundet waren, und diesen wieder wetteifernd das übrige Volk,
ohne von der tribunicischen Hülfe Gebrauch zu machen. Jetzt
ging die vorgeschlagene Kriegserklärung gegen Beji durch, und
die Consulartribunen des folgenden Jahres 405 führten ein
größtentheils aus Freiwilligen bestehendes Heer vor Beji.

So erzählt Livius den Hergang der ersten Steuerzahlung
zum Behufe des Kriegssoldes. Indeß ist es höchst wahrscheinlich,
daß der Sold nicht aus der gewöhnlichen Steuer bezahlt worden
ist, sondern aus einer Nutzungssteuer der Patricier vom Gemeindeland. Nur so ist der Jubel zu begreifen, mit dem die Plebs
die neue Einrichtung aufnahm; in dem andern Falle hätten die
Plebejer mit der einen Hand empfangen, was sie mit der andern
zahlten. Die Patricier aber mochten sich zu der bisher nicht
üblichen Abgabe verstehen, weil sie hofften, daß durch einen un-
unterbrochenen Sommer- und Winterkrieg, der nur bei einer
Soldzahlung möglich war, Beji endlich bezwungen werden könne
und ihnen bei der Vertheilung der großen und äußerst fruchtbaren vejentischen Feldmark eine mehr als hinreichende Entschädi-
gung würde.

In dem nun beginnenden Kriege, der nach zehnjähriger Dauer (405—395) mit der Vernichtung Vejis endete, hielten sich die Vejenter nur in der Vertheidigung; sie erkannten die kriegerische Ueberlegenheit der Römer an. Die Macht der Hetrusker überhaupt, welche früher zu Land und zu Wasser die erste in Italien gewesen war, ist um diese Zeit im Abnehmen. Von der See sind sie durch die Griechen Siciliens, Unteritaliens und Massiliens verdrängt, im Norden haben sie durch die einwandernden Gallier die reiche Poebene mit ihren 18 Städten, im Süden durch die Samniter ihre Colonien in Campanien verloren. Von den Städten im eigentlichen Hetrurien war Veji, die südliche Vorkämpferin der Hetrusker gegen Latium, wohl die größte und mächtigste, und sie hat lange genug den Römern zu schaffen gemacht. Sie lag, von hohen Mauern umgeben, auf einer nach allen Seiten hin abschüssigen und schwer zu ersteigenden Berghöhe zwischen zwei Bächen, die sich zur Cremera, dem Nebenflüßchen des Tiber, vereinigten, und hatte, wie Rom, einen Umfang von etwa einer deutschen Meile. Ihre Bevölkerung war wahrscheinlich nicht geringer als die von Rom, aber der große Reichthum der Stadt hatte sie frühzeitig zu üppigem, verfeinertem Lebensgenuß geführt, so daß sie an moralischer und kriegerischer Tüchtigkeit den Römern nachstanden. Der bei weitem kleinere Theil des vejentischen Volkes war der herrschende Adelsstand; das übrige Volk, welches meistens auf dem umliegenden Lande wohnte, bestand aus Hörigen, einer gedrückten, frohnenden Masse, welche keine Aufforderung in sich fühlte, wie der römische Bauer, der ein freies Eigenthum bebaute, mit ausdauernder Tapferkeit für die Ehre und den Bestand des Staates zu fechten. Im Gegentheil, sie haßten ihre Bedrücker und zogen für sie nur widerwillig in den Kampf. Von den übrigen Hetruskerstädten hatte Veji nur geringe Unterstützung. Nur einige benachbarte Städte, Capena, Falerii und Tarquinii, leisteten ihnen bisweilen in diesem Kriege Beistand; die nördlichen Städte hatten damals mit den einbringenden Galliern zu schaffen, so daß sie um Veji sich nicht kümmern konnten. Und hätten sie auch freie Hand gehabt, es würde den Vejentern wenig genützt haben. Denn die zwölf herrschenden Städte Hetruriens bildeten wohl eine Bundesgenossen-schaft, aber das Band, welches sie zusammenhielt, war so locker, die Selbstsucht und der Sondergeist war in den einzelnen so mächtig, daß ein gemeinsames Handeln nie zu Wege kam. Außerdem haßten, wie es heißt, sämmtliche Hetrusker das König-thum, welches allein noch in Veji bestand. So war also Veji vorzugsweise auf die eigene Kraft angewiesen, und diese vermochte dem tapferen Römervolke für die Dauer nicht zu widerstehen.

Da die Vejenter sich zur offenen Feldschlacht nicht stellten, so legten sich die Römer gleich Anfangs vor ihre Stadt und be-lagerten sie Sommer und Winter hindurch. Die Verschanzungen wurden so angelegt, daß ihre Bollwerke theils gegen die Stadt und zum Theil gegen Außen gekehrt waren, um, wenn etwa die übrigen Hetrusker zum Ersatz der Stadt herankämen, gegen diese eine Wehr zu haben. Zum Schutz gegen die winterliche Witterung wurden für den Soldaten Lehmhütten gebaut. Aus den zwei ersten Jahren des Krieges sind keine erheblichen Ereignisse bekannt, dagegen wird aus dem dritten Jahre ein nächtlicher Ausfall der Vejenter berichtet, der den Römern theuer zu stehen kam. Die Belagerungsbauten, welche schon nahe an die Mauern der Stadt gerückt waren, wurden von den Vejentern in Brand gesteckt, und viele Römer kamen durch das Schwert oder das Feuer um. Die Nachricht hiervon erregte in Rom Trauer und Besorgniß zugleich; doch bald hob sich der Muth und die Kriegslust wieder, als die Höchstbesteuerten sich bereit erklärten, auf selbstgestellten Pferden den Dienst zu thun. Das trieb die Bürger, in großer Zahl freiwillig in die Legionen einzutreten. Solche Vaterlands-liebe erregte allgemeine Freude und wurde von Volk und Sena-toren laut gepriesen, der Senat ließ den Rittern wie den Legions-soldaten in öffentlicher Volksversammlung durch die Tribunen den

Dank des Vaterlandes aussprechen. Mit freudigem Muthe zog das Heer gegen Veji und hatte bald die Belagerungswerke wieder hergestellt.

Im vierten Jahre des Kriegs (402) standen zwei Kriegstribunen in getrennten Lagern vor Veji, Manius Sergius und L. Virginius. Die Zahl wie die Stimmung des Heeres ließ einen glücklichen Fortgang des Krieges hoffen, allein der Haß und die Feindseligkeit der beiden Tribunen unter einander führte eine empfindliche Niederlage herbei. Als die Capenaten und Falisker, welche, durch das vorjährige Unglück der Römer ermuthigt, sich mit den Vejentern verbündet hatten, das Lager des Sergius von Außen angriffen und die Vejenter zu gleicher Zeit einen Ausfall auf die inneren Verschanzungen desselben machten, war Sergius, obgleich von zwei Seiten schwer bedrängt, zu stolz, seinen Collegen um Hülfe anzusprechen, und andrerseits mochte Virginius seinem Collegen, obgleich von dessen Gefahr unterrichtet, nicht ungebeten Hülfe leisten. So kam es, daß die Verschanzungen des Sergius erstürmt und ein großer Theil seiner Truppen niedergemacht wurde; die, welche sich retteten, flohen in das Lager des Virginius oder mit Sergius nach Rom, wo dieser alle Schuld seines Unglücks auf Virginius schob. Allein der Senat sah mit Recht beide für schuldig an und verlangte, daß sie zugleich mit den übrigen Consulartribunen vor Ablauf ihres Amtsjahres das Commando niederlegten. Die übrigen Tribunen waren damit einverstanden, aber Sergius und Virginius weigerten sich; als jedoch die Volkstribunen ihnen drohten, sie würden sie ins Gefängniß abführen lassen, fügten sie sich. Im folgenden Jahre wurden sie von den Volkstribunen wegen ihrer Kriegsführung vor dem Volke verklagt und jeder mit einer Strafe von 10,000 As belegt.

Mit dem J. 401, wo M. Furius Camillus, der größte Feldherr seiner Zeit, zum erstenmal auf dem Kriegsschauplatz auftrat, nahm der Krieg für Rom eine günstigere Wendung.

Das verlorene Lager wurde wieder hergestellt und durch Schanzen und Posten verstärkt. Das Gebiet der Falisker und Capenaten wurde verheert, und als sie im J. 399 die römischen Verschanzungen vor Beji angriffen, wurden sie mit großem Verluste zurückgeschlagen; die Tarquinienser, welche im J. 397 zu Gunsten Bejis einen Einfall ins römische Gebiet machten, verloren ihre Beute wieder und büßten ihr Unterfangen durch Verheerung ihres Landes. Währenddem wurde die Belagerung Bejis mit Energie fortgeführt bis ins zehnte Jahr (396), in welchem Bejis Geschicke sich erfüllten.

Das Jahr begann für die Römer unglücklich. Die Kriegstribunen Genucius und Titinius, welche gegen die Falisker und Capenaten mitgezogen waren, fielen in einen Hinterhalt und erlitten eine solche Niederlage, daß das Lager vor Beji verloren schien und man die feindlichen Heere schon vor den Thoren erwartete. In dieser Noth wurde Furius Camillus zum Dictator erwählt. Der stellte schnell die römische Kriegsmacht wieder her, schlug die Capenaten und Falisker bei Nepet und zog dann alle Macht vor Beji zusammen, entschlossen, dem Krieg ein Ende zu machen; denn er wußte, daß die geheimnißvolle Bedingung, an welche der Untergang Bejis geknüpft war, sich bereits erfüllt hatte. Mit dieser geheimnißvollen Schicksalsfügung verhielt es sich folgendermaßen:

Im Jahre 398 war mitten im Sommer, während alle anderen Gewässer in Italien seicht oder vertrocknet waren, der Albanersee so angeschwollen, daß er nicht blos den Krater, in dessen Tiefe seine Wasser standen, bis zum Rande anfüllte, sondern zuletzt sogar den Bergrand durchbrach und in die Ebene niederfloß. Das Wunderzeichen erschreckte die Römer, da sie aber wegen des Krieges mit Beji keine hetruskischen Zeichendeuter (Haruspices) befragen konnten, so schickten sie eine Gesandtschaft an den delphischen Gott. Ehe diese jedoch zurückkehrte, hatte man durch die Fügung der Götter einen näheren Ausleger gefunden. Eines Tages nämlich verkündete ein alter vejentischer Haruspex bei den sich neckenden vejentischen und römischen Vorposten, über die Blindheit der Römer spottend, so lange der Albanersee überströme, könne Veji nicht genommen werden. Ein römischer Centurio, der die räthselhaften Worte gehört hatte, beschloß das Geheimniß zu ergründen. Er lockte den Propheten aus den Mauern von Veji heraus, bemächtigte sich sein und trug ihn vor Aller Augen in das römische Lager. Der Alte wurde vor den Senat nach Rom gebracht und mußte wider seinen Willen verkünden, was er aus den vejentischen Schicksalsbüchern wußte: so lange der Albanersee überströme, könne Veji nicht genommen werden; habe das Gewässer des überströmenden Sees das Meer erreicht, so drohe Rom Verderben; werde es aber so abgeleitet, daß es nicht in überfließendem Strome bis zum Meer gelange, so sei den Römern Sieg über Veji beschieden. Bald kehrten auch die Gesandten von Delphi zurück und brachten einen mit der Aussage des Vejenters übereinstimmenden Bescheid und zugleich die Weisung, die latinischen Feiertage und das Opfer auf dem Albanerberge, welche von fehlerhaft gewählten plebejischen Consulartribunen nicht richtig waren angesetzt worden, neu zu weihen und in rechter Weise zu verrichten. Der Fehler ward gesühnt, und zugleich begann man, die Gewässer des Albanersees abzuleiten. Unter dem obersten Kraterrand wurde ein Schacht bis zu der Tiefe von 342 Fuß gegraben und dann ein Canal von 6 Fuß Höhe und 4 Fuß Breite, 4000 Fuß lang, durch die harte Lava bis ins Freie getrieben. An der Mündung dieses Stollens wurde ein gewölbter Wasserbehälter angelegt, aus welchem das Wasser in fünf verschiedenen Rinnen in die Ebene floß und sich so vertheilte, daß es das Meer nicht erreichen konnte. Dieses großartige Werk, welches noch heute Bewunderung erregt, soll schon am Anfang des Jahres 396 vollendet gewesen sein, und damit war Vejis Geschick entschieden.

Der Dictator Camillus, durch die Schicksalsverkündigungen

12 *

ermuthigt, betrieb die Belagerung Vejis mit dem größten Eifer. Die Verschanzungen wurden näher aneinander gerückt und die Stadt ringsum eingeschlossen, darauf ließ er einen unterirdischen Gang in die Stadt graben bis unter den Tempel der Juno auf der Burg. Nachdem die Mine durch unausgesetzte Arbeit soweit gediehen war, daß es nur noch des letzten Durchbruchs durch den Boden des Tempels bedurfte, fragte der Dictator, der Eroberung der Stadt gewiß, bei dem Senate an, wie es mit der Beute gehalten werden sollte. Der Senat decretirte, daß die Beute den Soldaten verbleiben solle, und machte außerdem in der Stadt bekannt, wer an der vejentischen Beute Theil haben wolle, möge sich zu dem Dictator ins Lager begeben. Da strömte eine große Menge hinaus und verstärkte das Heer.

Hier war schon alles zum Sturme bereit. Doch ehe der Dictator zum Werke schritt, sprach er, um sich der Huld der Götter zu versichern, vor dem in Waffen aufgestellten Heer folgendes Gebet: „Unter deiner Führung, pythischer Apollo, und durch deinen göttlichen Geist getrieben, schreite ich zur Zerstörung der Stadt Veji, und dir gelobe ich den Zehnten der Beute. Auch dich, Königin Juno, die du jetzt Veji bewohnst, bitte ich, daß du uns Siegern in unsere, bald auch deine Stadt folgest, wo dich ein deiner Hoheit würdiger Tempel aufnehmen soll." Hierauf schritt das Heer von allen Seiten zum Sturm. Während der Kampf um die Mauern tobte, drang eine auserlesene Schaar durch den Minengang bis unter den Boden des Junotempels. Hier verrichtete eben der König von Veji ein Opfer, und ein Haruspex verkündete ihm, daß die Göttin dem den Sieg beschieden habe, der dies Opfer bringe. Da brachen plötzlich die römischen Krieger aus dem Boden hervor, ergriffen das Opfer und trugen es zum Dictator, der es der Juno darbrachte. Die in den Tempel der Juno und in die Burg eingebrochenen Römer drangen sogleich in die Stadt ein, griffen die ihre Mauern vertheidigenden Vejenter im Rücken an, sprengten die Thore, steckten die Häuser

in Brand. Das durch die Thore und über die Mauern ein-
dringende Heer verbreitete sich nach allen Seiten, und bald war
die ganze Stadt von Geschrei und Kampf erfüllt. Die Bejenter
wehrten sich eine Zeitlang voll Verzweiflung, unterstützt von den
Frauen und Sclaven, die von den Dächern herab Steine und
Ziegel unter die Feinde warfen; doch zuletzt erlahmte ihre Kraft,
und der Dictator ließ durch einen Herold verkünden, daß man
der Unbewaffneten schone. Nun hörte das Blutvergießen auf,
und der Soldat wandte sich zum Plündern. Die Beute war
ungeheuer, weit größer und reicher als man gehofft hatte, so daß
der Dictator, der von der Burg aus das Werk der Plünderung
überschaute, mit erhobenen Händen zum Himmel betete, wenn
irgend einem der Götter oder Menschen sein und des römischen
Volkes Glück zu groß scheine, so möchten doch die Römer damit
abkommen, daß sie diesen Neid mit seinem und des Staates
möglichst kleinem Antheil büßten.. Als er nach dem Gebet sich
umdrehte, stolperte er und fiel. Er betrachtete den kleinen Un-
fall als eine Gewährung seines Gebetes; aber in der Folge sah
man ihn an als die Vorbedeutung seiner eigenen Verurtheilung
und der Eroberung Roms durch die Gallier.

Am Tage nach der Eroberung wurde die ins Lager ge-
schleppte Beute unter die Soldaten vertheilt, nur das Geld,
welches aus dem Verkauf der Gefangenen gelöst ward, kam in die
Staatscasse. Zuletzt wurden die Götterbilder aus der Stadt
fortgebracht. Juno Regina (die Königin), die Schutzgöttin von
Veji, erhielt einen Tempel zu Rom auf dem Aventin. Als die
Schaar der Jünglinge, welche mit dem Fortbringen ihres Bildes
beauftragt waren, in weißen Feierkleidern ehrfurchtsvoll dem
Götterbilde nahte, fragte Einer: „Willst du nach Rom gehen,
Juno?" Das Bildniß nickte, es sprach, so erzählen Andere, ein
lautes Ja.

In Rom erregte die Nachricht von der Eroberung Vejis
eine unendliche Freude. Ehe noch der Senat den Befehl gab,

waren alle Tempel voll von römischen Müttern, welche den Göttern ihren Dank darbrachten; der Senat ordnete ein viertägiges Dank- fest an, so lange noch keins in irgend einem Kriege gedauert hatte. Als der Dictator zur Stadt zurückkehrte, strömte ihm das ganze Volk entgegen; sein Triumph war glänzender, als je ein Triumph zuvor. Doch mißfiel es dem Volke, daß der Triumphator mit einem Gespann von vier weißen Rossen in die Stadt und zu dem Capitol hinauffuhr; es sah darin mit banger Sorge eine stolze, einem Menschen nicht zukommende Ueberhebung, wo- durch er sich dem Jupiter und dem Sol (dem Sonnengott) gleich- stelle. Das Aergerniß an dem Dictator steigerte sich, als er nachträglich bekannt machte, er habe vor der Erstürmung Vejis von der Beute dem pythischen Apollo den Zehnten gelobt und das Volk müsse, um sich dieser heiligen Schuld zu entledigen, den entsprechenden Theil wieder zurückliefern. Das Gelübde mußte jedenfalls vollzogen werden; daher verordneten die Ponti- fices, daß Jeder nach eigener Schätzung den zehnten Theil seines Beuteantheils für Apollo einliefern solle. Nachdem dies ge- schehen, erklärte Camillus, daß auch die Stadt Veji mit ihrem Gebiet dem Apollo zu zehnten sei. Auch das geschah, und aus dem Gesammtertrag wurde dem Apollo ein goldener Mischkrug von acht Talenten nach Delphi geschickt. Zu diesem Weih- geschenke lieferten die Frauen der Stadt ihr goldenes Geschmeide, da der Staat soviel Gold nicht besaß, und zum Lohne dafür er- hielten die Matronen von dem Senate das Ehrenvorrecht, inner- halb der Stadt auf Wagen fahren zu dürfen.

Kaum war Veji bezwungen, so erhob sich ein hartnäckiger Streit zwischen den Patriciern und Plebejern wegen der reichen vejentischen Feldmark, indem die Tribunen einen entsprechenden Antheil derselben für die Plebs verlangten. Dem aber wider- setzte sich die Selbstsucht der Patricier mit aller Macht. Da machte der Tribun Sicinius den Vorschlag, die Hälfte der römischen Patricier und Plebejer solle nach Veji übersiedeln, die

Hälfte zu Rom zurückbleiben, beide Städte aber sollten einen gemeinsamen Staat bilden. Das war ein höchst unglücklicher Gedanke, dessen Ausführung den Bestand des Staates in Frage gestellt haben würde, und es ist zu vermuthen, daß der Tribun es nicht ernstlich mit dem Vorschlag gemeint, sondern durch denselben blos den Senat in Betreff der Vertheilung des vejentischen Feldes zur Nachgiebigkeit habe zwingen wollen. Die Patricier erkannten die Gefahr, die in dem Vorschlage lag, und boten alles auf, um ihn zu hintertreiben. Sie betheuerten, daß sie eher vor den Augen des Volkes sterben, als die von ihren Vätern unter göttlicher Sanction gegründete Stadt verlassen und in eine Stadt ziehen würden, auf welcher der Zorn der Götter ruhe; in Einer Stadt hätten sie schon Streitigkeiten genug, wie werde es vollends in zweien aussehen. Das niedere Volk aber hielt fest an dem liebgewonnenen Gedanken; ihm gefiel das fruchtbare Land und die schönen Häuser von Veji, die viel stattlicher waren als die zu Rom. Eine reiche Ackerassignation im Vejentischen würde die Plebs wohl umgestimmt haben, aber dem widerstrebte die Habsucht der Patricier, welche das gewonnene Land für sich allein benutzen wollten. Sie wußten die Sache zwei Jahre hinzuziehen, indem sie jedesmal einige Tribunen zur Intercession gegen ihre Collegen bewogen. Im dritten Jahre (393) gelang dies Mittel nicht mehr, und der Vorschlag sollte zur Abstimmung kommen. Da erschienen die Senatoren und Patricier, Greise und Jünglinge, in gemeinsamem Zuge in der Volksversammlung, vertheilten sich unter die Tribus und baten und beschworen ihre Tribusgenossen unter Thränen, die siegreiche Vaterstadt nicht mit der besiegten Feindesstadt zu vertauschen. Die Bitten und Thränen machten Eindruck, der Vorschlag wurde verworfen, und zwar, wie es heißt, mit Einer Stimme Mehrheit. Ueber diesen Sieg war der Senat so erfreut, daß er am folgenden Tage den Beschluß faßte, jedem Plebejer, und zwar nicht blos den Hausvätern, sondern allen Freigeborenen jedes Hauses, 7 Morgen vom vejentischen Lande als erbliches Eigenthum zuzuweisen.

Nach der Bezwingung von Veji wandten sich die Römer gegen die Capenaten und Falisker, welche den Vejentern Hülfe geleistet hatten. Capena wurde schon im J. 395 durch Verheerung seines Gebietes zum Frieden, und vielleicht zur Unterwerfung gezwungen. Mit Falerii dauerte der Krieg fort bis ins folgende Jahr, in welchem Camillus als Kriegstribun gegen sie kämpfte. Er zwang die Falisker durch ein glückliches Treffen, sich in ihre Stadt zurückzuziehen, und schloß darauf die Stadt durch Belagerungswerke ein. Falerii lag auf einem hohen unzugänglichen Felsen und war reichlich mit Lebensmitteln versehen, so daß die Belagerung große Schwierigkeiten bot und wenigstens eben so lang schien dauern zu wollen, wie die von Veji. Doch eine unerwartete Begebenheit endete den Krieg zu Roms Gunsten schneller, als man gehofft hatte.

Ein Schullehrer, der eine ihm anvertraute Knabenschaar vornehmer Falisker täglich zu Spielen und Uebungen hinaus ins Freie führte, brachte die Knaben eines Tages in das römische Lager, um sie dem feindlichen Feldherrn in die Hände zu liefern. Er hoffte eine ausgezeichnete Belohnung; aber die Niederträchtigkeit seines Verrathes fand die verdiente Würdigung. Camillus ließ ihm die Kleider vom Leibe reißen und die Hände auf den Rücken binden und gab den Knaben Ruthen und Peitschen, damit sie ihn mit Schlägen in die Stadt zurücktrieben. Als eben die Eltern der Entführten wehklagend zu den Mauern und Thoren stürzten, brachten die Knaben den Lehrer nackt und gebunden unter Hohn und Schimpf zur Stadt zurück. Der Edelmuth des feindlichen Feldherrn erfüllte die Bürgerschaft mit solcher Bewunderung, daß sie in der Volksversammlung beschlossen, das Schicksal ihrer Stadt in seine Hände zu legen. Camillus schickte ihre Gesandten nach Rom an den Senat, und hier erklärten sie, daß Falerii sich der Oberherrschaft Roms unterwerfe. Der Senat überließ es dem

Camillus, die Friedensbedingungen festzusetzen. Dieser schloß Frieden und Freundschaft mit den Faliskern und begnügte sich damit, ihnen die Bezahlung der diesjährigen Kriegslöhnung aufzuerlegen. In ein Unterthänigkeitsverhältniß zu Rom scheint Falerii nicht getreten zu sein.

Nachdem in den Jahren 392 und 391 auch die hetruskischen Städte Salpinum und Volsinii unterworfen worden waren, erstreckte sich die Herrschaft der Römer über Latium und einen großen Theil des südlichen Hetruriens, vom Lirisfluß im Süden bis über den ciminischen Wald im Norden. Ihre äußere Macht hatte also in den letzten Jahrzehnten bedeutende Fortschritte gemacht, und auch im Innern hob sich der Wohlstand immer mehr, so daß Rom einer glücklichen Zukunft entgegen sah und keinen Feind ringsum mehr zu fürchten hatte. Da kam plötzlich wie ein verwüstender Sturm aus dem fernen Norden ein ungeahnter Feind und warf den frisch aufblühenden Staat zu Boden, daß er der Vernichtung nahe kam; das waren die Gallier, welche im J. 390 auf den Trümmern von Rom ihr Lager aufschlugen.

Camillus war kurz vorher aus den Mauern von Rom vertrieben worden. Er hatte, wie wir gesehen, nach der Eroberung von Veji die Gemüther des Volkes gegen sich aufgebracht durch seinen stolzen Triumphzug und die Zurückforderung der dem Apollo gelobten Beute; auch im Faliskerkrieg hatte er die Soldaten in der Beute verkürzt, und bei den Streitigkeiten wegen der Vertheilung der vejentischen Feldmark war er der entschiedenste und hartnäckigste Gegner der Plebs gewesen. So kam es, daß das Volk seine hohen Verdienste um den Staat vergaß und in ihm nur den stolzen und schroffen Patricier, den hartherzigen Feind der plebejischen Sache sah. Als ihn daher im J. 391 der Tribun L. Apulejus vor der Volksgemeinde verklagte, weil er einen Theil der vejentischen Beute unterschlagen habe, sah er seine Verurtheilung voraus und ging freiwillig ins Exil nach Ardea. Abwesend wurde er zu einer Geldstrafe von 15,000 As verurtheilt. Als

Camillus bei seiner Entfernung aus der Vaterstadt vor dem
Thore stand, hob er die Hände zum Capitol empor und flehte
zu den Göttern, wenn er nicht mit Recht, sondern durch den
Uebermuth und den Neid des Volkes beschimpft und vertrieben
werde, so möchten die Römer es bald bereuen und allen Menschen
offenbar werden, daß sie sein bedürften und sich nach Camillus
sehnten. Dies selbstsüchtige Gebet erfüllte sich bald durch den
Einbruch der Gallier.

Roms Zerstörung durch die Gallier.

Zu den Zeiten des Tarquinius Priscus, so erzählt Livius,
beschloß Ambigatus, der König der Bituriger, welche damals das
herrschende Volk in Gallien (dem heutigen Frankreich) waren,
um der Uebervölkerung des Landes zu steuern, einen Theil des
gallischen Volkes unter seinen Schwestersöhnen Bellovesus und
Sigovesus auswandern zu lassen, in die Länder, welche die Götter
ihnen durch den Vogelflug zu Wohnsitzen bestimmen würden.
Dem Sigovesus fielen die hercynischen Wälder, d. h. das südliche
Deutschland zu, den Bellovesus wiesen die Götter über die Alpen
nach Italien. Dieser schlug unweit des Flusses Ticinus (Tessino)
die Hetrusker, welche in den Poländern zwischen Alpen und
Apennin zwölf Städte besaßen, und baute dann die Stadt
Mediolanum (Mailand). Das in dieser Gegend sich nieder-
lassende Volk nannte sich Insubrer. Bald darauf kam ein neuer
gallischer Schwarm, die Cenomanen, dem gebahnten Wege folgend,
nach Oberitalien und setzte sich östlich von den Insubrern fest.
Sie bauten die Städte Brixia (Brescia) und Verona. Westlich
von den Insubrern nahmen die Salluvier oder Salasser neben
den Ligurern Platz. Durch die drei genannten Stämme war
alles Land zwischen den Alpen und dem Po besetzt; die später
kommenden Bojer und Lingonen gingen daher auf Flößen über
den Po und trieben die hier noch wohnenden Hetrusker und die

Umbrer aus ihrem Eigenthum, doch beschränkten sie sich auf das
Land zwischen Po und Apennin. Zuletzt wanderten die Senonen
ein; sie waren gezwungen, noch weiter nach Süden vorzugehen,
und setzten sich längs des abriatischen Meeres fest von Ariminum
(Rimini) bis Ancona.

Diese Gallier oder Kelten waren ein rohes Barbarenvolk,
welches, ohne Sinn für die friedliche Beschäftigung des Ackerbaues
und ein geordnetes Staatsleben, stürmisch und beweglich, seine
Lust hatte an abenteuernden Kriegszügen, an wildem Fechten,
Rauben und Plündern. Sie waren „die rechten Lanzknechte des
Alterthums", starke riesige Gestalten von furchtbarem Aussehen,
mit langem zottigen Haupthaar und gewaltigem Schnauzbart.
Wo sie erschienen, in Italien, in Makedonien und Griechenland,
in Kleinasien, bezeichneten sie ihren Weg mit Trümmern und
Blut. Eitelkeit und Prahlsucht war ein Hauptzug ihres Charakters.
Sie renommirten mit ihrer Tapferkeit und Stärke und forderten
gerne zum Zweikampf auf; prunkend und prahlend zogen sie in
den Kampf, in buntschillernden Gewändern, mit breitem Goldring
um den Hals, mit goldgezierten Waffen, ohne Helm, mit riesigen
Schilden, langen schlechtgestählten Schwertern, Dolch und Lanze.
Sie fochten meist zu Fuß, in kleinen Schaaren auch zu Roß,
oder auch auf Streitwagen. Die Schlacht begannen sie mit
rasendem Ungestüm, mit furchtbarem Schlachtgeheul und unter
dem betäubenden Schalle zahlloser Kriegshörner, die sie in Kampfes-
wuth versetzten und den Feind betäubten. Diese furchtbaren
Kriegsschaaren hatten in Oberitalien sich festgesetzt und sollten
bald der Schrecken der ganzen Halbinsel werden.

Im J. 391 gingen die senonischen Gallier, welche ihre
Wohnsitze am weitesten nach Süden vorgeschoben hatten, unter
ihrem Brennus (b. h. Heerkönig) über die Apenninen und belagerten die hetruskische Stadt Clusium. Ein vornehmer Clusiner,
Namens Aruns, hatte sie herbeigerufen, um sich an Lucumo,
einem Jüngling von überwiegender Macht in seiner Vaterstadt,

wegen einer schweren Kränkung zu rächen. Die Clusiner, dem ungestümen Andrang des wilden niegesehenen Kriegsvolkes nicht gewachsen, schickten eine Gesandtschaft nach Rom und baten um Hülfe, obgleich sie früher nie in einem freundschaftlichen Verhältniß mit Rom gestanden hatten. Der römische Senat versagte die Hülfe, da er das Heer in so weite Ferne nicht schicken mochte, dagegen ordnete er eine Gesandtschaft nach Clusium ab, um die Gallier zu freiwilligem Abzuge zu bewegen, drei Fabier, die Söhne des Oberpontifex M. Fabius Ambustus. Als diese ihren Auftrag ausgerichtet hatten, erklärten die Gallier, sie wollten den angebotenen Frieden nicht zurückweisen und die Clusiner in Ruhe lassen, wenn diese einen Theil ihres Landes, dessen sie im Ueberfluß hätten, ihnen abträten. Geschähe dieses nicht, so wollten sie im Beisein der Römer fechten, damit diese zu Hause bezeugen könnten, wie weit die Gallier alle übrigen Menschen an Tapferkeit überträfen. Die römischen Gesandten wollten die Forderung der Gallier nicht zugestehen und fragten, nach welchem Rechte sie einem andern Volke sein Land abfordern oder ihm mit Waffen drohen könnten, was Gallier in Hetrurien zu suchen hätten? Die Gallier antworteten trotzig, sie trügen ihr Recht in den Waffen, tapfern Männern gehöre die Welt. Der heftige Wortwechsel erregte auf beiden Seiten eine solche Erbitterung, daß man sofort zu den Waffen lief und die Schlacht begann.

Die römischen Gesandten, junge unbesonnene Männer, ließen sich durch ihren Aerger und ihre Kampfeslust verleiten, ohne Rücksicht auf das Völkerrecht in den Reihen der Clusiner an der Schlacht Theil zu nehmen. Einer von ihnen, Quintus Fabius, sprengte mit seinem Pferde vor die Schlachtreihe hinaus und durchbohrte einen gallischen Anführer, wurde aber, als er dem Gefallenen die Rüstung abzog, von den Galliern erkannt. Diese bliesen sogleich zum Rückzug und brachen die Schlacht ab. Ihre Erbitterung war so groß, daß die meisten sofort gegen Rom ziehen und Rache nehmen wollten; allein die Aelteren setzten es durch), daß man vorher Gesandte nach Rom schicke, um wegen des Unrechtes Klage zu führen und die Auslieferung der Schuldigen zu fordern. Man schickte die riesigsten Männer des Heeres. Der Senat mißbilligte zwar das Betragen der Fabier, aber er konnte sich doch nicht entschließen, Männer aus so hoher Familie einem barbarischen Feinde zu grausamem Tode auszuliefern. Um die Verantwortung von sich zu schieben, wies er die Entscheidung der Volksversammlung zu, und diese verweigerte die Auslieferung und wählte sogar die drei Fabier für das folgende Jahr zu Consulartribunen. Die Gallier erhielten die Antwort, so lange ein Römer dieses Amt bekleide, sei er unantastbar; sie möchten übers Jahr wiederkommen, wenn sich bis dahin ihr Zorn noch nicht gelegt habe. Unter lauter Androhung des Kriegs kehrten die Gesandten zu den Ihrigen zurück.

Wir sind in dem Obigen größtentheils dem Berichte des Livius gefolgt. Diodor dagegen erzählt, die drei Fabier seien nicht als Gesandte nach Clusium geschickt worden, sondern zur Auskundschaftung der gallischen Heeresmacht, und als die Gallier die Auslieferung des einen Fabius verlangt hätten, habe der Senat dieselbe zugestanden, um die Schuld des Einen nicht über das ganze Volk kommen zu lassen. Aber der Vater des Fabius war damals Consulartribun und brachte die Sache vor die Centuriatcomitien, welche die Auslieferung verweigerten.

Das gallische Heer brach sogleich voll glühenden Zorns über die Verhöhnung seiner Gesandten von Clusium auf und marschirte, 70,000 M. stark, gen Rom. Rasch und unaufhaltsam in tobendem Getümmel zogen die wilden Horden am linken Tiber= ufer hinab, daß überall das Landvolk flüchtete und die Städte ihre Thore schlossen; aber die Gallier gaben ihnen durch lautes Geschrei zu verstehen, daß sie gen Rom zögen. Am 11. Meilen= stein von Rom, an dem Flüßchen Allia, welches vom crustuminischen Gebirge in sehr tiefem Bette nach dem Tiber hinabfließt, kamen ihnen die Römer mit einem schnell zusammengerafften Heere von

40,000 M. entgegen. Zum Aufschlagen eines Lagers und zur
Sicherung des Rückzuges war keine Zeit, man mußte sich sogleich
zur Schlacht rüsten. Zwischen beiden Heeren war die Allia.
Der Kern des römischen Heeres, etwa 24,000 M. stark, stellte
sich auf dem linken Flügel auf, so daß er in der Ebene von dem
Tiber bis zu dem Gebirge in langer schwacher Linie sich ausdehnte. Auf den Anhöhen zur Rechten aber stand das übrige
Heer, das aus ungeübteren Leuten bestand. Man glaubte der
Aufstellung eine möglichst große Ausdehnung geben zu müssen,
damit sie der Fronte des Feindes gleichkäme und vor einer Umgehung sicher wäre. Aber trotzdem überragte der linke Flügel
der Gallier das römische Heer. Auf dieser Seite begann Brennus
die Schlacht. Die Gallier warfen sich in großen Massen unter
furchtbarem Geheul und dem Getöse der Hörner gegen die auf
den Anhöhen stehenden Römer mit so wildem Ungestüm, daß
diese, erschreckt durch den ungewöhnlichen Angriff und die Wuth
so ungeheuerlicher Gestalten, ohne nur einen Kampf zu wagen,
in wilder Bestürzung davonflohen. Nur wenige flüchteten, von
den Höhen gedeckt, rückwärts nach Rom zu, die meisten warfen
sich in die Ebene und brachten hier die übrige Linie in Verwirrung.
Die nachstürmenden Gallier wütheten mit ihren Schwertern in
den zersprengten Haufen. Der Schrecken der Flüchtenden war
so groß, daß Einer den Andern niedertrat und die Nach-
drängenden auf ihre Vordermänner einhieben. Was nicht fiel,
stürzte sich verzweifelnd in den Tiber, in welchem viele versanken
oder durch die Schwerter und Lanzen der Gallier umkamen; diejenigen, welche glücklich hinüberkamen, eilten nach dem leerstehenden
Beji, wo sie sich verschanzten.

Der Tag der Schlacht an der Allia war der 18. Juli 390.
Er blieb für alle Zeiten den Römern ein Unglückstag. Eine
schmachvollere Niederlage hatten die Römer noch nie erlitten.
Der Hauptgrund derselben ist nicht in dem schnellen Anmarsch
des gallischen Heeres und dem unvorbereiteten Zustande der

Römer, auch nicht in dem Leichtsinn der Anführer, welche alle
Maßregeln der Vorsicht versäumt hatten, zu suchen, sondern in
der Neuheit des barbarischen Feindes und seiner Kampfesweise,
welche von vorn herein die römischen Krieger mit Entsetzen
erfüllte. Die Gallier selbst erstaunten über die Leichtigkeit ihres
Sieges und die Feigheit dieser Römer, die man ihnen als so
tapfere Leute geschildert hatte. Anfangs standen sie still, als
wüßten sie nicht, was vorgegangen, dann fürchteten sie einen
Hinterhalt, zuletzt zerstreuten sie sich siegestrunken über das
Schlachtfeld, plünderten die Gefallenen, schnitten ihnen die Köpfe
ab und thürmten Haufen von Waffen auf. Die Nacht verstrich
unter wüster Völlerei. Am folgenden Morgen zogen sie vor
Rom; da sie aber keine Posten vor den Thoren und keine Vertheidiger auf der Mauer sahen, so fürchteten sie eine Kriegslist
und verschoben den Angriff. Sie schlugen ein Lager auf zwischen
Rom und dem Anio und schickten Kundschafter an die Mauern
und Thore der Stadt.

In Rom war nach der Schlacht an der Allia Wehklage
und Rathlosigkeit überall; nur wenige hatten sich vom Schlachtfelde nach der Stadt geflüchtet, die meisten waren nach Veji
geeilt und hatten keine Nachricht von ihrer Rettung in die Vaterstadt gelangen lassen. Rom schien verloren zu sein. Erst das
Geheul und Geschrei der vor den Thoren erscheinenden Feinde
mahnte, was in der Stadt war, an Flucht und Rettung zu
denken; denn eine Vertheidigung der Stadt war nicht möglich.
Die aus der Schlacht hereingeflüchteten Krieger und die sonstige
wehrhafte Mannschaft schlossen sich mit dem größten Theil der
Senatoren, mit Weib und Kind auf der Burg ein, wohin sie in
aller Eile die vorhandenen Mundvorräthe und ihre Schätze gebracht hatten. Von hier hoffte man noch die Götter und wenigstens den Namen Roms zu vertheidigen. Die, welche auf dem
Capitol keine Aufnahme fanden, und dies war der größte Theil
der Bevölkerung, flohen hinüber nach dem Janiculum und zer-

streuten sich von da nach allen Seiten. Viele wanderten nach Cäre, wohin auch die vestalischen Jungfrauen mit ihren Heiligthümern entflohen. Eine Anzahl hochbetagter patricischer Greise, welche den Untergang der Stadt nicht überleben mochten, 80 an der Zahl, blieben in der veröbeten Stadt zurück, um gemeinsam für ihr Volk den Opfertod zu sterben. In ihren Feierkleidern saßen sie auf ihren curulischen Stühlen vereint auf dem Markte und erwarteten, auf ihren Tod gefaßt, die Ankunft des Feindes. Der Oberpontifex M. Fabius betete ihnen die Weiheformel vor, durch welche sie zur Rettung des Vaterlandes sich und den Feind den unterirdischen Göttern weihten.

Am zweiten Tage nach der Schlacht zogen die Gallier durch das collinische Thor, ohne Widerstand zu finden, ruhig in die Stadt ein bis auf den Markt. Die Straßen waren leer, die Häuser verschlossen; nur auf der Höhe der Burg zeigten sich Bewaffnete, und im Hintergrunde des Forums saßen die alten Patricier regungslos auf ihren Stühlen mit langen Stäben in der Hand. Die Hoheit ihrer Züge und der würdevolle Ernst ihres Antlitzes gab ihnen das Aussehen von Göttern. Während die Barbaren sie staunend betrachteten, zweifelnd, ob es lebende Wesen seien oder Bilder von Stein, trat Einer von ihnen zu M. Papirius hin und strich ihm neugierig den langen weißen Bart. Der Alte erzürnte und schlug dem Gallier mit seinem elfenbeinernen Stab über den Kopf. Der Gallier hieb ihn nieder, und zugleich stürzten sich die andern Barbaren auf die Uebrigen und mordeten sie auf ihren Stühlen. Hierauf zerstreuten sie sich, während ein Theil der Mannschaft auf dem Forum zur Beobachtung der Burg zurückblieb, in die Stadt, erbrachen die Häuser, plünderten sie aus und zündeten sie an. So brannte es mehrere Tage hintereinander bald hier, bald dort, bis die ganze Stadt, mit Ausnahme weniger Häuser auf dem Palatin, in Schutt und Asche lag.

Nach der Zerstörung der Stadt wendeten sich die Barbaren
gegen die Burg, um sie zu erstürmen; aber sie wurden so blutig
zurückgewiesen, daß sie von weiteren Versuchen abstanden und beschlossen, die Belagerten durch Hunger zur Uebergabe zu zwingen.
Aber jetzt mußten sie büßen für ihre unsinnige Zerstörung. Mit
den Häusern waren auch alle Vorräthe zu Grunde gegangen,
und da die in Veji versammelten Römer alles Getreide von den
umliegenden Feldern fortgebracht hatten, so trat bald bei den
Belagerern Hungersnoth ein. Dazu erzeugte die Hitze des
Sommers und das Lagern auf dem Schutt der zerstörten Stadt
verderbliche Seuchen, welche das Volk massenweise hinrafften.

Der Mangel an Lebensmitteln zwang die Gallier, einzelne
Abtheilungen ihres Heeres auf weitere Beutezüge auszuschicken.
Als ein solches Heer in die Nähe von Ardea kam, bewog Ca-
millus, der noch in dieser Stadt sich aufhielt, die Bürger zu
einem nächtlichen Ueberfall. Der größte Theil der sorglosen
Barbaren wurde ohne Widerstand niedergemacht; ein flüchtender
Haufe fand in der Nähe von Antium durch einen Angriff aus
der Stadt seinen Untergang. Auch die Römer in Veji, deren
Zahl sich mit jedem Tage mehrte, erhielten Gelegenheit, ihr Glück
zu erproben. Die Hetrusker nämlich benutzten das Unglück der
Römer, um sich wegen früher erlittener Demüthigungen zu rächen,
sie fielen plündernd in das römische Gebiet ein und zogen dann
gegen Veji, um es anzugreifen. Aber die Römer brachten ihnen
durch einen nächtlichen Ausfall eine völlige Niederlage bei, daß
nur wenige davonkamen. Dieser Sieg hob ihren Muth, daß sie
schon daran dachten, die Gallier in Rom anzugreifen und die
Vaterstadt zu befreien. Ein muthiger Jüngling, Namens Pontius
Cominius, übernahm es, die Besatzung auf dem Capitol von
ihrer Absicht in Kenntniß zu setzen und sie zur Ausdauer zu
ermahnen. Er schwamm in der Nacht auf Kork den Tiber hinab
bis zur Stadt, an eine Stelle, welche der Burg am nächsten
war, stieg, unbemerkt von den feindlichen Wachen, am carmenta-

lischen Thor den steilen Felsen hinauf und kehrte, nachdem er
seinen Auftrag ausgerichtet, auf demselben Wege zurück.

Dies kühne Wagniß des Jünglings brachte die römische
Burg in große Gefahr. Am folgenden Tage nämlich bemerkten
die Gallier die Fußspuren des Cominius an dem Felsen und
versuchten nun in der nächsten Nacht auf demselben Wege die
Burg zu ersteigen. Sie kamen glücklich bis zur Höhe, ohne daß
es die Wachen merkten. Selbst die Hunde blieben ruhig; aber
die Gänse, welche der Juno zu Ehren auf dem Capitol gehalten
wurden, machten Lärm. M. Manlius, ein hochstehender und im
Kriege ausgezeichneter Mann, der auf dem Capitol wohnte, wurde
durch das Geschrei und die Unruhe der Gänse geweckt; er rief
zu den Waffen und eilte zu der verdächtigen Stelle. Schon
stand Einer der Gallier oben auf der Höhe. Ein Stoß mit dem
Schilde warf ihn in die Tiefe; die Nächsten wurden durch seinen
Sturz mit hinabgerissen, und die Uebrigen, die noch zerstreut an
den Felsen hingen, wurden von den unterdeß herbeigeeilten Römern
durch Steine und Pfeile vertrieben. So hatte Manlius das
Capitol gerettet. Die Wache, welche ihre Pflicht versäumt hatte,
wurde am folgenden Morgen zur Strafe den Felsen hinabgestürzt;
den Manlius aber ehrten seine Kriegsgenossen dadurch, daß ihm
Jeder von seinen Vorräthen ein Quantum Korn und Wein ins
Haus brachte, eine Gabe, welche bei dem damaligen Mangel an
Lebensmitteln von doppeltem Werth war. Den Beinamen Capitolinus hat er nicht erst, wie einige Schriftsteller angeben, von
der Rettung des Capitols empfangen, sondern von seinen Vorfahren ererbt; er bezeichnete den, der auf dem Capitol wohnte,
weshalb ihn auch das Geschlecht der Quinctier und der Tarpejer
führte.

Die Römer hatten den seltsamen Brauch, daß sie alljährlich
an einem bestimmten Tage einen ans Kreuz geschlagenen Hund
und eine prächtig gebettete Gans in feierlichem Aufzuge durch die
Straßen trugen, und sie sagten, das geschehe den Gänsen zum

Dank für die Rettung des Capitols, den Hunden zur Strafe für ihre damalige Pflichtversäumniß. In Rom kam mancher religiöse Brauch vor, von welchem man in späterer Zeit weder Bedeutung noch Ursprung kannte; man half sich dann durch irgend eine erdichtete Erklärung. Auch dieses Hundeschlachten und Gänsetragen hatte eine religiöse Bedeutung, die aber dem Bewußtsein des Volkes entschwunden war, und deswegen bezog man die Ceremonien später auf die Rettung des Capitols. Die Geschichte mit den Gänsen ist vielleicht bloße Dichtung. Wenigstens sind die Einzelheiten in der gewöhnlichen Erzählung von der Ersteigung des Capitols nicht sicher; nach einer andern Nachricht sollen die Gallier durch einen Minengang auf das Capitol gekommen sein.

Die Römer auf der Burg geriethen durch die Belagerung allmählich in solchen Mangel, daß sie sogar das Leder von den Schilden und Schuhsohlen verzehrten, und da noch immer kein Entsatz von Veji kam, so verzweifelte man bereits an der Rettung. Aber auch die Gallier litten nicht wenig durch Hunger und Seuchen; doch hofften sie von Tag zu Tag, daß der Hunger die Belagerten zur unbedingten Uebergabe zwingen würde. Da täuschten diese den Feind durch eine List; sie warfen eine Menge Brot von der Burg herab unter die Wachposten der Gallier und erregten so den Glauben, als hätten sie noch einen Ueberfluß an Lebensmitteln. Jetzt gingen die Gallier bereitwillig auf Unterhandlungen ein und versprachen den Abzug gegen ein Lösegeld von 1000 Pfund Goldes. Als das Gold gewogen wurde, gebrauchten die Gallier falsches Gewicht, und da der römische Befehlshaber, der Consulartribun Q. Sulpicius, sich darüber beschwerte, warf Brennus noch sein Schwert in die Wagschale, mit den übermüthigen Worten: „Wehe den Besiegten.“ Die Gallier zogen ab, nachdem sie sieben Monate auf den Trümmern von Rom gelegen hatten, und gelangten mit ihrer Beute ungefährdet in die Heimat.

Diese glückliche Heimkehr der Gallier berichtet Polybius, der glaubwürdigste von allen Zeugen, und er gibt als Grund des

13*

Abzugs an, daß ihre Nachbarn, die Veneter, welche um den innersten Busen des adriatischen Meeres bis zu dem Ausfluß der Etsch und des Po wohnten, in das gallische Gebiet eingefallen wären. Die Römer aber konnten später den Gedanken nicht ertragen, daß sie ihre Existenz um Gold sollten von den Barbaren erkauft haben, und deswegen haben sie durch unredliche Erdichtungen den ärgerlichen Schandfleck zu tilgen gesucht. Sie erzählten, Camillus habe im folgenden Jahre als Dictator auf einem Feldzuge gegen Hetrurien den heimkehrenden Galliern ihren Raub und das römische Geld wieder abgenommen. Damit aber gab man sich noch nicht zufrieden, der Loskauf sollte gar nicht geschehen sein; daher wurde die Geschichte in der Weise umgeformt, wie wir sie bei Livius und allen späteren Schriftstellern lesen. Sie lautet folgendermaßen.

Als die Römer in Veji, durch den Sieg über die Hetrusker ermuthigt, sich gegen die Gallier zu erheben entschlossen, wollten sie den Camillus aus Ardea herbeirufen und zu ihrem Führer machen. Sie hielten eine Tribusversammlung und beschlossen seine Rückkehr aus der Verbannung. Dann schlich sich Pontius Cominius auf das römische Capitol und holte dort von dem Senat und den Curien, die zu einer Versammlung zusammentraten, die Ernennung des Camillus zum Dictator. Hierauf begab sich Camillus nach Veji und stellte sich an die Spitze der römischen Mannschaft, um sie sogleich gegen Rom zu führen. Er erschien hier in dem Augenblick, wo das Gold abgewogen wurde, und erklärte den Vertrag für nichtig, da er als Dictator allein für den Staat einen gültigen Vertrag abschließen könne. Er befahl seinen Kriegern, das Gepäck abzuwerfen, die Waffen anzulegen und das Vaterland mit dem Schwerte, nicht mit Gold wieder zu erwerben, während die Gallier, über den unerwarteten Auftritt bestürzt, hastig zu den Waffen griffen und mehr mit Leidenschaft, als mit Ueberlegung, auf die Römer einrannten. So kam es auf den Trümmern von Rom zu einem Treffen, in welchem die Gallier ebenso leicht geworfen wurden, wie die Römer an der Allia. Als sie darauf Hals über Kopf abzogen, wurden sie auf der gabinischen Straße beim achten Meilenstein von der Stadt nochmals so vollständig geschlagen, daß nicht einmal ein Bote ihres Unglücks entrann. Brennus selbst wurde gefangen, und als er sich über den Bruch des Vertrags beschwerte, hieb ihn Camillus nieder, mit den Worten: „Wehe den Besiegten." So war den Galliern die Schmach heimgezahlt und „Götter und Menschen hatten es, wie Livius sagt, abgewendet, daß die Römer als Erkaufte lebten."

Camillus zog triumphirend in die Stadt ein, und die Soldaten nannten ihn in ihren Freudenliedern einen Romulus, einen Vater des Vaterlandes und zweiten Stifter der Stadt.

Von dem Einfall der Gallier bis zur Beendigung des Ständekampfes durch die licinischen Gesetze.

Als nach dem Abzug der Gallier die römische Bürgerschaft aus ihrer Zerstreuung sich auf den Trümmern ihrer Stadt zusammenfand, war sie in einer höchst traurigen und hülflosen Lage. Die Häuser der Stadt waren bis auf wenige niedergebrannt, und auch auf dem Lande sind wohl alle Gebäulichkeiten weit und breit von den Barbaren zerstört worden. Das Haus- und Ackergeräth war zu Grunde gerichtet, alle Vorräthe geraubt, das Vieh fortgetrieben. Die Hungersnoth war so groß, daß man, einer Sage zufolge, den Beschluß faßte, die Greise von 60 Jahren und darüber in den Tiber zu stürzen. Die Bevölkerung war sehr zusammengeschmolzen, mehrbare Männer sowohl, wie Frauen und Kinder waren in großer Zahl unter dem Schwerte der Feinde gefallen, viele waren als Sclaven mitgeschleppt worden; es fehlte an Waffen, und die Stadtmauern hatten solchen Schaden gelitten, daß sie geringen Schutz mehr boten. Wenn die Bürgerschaft in

diesem Zustande der Wehrlosigkeit von einem Feinde überfallen
ward, so schien alles verloren; allein zum Glück für die Römer
waren auch ihre Nachbarn von den Galliern so heimgesucht
worden, daß sie für den Augenblick sich das Unglück Roms nicht
zu Nutzen machen konnten.

Das Erste, woran die Römer zu denken hatten, war der
Wiederaufbau ihrer Stadt. Aber wo sollten die verarmten Bürger
das zur Herstellung ihrer Häuser nöthige Geld hernehmen? Sie
mußten nothwendig Schulden machen. Da kam ihnen denn das
leerstehende Veji in den Sinn, dort waren Wohnungen im Ueberfluß, größer und schöner als sie in Rom gewesen waren, und die
Lage von Veji war zudem gesunder, als die von Rom. Bald
wurde allgemein die Forderung laut, man solle Rom in Trümmern liegen lassen und nach Veji übersiedeln. Die Tribunen
bemächtigten sich des Gegenstandes und verhandelten über ihn in
häufigen Versammlungen. Aber die Patricier und an ihrer Spitze
Camillus, der wahrscheinlich gleich nach dem Abzug der Gallier
aus der Verbannung zurückgerufen worden war, kämpfte mit allem
Eifer dagegen, daß der Staat aus dem Boden, in welchem er
seine Wurzeln geschlagen hatte und zu kräftigem Leben empor-
gewachsen war, herausgerissen und auf einen fremden Boden ver-
pflanzt werde, um mit zweifelhaftem Erfolge seine Geschichte aufs
neue zu beginnen. Camillus sprach in öffentlicher Versammlung
mit aller Entschiedenheit dafür, daß man die unter göttlicher Zustimmung gegründete Vaterstadt, wo jeder Platz von Alters her
seine Heiligthümer, seine Götter habe, nicht verlassen dürfe, und
er stimmte viele von dem Volke um. Zuletzt brachte das glückliche Omen eines klüglich veranstalteten Wortes die Entscheidung.
Als der Senat in der Curie über die Angelegenheit berathschlagte
und eben die Abstimmung beginnen sollte, zog ein Centurio mit
seiner Cohorte an der Curie vorbei über den Markt und rief:
„Hier, Fähndrich, pflanze die Fahne auf! Hier ist die beste
Stelle zum Bleiben!" Kaum hörten die Senatoren die Worte,

so eilten sie aus dem Rathhause und riefen alle, sie nähmen die Vorbedeutung an. Das herzuströmende Volk gab seine Zustimmung, und die Uebersiedelung nach Veji wurde in der nächsten Volksversammlung verworfen.

Nun wurde der Wiederaufbau der Stadt mit Eifer begonnen, und der Senat that alles, um den Bürgern die Sache zu erleichtern. Es wurde Jedem freigestellt, Steine und Holz zu holen, wo er wollte, nur mußte er Bürgen stellen, daß er sein Haus binnen Jahresfrist vollenden wolle. Auch die Ziegel gab der Staat. Wahrscheinlich holte sich das Volk das meiste Baumaterial zu Veji, und der Senat gab die Zerstörung dieser Stadt gerne zu, da auf diese Weise den Auswanderungsplänen der Plebs auf immer ein Ende gemacht wurde. Da die Wahl der Bauplätze freigegeben wurde und man mit der größten Eilfertigkeit verfuhr, um schnell unter Dach und Fach zu kommen, so wurden die Häuser meist klein und ordnungslos ohne Rücksicht auf eignen und fremden Boden aufgebaut, so daß die Straßen eng und krumm wurden und die Stadt ein unansehnliches und unregelmäßiges Aussehen erhielt, das ihr bis in die Kaiserzeit verblieb. Im Laufe eines Jahres war die Stadt wieder hergestellt. Viele aus dem niederen Volke aber hatten doch in den leerstehenden Häusern von Veji ihren Wohnsitz genommen, nicht blos, weil sie den Aufbau neuer Häuser scheuten, sondern auch deswegen, weil sie ihrem Ackerlande näher sein wollten, das ihnen früher in der vejentischen Mark zugetheilt worden war; allein der Senat befahl ihnen, nach Rom zurückzuziehen, und bedrohte die, welche bis zu einem gewissen Termine nicht übergesiedelt wären, mit schweren Strafen.

Kurz vor dem Einfall der Gallier hatte der Bürger M. Cädicius, ein braver und glaubwürdiger Mann, den Consulartribunen die Anzeige gemacht, daß ihm in der vorigen Nacht, als er auf der sogenannten neuen Straße ging, eine Stimme zugerufen habe, er solle in der Frühe zu der Obrigkeit gehen und sagen, daß sie

in Kurzem die Gallier zu erwarten hätten. Die Consulartribunen
lachten über den Mann und kümmerten sich nicht um die Gallier,
die ja so fern waren. Jetzt, nachdem das Unglück geschehen und
die Gallier wieder abgezogen waren, gedachte man jener Anzeige
und beschloß, die nächtliche Stimme, welche man ohne Beachtung
gelassen, zu sühnen und an der neuen Straße dem Ajus Locutius,
d. i. „dem anzeigenden Sprecher", einen Tempel zu bauen.
Außerdem wurden alle heiligen Orte in der Stadt auf Senats-
beschluß wieder hergestellt, neu begrenzt und, weil sie in Feindeshand gewesen, nach Vorschrift der sibyllinischen Bücher gesühnt.
Dem Mars wurde ein Tempel gebaut, den man in der Noth
des Krieges ihm gelobt, und dem Jupiter wurden die sogenannten
capitolinischen Spiele eingesetzt, weil er das Capitol, den Sitz
und die Burg des römischen Volkes, geschützt hatte.

Ferner beschloß man, denen, welche sich in der unglücklichen
Zeit hülfreich erwiesen, mit Ehren zu lohnen; namentlich wurde
mit den Bürgern von Cäre, welche die Heiligthümer des römischen
Volkes und seine Priester bei sich aufgenommen hatten, der Bund
der Gastfreundschaft aufgerichtet. Den Matronen, welche ihren
Goldschmuck zum gallischen Lösegeld vorgeschossen hatten, wurde
das sonst nur den Männern zukommende Ehrenrecht zu Theil,
beim Leichenbegängniß durch eine Lobrede gefeiert zu werden.
Um die zusammengeschmolzene Bürgerschaft zu ergänzen, nahm
man diejenigen Vejenter, Capenaten und Falisker, welche den
Römern in den letzten Zeiten beigestanden, ins römische Bürgerrecht auf und gab ihnen einen Theil ihrer Feldmark zurück. Zwei
Jahre darauf (387) bildete man aus dieser neuen Bevölkerung
vier neue Tribus, so daß die Zahl der römischen Tribus von
21 auf 25 stieg.

Bei allen diesen Maßnahmen und Anordnungen, welche die
Wiederherstellung der Stadt und des Staates zum Zweck hatten,
war Camillus die bewegende Seele, weshalb das dankbare Volk
ihn den zweiten Stifter der Stadt, den zweiten Romulus nannte.

Und auch nach Außen war er der Retter des Staates. Denn mit Ausnahme der Sabiner, welche unwandelbar treu blieben, erhoben sich, durch die Erschöpfung der Römer ermuthigt, ringsum die benachbarten Völker, um sich von dem Joche ihrer Herrschaft zu befreien oder das früher Verlorene wieder zu gewinnen, so daß alle Errungenschaften der früheren Zeit wieder der Entscheidung des Krieges anheimgegeben waren. Gleich im J. 389 fielen die Latiner und Herniker ab, d. h. sie versagten den Römern die Anerkennung ihrer Oberhoheit und bildeten wieder für sich einen locker zusammenhängenden Städtebund. Doch kam es vor der Hand nicht zu offenen Feindseligkeiten, ja einige latinische Städte blieben noch mit Rom im Bunde. Dagegen trieb die Feindschaft gegen Rom viele einzelne Latiner als Freiwillige in das Heer der Volsker. Die Volsker von Antium nämlich brachen im J. 389 den Frieden, den sie 70 Jahre mit Rom gehabt hatten. Die Römer konnten ihnen Anfangs, da sie auch gegen die Hetrusker ins Feld ziehen mußten, nur eine Legion entgegenstellen, und diese kam in der Nähe von Lanuvium in große Gefahr; sie wurde auf dem Berge Mäcius eingeschlossen. In dieser Noth wurde Camillus zum Dictator erwählt. Nachdem er eine Aushebung der bejahrteren Männer und der Entschuldigten veranstaltet, schlug er die Volsker und ihre zahlreichen Bundesgenossen völlig aufs Haupt und entsetzte die eingeschlossene Legion. Hierauf eilte er gegen die Aequer, welche zugleich mit den Volskern die Waffen ergriffen hatten, überfiel sie bei Bolä und brachte ihnen eine schwere Niederlage bei.

Nachdem Camillus die Volsker und Aequer zurückgeworfen, wandte er sich nach Norden, nach der römischen Colonie und Festung Sutrium, welche von den Hetruskern belagert ward. Unterwegs begegneten ihm die Sutriner; sie hatten, weil ihnen die Römer nicht rechtzeitig hatten Hülfe senden können, ihre Stadt dem Feinde übergeben müssen und waren ohne Waffen, Jeder nur mit Einem Rocke mit Weib und Kind entlassen worden. Der klägliche Zug der Vertriebenen, die sich dem Feldherrn weinend zu Füßen warfen, entflammte die Kampfbegierde des Heeres. Camillus ließ das Gepäck abwerfen und eilte nach Sutrium, das die Feinde sorglos ausplünderten; er fiel über sie her, nahm ihnen die Stadt und die Beute wieder ab und brachte ihnen eine große Niederlage bei. Nachdem der Dictator den Sutrinern ihre Stadt ungeschädigt zurückgegeben hatte, kehrte er nach Rom zurück und feierte einen dreifachen Triumph über drei besiegte Völkerschaften. Es wurden so viele gefangene Hetrusker verkauft, daß den Matronen ihr Gold, das sie zur Zahlung des gallischen Lösegeldes hergegeben hatten, zurückerstattet und von dem Ueberschuß noch drei goldene Opferschalen auf dem Capitol geweiht werden konnten.

Im nächsten Jahre unternahmen die Consulartribunen einen verwüstenden Zug in das Gebiet der Aequer, deren Kraft wahrscheinlich schon durch die Gallier gebrochen war. Sie wurden so mitgenommen, daß bis nach dem zweiten samnitischen Krieg keine Rede mehr von ihnen ist. Auch gegen die Tarquinier in Hetrurien wurde in diesem Jahre ein glücklicher Feldzug unternommen. Zwei Städte derselben wurden erstürmt und zerstört.

Im Jahre 386 sehen wir den Camillus wieder als Consulartribunen im Felde. Die Volsker in Antium waren aufs neue losgebrochen, verstärkt durch zahlreiche Freiwillige aus ganz Latium und aus dem Hernikerlande. Camillus lieferte ihnen bei Satricum eine hartnäckige Schlacht, die zuletzt durch einen heftigen Gewittersturm und Regengüsse getrennt wurde. Doch war der Sieg nicht mehr zweifelhaft, die Latiner und Herniker zogen nach Hause, und die Antiaten warfen sich nach Satricum. Camillus eroberte Satricum und war schon entschlossen, Antium selbst anzugreifen, da rief ihn die Kriegsnoth nach Hetrurien, wo Sutrium und Nepete, die beiden Thore der Römer nach Norden, wieder gefährdet waren. Er fand schon einen Theil der Stadt Sutrium in den Händen der Hetrusker. Er warf sie hinaus und brachte ihnen eine große Niederlage bei. Hierauf wandte er sich gegen Nepete, dessen sich die Hetrusker durch den Verrath einiger Bürger bemächtigt hatten. Auch Nepete wurde durch Sturm genommen, und die darin befindlichen Hetrusker wurden niedergehauen. Diejenigen Nepesiner, welche die Uebergabe betrieben hatten, traf das Richtbeil. Das südliche Hetrurien blieb in den Händen der Römer, welche es mit zahlreichen Colonisten erfüllten und rasch einer vollständigen Romanisirung entgegenführten.

Der Muth und die Macht der Antiaten, die von dem Einfall der Gallier wegen der glücklichen Lage ihrer Stadt und ihres Zusammenhanges mit dem Meere wenig scheinen gelitten zu haben, waren noch nicht gebrochen. Sie gingen im nächsten Jahre 385 wieder angreifend vor, unterstützt von einzelnen Latinern und Hernikern und verbündet mit den von Rom abgefallenen latinischen Colonien Circeji und Veliträ. Die Römer hielten die Lage für dringend genug, einen Dictator zu ernennen. A. Cornelius Cossus, der Dictator, schlug den auf seine Menge vertrauenden Feind ohne große Mühe und eroberte sein Lager; aber trotzdem dauerte der Krieg fort und nahm in den folgenden Jahren noch größere Dimensionen an, als die latinischen Städte Lanuvium und Präneste abfielen und sich mit den Volskern verbanden. Präneste hatte damals eine nicht unbedeutende Macht, es stand an der Spitze eines Bundes von acht Städten. Nachdem die neugegründete römische Colonie Satricum im Jahre 382 von den vereinigten Feinden erobert und die Colonisten grausam gemordet worden waren, wurde Camillus zum siebentenmal zum Consulartribunen erwählt, obgleich er gebeten hatte, man möge ihm, dem hochbetagten kranken Manne, ein so schweres Amt, das rüstige Kraft verlange, nicht mehr auferlegen. Diesmal hielt er wenigstens den Römern eine Niederlage ab; denn als durch die Uebereilung eines seiner Collegen, mit dem er den Oberbefehl theilte, eine Schlacht herbeigeführt ward und das römische Heer bereits nach dem Lager zurückfloh, in welchem Camillus krank lag, raffte der alte Feldherr sich auf und warf den an Zahl überlegenen Feind zurück.

In dieser Schlacht wurden von Camillus auch viele Tusculaner gefangen genommen, und sie gestanden, daß sie nicht ohne Erlaubniß ihres Staates mitgefochten hätten. Deshalb beauftragte der Senat den Camillus mit dem Krieg gegen Tusculum. Aber die Tusculaner wußten durch kluges Verhalten den Zorn der Römer zu entwaffnen. Als die römischen Legionen in ihr Land einrückten, setzten sie ruhig auf den Feldern ihre Beschäftigungen fort, als wären sie mitten im Frieden, sie kamen im Friedenskleid schaarenweise dem Feldherrn freundlich entgegen und führten ihm unaufgefordert Lebensmittel zu. Als er in die Stadt einzog, fand er alle Hausthüren und alle Kaufbuden offen, die Handwerker waren jeder mit seiner Arbeit beschäftigt, aus den Leseschulen ertönten die Stimmen der Lernenden; auf den Straßen ging Alles, Männer, Weiber und Kinder, ruhig hin und her, wohin eben Jeden das Bedürfniß führte; nirgends zeigte sich eine Spur von Bestürzung, selbst nicht von Verwunderung. Gegen ein Volk in solchem Frieden war es nicht möglich, die Waffen zu gebrauchen; Camillus forderte die Tusculaner auf, Gesandte an den Senat nach Rom zu schicken, und sie erhielten Verzeihung und bald nachher das beschränkte römische Bürgerrecht.

Als im Jahre 380 die Pränestiner hörten, daß zu Rom in Folge von bürgerlichen Unruhen kein Heer geworben und kein Feldherr bestimmt sei, so zogen sie verwüstend durch die römische Landschaft bis ans collinische Thor. In ihrer Bestürzung wählten die Römer den T. Quinctius Cincinnatus zum Dictator, worauf die Pränestiner sich auf der salarischen Straße zurückzogen bis zur Allia. Hier erwarteten sie den Feind, in der Hoffnung, daß die Erinnerung an die gallische Schlacht den Römern Furcht und Schrecken einjagen würde. Allein schon beim ersten Angriff wichen die Pränestiner zurück, und da sie von der gewählten Stelle keinen sicheren Rückzug hatten, so eilten sie in verwirrter Flucht an ihrem Lager vorüber und standen nicht eher still, als bis sie die Mauern von Präneste im Gesichte hatten. T. Quinctius verfolgte sie und nahm in neun Tagen eben so viele Orte ein. Präneste selbst soll sich am zehnten Tage ergeben haben. Als aber im nächsten Jahre ein römisches Heer durch die Unvorsichtigkeit seiner Anführer gegen die Volsker eine Niederlage erlitt, brach es den aufgezwungenen Frieden wieder. Eine zweitägige Schlacht im Jahre 377, in der die Volsker und Pränestiner geschlagen wurden, brachte endlich eine Entscheidung. Roms Feinde entzweiten sich in Folge der Niederlage und suchten einzeln den Frieden.

Durch dreizehnjährige Kriege nach verschiedenen Seiten hin hat Rom seit der Demüthigung durch die Gallier sein politisches Uebergewicht über seine Nachbarn wieder hergestellt. Es hat das südliche Hetrurien behauptet und durch Bezwingung der Antiaten die entschiedene Oberhand in dem pomptinischen Gebiete erlangt, dessen Besitz durch Anlage von Colonien oder Festungen gesichert ward. Seitdem haben die Volsker sich wohl noch gegen die Römer empört, aber die förmlichen Kriege hören auf. Auch gegen die Latiner hat Rom seine Ueberlegenheit sich wieder erkämpft, indem es einen Theil ihrer Städte mit dem Waffen bezwang und in Abhängigkeit brachte; doch blieb der latinische Bund noch selbständig bestehen und hat erst im Jahre 358 die alte Eidgenossenschaft mit Rom erneuert.

Während dieser anhaltenden Kriege waren die inneren Zustände Roms von bedauerlicher Art. Die Noth der Plebejer war größer als je. Die Gallier hatten ihnen Häuser und Ackerland verwüstet, alle bewegliche Habe geraubt oder zerstört; bei der Wiederherstellung ihres Hausstandes hatten sie Schulden machen müssen, und diese wurden noch durch mancherlei Auflagen des Staates erhöht. Es scheint fast, als ob die Patricier bestrebt gewesen wären, das Volk möglichst in Armuth und Bedrängniß zu bringen, damit es seine Gedanken von den politischen Bestrebungen ablenke und den Muth verlöre, die bereits erworbenen Rechte hinfort noch geltend zu machen. Der Senat forderte

immer neue Steuern, für den Krieg, für den Ausbau der Be-
festigungen der Burg und die Errichtung einer Quadermauer um
die Stadt, für die Deckung des gallischen Lösegeldes; die Steuern
waren aber für die Plebs, auf der sie vorzugsweise lasteten, um
so drückender, weil sie nicht nach dem wirklichen Vermögen, sondern
nach dem Grundeigenthum bemessen wurden, mochte dies nun mit
Schulden belastet und in fremder Benutzung sein oder nicht. So
sanken viele Plebejer von Jahr zu Jahr in größere Armuth,
welcher einzelne kärgliche Landanweisungen nicht zu steuern vermochten. Das alte Schuldrecht aber bestand noch in seiner
ganzen Härte. Täglich wurden die Schuldner in Masse auf dem
Forum verurtheilt und ihren Gläubigern zur Haft übergeben;
es gab fast kein Patricierhaus mehr, in dem sich nicht ein Schuld-
kerker befand. Nur ein Mann unter den Patriciern hatte Mitleid mit dem Elend des Volkes und war bemüht ihm zu helfen,
M. Manlius Capitolinus, der Retter des Capitoliums.

Manlius gehörte einem angesehenen, durch viele Ehrenämter
ausgezeichneten Geschlechte an und that sich nach dem Zeugniß
eines alten römischen Schriftstellers durch schöne Gestalt, Thaten,
Beredtsamkeit, Würde, Energie und zuversichtliches Wesen in gleichem
Maße hervor. An kriegerischem Muthe und Tapferkeit stand er
keinem seiner Zeitgenossen nach und war unstreitig neben Camillus
der bedeutendste Mann in Rom. Aber den Patriciern war er
wegen seiner volksfreundlichen Gesinnung verdächtig und verhaßt;
sie hielten sich an den streng aristokratischen Camillus, den hartherzigen Gegner der Plebs, und wandten ihm die ausgezeichnetsten
Ehrenstellen zu, während sie den Manlius zurücksetzten. Dieser
war kurze Zeit vor dem Einfall der Gallier Consul gewesen,
aber seitdem blieb er trotz seiner Verdienste von den ersten Staatsämtern ausgeschlossen. Eine solche Zurücksetzung mußte den von
Thatendrang beseelten Mann um so mehr kränken und erbittern,
da er ein persönlicher Feind und Nebenbuhler des Camillus war,
und trieb ihn immer entschiedener auf die Seite des Volkes und in

Opposition gegen die regierende Patricierpartei, während Anfangs nur ein lebhaftes Rechtsgefühl und natürliches Mitleid ihn zum Beschützer des hartbedrängten Volkes gemacht haben mag.

Eines Tages sah Manlius auf dem Markte, wie ein Hauptmann, der sich im Felde ausgezeichnet, Schulden halber verurtheilt und zur Schuldhaft weggeführt wurde. Da trat er, umringt von seinen zahlreichen Freunden aus dem Volke, herzu, und indem er laut über die Grausamkeit der Wucherer schalt und das Elend der Bürger beklagte, bezahlte er vor allem Volke dem Gläubiger die Schuld. Der von Kerker und Elend Befreite beschwor nunmehr Götter und Menschen, daß sie dem Manlius, seinem Erretter, dem Vater des römischen Bürgerstandes, diese Wohlthat nicht unvergolten lassen möchten. Er wies seine Wunden auf, die er im vejentischen und gallischen Kriege empfangen, und erzählte, wie er bei seinem Kriegsdienste und bei dem Wiederaufbau seines Hauses in Schulden gerathen sei, die er wegen der hohen Zinsen nicht habe los werden können, obgleich er mittelst der bezahlten Zinsen das Capital schon vielfach abgetragen habe. So sei endlich die Schuld über ihm zusammengeschlagen und habe ihn in die Hände seines Gläubigers geliefert. Daß er das Tageslicht, das Antlitz seiner Mitbürger noch sehe, sei das Werk des Manlius, ihm gehöre hinfort sein Blut und sein Leben an. Durch solche Reden begeisterte er das umstehende Volk, daß es dem mitleidsvollen Manne seine ganze Liebe und Zuneigung schenkte. Die Dankbarkeit des Volkes steigerte die Opferwilligkeit des Manlius. Er ließ den Haupttheil seines Vermögens, ein Grundstück im Bejentischen, versteigern, um mit dem Erlöse den verschuldeten Plebejern aufzuhelfen, und schwur, so lange noch das Mindeste von seinem Vermögen übrig sei, werde er nicht dulden, daß einer seiner Mitbürger als Schuldknecht in den Kerker wandere.

Das Haus des Manlius wurde jetzt der Sammelplatz der Tribunen und Volksführer, und es wurden Mittel und Wege besprochen, wie der Noth des Volkes abzuhelfen sei. Man berieth über Ackervertheilungen und Schuldenerlaß. Dabei soll Manlius den Senat beschuldigt haben, daß er das gallische Gold unterschlagen; würde dieser Umstand aufgedeckt, so könne die Plebs aus allen Schulden kommen. Die Bestrebungen des Manlius wurden den Patriciern so bedenklich, daß sie den Dictator Coffus, der damals gegen die Volsker im Felde stand, nach Rom zurückberiefen, um den drohenden Aufruhr zu ersticken. Coffus ließ den Manlius, weil er den Senat verleumdet habe und das Volk aufwiegle, ins Gefängniß werfen. Diese Gewaltthat erregte allgemein Entrüstung; viele Plebejer legten Trauerkleider an, ließen sich Haar und Bart wachsen und wanderten betrübt vor dem Kerker auf und ab. Der Senat suchte die wachsende Aufregung durch eine Ackeranweisung zu beschwichtigen, aber umsonst; schon wichen die Volkshaufen auch während der Nacht nicht von dem Kerker des Manlius, sie drohten das Gefängniß zu erbrechen und den Manlius mit Gewalt zu befreien. Da gab der Senat nach und entließ den Manlius aus seiner Haft.

Der Senat hätte sich gewiß nicht zu einer solchen Nachgiebigkeit verstanden, wenn er dem Manlius eine Gesetzwidrigkeit oder ein Verbrechen hätte nachweisen können. Die erlittene Schmach aber mußte das leidenschaftliche Gemüth des Manlius mit Erbitterung erfüllen, so daß er eine immer feindseligere Stellung gegen die Regierungspartei einnahm. Tag und Nacht waren die Volksführer in seinem Hause und berathschlagten mit ihm, wie man sagte, wegen Regierungsveränderungen; die Spannung der beiden Parteien war so groß, daß das Schlimmste zu befürchten war. Es mußte zu einer Entscheidung kommen, der gefährliche Mann mußte aus dem Wege geräumt werden, mochte er schuldig sein oder nicht. Die Patricier veranlaßten im J. 384 zwei Volkstribunen, M. Menenius und Q. Publilius, den Manlius wegen Hochverraths vor die Centuriatcomitien zu laden; er habe eine Verschwörung gestiftet zum Umsturz der Verfassung und strebe nach der Königsherrschaft.

Die Anklage ging auf Tod und Leben. Manlius hätte sich dem Gericht durch freiwillige Verbannung entziehen können, aber er blieb im Gefühle seiner Unschuld und bot alle ihm zu Gebot stehenden Mittel zu seiner Vertheidigung auf. Er führte vor die zu Gericht sitzende Versammlung 400 Menschen, denen er Geld ohne Zinsen geliehen, denen er ihr Eigenthum vor der Versteigerung, die er selbst von der Uebergabe in die Sclaverei gerettet habe; er führte die Bürger vor, die er vom Feinde errettet hatte, und nannte unter diesen auch den Magister Equitum C. Servilius, der nicht erschienen war, um nicht zu Gunsten seines Wohlthäters zeugen zu müssen; er stellte seine Ehrenzeichen aus dem Kriege zur Schau, 30 Rüstungen erlegter Feinde, 40 Geschenke von Feldherrn, darunter zwei Mauer- und acht Bürgerkronen. Er entblößte seine mit Narben bedeckte Brust, wies hinauf zu dem Capitol und dem Tempel des Jupiter, die er aus Feindeshand gerettet, und flehte die ewigen Götter an, sie möchten ihn, den Retter ihrer Heiligthümer, in dieser Noth beschützen gegen den Haß und die Rachsucht seiner Feinde. Die Vertheidigung des bedrohten Mannes machte tiefen Eindruck; als man zur Abstimmung schritt, sprach ihn die erste Centurie frei. Da fürchteten die Tribunen, seine Ankläger, daß die übrigen Centurien dem Urtheil der ersten folgen würden, und hoben die Versammlung auf.

Da die Verurtheilung des Manlius bei dem Gesammtvolke nicht durchzusetzen war, so brachten seine Feinde die Sache vor die Curiatcomitien, die Versammlung der Patricier, und hier wurde Manlius verurtheilt, im Widerspruch mit dem Gesetz, denn die Gerichtsbarkeit, welche in alter Zeit die Curiatcomitien über einen Patricier gehabt hatten, war durch die Zwölftafelgesetze aufgehoben. Manlius wurde nach der Erzählung der meisten Geschichtschreiber von den Tribunen vom tarpejischen Felsen gestürzt, nach Andern wurde er zu Tode gepeitscht. Abweichend hiervon ist die Nachricht, daß er, um dem Gerichte der Curien zu entgehen, einen Aufruhr erregt und das Capitol besetzt habe. Camillus wurde zum Dictator erwählt, da man aber dem Manlius nicht beizukommen wußte, so ließ man einen Sclaven als Ueberläufer auf das Capitol gehen, um ihn zu tödten. Dieser führte den Manlius unter irgend einem Vorwand auf die Seite und stürzte ihn den Felsen hinab.

Das Vermögen des Manlius wurde eingezogen, sein Haus auf dem Capitol ward geschleift und der Beschluß gefaßt, daß hinfort Niemand mehr auf dem Capitol wohnen dürfe. Das Geschlecht der Manlier, das seinen Verwandten in seiner Noth völlig im Stiche gelassen hatte, gab seitdem keinem seiner Mitglieder mehr den Vornamen Marcus. Das Volk aber betrauerte den Tod seines Wohlthäters, dem Niemand eine Schuld hat nachweisen können, der, wie einst Cassius und Sp. Mälius, als ein Opfer patriotischer Partei- und Selbstsucht gefallen war, und ehrte sein Andenken; als bald darauf die Stadt durch eine Pest und Theuerung heimgesucht ward, sah es darin ein Strafgericht der Götter, welche zürnten wegen der ungerechten Hinrichtung dessen, der ihre Tempel gerettet.

Nach dem Tode des Manlius herrschte längere Zeit unter der Plebs eine dumpfe Gährung und Unzufriedenheit. Der Senat suchte diese durch Ackeranweisungen und Coloniengründungen zu beschwichtigen; aber solche Maßregeln reichten nicht hin, dem allgemeinen Elend zu steuern. Die Patricier beabsichtigten auch gar nicht, das Volk aus seiner Noth herauszuheben, im Gegentheil, sie vergrößerten noch den Druck, um es ganz in Abhängigkeit zu bringen. So wurde die Schuldenlast immer größer, und die Plebs gerieth in eine solche Muthlosigkeit, daß sie den Patriciern allein die Herrschaft im Staate schien überlassen zu wollen. Livius schildert uns die Zustände der damaligen Zeit mit folgenden

Worten: „Die Uebermacht der Patricier und das Elend des Plebejerstandes wurden mit jedem Tage drückender. Da die Schuldner von ihrem Vermögen nichts mehr zu geben hatten, so mußten sie, verurtheilt und in die Leibeigenschaft gegeben, den Gläubigern mit dem Verluste ihres ehrlichen Namens und ihrer persönlichen Freiheit Genüge leisten. Nicht blos die Masse der Plebs, sondern auch die Ersten dieses Standes hatten so sehr den Muth und alles Selbstgefühl verloren, daß Keiner von ihnen, mochte er auch noch so thätig und unternehmend sein, es mehr wagte, als Bewerber um das Consulartribunat aufzutreten, ja auch nur, um plebejische Aemter zu suchen und zu bekleiden. Die Patricier schienen den Besitz der hohen Staatswürden auf ewig wiedergewonnen zu haben, nachdem die Plebs nur wenige Jahre im Genuß derselben gewesen war."

Aus dieser unglücklichen Lage, welche die Entwickelung des römischen Staates für immer zu hemmen und das Regiment in die Hände von wenigen Familien zu bringen drohte, erretteten den Staat zwei Männer aus dem Plebejerstande, C. Licinius Stolo und L. Sextius, durch mehrere Gesetzesvorschläge, von denen folgende zwei das Volk aus seiner Schuldennoth befreiten und seine materielle Lage verbesserten. Das erste bestimmte, daß von den Schulden die bereits bezahlten Zinsen abgezogen, der Rest aber in drei jährlichen Terminen abgetragen werden sollte; nach dem zweiten sollte jeder römische Bürger Antheil an dem Gemeindeland haben, aber keiner mehr als 500 Morgen besitzen, noch auf die Gemeindeweide mehr als 100 Stück großes und 500 Stück kleines Vieh treiben. Die Abgabe für die Nutznießung soll von den Censoren auf ein Lustrum (5 Jahre) verpachtet und zum Sold der Truppen verwendet werden; ferner sollen die Besitzer des Gemeindelandes verpflichtet sein, unter ihren Feldarbeitern eine zu der Zahl der Ackersclaven im Verhältniß stehende Anzahl freier Arbeiter zu verwenden. Das dritte Gesetz bezweckte, die Halbheit in Bezug auf die oberste Magistratur zu beseitigen

14*

und die politische Gleichheit herbeizuführen. Es verordnete, daß
hinfort keine Consulartribunen mehr gewählt werden sollten,
sondern wie in früherer Zeit zwei Consuln, und zwar aus den
Patriciern und den Plebejern; damit jedoch alle Intriguen der
Patricier, den Plebejern das anerkannte Recht auf das Consulat
streitig zu machen, abgeschnitten würden, forderte das Gesetz, daß
jedesmal einer der Consuln ein Plebejer sein müsse.

Wir wissen von Licinius Stolo und Sextius kaum mehr
als ihre Namen; aber die Zweckmäßigkeit ihrer Gesetze, der Muth
und die ruhige Beharrlichkeit, mit der sie 10 Jahre lang, ohne
den gesetzlichen Weg zu verlassen, für ihre gute Sache kämpften,
beweisen, daß sie Männer von Geist und Charakter gewesen sein
müssen. Die Verkleinerungssucht der Gegner hat allerdings der
„groß · gedachten und groß ausgeführten" Unternehmung einen
kleinlichen Beweggrund unterzulegen gesucht, indem sie folgendes
Geschichtchen erfand: Die Frau des Licinius, eine Tochter des
Patriciers M. Fabius Ambustus, war eines Tages bei ihrer
Schwester, die an den Patricier Servius Sulpicius verheirathet
war, zu Besuch. Als Sulpicius, der damals grade (im J. 377)
Consulartribun war, vom Forum nach Hause kehrte, schlugen
die Lictoren, um den Eintritt des Herrn anzukündigen, mit ihren
Fasces hart wider die Thüre. Die Gemahlin des Plebejers,
dieser Sitte nicht gewohnt, fuhr erschrocken zusammen und wurde
deshalb von ihrer Schwester ausgelacht. Das verletzte ihre weibliche Eitelkeit dermaßen, daß sie von nun an dem Vater und
dem Gatten unablässig mit Bitten anlag, dahin zu wirken, daß
der patricische Vorzug, der ihr dießen Schimpf bereitet, abge-
schafft werde, daß auch sie dieselbe Amtsehre bei sich im Hause
sehen könne, die sie bei der Schwester sehe. Fabius und Licinius
ließen sich überreden und entwarfen die erwähnten Gesetzesvorschläge, mit Zuziehung des Sextius, eines tüchtigen jungen
Mannes, dem für seine Aussichten nichts als patricische Abkunft
fehlte.

Licinius und Sextius brachten im J. 376 als Volkstribunen ihre Gesetze in Vorschlag und fanden natürlich bei den Patriciern den größten Widerstand. Die Plebs, zu deren Gunsten die Gesetze beantragt wurden, war in solche Unterthänigkeit und Schlaffheit versunken, daß die beiden Tribunen von ihrer Seite nur eine geringe Unterstützung erhielten; ja es gelang den Patriciern sogar, alle andern Tribunen zur Intercession zu bewegen. Aber Licinius und Sextius gebrauchten nun dasselbe Intercessionsrecht gegen die Wahl der Consulartribunen oder Consuln und setzten dies fünf Jahre hintereinander fort, indem sie sich jedesmal wieder zu Tribunen wählen ließen. So kam es, daß die Stadt fünf Jahre lang der höchsten Obrigkeit entbehrte. Seit 371 mußten sie zwar die Wahl von Consulartribunen zugeben, da in diesem Jahr ein mehrjähriger Krieg mit Veliträ ausgebrochen war; aber die Ausdauer, mit der sie ihre Sache aufrecht erhielten, verschaffte ihnen immer mehr Boden, sie wurden stets aufs neue zu Tribunen gewählt, und die Zahl der ihnen entgegenstrebenden Collegen nahm allmählich ab. Als sie zum achtenmal ihr Amt bekleideten, widersetzten sich ihnen nur noch fünf Tribunen, und diese mußten, „als gewonnene Schwachköpfe, wie diejenigen meistens sind, die ihrer Classe untreu werden", ihre Intercession nur mit erborgten Worten zu rechtfertigen, die ihnen zu Hause eingegeben waren: ein großer Theil der Bürgerschaft sei im Heere gegen Veliträ abwesend, man müsse die Versammlung, in welcher der gesammte Bürgerstand über Gegenstände seines eignen Wohles abstimmen solle, bis zur Rückkunft des Heeres aufschieben. Währenddem unterließen Licinius und Sextius nicht, das Volk zu bearbeiten und die Einwendungen der Patricier zu bekämpfen.

Das Jahr ging hin, ehe die Legionen von Veliträ zurückkehrten; aber Licinius und Sextius erhielten wieder das Tribunat und gleich mit dem Anfang des folgenden Jahres 368 kam es wegen ihrer Gesetzesvorschläge zum heftigsten Streite. Die Patricier,

welche das Vertrauen auf die tribunicische Intercession verloren
hatten, griffen jetzt zur Dictatur und erwählten für dieses Amt
ihren kräftigsten und angesehensten Vertreter, den alten M. Furius
Camillus.   Dieser suchte an dem entscheidenden Tage die Abstimmung auf alle Weise zu verhindern; als die Tribunen nicht
auf ihn achteten und doch die Abstimmung begannen, schickte er
voll Zorn seine Lictoren ab, um die Bürger vom Forum weg-
zujagen, und erklärte, er werde, wenn sie so fortführen, alle
Dienstfähigen in den Fahneneid nehmen und sofort mit ihnen
aus der Stadt rücken.   Die Tribunen ließen sich nicht schrecken,
sie stellten bei der Gemeinde den Antrag, der auch angenommen
wurde, daß M. Furius für jede Störung der Volksversammlung
eine Strafe von 500,000 As bezahlen solle.   Camillus schrak
vor dem drohenden Sturm zurück und legte die Dictatur nieder.

Es wurde ein anderer Dictator aufgestellt, P. Manlius,
welcher in milderer Weise auftrat und sogar einen mit ihm und
Licinius verwandten Plebejer, den C. Licinius Calvus, zu seinem
Magister Equitum machte.   Auch der Senat scheint einen Vergleich
gesucht zu haben, indem er sich willig zeigte, die Anträge wegen
der Schulden und des Gemeindelandes anzunehmen, wenn der
Antrag wegen des Consulats fallen gelassen würde.   Das Volk,
dem die Befreiung von der materiellen Noth als das Wichtigste
galt, war diesem Abkommen nicht abgeneigt; aber die beiden
Tribunen erklärten, sie würden die Wahl zum zehnten Tribunat
nur unter der Bedingung annehmen, daß ihre drei Gesetze zusammen zur Abstimmung kämen.   „Ihr müßt essen, sagte
Licinius zum Volk, wenn ihr trinken wollt.“   Sie wurden für
das J. 367 wieder gewählt, und in diesem Jahre brachten sie
endlich ihre sämmtlichen Gesetze in der Volksversammlung durch.
Der Senat und die Curien jedoch verweigerten die Bestätigung
und ernannten nochmals den Camillus zum Dictator; aber auch
diesmal wurde, obgleich erst nach ungeheuren Kämpfen, von denen
uns jedoch nichts Näheres berichtet ist, der Starrsinn des Dictators

und der Patricier gebrochen. Die Bestätigung erfolgte; man wählte für das Jahr 366 zwei Consuln, und L. Sextius war der erste Plebejer, der zu diesem Amte gelangte.

Noch einmal erhoben die Patricier Widerspruch, als es galt, die Wahl der Consuln in den Curiatcomitien zu genehmigen. Ihre unsinnige Weigerung, den plebejischen Consul anzuerkennen und ihm das Imperium zu übertragen, erregte eine solche Erbitterung, daß, nach der Erzählung des Livius, das Volk schon mit einer Auswanderung drohte; nach einer Angabe des Ovid hatte das Volk schon die Waffen ergriffen und sich auf dem Aventinus zusammengezogen. Camillus sah ein, daß aller Widerstand vergebens war, und vermittelte den Frieden durch einen Vergleich, wonach die richterliche Gewalt von dem Consulate abgetrennt und einem eigenen patricischen Beamten übertragen wurde. So entstand die Prätur. Der Prätor war gewissermaßen ein dritter Consul, dem die Rechtspflege oblag und der in Abwesenheit der Consuln deren Stelle vertrat.

Zu derselben Zeit wurde noch ein anderes patricisches Amt geschaffen, die curulischen neben den plebejischen Aedilen, und zwar, wie wenigstens Livius erzählt, auf folgende Veranlassung: Der Senat beschloß die Versöhnung der Stände dadurch zu feiern, daß er die sogenannten Ludi romani (die römischen Festspiele) um einen vierten Tag verlängerte. Da sich aber die plebejischen Aedilen, welche die Spiele zu veranstalten hatten, weigerten, den vermehrten Aufwand zu tragen, so erboten sich die patricischen Jünglinge durch einstimmigen Ruf zur Uebernahme dieses Opfers, wenn man sie zu Aedilen mache. Es wurden daher zwei curulische Aedilen aus dem Patricierstande den plebejischen hinzugefügt; aber schon im folgenden Jahre erlangten die Plebejer Antheil an der curulischen Aedilität, in der Weise, daß dieselbe Anfangs zwischen beiden Ständen jährlich wechselte, später aber einer unterschiedslosen Bewerbung geöffnet war.

Mit der Annahme der licinischen Gesetze ist die letzte Entscheidungsschlacht in dem großen Parteikampf der römischen Stände geschlagen.   Die Plebs hat den endlichen Sieg davongetragen, sie hat sich die politische Gleichheit mit den Patriciern erkämpft; denn mit der Zulassung der Plebejer zum Consulat, zum höchsten Staatsamt, ist die Herrschaft der Aristokratie zu Ende, wenn auch dieses und jenes höhere Amt, wie Dictatur, Censur und Prätur, noch eine Zeit lang allein den Patriciern verblieb und das Consulat in den nächsten Jahren der Plebs durch die Intriguen der Patricier noch öfter streitig gemacht wurde.   Wir können der Haltung der römischen Plebs in den langjährigen Parteikämpfen, an deren Ende wir jetzt stehen, wenn wir sie mit den wilden und leidenschaftlichen Kämpfen in den griechischen Republiken vergleichen, unsere Anerkennung nicht versagen.   Ohne Anwendung von Gewalt rang sie, stets auf gesetzlichem Wege fortschreitend, nach gemäßigten und berechtigten Zielen, Anfangs nach Befreiung von dem Druck der patricischen Obrigkeiten und materieller Noth, dann nach Theilnahme an der Regierung und politischer Gleich-stellung.   Sie wollte nie einen Umsturz der Verfassung, sondern immer nur eine zeitgemäße Um- und Weiterbildung derselben, nicht, wie dies in Griechenland gewöhnlich der Fall war, eine völlige Verdrängung der Gegenpartei, sondern nur eine rechtmäßige Stellung in dem Staate; und in Folge dieser Mäßigung ist der römische Staat in langsamem folgerichtigen Fortschritt zu einer festen und organischen Verfassung gelangt, welche ihn innerlich verjüngte und ihm die Kraft gab, in den nächsten Zeiten sich zu dem herrschenden Staate in Italien aufzuschwingen.

Bald nach der Beendigung des Ständekampfes, im J. 365, starb M. Furius Camillus, nachdem er in seiner 60jährigen politischen Laufbahn dem Vaterlande die größten Dienste in Krieg und Frieden erwiesen; er hatte Veji, die alte mächtige Feindin, in Roms Gewalt gebracht, hatte nach der gallischen Verwüstung Rom wieder hergestellt und seine Macht aufs neue begründet, hatte zuletzt den Frieden unter seinen Mitbürgern gestiftet. Noch vor zwei Jahren (367), als der Staat durch einen neuen Einfall der Gallier bedroht war, hatte er über diese einen großen Sieg erfochten. Er starb an der Pest, nachdem er siebenmal Consulartribun und fünfmal Dictator gewesen.

———

Dritter Zeitraum.

Von der Gleichstellung der Stände bis zu den gracchischen Unruhen.

(366—133.)

Bis zur Unterwerfung Italiens.

(366—266.)

Bis zum Anfang der Samniterkriege.

Mit dem J. 366, in welchem die Gleichstellung der Stände im Principe anerkannt war, beginnt die Blüthezeit der römischen Republik. Die Klagen über ökonomische Bedrängniß der niederen Classen verstummen allmählich; mit dem wachsenden Reichthum des Staates wächst der Wohlstand der einzelnen Bürger, bildet sich ein freier zufriedener Mittelstand, auf dem die Kraft des Staates beruht. Die leidenschaftlichen Parteikämpfe verschwinden, und die beiden Stände, mehr und mehr mit einander verschmelzend und sich ausgleichend, wetteifern in dem edlen Streben für das Heil und die Größe des Vaterlandes. Die Kräfte der Bürgerschaft, welche durch die Parteikämpfe und den materiellen Druck der niederen Classen bisher gebunden und gelähmt waren, werden frei und wenden sich mit aller Energie nach Außen. Es beginnt die eigentliche Heldenzeit des römischen Volkes, in welcher es unter der Leitung eines klugen Senats kräftigen consequenten Ganges zur Weltherrschaft fortschreitet. Im Verlaufe von 100 Jahren, bis 266, ist ganz Italien den römischen Waffen unterworfen. Darnach machen sich die Römer in dem folgenden Zeitraum von 266 — 201 durch Niederwerfung der karthagischen Macht zu Herrn des westlichen Mittelmeers mit seinen Inseln und Küsten, und in dem dritten Abschnitt dieser Periode, von 201 — 133, wenden sie sich nach dem Osten und überwältigen die aus dem Reiche Alexanders d. Gr. entstandenen Reiche Makedonien und Syrien und die Staaten Griechenlands, so daß am Ende dieses Zeitraums das römische Reich sich zur ersten Macht der Welt erhoben hat.

Es ist selbstverständlich, daß die glücklichen Zustände des Staates, auf welchen diese großartigen Erfolge beruhten, nicht sogleich mit dem J. 366 vorhanden waren. Es dauerte noch eine geraume Zeit, bis man sich in die neuen Verhältnisse eingewöhnt hatte und ein vollständiger aufrichtiger Friede zwischen den beiden Ständen eintrat. Die Einsichtigeren zwar unter den Patriciern erkannten, daß ihre Vorrechte für alle Zeiten verloren waren, und fügten sich darein, die Regierung mit der plebejischen Aristokratie zu theilen; aber die größere Zahl derselben konnte es noch immer nicht lassen, durch mancherlei Schikanen der Plebs ihre erworbenen Rechte streitig zu machen. Damit kein Plebejer zum Consulat gelange, wurden noch öfter Dictatoren ernannt, ja es wurden noch siebenmal dem licinischen Gesetze zuwider zwei patricische Consuln gewählt; es dauerte noch 25 Jahre, bis die Patricier das licinische Gesetz in Betreff des Consulats aufrichtig anerkannten. Als nämlich die Patricier im J. 343 wieder zwei patricische Consuln durchgesetzt hatten und das Volk im folgenden Jahre als Antwort auf eine solche Wahl den förmlichen Beschluß faßte, daß die beiden Consulstellen mit Plebejern besetzt werden dürften, so nahmen sich die Patricier diese Drohung derart zu Herzen, daß sie hinfort die bestehende Ordnung nicht mehr zu verletzen wagten. Auch der Alleinbesitz mehrerer anderer höheren Aemter war unterdessen für die Patricier verloren gegangen, eine natürliche Folge von der Theilung des Consulates. Im J. 356

würde der erste Plebejer, C. Marcius Rutilus, zum Dictator
erwählt, und 6 Jahre später (350) bekleidete derselbe Rutilus
die Censur. Zur Prätur gelangte der erste Plebejer 337. Länger
blieben die patricischen Priesterthümer unangefochten, ja manche
derselben, welche ohne politische Bedeutung waren, verblieben den
Patriciern für immer; aber das Amt der Pontifices und der
Augurn, mit welchen die Kunde des Rechts und ein nicht unbe-
deutender Einfluß auf die Comitien verbunden war, wurde seit
dem J. 300, seit dem ogulnischen Gesetze zwischen den Plebejern
und Patriciern getheilt.

Die Römer haben an den Anfang ihres Heldenzeitalters
eine schöne bedeutungsvolle Sage gestellt. Es wird erzählt, daß
im J. 362 in der Mitte des römischen Marktes eine weite Kluft
von unermeßlicher Tiefe entstand, welche man durch hineingeschüttete
Erde vergebens auszufüllen suchte. Die Wahrsager erklärten,
wenn dem Schlunde geopfert werde, worin die Hauptstärke des
römischen Volkes bestände, so werde der Schlund sich schließen
und zugleich dem Staate eine ewige Dauer gesichert sein. Während
man noch im Zweifel war, worin die Hauptstärke des römischen
Staates bestände, da fragte ein im Kriege ausgezeichneter Jüngling, M. Curtius, die Umstehenden, ob es für die Römer ein
höheres Gut gebe, als kriegerische Tapferkeit, und stürzte sich,
nachdem er zu den Göttern des Himmels und den Göttern der
Todten gebetet, auf seinem Schlachtrosse in voller Rüstung in
den Schlund hinab. Männer und Frauen warfen Blumen und
sonstige Gaben über ihn zusammen, und der Schlund schloß sich
über seinem Opfer. An der Stelle entstand ein See, der der
curtische See genannt ward. Nach einer S. 15 erzählten Sage
hatte dieser See zur Zeit des Romulus von einem Metius Curtius seinen Namen erhalten.

Die römische Tapferkeit hatte zunächst noch zu schaffen mit
den Nachbarvölkern, den Latinern, Hernikern, Volskern und südlichen Hetruskern, um gegen sie das Uebergewicht des römischen

Staates zu sichern. Außerdem hatten sie noch mehrmals gegen die Gallier zu kämpfen, welche ihre Einfälle in das mittlere und untere Italien noch öfter wiederholten; aber so verheerend und schreckend die Kriegszüge dieser Barbaren auch waren, so hatten sie doch ihre frühere Furchtbarkeit verloren und zerbrachen ihre wilde Gewalt zuletzt an dem Damm, den römische Kraft und Ausdauer ihnen entgegenstellte.

Als im J. 366 der Plebejer L. Sextius Consul war, vermied der Senat einen auswärtigen Conflict, damit dem plebejischen Consul keine Gelegenheit würde, sich auszuzeichnen, und in den nächsten Jahren hielt die Pest von Unternehmungen nach außen zurück. Erst im J. 362 beschloß das Volk auf Antrag des Senates in zahlreicher Versammlung den Krieg gegen die Herniker, welche sich schon lange feindselig gegen die Römer erwiesen hatten. Den Oberbefehl erhielt der plebejische Consul L. Genucius. Auf seinem Zuge gerieth er in einen Hinterhalt; das überraschte Heer floh und der Feldherr fiel. Die Patricier waren weniger betrübt über den Verlust des Staates, als sie sich freuten über die Niederlage des ersten plebejischen Heerführers; das sei die Folge, sagten sie, wenn man die Auspicien in unbefugte plebejische Hände gäbe, die Götter selbst hätten ihren Zorn darüber kundgethan durch Vertilgung des Heeres sammt dem Führer. Der Senat ließ in Appius Claudius einen Dictator ernennen, weniger, wie man glaubte, um das Glück im Felde wieder herzustellen, als um durch ihn die Wahl zweier patricischer Consuln durchzusetzen. Doch diese Absicht schlug fehl. Die Herniker wurden von dem Dictator in einem schweren Treffen, in welchem der vierte Theil des römischen Heeres fiel, überwältigt und mußten sich zurückziehen; als sie am folgenden Tage an der römischen Colonie Signia vorbeikamen, fielen die Bürger über sie her und zerstreuten sie.

Im folgenden Jahre (361) verheerten die Römer das platte Land der Herniker, ohne Widerstand zu finden, und eroberten Ferentinum. Als das römische Heer nach Hause marschirte, verschloffen ihm die Tiburtiner die Thore. Diese hatten, wie früher die Präneftiner, eine Anzahl latinischer Städte zu einem Bündniß vereinigt und schloffen sich jetzt, wahrscheinlich im Gefühl eigner Gefahr, den Hernikern an. Ehe jedoch die Römer gegen die Tiburtiner und Herniker ins Feld ziehen konnten, nahte ein anderer Krieg, in dem es sich nicht um die Herrschaft, sondern um die Existenz handelte; ein Gallierheer rückte auf der salarischen Straße heran und schlug am rechten Ufer des Anio am dritten Meilenstein sein Lager auf. Die Römer schickten ihm erschreckt einen Dictator entgegen, den T. Quinctius Pennus. Der lagerte sich auf der andern Seite des Fluffes dem Feinde gegenüber. Zwischen beiden Heeren war eine Brücke, welche kein Theil ab-brechen wollte, um nicht den Schein der Furcht auf sich zu laden. Um ihren Besitz fielen öfter Gefechte vor. Da trat eines Tages ein gallischer Riese auf die Brücke und rief den Tapferften der Römer zum Zweikampf auf. Während die römischen Jünglinge noch schwankten, zurückgehalten durch die Gefahr eines solchen Kampfes, erbat sich der junge T. Manlius von dem Dictator die Erlaubniß zu fechten.

Kurz vorher hatte dieser Manlius zuerft die Aufmerksamkeit des römischen Volkes auf sich gezogen durch eine merkwürdige That. Sein Vater, L. Manlius, der von seinem strengen rauhen Character den Beinamen Imperiosus (der Gebieterische) erhalten hatte, war von dem Volkstribunen Pomponius wegen mancher Uebergriffe, die er sich im J. 363 als Dictator erlaubt hatte, vor Gericht gezogen worden. Diese Beschuldigung brachte das Volk weniger gegen Manlius auf, als der Vorwurf, den ihm der Tribun noch außerdem machte, daß er seinen Sohn Titus, einen untadligen Jüngling, fern von der Stadt wie einen Ver-bannten auf dem Lande unter Sclaven und im Elend leben laffe, blos weil er schwerfälligen Geiftes und nicht im Besitz einer fer-tigen Zunge sei. Den Sohn verdroß es, daß auch er zum Vor-wande dienen müffe, gegen seinen Vater Haß zu erregen; er eilte,

mit einem Dolch unter dem Kleide, in aller Frühe in die Stadt
und ließ sich in dem Hause des Pomponius melden. Pomponius,
der noch im Bette lag, ließ sogleich den Jüngling vor, in der
Erwartung, daß dieser ihm gegen den Vater noch neue Beschuldigungen vorbringen werde; kaum aber war Titus mit dem
Tribunen allein, so warf er sich mit dem gezückten Dolche über
ihn und drohte, ihn auf der Stelle zu durchbohren, wenn er ihm
nicht schwöre, daß er die Klage gegen seinen Vater fallen lassen
wolle. Pomponius schwor und erklärte nachher öffentlich, warum
er seine Klage aufgebe. Dem Volke gefiel die gewagte That des
jungen Manlius so sehr, daß es dem Vater die Vertheidigung
erließ und den Sohn bei der nächsten Wahl zum Kriegstribunen
ernannte.

Nachdem der junge Manlius von seinem Feldherrn die Erlaubniß zum Kampfe erhalten hatte, wappnete er sich mit dem
Schilde eines Fußgängers und einem kurzen spanischen Schwerte
und ging ruhig und gefaßt dem Gallier entgegen, der keck und
siegesgewiß in prunkenden Waffen dastand und höhnend sogar
die Zunge herausstreckte. Als Manlius dem Riesen nahegekommen,
schmetterte dieser wie ein überragender Berg mit weit vorgehaltenem Schilde sein langes Schwert prasselnd auf ihn nieder; aber
in demselben Augenblick drängte sich der Römer, mit schräg vor-
gehaltener Klinge und den Schild des Gegners mit seinem Schilde
emporstoßend, mit seinem ganzen Körper zwischen die Waffen
und den Körper des Riesen und bohrte ihm sein kurzes Schwert
mehrmals in Weichen und Bauch, daß er in seiner ganzen Länge
zu Boden stürzte. Der Sieger nahm dem Gefallenen die große
Halskette ab und wand sie sich um den Hals, und davon erhielt
er von den ihn mit Jubel begrüßenden Soldaten den Beinamen
Torquatus, d. i. der Bekettete.

Die Gallier geriethen durch den Tod ihres Vorkämpfers in
solche Bestürzung, daß sie ohne Kampf in der nächsten Nacht ihr
Lager eiligst verließen und über Tibur, mit dem sie sich gegen

Rom verbündet hatten, nach Campanien zogen. Aber im folgenden Jahre (360), als der eine römische Consul, M. Fabius
Ambustus, gegen die Herniker ausgezogen war, der andere,
C. Pötelius Balbus, vor Tibur stand, kehrten sie nach Latium
zurück, um den verbündeten Tiburtinern Hülfe zu bringen. Sie
umgingen das römische Heer vor Tibur und fielen verheerend in
das römische Gebiet ein. Die Römer ernannten den Q. Servilius Ahala zum Dictator, und dieser schlug die Gallier, als
sie bis an die Mauern Roms gekommen waren, vor dem collini-
schen Thore in einer langen und sehr blutigen Schlacht zurück.
Sie zogen, mehr zurückgedrängt als besiegt, gen Tibur; hier aber
nahm sie in ihrer Zerstreuung der Consul Pötelius in Empfang
und trieb sie zugleich mit den zu ihrer Hülfe herausgerückten
Tiburtinern in die Stadt hinein. Der doppelte Triumph des
Pötelius, über die Gallier und die Tiburtiner, beweist, daß er
einen vollen Sieg erfochten hatte. Auch der Consul Fabius
triumphirte wegen eines Sieges über die Herniker.

Die Tiburtiner setzten den Krieg fort und versuchten sogar
im nächsten Jahre 359 durch einen nächtlichen Ueberfall die Stadt
Rom zu überrumpeln; sie wurden jedoch mit leichter Mühe zurückgeschlagen. Die Gallier dagegen hatten sich nach ihrer Niederlage
bei Tibur verzogen, wahrscheinlich um in fernen Gegenden der
Halbinsel ihre Beutezüge fortzusetzen, und kehrten erst im J. 358
nach Latium zurück. Die herannahende Gefahr hatte für die
Römer den Vortheil, daß die Latiner, mit Ausnahme von Tibur,
das alte Bündniß mit ihnen erneuerten, um sich der schlimmen
Feinde durch gemeinsame Kraftanstrengung zu erwehren. Die
Römer ernannten den C. Sulpicius zum Dictator, und dieser
führte das vereinte Heer der Römer und Latiner gegen die Gallier,
welche sich bei Pedum in der Nähe von Präneste gelagert hatten.
Sulpicius war einer der besten Feldherrn seiner Zeit. Er hielt
sich ruhig in seinem festen Lager und suchte, um den Feind zu
ermüden und zu schwächen, den Krieg in die Länge zu ziehen;

aber seine ungeduldigen Soldaten forderten, des Gehorsams uneingedenk, eine Schlacht, und während er noch mit dem Sprecher
derselben sich unterredete, erhob sich vor dem Lager wegen einiger
Pferde, welche ein Gallier wegtreiben wollte, ein Streit, der
durch das Herzuströmen der Soldaten von beiden Seiten zu einem
förmlichen Treffen zu werden drohte. Da Sulpicius sah, daß
die Sache keinen Aufschub mehr litt, so versprach er die Schlacht
für den folgenden Tag. Die Schlacht rechtfertigte das Zögern
des römischen Feldherrn, sie ward, nachdem schon die Legionen
gegen das Lager zurückgeworfen waren, nur durch die verzweifeltste
Anstrengung, zu der die strafenden Worte des Feldherrn anfeuerten,
und durch eine Kriegslist gewonnen. Gegen 1000 Troßknechte,
welche Sulpicius auf Saumthiere gesetzt und, mit etwa 100 Rittern
untermischt, in der Nacht in das Gebirge geschickt hatte, erhoben
sich, den Schein einer zahlreichen Reiterei gewährend, unerwartet
mit Geschrei in dem Rücken der Feinde und jagten ihnen einen
solchen Schrecken ein, daß sie den Kampf aufgaben und nach den
Wäldern flohen. Die Römer richteten unter ihnen ein ungeheures
Blutbad an und hatten seitdem wenigstens 8 Jahre lang vor den
Galliern Ruh.

In diesem Jahre 358 hatten die Römer gegen vier verschiedene Feinde zu kämpfen, außer den Tiburtinern und Galliern
auch gegen die Herniker und Tarquinienser. Die Herniker wurden
geschlagen und endlich dahin gebracht, daß sie den Frieden suchten
und den alten Bund mit den Römern erneuerten. Wir kennen
die genaueren Bedingungen nicht, unter denen die Latiner und
Herniker sich wieder der Führung Roms unterwarfen, aber wahrscheinlich waren sie härter als früher. Die Tarquinienser begannen
den Krieg mit einem verheerenden Streifzug ins römische Gebiet
und besiegten den Consul Fabius in einem Treffen, in das er
sich ohne Vorsicht und Ueberlegung eingelassen hatte. Welche
Erbitterung die Tarquinienser gegen Rom hegten, beweist der
Umstand, daß sie 307 gefangene römische Soldaten auf dem

Markte ihrer Stadt den Göttern opferten.   Später haben ihnen
die Römer vergolten.   Als sie in einer Schlacht eine große Menge
Tarquinienser zu Gefangenen gemacht hatten, wurden diese sämmtlich
niedergehauen bis auf 358 der Vornehmsten, welche nach Rom
geschickt und auf dem Markte gepeitscht und enthauptet wurden.

Der Krieg gegen Tarquinii, an dem im nächsten J. 357
auch die Falisker offen Theil nahmen, dauerte 8 Jahre und wurde
Anfangs lässig geführt.   Im J. 356 verloren die Römer eine
Schlacht, in welcher die hetruskischen Priester sich mit brennenden
Fackeln und Schlangen in die erschreckten römischen Reihen stürzten.
Livius sagt zwar, daß die Römer sich bald wieder von ihrem
Entsetzen erholt und den Feind besiegt hätten, aber ihre Niederlage erkennt man aus den Folgen dieser Schlacht; die hetruskischen Völkerschaften zogen, geführt von den Faliskern und Tar-
quiniensern, in das römische Gebiet bis an die Salzwerke bei
Ostia und erregten in Rom einen solchen Schrecken, daß man
den Plebejer C. Marcius Rutilus, einen ausgezeichneten Kriegsmann, zum Dictator ernannte.   Dieser erstürmte das hetruskische
Lager, nahm 8000 Mann gefangen und jagte die übrigen aus
dem römischen Gebiet.   Rutilus hatte schöne Erfolge erkämpft,
aber der Senat verweigerte dem Plebejer den Triumph; er triumphirte auf Bewilligung des Volkes.   In den folgenden Jahren
setzten die Römer den Krieg mit solchem Glücke fort, daß endlich
im J. 351 die beiden feindlichen Städte um Waffenstillstand
baten.   Er wurde ihnen gewährt auf 40 Jahre.

Drei Jahre vorher (354) waren auch die Tiburtiner zur
Unterwerfung gezwungen worden und hatten das frühere Bündniß
mit Rom wiederhergestellt.   Mit sämmtlichen Nachbarn also hatten
die Römer jetzt Frieden; da erschienen im J. 350 die Gallier
wieder in Latium.   Der Consul M. Popillius Länas schlug sie
in einer schweren Schlacht.   Die Geschlagenen setzten sich in dem
albanischen Gebirge fest und streiften von dessen Höhen während
des Winters noch öfter nach Latium herab.   Als sie im nächsten

J. 349 sich ins pomptinische Gebiet hinabgezogen hatten, marschirte der Consul L. Furius Camillus, der Sohn des berühmten
M. Camillus, ihnen entgegen. Während beide Heere sich gegenüber lagen, trat ein durch seine Größe und seine Rüstung ausgezeichneter Gallier zwischen beide Lager, schlug auf seinen Schild
und rief Einen von den Römern zum Zweikampf auf. Es stellte
sich der junge Kriegstribun M. Valerius Maximus, ein Nachkomme des M. Valerius Maximus, der ein Bruder des großen
Valerius Poplicola war. Als er zum Angriff schritt, setzte sich
ihm ein Rabe auf den Helm, feindlich dem Gallier entgegen-
gekehrt, und sobald der Kampf begann, erhob er sich mit seinen
Flügeln und fuhr dem Feind mit Schnabel und Krallen ins
Gesicht und in die Augen. Mit jedem neuen Gange des Ge-
fechtes wiederholte er seine Angriffe, bis der Riese zuletzt, verwirrt
und entmuthigt, dem Andrange des Valerius erlag. Da flog der
Rabe gen Morgen davon. Valerius aber erhielt den Beinamen
Corvus, denn corvus heißt der Rabe. Außerdem ehrte ihn der
Feldherr durch eine goldene Krone und ein Geschenk von zehn
Stieren, und das Volk zu Rom ernannte ihn, während er noch
beim Heere stand, für das folgende Jahr zum Consul, obgleich er
erst 23 Jahre alt war.

Sobald der gallische Riese gefallen war und Valerius sich
anschickte, ihm die Waffen abzuziehen, da stürzten die Gallier
insgesammt auf ihn ein, und von der andern Seite kamen die
Römer ihrem Helden zu Hülfe, so daß sich sogleich eine mör-
derische Schlacht entspann. Die Gallier leisteten nur kurzen
Widerstand. Der Zusammenstoß der ersten Haufen war allerdings
schrecklich, aber der übrige Schwarm der Gallier nahm die Flucht,
ehe er dem Feinde in den Wurf kam. Zuerst zerstreuten sie sich
über das Volsker- und Falernerland, darauf wandten sie sich
nach Apulien und den Küsten des adriatischen Meeres. So erzählt Livius; nach Polybius dagegen kam es zu keinem Treffen,
er sagt, es sei Zwietracht unter den Galliern entstanden, und sie

15*

hätten sich mit dem Schein einer Flucht zurückgezogen. Jedenfalls haben die Gallier in Latium schlimme Erfahrungen gemacht,
denn seit dieser Zeit sind sie dort nicht wieder erschienen.

So verheerend diese Gallierzüge gewesen sind, so waren sie
für die Römer doch von Vortheil. Sie haben ihnen ihre ferneren
Eroberungen vorbereitet und erleichtert, indem sie einerseits die
italischen Völker geschwächt und ermattet, andrerseits den Muth
und die Kraft der Römer gestählt und ihrem Staate den Ruhm
erworben haben, das Bollwerk der italischen Völker gegen die
Einbrüche roher Barbaren zu sein.

In den nächsten Jahren nach der Vertreibung der Gallier
erhoben die Volsker von Antium in Verbindung mit den östlichen
Volskern am oberen Liris noch einmal die Waffen gegen Rom.
Aber die Kräfte dieses in der Auflösung begriffenen Volkes waren
so herabgekommen, daß es nur kurzen Widerstand zu leisten vermochte. Auch die Aurunker am unteren Liris, welche von den
besiegten Volskern gegen Rom zum Kriege aufgereizt worden
waren, wurden durch einen einzigen Feldzug niedergeworfen. So
dehnte sich am Ende unseres Abschnittes die römische Herrschaft
im Süden bis über die Landschaften am oberen und unteren
Liris aus und näherte sich immer mehr den Grenzen der Samniter,
des Volkes, das neben den Römern in Italien die größte Macht
hatte und allein mit ihnen um die Herrschaft der Halbinsel in
die Schranken treten konnte.

Der erste Samniterkrieg und der letzte Latinerkrieg.

Die Samniter waren, wie die nördlich von ihnen in den
Abruzzen um den Aternus und den Fucinussee wohnenden kleineren Völkerschaften der Vestiner, Marruciner, Peligner und
Marser, ein sabellisches, d. h. ein von den Sabinern abstammen-
des Volk. Sie waren schon lange vor der Vertreibung der
römischen Könige in das nach ihnen benannte Samnium, in die

Gebirge zwischen der campanischen und apulischen Ebene eingewandert, von wo aus sie ihre Eroberungen fast über das ganze
Unteritalien ausdehnten. Nach der Mitte des 5. Jahrhunderts
v. Chr. setzten sich Samniter in Campanien fest, wo sie den
Hetruskern die Stadt Capua (424) und den Griechen Cumä (420)
abnahmen, sowie in Lucanien und in Bruttium, dem südwest-
lichsten Theile Italiens. Hier entstanden durch ihre Vermischung
mit der einheimischen Bevölkerung die neuen Völkerschaften der
Campaner, Lucaner und Bruttier, welche von den in diesen Gegenden von Alters her seßhaften Griechen mehr oder weniger
hellenische Cultur annahmen und von den Samnitern in den
Bergen sich gänzlich absonderten und ihnen entfremdeten, so daß
durch diese Eroberungen die Macht des samnitischen Stammes
eher geschwächt als verstärkt wurde. Während die eben genannten
Völkerschaften allmählich dem Luxus und der Schwäche verfielen,
bewahrten die Samniter in ihren Bergen die rauhe altväterliche
Sitte, ihre alte Kraft und Tapferkeit; aber wie unter den von
ihnen ausgegangenen Völkern, so zeigte sich auch unter ihnen
selbst ein geringer Zusammenhang. Die vier Stämme, in welche
sie sich schieden, Caudiner, Hirpiner, Pentrer und Frentaner,
bildeten keinen einigen Staat, sondern eine nur locker zusammenhängende Eidgenossenschaft. Ganz anders war es bei den Römern.
Diese verstanden es, ihre Macht zu concentriren, indem sie die
gemachten Eroberungen durch Anlegung von Colonien und
Straßen und durch Romanisirung des erworbenen Gebietes so
eng wie möglich an ihre Stadt als den einzigen Mittelpunkt
ihrer Herrschaft knüpften. Als daher die beiden Völker im Kampfe
wider einander stießen, war es natürlich, daß die Samniter,
obgleich den Römern an Muth und Tapferkeit nicht nachstehend
und an Volkszahl ihnen sogar weit überlegen, zuletzt doch erlagen.

Aber der Kampf war hart und lang; in drei schweren
Kriegen, die sich über ein halbes Jahrhundert hinzogen, rangen

die beiden Völker um die Herrschaft Italiens. Der erste Samniterkrieg dauerte nur kurze Zeit, von 343—341, und wurde nach
hartem Zusammenstoß ohne Entscheidung abgebrochen. Desto
länger und furchtbarer war der zweite, von 326—304, in welchem
nach und nach auch die übrigen Völker des mittleren und unteren
Italiens hereingezogen wurden; er endigte mit der Ueberwältigung
der Samniter und ihrer Bundesgenossen. Als sie nach 6 Jahren
sich wieder erhoben, wurden sie durch einen achtjährigen Kampf
(298—290) aufs neue zur Anerkennung der römischen Oberhoheit gezwungen.

Der erste samnitische Krieg entstand dadurch, daß die Samniter
wieder aus ihren Bergen in die campanische Ebene vorzudringen
strebten. Sie bedrohten Teanum, eine große und mächtige Stadt
der ausonischen Sibiciner in dem nördlichen Theile Campaniens,
und die Sibiciner, ihrer eignen Kraft mißtrauend, baten die
Capuaner um Hülfe. Capua war an Umfang und Volkszahl
nicht geringer als Rom, aber Schwelgerei und Sittenlosigkeit
hatten seine Bewohner entnervt. Nachdem sie im Gebiete der
Sibiciner geschlagen worden waren, zogen sie den Sturm des
Krieges gegen ihre eigene Stadt; denn die Samniter wandten
sich von Teanum ab, besetzten den über Capua ragenden Berg
Tifata und lieferten den Capuanern in der zwischen ihrer Stadt
und Tifata gelegenen Ebene eine zweite Schlacht. Zum zweitenmal geschlagen, suchten diese Bundesgenossenschaft und Hülfe bei
dem mächtigen Rom. Da jedoch die Römer kurz vorher mit
den Samnitern ein Bündniß geschlossen hatten und erklärten, sie
könnten gegen ihre Freunde nicht die Waffen erheben, so boten
die campanischen Gesandten, wie die Römer wenigstens erzählen,
dem Auftrag ihres Staates gemäß, den Römern die Unterwerfung
an. Der Besitz der größten und reichsten Stadt Italiens und
der fruchtbaren Fluren Campaniens war für die Römer zu
lockend, als daß sie das angebotene Geschenk zurückgewiesen hätten.
„Jetzt erforderte es die Ehre, die neuen Unterthanen nicht preis-

zugeben", und es gingen römiſche Geſandte an die Samniter ab, mit der Forderung, ſie möchten ein in römiſchen Schutz gegebenes Volk verſchonen und ein Land, das römiſches Eigenthum geworden, nicht feinblich behandeln. Die Zumuthung erregte bei der ſamnitiſchen Obrigkeit ſolchen Zorn, daß ſie ſofort beim Austritt aus dem Rathhaus im Beiſein der römiſchen Geſandten den Anführern ihrer Cohorten den Befehl gab, ohne Verzug ins Campaniſche einzurücken.

Die Römer ſchickten zwei Heere gegen die Samniter aus; das eine zog nach Campanien unter dem Conſul M. Valerius Corvus, das andere unter dem Conſul A. Cornelius Coſſus nach Samnium. Valerius Corvus iſt derſelbe, der vor 6 Jahren den galliſchen Rieſen erlegt hatte. Er war jetzt bereits zum drittenmal Conſul und galt nicht blos für den erſten Feldherrn ſeiner Zeit, ſondern beſaß auch durch ſeine Leutſeligkeit und ſein freundliches Weſen die vollſte Hingebung ſeiner Soldaten. Er nahm, wir wiſſen nicht, durch welche Umſtände genöthigt, ſeine Stellung an dem Berge Gaurus in der Nähe von Cumä, in einem Winkel, wo ſein Heer, abgeſchnitten von Capua, hinter ſich das Meer, den tiefen Volturnus auf der Straße nach Rom, im Fall einer Niederlage rettungslos verloren war. Die Samniter, durch die ungünſtige Stellung des Feindes und vielleicht durch vorhergehende glückliche Gefechte mit Siegesvertrauen erfüllt, eilten ungeſtüm zur Schlacht, welche von den Römern mit dem Bewußtſein begonnen wurde, daß ſie hier ſiegen oder ſterben müßten.

„Die Schlacht am Gaurus, ſagt Niebuhr, wie ſelten ſie auch genannt wird, gehört zu den denkwürdigſten der Weltgeſchichte; ſie entſchied als Prärogative über den großen Kampf, welcher jetzt zwiſchen den Sabellern und Latinern über die Weltherrſchaft angehoben hatte." Mit gleichem Muthe und gleicher Ausdauer fochten die beiden Heere Mann gegen Mann lange Zeit, ohne daß hier oder dort die Linie ſich bog. Der Samniter ganze

Stärke bestand im Fußvolk. Valerius suchte sie, da keine Tapferkeit sie zurückzutreiben vermochte, durch seine Reiterei in Verwirrung zu bringen. Da auch dies mißlang, so vertheilte er
seine Reiter auf beide Flügel, sprang vom Pferde und stürzte
an der Spitze seiner Legionen in das feindliche Mitteltreffen.
Tiefer und tiefer wühlte er sich mit seinen zu rasendem Muthe
entflammten Schaaren in die Masse des Feindes; aber die
Samniter stemmten sich mit furchtbarer Gewalt dem Angriff
entgegen und wichen keinen Fuß breit zurück, soviele ihrer auch
dem Schwerte erlagen. Sie wollten sich nur vom Tode besiegen
lassen. Schon neigte sich der Tag seinem Ende zu, schon fühlten
die Römer, daß ihre Glieder ermatteten, da faßten sie noch
einmal alle Kräfte zusammen und warfen sich mit doppelter
Wuth in den Feind. Jetzt erst sah man bei den Samnitern
weichende Schritte und einen Anfang zur Flucht; bald wurden
hier Schaaren der Samniter gefangen, dort niedergemacht, und
es wären nur wenige übrig geblieben, wenn nicht die Nacht die
Römer mehr vom Siegen als vom Fechten zurückgerufen hätte.
Die Römer gestanden selbst, daß sie nie mit einem hartnäckigeren
Feinde gefochten hätten; die gefangenen Samniter aber sagten
aus, sie hätten in den Augen der Römer Flammen gesehen, in
ihren Blicken Raserei, Wuth auf ihrem Antlitz, deswegen seien
sie geflohen. In der Nacht verließ das geschlagene Heer sein
verschanztes Lager und zog sich auf Suessula zurück; ganz Capua
strömte frohlockend herbei und wünschte den Siegern Glück.

Während Valerius am Gaurus siegte, war das Heer seines
Collegen Cossus, das in Samnium selbst eingerückt war, dem
Untergange nahe. In der Gegend der caudinischen Pässe hatte
Cossus sein Heer unvorsichtig in ein von Wäldern umgebenes
enges Thal geführt, und er merkte erst, als fast das ganze Heer
hineingerückt war, daß zahlreiche Truppen des Feindes die be-
waldeten Höhen ringsum besetzt hatten und bereit standen, ihn
einzuschließen. Die einzige Rettung war der Rückzug, und dieser

konnte leicht abgeschnitten werden. Da erbot sich der Kriegstribun P. Decius Mus, aus plebejischem Stamme, sich mit
einem Theile des Heeres für das Ganze aufzuopfern. Er bemächtigte sich, von dem Feinde unbemerkt, mit 1600 Mann einer
Anhöhe, welche das Lager der Feinde beherrschte und von diesen
unkluger Weise nicht besetzt worden war. Sobald die Samniter
die Höhe besetzt sahen, wandten sie dorthin ihren ganzen Angriff
und ließen dem übrigen Heer Zeit, sich aus seiner gefährlichen
Lage herauszuziehen. Decius behauptete sich unterdessen mit seiner
Schaar auf dem Berge bis in die Nacht, und brach, nachdem
der Feind sich rings um ihn gelagert und dem Schlafe überlassen
hatte, durch das Lager desselben hindurch, um sich wieder mit
dem Hauptheer zu vereinigen. Hier forderte er den Consul, der
ihn unter dem Jubel der Soldaten mit öffentlichem Danke begrüßte, auf, den zerstreuten und durch seine zwiefache Täuschung
bestürzten Feind sogleich anzugreifen. Das geschah. Die Samniter,
sorglos umherliegend und größtentheils unbewaffnet, wurden überrascht und eine Menge derselben niedergemacht. 30,000 warfen
sich in ihr Lager und fanden hier alle unter den Schwertern der
stürmenden Römer den Tod*).

Decius, der Urheber dieser glücklichen Waffenthaten, ward
mit den Seinigen glänzend belohnt. Er erhielt, außer andern
gewöhnlichen Ehrenbezeugungen, von dem Consul einen goldnen
Kranz, 100 Rinder und einen ausgezeichneten weißen Stier mit
vergoldeten Hörnern. Seine Soldaten erhielten für alle Zeiten
das doppelte Maß an Getreide und für jetzt Jeder ein Rind und
zwei Ehrenröcke. Die Legionen überreichten dem Decius einen
aus Gras gewundenen Kranz, den üblichen Ehrenlohn für die
Rettung aus feindlicher Einschließung; einen Kranz derselben

---

*) Wir wollen hier nicht unerwähnt lassen, daß die Geschichte des
ersten samnitischen und des latinischen Krieges manche Uebertreibung und
Entstellung enthält.

Art weihten ihm auch seine Gefährten. Im Schmuck dieser Ehrenzeichen opferte er dem Mars den weißen Stier, die hundert Rinder schenkte er seinen Soldaten. Um das Fest zu vollenden, brachten die übrigen Soldaten jedem von diesen ein Pfund Getreide und ein Nössel Wein.

Die Samniter hatten sich bei Suessula, auf der Straße von Nola nach Capua, festgesetzt und dort den ganzen Kern ihrer Jugend zusammengezogen, um noch einmal einen Entscheidungskampf zu wagen. Als sie die Gegend umher zu verwüsten begannen, riefen die Capuaner den Consul Valerius durch Schnellreiter zur Hülfe herbei. Dieser kam, mit Zurücklassung des sämmtlichen Gepäckes, in Eilmärschen heran und schlug, wahrscheinlich mit seinem Collegen Cossus vereinigt, in der Nähe des Feindes ein Lager auf, das er so eng wie möglich zusammenzog, um den Feind über die Zahl seines Heeres zu täuschen. Die Samniter verlangten das Lager zu stürmen, aber die Anführer ließen es nicht zu. Bald waren sie genöthigt, sich nach Lebensmitteln in die Umgegend zu zerstreuen, und da die Römer beständig unthätig im Lager blieben, so gingen sie sorglos weiter und weiter. Das hatte Valerius gewollt. Rasch griff er das schwach besetzte feindliche Lager an und erstürmte es. Während hier zwei Cohorten zurückblieben, mit dem strengen Befehl, sich alles Plünderns zu enthalten, zog das übrige Heer durch das Feld, um die Feinde in ihrer Unordnung und Zerstreuung niederzuhauen und zu verjagen. 40,000 Schilde von Todten und Flüchtigen und 170 Fahnen wurden auf dem Felde gesammelt und vor dem Consul aufgehäuft.

Der Ruf von so großen Erfolgen beschränkte sich nicht auf die Grenzen Italiens. Selbst die Karthager schickten Gesandte nach Rom, um ihre Glückwünsche darzubringen und den Siegern einen goldnen Kranz zu weihen, der auf dem Capitol in dem Tempel des Jupiter niedergelegt ward. Beide Consuln zogen triumphirend in die Stadt ein, und der Tribun Decius ging, durch Ehren und Geschenke ausgezeichnet, hinter ihnen her, nicht weniger gefeiert als die Consuln.

So glänzend das J. 343 an Waffenthaten der Römer war, ebenso leer ist das folgende, in welchem ihre Kräfte durch eine später zu erzählende Empörung der Armee gelähmt waren. Da jedoch die Erfolge des vorigen Jahres nicht verloren gingen, so ist zu vermuthen, daß in diesem Jahre die Latiner, die das Jahr zuvor gegen die Peligner, die Bundesgenossen der Samniter, gefochten hatten, einem wenigstens früher üblichen Wechsel gemäß den Oberbefehl hatten und den Krieg glücklich fortführten. Im dritten Jahre des Kriegs (341) machten die Römer wieder einen Einfall ins Gebiet der Samniter; diese aber, wahrscheinlich anderwärts beschäftigt, leisteten keinen Widerstand, sondern schickten eine Gesandtschaft und baten um Frieden, den die Römer gern gewährten. Beide Völker hatten Grund, den Krieg so schnell als möglich zu beenden, die Samniter, weil sie gegen die mächtigen Tarentiner, die damals ihre Waffen gegen die sabellinischen Völker richteten, sich vertheidigen mußten, die Römer, weil ein Krieg mit den Latinern drohte.

Die Samniter verloren in dem Frieden keinen Fuß breit Landes, sie zahlten den Betrag eines jährlichen Soldes und lieferten eine dreimonatliche Getreideverpflegung für das Heer; dagegen gestatteten ihnen die Römer, sich die Sidiciner zu unterwerfen, deren Land, in den Händen der Samniter, Campanien und Latium trennte. Zugleich mit dem Frieden schlossen die beiden Völker auch ein Vertheidigungsbündniß, das hauptsächlich gegen die Latiner gerichtet war.

Die Latiner und Römer standen in einem Bündniß auf gleichem Fuße; aber die Römer mögen nicht immer und in allen Stücken das Verhältniß der Gleichheit respectirt haben, so daß bei den Latinern der Wunsch rege wurde, sich dem ungerechten Drucke zu entziehen. Wenigstens waren die Latiner schon Jahre lang unzufrieden und gegen die Römer aufgebracht, und als diese nun, in Voraussicht eines nahen Sturmes, mit den Samnitern, ohne die Latiner zu befragen, einseitig Frieden schlossen, war das Bündniß, das ohnehin nicht von sehr fester Natur war, zerrissen, und der Krieg war vor der Thür. Wie es scheint, um einen Vorwand. für den Krieg zu bekommen, stellten die Latiner durch eine Gesandtschaft zu Rom die Forderung, daß Rom und Latium zu Einem Staate zusammentreten, und also alle Latiner das volle römische Bürgerrecht erhalten sollten; die Hälfte des Senates solle aus Latinern bestehen und jedesmal Ein Consul aus Latium gewählt werden.

Der römische Senat, welcher der latinischen Gesandtschaft auf dem Capitol Gehör gab, wies die Forderung als eine freche Anmaßung mit größter Entrüstung zurück, und der Consul T. Manlius Torquatus, der vor 20 Jahren als junger Mann den Zweikampf mit dem gallischen Riesen bestanden hatte, erklärte, wenn die Republik diese Forderung feig bewilligte, so werde er bewaffnet in die Curie kommen und den ersten Latiner, den er dort erblicke, niederstoßen. Als er zum Schluß den Jupiter als den Bürgen der alten Verträge anrief, soll der Sprecher der latinischen Gesandtschaft, der Prätor L. Annius, aus der latinischen Colonie Setia, mit Hohn gesagt haben, er verachte den römischen Jupiter. Da that der Gott durch einen entsetzlichen Donnerschlag und einen Platzregen seinen Zorn kund, und als Annius hastig aus der Versammlung die Stufen des Tempels hinabrannte, stürzte er die ganze Höhe der Treppe hinab und lag entseelt am Boden.

Nach diesen Vorgängen, im J. 340, brach der Krieg mit den Latinern los, in welchem es sich entscheiden mußte, ob Rom eine latinische Stadt oder die Latiner Roms Unterthanen sein sollten. Die Römer waren entschlossen, den Kampf mit allen Kräften durchzuführen, und hatten in Erwartung derselben schon zwei ihrer ausgezeichnetsten Kriegshelden für dieses Jahr zu Consuln gewählt, den T. Manlius Torquatus, einen Mann von

rauher strenger Art, voll Thatkraft und von unerschütterlichem
Muthe, und den P. Decius Mus, der vor Kurzem in dem
samnitischen Kriege seine Tüchtigkeit und seinen Patriotismus
bewiesen hatte. Als Bundesgenossen standen an ihrer Seite die
Samniter und die Herniker; auf Seiten der Latiner standen die
Campaner, die der römischen Herrschaft schnell müde geworden
waren, die Sidiciner und die Volsker von Antium. Die Partei-
stellung hat sich also zum Theil völlig verkehrt; die früher einander Feinde waren, sind jetzt Bundesgenossen, und umgekehrt.

Das Heer der Latiner stand beim Ausbruch des Krieges
mit ihren Bundesgenossen in Campanien, vielleicht noch von dem
vorausgegangenen Samniterkriege her, oder in der Absicht, einen
Einfall in Samnium zu thun. Dorthin schickten die Römer ihre
zwei consularischen Heere, vier Legionen, während ein drittes
Heer unter dem Dictator L. Papirius als Reserve zu Rom
zurückblieb. Die Consuln machten einen wohl berechneten äußerst
kühnen Zug; mit Umgehung von Latium gingen sie in Eilmärschen in einem weiten Bogen durch die Gebiete der ihnen
befreundeten Sabiner, Marser und Peligner nach Samnium,
und von da, mit den Samnitern und Hernikern vereinigt, nach
Campanien, wo sie in der Nähe von Capua sich dem Feinde
gegenüber lagerten.

Den römischen Feldherren schien eine mehr als gewöhnliche
Vorsicht und strenge Kriegszucht nöthig, da sie den Latinern
gegenüber standen, welche mit ihnen gleiche Sprache und Sitte,
gleiche Art der Waffen und gleiche Kriegsverfassung hatten, deren
Offiziere und Soldaten zum großen Theil mit denen der Römer
persönlich bekannt waren, so daß leicht Verwechselungen, Ver-
traulichkeiten oder Händel vorkommen konnten. Namentlich verboten sie bei Todesstrafe, auf den Vorposten sich in einen
Zweikampf mit einem Latiner einzulassen. Eines Tages nun
stieß T. Manlius, der Sohn des Consuls, an der Spitze seiner
Schwadron auf tusculanische Reiter, deren Führer, Geminus

Metius, ihn von früher her kannte und jetzt durch Schimpf und Hohn dermaßen reizte, daß er der Aufforderung zum Zweikampf nicht widerstehen konnte. Manlius erlegte den prahlenden Feind und ritt mit der erbeuteten Rüstung, stolz auf seinen Sieg, unter dem Jauchzen seiner Begleiter in das Lager zurück, grade auf das Zelt seines Vaters zu. Der Vater wies ihn mit Strenge von sich, ließ das Heer zur Versammlung blasen und verurtheilte den Sohn zum Tode. „Zwar bin ich nicht fühllos, sprach er, gegen die Stimme der väterlichen Liebe, und die Probe deiner Tapferkeit thut meinem Herzen wohl; aber da entweder durch deinen Tod die Befehle der Consuln wieder ihre Kraft erhalten, oder durch deine Straflosigkeit sie auf ewig verlieren müssen, so denke ich, du selbst, wenn in dir noch ein Tropfen meines Blutes fließt, wirst dich nicht weigern, die Kriegszucht, die durch deine Schuld gefallen, durch deine Strafe wieder herzustellen. Geh, Lictor, bind ihn an den Pfahl.“ Als das Haupt des unglücklichen Jünglings fiel, brach das ganze Heer in laute Klagen aus; seine Kriegsgefährten verbrannten unter Jammern und Flüchen die Leiche zugleich mit den traurigen Siegeszeichen, die, in erlaubtem Kampfe gewonnen, den Jüngling bei dem Triumphzuge des Vaters als Beweis seiner Tapferkeit würden geschmückt haben. So lange der Consul Manlius lebte, verabscheuten und verwünschten ihn die römischen Jünglinge als den Mörder seines Sohnes, und doch hatte er unter den vorliegenden Verhältnissen nicht anders handeln können.

Bald nach diesem traurigen Gericht kam es zu einer Schlacht am Fuße des Vesuvs, in welcher die Römer den Latinern, die Samniter und Herniker den Bundesgenossen der Latiner gegenüber standen. Doch erzählen die Römer blos von ihrem Kampf mit den Latinern. Der Verlauf der Schlacht macht es nöthig, daß wir vorher Einiges über die damalige Heeresordnung der Römer, welche auch bei den Latinern, ihren früheren Bundesgenossen, bestand, mittheilen. In der alten Zeit hatte das gesammte

Heer, gleich der makedonischen Phalanx, eine zusammenhängende engestellte Linie gebildet, welche, in vielen Reihen dicht hintereinander, durch den Druck der Masse wirkte. Die Hauptwaffe war der lange, aus der Schlachtlinie hervorragende Speer. Nur die vordersten Reihen, welche aus den wohlhabendsten Bürgern bestanden, waren mit Schutzwaffen versehen; die hintersten bedurften derselben nicht, sie hatten außer dem langen Speer nur noch einen leichten Wurfspieß, um nöthigenfalls auch außer der Linie als Leichtbewaffnete verwendet zu werden. Nicht lange vor dieser Zeit nun, wahrscheinlich zur Zeit des Camillus, hatte man die wichtige Aenderung getroffen, daß man die Masse in kleinere Abtheilungen auflöste und die Reihen so lockerte, daß jeder einzelne Mann sich frei bewegen und namentlich mit dem Schwerte bequem fechten konnte. Es kam also jetzt vornehmlich auf die persönliche Tüchtigkeit und Ausbildung des Einzelnen an.

Jede Legion, etwa 5000 M. stark und unter der Anführung von sechs Militärtribunen, von denen abwechselnd je zwei den Oberbefehl über dieselbe führten, war in drei Linien von Schwerbewaffneten getrennt, welche in weiteren Zwischenräumen hinter einander aufgestellt waren. Auf den beiden Flügeln jeder Linie stand ein Tribun. Die erste Linie waren die Hastati, bestehend aus der blühenden feurigen Jugend, die zweite die Principes, die Männer des kräftigen Alters, die dritte die Triarier, die Veteranen des Heeres, besonnene kaltblütige Männer in vorgerücktem Alter. Jede dieser Linien war wieder in 15 Abtheilungen oder Manipeln getheilt, von denen jede 60 Mann stark war, 10 Mann in der Fronte und 6 in der Tiefe. Jede Manipel zerfiel wieder in zwei Centurien mit je einem Centurio oder Hauptmann. Die einzelnen Manipeln der drei Linien waren in der Schlacht in mäßigen Zwischenräumen von einander derart aufgestellt, daß die Principes hinter den Zwischenräumen der Hastaten, die Triarier hinter den Zwischenräumen der Principes standen; sie standen also schachförmig in Quincunx. Als Schutzwaffe diente statt des früheren Rundschilds der viereckige, 3 Fuß breite und 4 Fuß hohe Schild, als Angriffswaffe das Pilum, ein zu Stoß und Wurf geeigneter Speer von 6 Fuß Länge, und das zu Hieb und Stich eingerichtete kurze spanische Schwert. Nur die Triarier behielten den langen Speer bei. Der Kampf wurde von den Hastati eröffnet; konnten diese den Feind nicht bewältigen, so zogen sie sich gehaltenen Schritts zurück, während die Principes in ihre Zwischenräume einrückten und den Kampf aufnahmen. Vermochten auch diese den Feind nicht zu werfen, so zogen sich die beiden ersten Linien auf die Triarier zurück, welche bisher mit vorgehaltenem Schilde, das linke Bein vorgestreckt, auf einem Knie hinter der Linie gelegen hatten, die rechte Hand an der in die Erde schräg eingesteckten Lanze. Auf den Ruf des Feldherrn: „Erhebt euch, Triarier!" (surgite, Triarii!) gingen diese durch die Lücken der vorderen Linien in den Kampf, um den Feind, der schon ermattet war, mit frischen Kräften anzugreifen. Zu diesem Aeußersten kam es indeß selten; es ist immer ein Beweis der größten Gefahr, wenn von einer Schlacht berichtet wird, daß „die Sache an die Triarier kam" (res ad Triarios rediit).

Außer den Schwerbewaffneten hatte jede Legion noch eine fast gleiche Anzahl von Leichtbewaffneten. Von diesen bildeten 300 M. die zwei letzten Glieder der Manipeln der Hastati, von denen also nur 600 M. Schwerbewaffnete waren. Die übrigen Leichtbewaffneten, mit leichten Wurfspeeren oder Schleudern bewehrt, bildeten noch eine vierte und fünfte Linie, die Rorarii und Accensi, welche beim Beginn der Schlacht durch die Zwischenräume der Schwerbewaffneten gegen den Feind vorrückten und später auf demselben Wege sich zurückzogen. Ferner hatte jede Legion noch eine Abtheilung Reiterei, die wahrscheinlich 300 M. ausmachte.

Einige Tage vor der Schlacht sollen die beiden Consuln zu gleicher Zeit geträumt haben, daß demjenigen Heere der Sieg

beschieden sei, dessen Feldherr die Legionen der Feinde und sich
selbst dem Tode weihen werde; sie kamen daher überein, daß
derjenige von ihnen, dessen Flügel zu wanken beginne, sein Leben
den Unterirdischen weihen solle. Vor dem Ausrücken zur Schlacht
verkündeten die Opfer dem Decius Unglück, dem Manlius Glück.
„Nun, so steht alles gut, sprach Decius, wenn nur mein Amts-
genosse glücklich geopfert hat." In der Schlacht führte Manlius
den rechten, Decius den linken Flügel. Als sich hier nach
längerem Kampfe die Hastati auf die Principes zurückziehen mußten,
berief Decius den im Heere anwesenden Pontifex Maximus
M. Valerius (nicht zu verwechseln mit M. Valerius Corvus)
und ließ sich die Formel der Todesweihe vorsprechen. In ver-
bräntem Friedenskleide, verhüllten Hauptes, die Hand unter dem
Kleide neben dem Kinn hervorgestreckt und mit beiden Füßen auf
einem Pfeile stehend, sprach der Consul also: „Janus, Jupiter,
Vater Mars, Quirinus, Bellona, Laren, ihr Neungötter, ihr
einheimischen Götter, ihr Götter, in deren Macht wir und die
Feinde stehen, ihr Götter der Todten, zu euch bete, flehe ich,
erbitte mir die Gnade und versichere mich ihrer, daß ihr dem
römischen Volke der Quiriten Gewalt und Sieg segnen und gedeihen lassen wollt, Furcht, Grausen, Tod auf ihre Feinde sendet.
So wie ich euch dieses hiermit ausdrücklich verheißen haben will,
so weihe ich für den Staat der Quiriten, für ihr Heer, für ihre
Legionen und für die Hülfsvölker des römischen Volks der Quiriten
jetzt die Legionen und Hülfsvölker der Feinde sammt mir den
Göttern der Todten und der Tellus zum Opfer." Hierauf
schwang sich Decius bewaffnet auf sein Roß und stürzte sich
mitten unter den Feind. Die Latiner wichen entsetzt vor ihm
zurück, wie vor einem pestbringenden Gestirn, und Verwirrung
und Gedränge verbreitete sich auf ihrem ganzen rechten Flügel;
wo der Geweihte zuletzt, von Geschossen überdeckt, zu Boden
stürzte, da nahmen die Latiner, den Ort des Verderbens meidend,
weithin die Flucht. Zugleich erhoben sich die Römer zu erneutem

Kampfe und stellten das Treffen wieder her. Noch lange aber rangen die Hastati und Principes ohne Entscheidung. Da griff der Consul Manlius zu einer List; er bewaffnete die Accensi (die Ersatzcohorten) gleich den Triariern mit Speeren und ließ sie vom äußersten Ende des Hintertreffens vor die Fahnen rücken. Die Latiner, in der Meinung, die römischen Triarier rückten vor, schickten ihre Triarier ins Treffen, und nachdem diese sich ermüdet hatten, rief Manlius seine Triarier auf. Die stürzten mit frischen Kräften gegen den ermatteten Feind, der keine Reservetruppen mehr aufzubieten hatte, und entschieden in kurzer Zeit das Treffen. Die Latiner erlitten eine solche Niederlage, daß kaum noch der vierte Theil von ihnen übrig blieb.

Nach dieser Schlacht unterwarfen sich die Campaner, aber die Trümmer der Latiner zogen sich nach dem unteren Liris zurück, wo sie ihr Heer durch schleuniges Heranziehen aller Dienstfähigen in den latinischen und volskischen Städten ergänzten, um noch einmal das Glück einer Schlacht zu versuchen. Sie stellten sich dem heranziehenden Manlius bei Trifanum, zwischen Sinuessa und Minturnä, entgegen, in der Absicht, ihm den Uebergang über den Liris zu verwehren. Beim ersten Angriff der Römer wurden sie geworfen, und da ihnen der Liris im Rücken die Flucht abschnitt, so war ihre Niederlage so vollkommen, daß der ganze Bund sich auflöste. Die Städte unterwarfen sich zum Theil sogleich, andere mußten noch in den beiden folgenden Jahren einzeln zum Frieden gezwungen werden. Die Consuln des J. 338, L. Furius Camillus und C. Manius, hatten das Verdienst, Latium völlig bewältigt zu haben.

Von nun an blieb Latium in der Unterthänigkeit der Römer. Mit außerordentlicher Staatsklugheit ordnete der römische Senat die latinischen Verhältnisse, daß einestheils die Widerstandskraft der Städte gebrochen wurde, andererseits aber ihre Kräfte nicht für den Staat verloren gingen. Der latinische Bund wurde für aufgelöst erklärt, und den einzelnen Städten, um sie in ihren

Interessen zu trennen, durch besonders abgeschlossene Bündnisse ein verschiedenes Verhältniß zu Rom gegeben. Einige erhielten das volle römische Bürgerrecht, andere das Bürgerrecht ohne Stimmrecht, d. h. sie wurden Unterthanen, denn sie verloren ihre politische Selbständigkeit und mußten alle Lasten der Staatsgemeinschaft auf sich nehmen, ohne die höheren Rechte der Bürger ausüben zu können. Die übrigen Städte blieben zwar äußerlich in dem Verhältniß von Bundesgenossen, doch wurde dies mehr in ein Unterthänigkeitsverhältniß umgewandelt. Die Städte durften keine gemeinsamen Landtage mehr halten, und keine hatte mit der andern Connubium und Commercium, das Recht gültiger Ehen und des Landeigenthums. Manchen dieser Städte wurde auch die Verwaltung ihrer Gemeindeangelegenheiten entzogen, oder sie mußten einen Theil ihres Gebietes abtreten, und dieser wurde an römische Colonisten vertheilt. Dadurch und durch die Aufnahme mehrerer Gemeinden in den römischen Bürgerverband wurde das römische Element in Latium so verstärkt, daß zwei neue Tribus oder Bürgerbezirke errichtet werden konnten, die 28. und 29. Die wehrhafte Volskerstadt Antium ward eine römische Colonie; ihre Kriegsschiffe wurden theils nach Rom abgeführt, theils verbrannt. Von diesen wurden die Schiffsschnäbel abgeschnitten und zur Verzierung der Rednerbühne in Rom verwendet, die davon den Namen Rostra (Schiffsschnäbel) erhielt.

Auch in dem Gebiet der südlichen Volsker und in Campanien wurde die römische Herrschaft in ähnlicher Weise begründet. Fundi, Formiä, Capua, Cumä und eine Anzahl kleinerer Städte erhielten das römische Bürgerrecht ohne Stimmrecht. Die bei weitem wichtigste Stadt war Capua. Hier wurde der Adelsstand, der mit dem Volke keine gemeinsame Sache gegen Rom gemacht hatte, eng an Roms Interesse geknüpft und noch entschiedener dem Volke entgegengestellt; er erhielt das volle römische Bürgerrecht, und die übrigen Bürger mußten einem jeden Abligen — es waren 1600 an der Zahl — eine jährliche Rente von 4500 As auszahlen. Außerdem legten die Römer im Laufe der nächsten Jahre noch mehrere starke Colonieen oder Festungen zur Sicherung dieser südlichen Gebiete an. Auch hier entstanden noch zwei neue römische Tribus, die 30. und 31.*)

Das alte Latium erstreckte sich bis Antium und zu den Volskerbergen. Von nun an kommen die weiter südlich gelegenen Landschaften bis an den Liris und über denselben hinaus, das Land der Volsker, Herniker und Aurunker hinzu, unter dem Namen des neuen oder hinzugefügten Latiums (Latium novum oder adjectum).

Ehe wir diesen Abschnitt schließen, wollen wir über den schon erwähnten Militäraufstand vom Jahre 342 noch kurz berichten. Die römischen Truppen, welche Valerius Corvus von dem Samniterkriege her im Winter 343 auf 42 in Capua und den benachbarten Städten als Besatzung zurückgelassen hatte, meistens Leute, die zu Hause von Schulden bedrückt waren, wurden durch den Reichthum und die Ueppigkeit der Capuaner zu dem verbrecherischen Plane verleitet, die Einwohner Capuas zu ermorden, um sich in den Besitz der genußreichen Stadt zu setzen. Als der Consul, Marcius Rutilus, ein Mann von Jahren und Erfahrung, der jetzt zum vierten Male Consul war und die Dictatur und Censur bekleidet hatte, bei seiner Uebernahme des Commandos von der Verschwörung unterrichtet ward, hielt er den Ausbruch derselben dadurch hin, daß er das Gerücht verbreitete, die Soldaten sollten auch im nächsten Winter die Quartiere behalten, und im Frühjahr säuberte er das Heer durch allmähliche Entlassung und Beurlaubung und abgesonderte Verwendung der Verdächtigen. Eine Cohorte machte aber auf dem Marsche in dem Passe von Lautulä Halt und setzte sich dort fest.

***

*) Bis zum Jahre 241 stieg die Zahl der Tribus auf 35, und über diese Zahl ist man nie hinausgegangen.

Bald wuchs der Haufe durch Zuläufer zu einem förmlichen Heere an, das nun plündernd bis ins Gebiet von Alba zog und einen vornehmen Römer, T. Quinctius, der, durch eine Wunde am Fuße gelähmt, nach ausgezeichnetem Kriegsdienst sich auf seine Güter zurückgezogen hatte, zwang, sich an ihre Spitze zu stellen. Wie ein zweiter Götz von Berlichingen führte Quinctius die meuterische Schaar wider seinen Willen gegen Rom. Beim achten Meilenstein wurde Halt gemacht, da man hörte, daß in der Stadt Valerius Corvus zum Dictator ernannt sei. Valerius zog ihnen entgegen und beschwichtigte die Aufrührer, die noch im vorigen Jahre ruhmreich unter seinen Fahnen gedient, durch milde Vorschläge. Sie erbaten und erhielten Amnestie, und außerdem wurde ihnen die Forderung bewilligt, daß der Name eines ein= gezeichneten Soldaten ohne seinen Willen nicht ausgestrichen werden dürfe, und daß keiner, der schon als Tribun gedient, nachher als Hauptmann angestellt werden solle. Mit diesen ganz unbedeutenden Zugeständnissen war die Empörung zu Ende.

So lautet über dies räthselhafte Ereigniß die Erzählung, welcher Livius vor mehreren anderen den Vorzug giebt. Doch liefert er noch einen anderen Bericht, wonach der Aufstand in der Stadt entstanden wäre; die Aufrührer wären bewaffnet aus der Stadt gezogen, das campanische Heer hätte sich mit ihnen ver= einigt, und als aus der Stadt ihnen ein Heer entgegengeführt ward, boten die Männer aus beiden Heeren, statt sich zu be= kämpfen, einander die Hände und umarmten sich unter Thränen. Auch werden noch weitere Zugeständnisse erwähnt. Die Tilgung der Schulden soll bewilligt und aller Wucher verboten worden sein, woraus man wohl schließen darf, daß Schuldennoth die Veranlassung zum Aufstand war. Ferner ward festgesetzt, daß kein Bürger hinfort zwei Aemter zugleich bekleiden oder binnen 10 Jahren zu demselben Amte wieder gewählt werden dürfe. Denn es hatte sich in der letzten Zeit eine kleine Zahl mächtiger Familien fast ausschließlich des Consulats bemächtigt, so daß

zum Schaden der allgemeinen Freiheit derselbe Mann in kurzen
Zwischenräumen dies Amt vier- und fünfmal bekleidete. So
dunkel die ganze Geschichte dieser Empörung ist, so ersieht man
doch aus den gemachten Zugeständnissen, daß sie nicht unbedeutend
muß gewesen sein. Vielleicht hängt mit diesen Vorgängen auch
die Gesetzgebung des plebejischen Dictators Publilius Philo vom
Jahre 339 zusammen, von der uns keine besondere Veranlassung
berichtet wird. Publilius gab folgende Gesetze (Leges Publiliae):
1) die Bestätigung der in den Centuriatcomitien gegebenen Gesetze
durch die Curien ist aufgehoben. 2) Die Beschlüsse der Tributcomitien stehen in ihrer Geltung den Beschlüssen der Centuriatcomitien gleich. 3) In Zukunft soll immer einer der Censoren
ein Plebejer sein.

Der zweite samnitische Krieg.

Nachdem durch die Einverleibung Latiums in den römischen
Staat und durch die Unterwerfung des größten Theils von Campanien die Römer bis an die Grenzen der Samniter vorgerückt
waren, konnte ein abermaliger Zusammenstoß beider Völker nicht
ausbleiben. Doch zog sich der Ausbruch des Krieges noch hinaus
bis zum J. 326, da die Samniter nach einer andern Seite hin
beschäftigt waren. Im Süden der Halbinsel hatten die durch
ihren Reichthum mächtigen Tarentiner, beständig von ihren Nachbarn, den Lucanern, bedroht, den Spartanerkönig Archidamos
mit seinen Truppen in Sold genommen, und als dieser an demselben Tage, wo die Griechen dem Philipp von Makedonien bei
Chäronea erlagen (338), Sieg und Leben verloren hatte, den
König Alexander von Epirus, den Bruder der Olympias, der
Mutter Alexanders d. Gr., mit seinem Heere herbeigerufen. Als
dieser, durch Zuzüge der italischen Griechenstädte verstärkt, die
Lucaner schlug und Miene machte, sich eine eigene Herrschaft in
Unteritalien zu gründen, nahmen sich die Samniter der Lucaner

an, erlitten aber mit ihren Bundesgenossen eine schwere Niederlage bei Pästum. Die Folge war, daß Alexander seine Macht
in Unteritalien immer mehr ausdehnte und schon im Begriffe
stand, sich mit den Römern zu verbinden, um mit ihnen gemeinsam in Samnium einzufallen. Da traten die Tarentiner aus
Furcht vor den herrschsüchtigen Absichten ihres Feldhauptmanns
auf die Seite seiner Gegner; Alexander wurde nach Bruttium
zurückgedrängt und fand bei Pandosia, nachdem schon ein großer
Theil seiner Truppen aufgerieben worden war, durch einen lucanischen Flüchtling seinen Tod. Hierauf traten in Unteritalien
die alten Verhältnisse wieder ein; die samnitischen Stämme erhielten wieder ihr Uebergewicht und konnten sich nun aufs neue
gegen Campanien und Latium wenden.

Diese Zeit, wo die Samniter mit ihren südlichen Nachbarn
und Alexander im Kriege lagen, benutzten die Römer, um ihre
neuen Erwerbungen zu sichern und sich zu dem unvermeidlichen
Kriege mit Samnium vorzubereiten und zu stärken. Sie brachten
die Städte der Ausoner oder Aurunker, welche zwischen Latium
und Campanien lagen, in ihre Botmäßigkeit und eroberten
namentlich unter Anführung des Valerius Corvus das wichtige
Cales. Dieses lag in der Mitte zwischen Teanum und Capua
an der Landstraße, welche durch Latium und Campanien und von
da nach Samnium führte und nachmals die appische Straße hieß.
Die Römer machten es zu einer starken Militaircolonie, indem
sie 2500 Colonisten hineinlegten, welche die genannten Nachbar-
städte beobachten und die Straße nach Samnium sichern sollten (334).
Auch die andere Straße, welche durch das östliche Latium gegen
Samnium führte, die s. g. latinische, kam durch die Aufnahme
der Städte Fabrateria und Luca in das römische Bündniß ganz
in die Hände der Römer und wurde vornehmlich dadurch gesichert,
daß sie die Stadt Fregellä, welche von den Samnitern im letzten
Kriege zerstört worden war und auf samnitischem Eigenthum lag,
wieder aufbauten und mit einer Colonie belegten (328).

Die Samniter wurden durch diese und andere Rechtsver-
letzungen und Uebergriffe der Römer nicht wenig erbittert und
suchten, sobald sie wieder freie Hand hatten, den Krieg. Die
Veranlassung dazu gaben die campanischen Griechen. Am Golf
von Neapel lagen nahe bei einander und zu einer einzigen Gemeinde verbunden, die beiden Griechenstädte Paläpolis und Neapolis (Alt- und Neustadt), die einzigen Städte in Campanien,
die von römischer Herrschaft noch frei waren. Diese erlaubten
sich mancherlei Feindseligkeiten gegen die römischen Bewohner des
campanischen und falernischen Gebietes, und da die Römer Genugthuung forderten, gaben sie „als Griechen, ein mehr zu
Worten als zu Thaten tauglicher Volksstamm", wie Livius sagt,
eine trotzige Antwort. Hierauf wurde ihnen der Krieg erklärt,
und der Consul Q. Publilius Philo zog gegen sie, während
sein College L. Cornelius Lentulus mit einem zweiten Heere die
Samniter beobachten sollte (327). Dieser meldete nach Rom,
daß ganz Samnium in Bewegung sei und die benachbarten Völker
gegen Rom aufwiegle, und Philo berichtete, die Paläpolitaner
hätten weniger nach eignem Entschluß als auf Anstiften der
Samniter und Nolaner den Krieg angefangen und hätten 2000 nola-
nische und 4000 samnitische Krieger in ihre Mauern aufgenommen.
Die Römer schickten, wie wenn sie selbst sich keiner Schuld be-
wußt wären, eine Gesandtschaft an die Samniter, um sich wegen
der Verletzung der Verträge zu beschweren. Die Samniter antworteten mit Gegenbeschuldigungen und forderten namentlich die
Räumung von Fregellä, und als der römische Gesandte sie aufforderte, den Streit von gemeinschaftlichen Bundesgenossen und
Freunden aburtheilen zu lassen, antwortete Einer von ihnen:
„Wozu diese Decke über unsere Verhandlungen? Unsern Streit
kann kein Gespräch der Gesandten, kein Sterblicher als Schieds-
richter schlichten; nur die Waffen und das Kriegsglück können
entscheiden. Wohlan, laßt uns zwischen Capua und Suessula
Lager gegen Lager aufschlagen; dort werde entschieden, ob den

Samnitern oder den Römern die Herrschaft Italiens zufallen soll." Die römischen Gesandten antworteten, die Römer pflegten nicht dahin zu gehen, wohin der Feind sie bescheide, sondern wohin ihre Feldherrn sie führten, und kaum waren sie heimgekehrt, so ließ der Senat den Samnitern den Krieg erklären.

Unterdeß hatte Publilius Philo die Belagerung von Paläpolis und Neapolis begonnen und zwischen beiden Städten eine so vortheilhafte Stellung genommen, daß alle Verbindung zwischen ihnen aufgehoben war. Damit er sein Werk glücklich zu Ende führen könne, wurde ihm nach Ablauf seines Consulats das consularische Commando bis in das folgende Jahr hinein verlängert — das erste Beispiel der Art. Zu den Drangsalen von außen kamen den Belagerten noch größere von Seiten ihrer Freunde, der nolanischen und samnitischen Besatzung, welche bei ihnen wie in einer eroberten Stadt hauste und sich gegen ihre Frauen und Kinder die empörendsten Dinge erlaubte. Daher ließen sich die Paläpolitaner in geheime Unterhandlungen mit dem römischen Feldherrn ein und verabredeten mit ihm einen listigen Plan, wodurch die Besatzung glücklich hinausgeschafft wurde und die Stadt in die Hände der Römer kam. Philo hatte den Paläpolitanern, um sie von dem feindlichen Bündniß zu trennen, die günstigsten Bedingungen versprochen; sie erhielten volle Rechtsgleichheit und Befreiung vom Landdienst, gleiches Bündniß und ewigen Frieden.

Bald nach der Bewältigung von Paläpolis verließen auch die südlich vom Vulturnus gelegenen sabellischen Städte Nola, Nuceria, Herculanum und Pompeji das samnitische Bündniß und schlossen sich den Römern an. Auch die Apulier, alte Feinde der Samniter, verbanden sich mit Rom, und ebenso die Lucaner; doch wurden die letzteren auf Anstiften der Tarentiner durch eine List wieder auf die Seite der Samniter, ihrer Stammgenossen, gezogen. Die Partei unter den Lucanern, welche gegen das römische Bündniß war, veranlaßte eine Anzahl junger Leute, daß sie sich gegenseitig mit Ruthen peitschten und dann mit entblößtem Körper in die Volksversammlung kamen, mit der Klage, der römische Consul habe sie peitschen und beinahe mit dem Beile hinrichten lassen, weil sie es gewagt hätten, das römische Lager zu betreten. Der Anblick der scheinbar Mißhandelten erregte die Menge zu solchem Zorn, daß sie ihre Obrigkeit zwang, das Bündniß mit Rom zu zerreißen und wieder den Samnitern sich anzuschließen. Um einen nochmaligen Wechsel zu verhindern, legten diese Besatzungen in ihre festen Plätze und ließen sich Geißeln geben. Später jedoch sehen wir die Lucaner wieder im Bunde mit Rom und im Kampfe mit Tarent.

Der Krieg mit den Samnitern, der über die Herrschaft Italiens entschied, begann im J. 326. In diesem ersten Jahre geschah nichts von Bedeutung; um so denkwürdiger waren die Ereignisse des zweiten Jahres. Damals führten den Krieg gegen Samnium der Dictator L. Papirius Cursor und sein Magister Equitum Q. Fabius Rullianus, beide die Haupthelden des zweiten Samniterkriegs, aber in ihrem Wesen und Character sehr von einander verschieden. Papirius war ein rauher roher Kriegsmann, der sich auf seinen riesigen Körperbau und seine ungewöhnliche Stärke, vermöge deren er außerordentliche Anstrengungen ertragen konnte, etwas zu Gut that und auch damit sich brüstete, daß er mehr als andre Menschen essen und trinken konnte. Er war ein Patricier alten Schlags, ein Freund der altrömischen Zucht und Strenge, mißtrauisch und feindlich gegen alles Neue. Die Römer preisen ihn als den ersten Feldherrn seiner Zeit, doch die Liebe seiner Untergebenen besaß er nicht; er war allzu hart und streng, und es machte ihm Freude, seinen Leuten den Dienst zu erschweren. Fabius dagegen, damals noch ein junger Mann, war, obgleich ein energischer Kriegsmann, doch eine milde und freundliche Natur und ein Liebling des Volkes bis in sein hohes Alter; sein lebhafter aufstrebender Geist trieb ihn oft, die

Schranken des römischen Volksthums zu durchbrechen und seine eigenen kühnen Wege zu gehen.

Als die beiden Feldherrn bereits dem Feinde in Samnium entgegenstanden, mußte der Dictator auf die Meldung des Pullarius (des Wärters der heiligen Hühner), daß nach den Anzeigen der Hühner etwas bei den vor dem Ausmarsch vorgenommenen Auspicien versehen worden sei, nach Rom zurückgehen, um die Auspicien zu erneuern, und er übergab das Commando seinem Magister Equitum, doch mit dem Bedeuten, daß er sich jeden Kampfes zu enthalten habe. Die Samniter, welche von der Abreise des Dictators und wohl auch von seinem Verbote unterrichtet waren, reizten durch ihre Nachlässigkeit, da sie nichts befürchten zu müssen glaubten, durch Keckheit und Hohn den jungen kriegslustigen Magister Equitum so lange, bis er, unbekümmert um das Verbot seines Vorgesetzten, zur Schlacht ausrückte und dem Feind bei Imbrinium eine schwere Niederlage beibrachte. Fabius kannte seinen Dictator, er wußte, daß dieser ihm den Ungehorsam und den Sieg nicht verzeihen werde; er sandte daher auch die Siegesnachricht nicht an ihn, sondern an den Senat, und suchte sich unterdessen des Schutzes der Legionen zu vergewissern. Diese versprachen ihm, so lange noch römische Legionen beständen, solle Niemand ihm etwas zu Leibe thun. In Rom erregte die Siegesbotschaft die größte Freude, aber der Dictator wüthete. Unter Zorn und Drohungen reiste er sogleich nach dem Lager ab. Hier berief er augenblicklich die Soldaten zur Versammlung, forderte den Magister Equitum vor, und da dieser sich auf sein Recht und Verdienst berief, verurtheilte er ihn wegen der Verletzung des militärischen Gehorsams zum Tode. Als die Lictoren auf den Verurtheilten losgingen, um ihn zu ergreifen, rief er die Soldaten zur Hülfe auf und flüchtete sich zu den Triariern, welche hinten in der Versammlung schon unruhig wurden. Die Soldaten schrien und schalten, baten und drohten, die Officiere umdrängten den Dictator auf der Richterbühne und

suchten seinen harten Sinn umzustimmen; aber je mehr sie baten,
desto mehr entbrannte sein Zorn. Unterdeß ward es Nacht,
und die Vollstreckung des Todesurtheils mußte auf den folgenden
Tag verschoben werden. Während der Nacht floh Fabius nach
Rom, um bei dem Senate Schutz zu suchen. Eben stand er
vor dem Senate und führte Klage über die Gewaltthätigkeit und
Ungerechtigkeit des Dictators, da hörte man draußen das Geräusch
der Platz machenden Beilträger, und der Dictator trat ein.
Weder die Fürsprache des Senates noch die Bitten des alten
Vaters, des M. Fabius, der dreimal Consul und einmal Dictator
gewesen, vermochten den starren Sinn des Mannes zu besänftigen;
er befahl den Q. Fabius zu verhaften. Da erklärte der Vater,
daß er die Hülfe der Tribunen und des Gesammtvolkes anspreche,
und aus der Curie ging's in die Volksversammlung. Hier begann derselbe Streit; der Vater flehte unter Thränen um Schonung,
und die Tribunen und Senatoren vereinigten ihre Bitten mit
den seinigen; aber der Dictator beharrte auf seinem Rechte und
forderte, daß die Kriegszucht und die Hoheit der Dictatur keine
Einbuße erlitte. Da warfen sich Sohn und Vater dem Dictator
zu Füßen und flehten um Gnade. Nun endlich gebot Papirius
Stille und sprach: „Jetzt steht alles gut, Quiriten! Die Kriegszucht steht oben, die Heiligkeit des Oberbefehls oben, da sie beide
Gefahr liefen, mit dem heutigen Tage zu Grunde zu gehn. Ich
schenke den Strafbaren dem römischen Volke und dem tribunicischen Amte, das sich durch Bitten, nicht auf das Recht seiner
Sache für ihn verwandte. So lebe denn, Q. Fabius, und
rechne diese Vereinigung des gesammten Staates zu deinem Schutze
für dein schönstes Glück, für schöner, als den Sieg, auf den du
eben noch stolz warest. Mit mir kannst du dich nach eignem
Gutdünken aussöhnen, gegen das römische Volk aber, dem du
dein Leben verdankst, wirst du dich nicht verbindlicher erweisen,
als wenn du von jetzt an im Krieg und im Frieden dich dem
Oberbefehl unterwirfst. Ich lasse Gnade vor Recht ergehen.“

Der Dictator sprach den Fabius vom Tode los, aber er entsetzte
ihn zugleich seines Amtes und wählte einen andern an seine Stelle.
Seitdem bestand eine unversöhnliche Feindschaft zwischen beiden
Männern.

Als der Dictator ins Lager zurückkehrte, fand er bei dem
Heere eine solche Unzufriedenheit über seine Strenge, daß es sich
in der nächsten Schlacht absichtlich schlagen ließ, um ihm den
Ruhm eines Sieges nicht zukommen zu lassen. Der Feldherr
erkannte, daß er mildere Saiten aufspannen müsse; er ging bei
den Verwundeten in den Zelten umher und fragte wohlwollend
nach ihrem Befinden, er empfahl sie der Milde der Officiere und
versprach den Soldaten für die Folge die ganze Beute. In der
nächsten Schlacht erfocht er einen großen Sieg. In kurzer Zeit
waren die Samniter in solche Bedrängniß gebracht, daß sie den
Dictator um Frieden baten; der Senat aber bewilligte ihnen
blos einen Waffenstillstand auf ein Jahr.

Dieser Waffenstillstand wurde, wie die Römer erzählen, von
den Samnitern gebrochen. Sie wurden aber zur Strafe für
ihren Treubruch durch Verwüstung ihres Landes schwer heimgesucht und zuletzt (im J. 322) von dem Dictator Aulus Cornelius Arvina und seinem Magister Equitum M. Fabius Ambustus in einer den ganzen Tag andauernden Schlacht dermaßen
geschlagen, daß sie allen Muth verloren. Die Friedenspartei
erhielt die Oberhand und setzte es durch, daß man den Feldherrn
Brutulus Papius, der den Bruch des letzten Waffenstillstandes
bewirkt haben sollte, den Römern auszuliefern und um Frieden
zu bitten beschloß. Papius gab sich den Tod, um sich und
dem Vaterlande die Schmach zu ersparen; aber die Gesandten
der Samniter nahmen seine Leiche nach Rom mit und zugleich
alle Beute und Gefangenen, die sie von den Römern hatten.
Diese nahmen die Beute und die Gefangenen an; aber sie verweigerten den Frieden.

So begann denn im folgenden J. 321 der Krieg wieder

mit aller Macht. Die Consuln dieses Jahres waren T. Veturius
Calvinus und Sp.-Postumius. Während diese bei Calatia in
Campanien standen, schlug der Feldherr der Samniter, C. Pontius, ein tapferer und einsichtsvoller Mann, in ihrer Nähe unweit
Caudium im westlichsten Samniterlande so versteckt wie möglich
sein Lager auf und ließ den Römern durch mehrere seiner Soldaten, die, als Hirten verkleidet, sich in die Nähe der römischen
Posten wagten, die Nachricht zukommen, daß die Legionen der
Samniter in dem mit Rom verbündeten Apulien ständen und die
wichtige Festung Luceria, an der der Besitz Apuliens hing, mit
aller Macht belagerten. Die Stadt werde sich nicht lange mehr
halten können. Es war bei den Consuln außer Zweifel, daß sie
der bedrohten Stadt eiligst zu Hülfe eilen müßten, und darum
wählten sie den kürzesten Weg, mitten durch das Feindesland.
Ihr Weg führte sie in der Nähe von Caudium durch einen
feuchten Wiesengrund, der rings von hohen und steilen Wald-
hügeln umschlossen und nur durch zwei tiefe Einschnitte beim
Ein- und Ausgang zugänglich war. Dies sind die berüchtigten
Pässe von Caudium, die Furculae Caudinae. Das römische
Heer rückte ohne Bedenken durch die erste Schlucht in das Thal
ein; als es aber zu der zweiten Schlucht kam, fand es diese
durch Baumstämme und Felsstücke versperrt. Zu gleicher Zeit
ließen sich auf der Höhe des Passes feindliche Truppen sehen.
Eiligst marschirten die Römer zum Eingang zurück, aber jetzt
war auch dieser in gleicher Weise verschlossen und ringsum auf
den Bergen sahen sie das feindliche Heer aufgestellt, das sie fern
in Apulien gedacht hatten. Sie waren durch die Unvorsichtigkeit
der Consuln in ein Netz gerathen, aus dem nicht zu entrinnen
war; alle Versuche, sich durchzuschlagen, waren vergebens. Es
blieb nichts übrig, als zu capituliren.

Pontius war in Verlegenheit, wie er seinen Sieg benutzen
sollte, und fragte daher bei seinem Vater, C. Herennius, einem
Mann von großer Weisheit, an, was zu thun sei. Herennius

rieth, entweder die Gefangenen sämmtlich niederzuhauen, oder sie
alle ungekränkt zu entlassen; aber Pontius wählte, in der Hoffnung, durch einen billigen Frieden den ganzen Krieg zu beendigen,
einen unklugen Mittelweg; er gestattete den Abzug des römischen
Heeres, aber mit Schmach und Schande, es sollte entwaffnet im
bloßen Unterkleid unter dem Jochgalgen hergehen. Zugleich forderte er, daß Rom die vertragswidrig angelegten Festungen Cales
und Fregellä schleifen und mit Samnium den früheren Bund auf
gleichem Fuße erneuern sollte. Als die römischen Abgeordneten
diesen Bescheid ins Lager zurückbrachten, erhob das Heer laute
Wehklage und gab sich der tiefsten Trauer hin, als wäre ihnen
der Tod auf der Stelle angekündigt; aber es blieb kein Ausweg,
sie mußten sich fügen. Der Vertrag wurde abgeschlossen und von
den Consuln und sämmtlichen Officieren beschworen; 600 Ritter
blieben als Geißeln in den Händen der Samniter zurück, und
das übrige Heer zog, die Consuln voran, unter dem Hohn der
Feinde aus seiner Enge durchs Joch und über die samnitische
Grenze. Tief beschämt, mit stummem Grimm marschirten sie,
20,000 Mann, bis in die Nähe von Capua, wo sie sich lagerten.
Mit niedergeschlagenem Blick und schweigend nahmen sie die
Waffen und Pferde, Kleidung und Lebensmittel an, mit denen
die Capuaner sie versahen. Die capuanischen Ritter, welche sie
bis an die campanische Grenze begleiteten, erzählten bei ihrer
Rückkehr von der Niedergeschlagenheit und Muthlosigkeit der
Römer und behaupteten, Roms Hochsinn sei für immer zu Grabe
getragen; da sagte Ofilius Calavius, ein ehrwürdiger und viel-
erfahrener Greis: „Entweder kenne ich die Denkungsart der
Römer nicht, oder dies ihr Schweigen wird bei den Samnitern
demnächst klägliches Geschrei und Seufzen erwecken."

In der Nähe von Rom löste das Heer sich auf, und die
Männer zogen einzeln im Dunkel der Nacht in die Stadt und
bargen sich in ihren Häusern. Seit dem Ruf von dem Unglück
lag die Stadt in tiefer Trauer; das Volk hatte aus freien

Stücken Trauerkleider angelegt und die Kaufläden geschlossen, die
Gerichte und· alle öffentliche Thätigkeit war eingestellt.   Die
Consuln, welche den Staat in so tiefe Schmach gebracht, entzogen sich, in die Stille des Hauses begraben, jeder Amtsthätigkeit, und das Volk wählte an ihre Stelle den L. Papirius Cursor
und den O. Publilius Philo, welche für die besten Feldherrn
ihres Zeitalters galten.   Diese versammelten sogleich den Senat
und brachten den caudinischen Frieden zum Vortrag.   Sp. Postumius, der eine der abgetretenen Consuln, wurde von dem vor-
sitzenden Consul zuerst um seine Meinung befragt und erklärte,
der Vertrag sei ungültig für das Volk, da er ohne dessen Genehmigung abgeschlossen sei; man solle die, welche mit Ueber-
schreitung ihrer Vollmacht denselben geschlossen, dem Feinde ausliefern, um das· Volk von aller Verpflichtung zu befreien.   Diese
Worte lösten den Druck, der auf Aller Herzen lag, und der
Vorschlag wurde einstimmig angenommen.   Zwei Tribunen versuchten zwar die Auslieferung der unglücklichen Consuln und
Officiere zu verhindern, indem sie erklärten, daß das römische
Volk durch ihre Auslieferung nicht von seiner eidlichen Verpflichtung gelöst werde, wenn man nicht zugleich das ganze Heer
wieder in den Engpaß zurückführe; allein ihre Einrede fand kein
Gehör, die Consuln und alle diejenigen, welche den Vertrag beschworen hatten, wurden den Samnitern zugesandt.   Der Kleidung
entblößt,· mit auf den Rücken gebundenen Händen wurden sie in
die Versammlung der Samniter und vor den Richterstuhl des
Pontius geführt; aber Pontius nahm die Ausgelieferten nicht an
und verlangte, wenn denn der Vertrag für aufgehoben und alles
als ungeschehen betrachtet werden sollte, so müsse das römische
Heer auch wieder in die frühere Einschließung zurückkehren.   Er
ließ den Gefangenen die Fesseln abnehmen und schickte sie ungekränkt nach Hause.   Die Römer gingen natürlich auf das Verlangen der Samniter nicht ein; sie hatten der Form genügt und
glaubten sich aller Verbindlichkeit enthoben; die Schmach aber,

die auf ihrem Staate lastete, sollte mit Blut ausgewaschen
werden.

Der Krieg begann im J. 320 mit gesteigerter Erbitterung.
Die Samniter hatten die kurze Zeit ihrer Ueberlegenheit benutzt
zur Eroberung von Fregellä und Luceria, und in den letzten
Platz hatten sie die 600 römischen Geißeln, deren Leben sie nach
dem Bruch des Vertrags großmüthig verschont hatten, in Sicherheit gebracht. Die Römer hatten unterdessen mit Aufbietung
aller ihrer Kräfte das Heer wieder reorganisirt und schickten es
unter Papirius Cursor und Publilius Philo ins Feld; es galt,
den gesunkenen Staat sobald wie möglich wieder aufzurichten und
sein Ansehen bei den italischen Völkern herzustellen. Papirius
zog mit seinem Heere durch die Sabina und das Küstenland des
adriatischen Meeres gegen Luceria, Publilius nach Caudium, wo
das Hauptheer der Samniter aufgestellt war. Das Heer des
Publilius bestand größtentheils aus denjenigen Truppen, welche
im vorigen Jahr die Schmach der caudinischen Pässe erlitten
hatten. Sobald der Feind sich zum Treffen stellte, drängten sie,
ohne die Anrede des Feldherrn abzuwarten, die Fahnenträger vor
sich her, warfen ihre Lanzen auf die Seite und stürzten sich mit
gezückten Schwertern mit solcher Wuth auf den Feind, daß dieser
beim ersten Angriff geschlagen und völlig zerstreut ward. Die
Reste des samnitischen Heeres zogen sich nach Apulien. Dorthin
folgte ihnen Philo mitten durch Samnium, um sich mit Papirius,
der Luceria belagerte, zu vereinigen. Vor Luceria wurden die
Samniter nochmals geschlagen und von den erbitterten römischen
Truppen furchtbar zugerichtet. Bald darauf mußte Luceria sich
ergeben. Die 600 römischen Ritter wurden unversehrt ausgeliefert, und die Besatzung, 7000 Mann, zog mit Hinterlassung
aller Waffen und alles Gepäcks, nur mit einem Unterkleide an-
gethan, unter dem Joche durch aus der Stadt. Alle Fahnen
und Waffen, welche die Römer bei Caudium verloren, fielen
ihnen — so wird wenigstens behauptet — bei der Uebergabe von

Luceria wieder in die Hände. So war die Schmach von Caudium ausgelöscht, und der römische Staat hatte nach tiefem Fall seine alte Kraft und das frühere Ansehen wieder hergestellt.

Auch in dem folgenden J. 319 kämpften die Römer glücklich, so daß die Samniter im Anfang des J. 318 wieder um Frieden baten. Sie erhielten aber nur einen zweijährigen Waffenstillstand. Während desselben unterwarfen die Römer die Frentaner und ganz Apulien und machten Eroberungen in Lucanien. In Campanien eroberten sie Saticula, eine Grenzstadt gegen Samnium. Im J. 317 trat wieder eine Wendung zu Gunsten der Samniter ein. Während nämlich die römischen Consuln fern von Rom im Herzen von Samnium oder in Apulien dem Heere der Samniter gegenüberstanden, besetzten diese mit ihrem gesammten Landsturm die Pässe bei Lautulä, zwischen Terracina und Fundi, und verlegten so den Römern den einzigen Weg nach Campanien, der ihnen nach dem Verluste von Fregellä geblieben war. Durch diesen kühnen Plan wurde der Krieg nach Latium getragen, und die Campaner erhielten Gelegenheit, sich von Rom loszureißen. Die Römer, durch die Gefahr erschreckt, ernannten einen Dictator, den Q. Fabius Rullianus, der mit einem neu ausgehobenen Heere nach Lautulä eilte, aber eine vollständige Niederlage erlitt. Der Magister Equitum Q. Aulius stellte sich, um die Schmach der Flucht nicht zu überleben, einzeln dem verfolgenden Sieger entgegen und ließ sich niederhauen.

Livius, der nicht gern ein Unglück der Römer eingesteht, nennt die Schlacht bei Lautulä nur ein unentschiedenes Treffen, doch die Folgen der Schlacht zeigen, welch einen schweren Schlag die Römer erlitten hatten. Viele unterthänige Städte an der Grenze von Samnium, in Apulien, in Campanien, in den Gegenden des Liris traten auf die samnitische Seite. Aber die Römer verdoppelten ihre Energie, und in drei Jahren, bis zum J. 312, hatten sie alle abtrünnigen Städte wieder bezwungen. Zur Befestigung der wiedergewonnenen Herrschaft wurden alle

militärisch wichtigen Punkte mit starken Colonien besetzt, wie die
Städte Sora, Fregellä, Casinum, Antina, Interamna, Suessa,
Minturnä, Vescia, Nola, Calatia, Saticula, Luceria. Ein Theil
derselben sicherte die früher gefährdeten Straßen nach Samnium
und Campanien, die latinische und appische, von denen die letztere
damals vom Censor Appius Claudius Cäcus durch einen festen
Unterbau, durch Brücken und Durchschneidung von Anhöhen zu
einer bequemen Heerstraße umgeschaffen wurde. Seitdem heißt sie
die appische Straße.

Schon 14 Jahre führten die Samniter den ungleichen Kampf.
Immer mehr wurden sie von den Römern mit einem Netze von
Festungen und Straßen umsponnen, mit jedem Jahre verringerten
sich ihre Kräfte; aber der Haß wuchs, je länger sie kämpften,
und sie dachten nicht an Frieden, obgleich sie, seit die Vortheile
von Lautulä nutzlos zerronnen waren, die Hoffnung auf endlichen
Sieg scheinen verloren zu haben. Bis jetzt waren sie fast blos
auf die eigenen Kräfte angewiesen gewesen, die übrigen Völker
Italiens sahen ihrem edlen Ringen unthätig zu, ohne zu bedenken,
daß nach dem Erliegen der Samniter auch ihre Freiheit nicht
lange mehr dauern werde. Da endlich, ehe die Samniter sich
völlig verblutet hatten, erhoben sich die Hetrusker. Im J. 312
war der 40jährige Waffenstillstand, den die Hetrusker mit Rom
geschlossen, seinem Ende nahe, und ganz Hetrurien, wahrscheinlich
bearbeitet durch samnitische Sendboten, begann eifrig zu rüsten.
Im folgenden J. 311 erschien plötzlich ein großes Heer sämmt-
licher hetruskischen Städte, mit Ausnahme von Arretium, in dem
römischen Hetrurien diesseits des ciminischen Waldes und legte
sich vor die Festung Sutrium. Der Consul Aemilius rang mit
großer Anstrengung ihrer überlegenen Zahl einen Sieg ab, der
aber ohne entscheidende Folgen blieb; die Hetrusker setzten die
Belagerung der Festung fort, und auch ein neuer Sieg, den im
folgenden J. 310 die beiden Consuln Marcius Rutilus und
Fabius Rullianus über sie davontrugen, vermochte sie nicht zu

vertreiben. Da faßte Fabius, während sein College sich nach
Süden gegen die Samniter gewendet hatte, den kühnen Plan, in
das eigentliche Hetrurien einzufallen und dadurch das hetruskische
Heer von Sutrium abzuziehen. Er marschirte, ohne daß der
Feind seinen Abzug merkte, durch den wüsten unwegsamen ciminischen Wald, das Grenzgebirge zwischen dem römischen und dem
freien Hetrurien, welches Livius übertreibend mit den schauerlichen
germanischen Wäldern vergleicht, und stand plötzlich mitten in
den reichen Gefilden Hetruriens, zum Schrecken der Hetrusker
und zum Schrecken des römischen Senates; denn wurde Fabius
jenseits der Berge geschlagen, so war sein ganzes Heer unrettbar
verloren.

Fabius zog, alles um sich her verwüstend, bis hinauf in
die Gegend von Perusia, wo sich ihm ein großes hetruskisches
Heer entgegenstellte. Er überfiel es gegen Morgen, während noch
Alles sorglos in tiefem Schlafe lag, und brachte ihm eine furchtbare Niederlage bei. An 60,000 Hetrusker wurden getödtet oder
gefangen. Der große Sieg rechtfertigte das kühne Wagniß und
bestimmte die Hauptstaaten im nordöstlichen Hetrurien, Perusia,
Cortona und Arretium, um Frieden zu bitten. Sie erhielten
einen 30jährigen Waffenstillstand. Die südlichen und westlichen
Hetrusker setzten den Krieg fort, wurden aber im nächsten J. 309
am vadimonischen See von Fabius dermaßen geschlagen, daß ihre
Kraft und ihr Muth völlig gebrochen war. Im J. 308 zwang
sie der Consul O. Decius, die Waffen niederzulegen; Tarquinii
erhielt einen 40jährigen, die übrigen Staaten einen einjährigen
Waffenstillstand.

Während dieser letzten Jahre hatten die Kämpfe mit den
Samnitern nicht geruht. Als im J. 310 Fabius den verwegenen
Zug über den ciminischen Wald unternommen und sich in Italien
das Gerücht verbreitet hatte, er sei mit seinem ganzen Heere zu
Grunde gegangen, da strengten die Samniter, von neuem Muth
beseelt, ihre letzten Kräfte an. Der gegen sie ausgesandte Consul

Marcius Rutilus wurde von ihnen besiegt und selbst schwer verwundet. Hierauf schickten sie sich an, gegen Norden zu ziehen,
um ihren Bundesgenossen, den Hetruskern, die Hand zu reichen.
In dieser Gefahr beschlossen die Römer, einen Dictator zu wählen,
und zwar ihren tüchtigsten Kriegsmann, den alten Papirius Cursor.
Ein Dictator mußte von einem Consul ernannt werden. Da
der geschlagene Rutilus fern im Süden nicht zu erreichen war,
so mußte man den Q. Fabius, der in Hetrurien stand, beauf-
tragen, den Dictator zu wählen, obgleich er mit Papirius in
unversöhnlicher Feindschaft lebte. Fabius empfing den Auftrag
von der Gesandtschaft des Senates schweigend und mit zur Erde
gerichtetem Blick, und ebenso, nachdem er in der Stille der Nacht,
wie es die Sitte erheischte, den Papirius zum Dictator ernannt,
entließ er am Morgen die Gesandten, welche ihm für seine
Selbstüberwindung dankten, wiederum, ohne ein Wort zu antworten. Die Rücksicht auf das Vaterland hatte über die persönlichen Gefühle gesiegt, aber der Sieg war ihm schwer geworden.

Der Dictator Papirius marschirte in Eile nach Samnium,
wo er das Heer des Rutilus an sich zog und sich den Samnitern
bei Longula, einer Stadt von ungewisser Lage, entgegenstellte.
Die Samniter hatten hier ihre besten Kräfte zusammengezogen
und ihren Truppen eine glänzende Rüstung gegeben. Der eine
Theil des Heeres trug goldgeschmückte Schilde und bunte Röcke,
der andre mit Silber ausgelegte Schilde und glänzend weiße
Röcke; alle trugen auf den Helmen hohe Büsche. Doch der alte
Dictator erinnerte seine Leute, daß nicht Gold und Silber, sondern die Tapferkeit des Soldaten Schmuck sei, und begann gutes
Muthes die Schlacht. Nach langem schwerem Ringen wurden
die Samniter in die Flucht geschlagen, ihr Lager ward erobert
und in Brand gesteckt. Dieser Sieg war die letzte Waffenthat
des Papirius; er starb bald nachher, nachdem er fünfmal Consul
und zweimal Dictator gewesen.

Die Schlacht bei Longula im J. 309 war für die Samniter ein harter Schlag; aber ungleich den durch Wohlleben verweichlichten Hetruskern, welche nach kurzem Kampfe sich besiegt gaben, setzten sie den langen mörderischen Krieg mit erbitterter Ausdauer fort. Als die Hetrusker sie im Stiche ließen, erhoben sich zu ihren Gunsten ihre sabellischen Brüder in den Abruzzen, die Marser und Peligner, und wahrscheinlich auch die Marruciner und Frentaner. Aber die Hülfe war wenig nütze. Q. Fabius, der auch im J. 308 Consul war, zwang die letzte Stadt Campaniens, die noch zu den Samnitern hielt, Nuceria Alfaterna, zur Uebergabe und schlug dann die Samniter, Marser und Peligner mit leichter Mühe.

Unterdessen hatten die Umbrer, welche schon im vorhergehenden J. 309, mit den Hetruskern verbündet, die Römer bekriegt hatten, aber schnell wieder zum Frieden gebracht worden waren, aufs neue die Waffen ergriffen, hatten einen großen Theil der Hetrusker, die schon den Waffenstillstand mit Rom geschlossen, zur Erneuerung des Krieges bewogen und setzten sich mit einem großen Heere in Bewegung, indem sie ruhmredig verkündeten, daß sie vor Rom ziehen und es belagern würden. Der Consul Decius, der noch in Hetrurien stand, zog auf die Kunde hiervon in Eilmärschen in Roms Nähe, um es zu decken, und der Senat rief den Fabius vom samnitischen Kriege ab, daß er in Umbrien einrücke. Fabius kam in starken Märschen heran und traf bei Mevania in Umbrien das feindliche Heer, welches durch das schnelle Erscheinen des berühmten Feldherrn so geschreckt ward, daß viele den Rath gaben, sich in die Festungen zurückzuziehen oder den Krieg aufzugeben. Doch einer von ihren Gauen brachte die übrigen soweit, daß sie eine Schlacht wagten. Die römischen Soldaten brannten vor Begierde, den prahlerischen Feind, der die Stadt Rom zu bestürmen gedroht hatte, zu bestrafen und stürzten, ohne den Befehl abzuwarten, in den Kampf, der kaum ein Kampf zu nennen war; sie rissen, ohne zu fechten, die be-

waffneten Soldaten aus der feindlichen Linie in die ihrige herüber
und wo es einigen Kampf gab, da wurden mehr Feinde mit
dem Schilde zu Boden gestoßen als mit den Schwertern gefällt.
„Strecket die Waffen!" hörte man überall durch das römische
Heer, und es gab mehr Gefangene als Todte. Noch während
des Kampfes schritten die Haupturheber des Krieges zur Uebergabe. In den nächsten Tagen ergaben sich auch die übrigen
Völkerschaften Umbriens.

Hierauf wandte sich Fabius wieder nach Samnium, wo er
auch im folgenden J. 307 den Krieg fortführte; denn der Senat
hatte ihm nach Ablauf des Consulats den Oberbefehl verlängert.
Er gewann einen neuen großen Sieg bei Allifä. Unter den
Gefangenen fanden sich auch viele Freiwillige aus dem Volke der
Herniker, welches seit lange mit den Römern in engem Bündniß
war. Als Fabius diese zur Verantwortung nach Rom schickte,
erklärten die meisten Herniker, an ihrer Spitze Anagnia, den
Römern den Krieg. Dieser Abfall im Rücken des in Samnium
operirenden römischen Heeres verschaffte den Samnitern noch
einmal für kurze Zeit freie Hand, so daß sie den Consul Cornelius Arvina mit seinem Heere ins Gedränge brachten und
Sora und Calatia mit Sturm nahmen. Doch die Herniker
fochten nicht ihrem alten Ruhme angemessen; sie wurden noch in
demselben Jahr unterworfen, und damit erhielten in Samnium
die Römer wieder die Ueberhand.

Von ihren Bundesgenossen verlassen, baten die Samniter
um Frieden; doch die Unterhandlungen blieben ohne Erfolg, es
bedurfte noch eines Feldzuges im J. 305, um die Samniter
völlig zu bewältigen und zur Annahme der römischen Bedingungen
zu zwingen. Zwei consularische Heere der Römer drangen, das
eine von Campanien her, das andre vom adriatischen Meere am
Tifernus hinauf in Samnium ein und vereinigten sich in der
Nähe von Bovianum, der Hauptstadt des Landes. Bei Bovianum
und am Tifernus wurden die Samniter entscheidend geschlagen

und hierauf Bovianum erstürmt. Nach dem Verluste ihrer Hauptstadt gaben die Samniter den Widerstand auf; sie schickten Gesandte nach Rom wegen des Friedens, der ihnen gewährt ward
(304). Nach Livius wurde ihnen das alte Bündniß wieder
zugestanden, doch glaubwürdiger ist das Zeugniß des Dionysius,
daß sie Roms Oberhoheit anerkannt hätten. Eine Folge davon
war, daß sie ihre Ansprüche auf Lucanien aufgeben und ihrem
Bündniß mit den Marsern, Pelignern, Marrucinern und Fren-
tanern entsagen mußten, daß sie, auf den Umfang ihres Gebietes
beschränkt, in allen Verhältnissen nach Außen von Roms Macht-
geboten abhängig wurden.

Die Verhältnisse der besiegten Herniker wurden im Wesentlichen geordnet, wie 30 Jahre vorher die der Latiner. Ihr
Bund wurde aufgelöst. Drei Städte, welche nicht abgefallen
waren, behielten ihre Verfassung und das wechselseitige Eherecht
sowie das Commercium; die übrigen empfingen das römische
Bürgerrecht ohne Stimmrecht, sie verloren das Connubium und
Commercium und das Recht, gemeinsame Versammlungen zu
halten. Den Magistraten in den Gemeinden wurden, damit der
Gottesdienst nicht gestört werde, ihre priesterlichen Functionen
belassen, aber die Verwaltung und Jurisdiction übernahmen
römische Präfecten.

Die Aequer, welche, wie die Herniker, den Samnitern öfter
Soldtruppen gegen Rom geliefert hatten und nach Bezwingung
der Herniker ein ähnliches Loos befürchteten, hatten noch im letzten
Jahre des Samniterkrieges, als die Samniter schon durch Waffenstillstand gebunden waren, um sich der Knechtschaft zu entziehen,
fast insgesammt die Waffen ergriffen. Sie erlagen aber bald;
ihre 41 Ortschaften wurden innerhalb 50 Tagen erobert und
größtentheils verbrannt und zerstört, ihr Gesammtstaat ward fast
bis zur Vernichtung aufgelöst. Das Unglück der Aequer veranlaßte die Marser, Peligner, Marruciner und Frentaner, welche
noch unter den Waffen standen, in Rom Frieden und Freund-

schaft zu suchen. Es wurde ihnen ein Schutzbündniß zugestanden, aber schwerlich zu gleichen Rechten.

Aus der inneren Geschichte Roms erwähnen wir noch die Censur des Appius Claudius, der von dem Unglück, das ihn in seinem Alter traf, den Beinamen Cäcus (der Blinde) erhielt. Er war ein Mann von großen Fähigkeiten und ein ausgezeichneter Redner, aber besaß auch die alten Untugenden seiner Familie, Stolz und Herrschsucht und Plebejerhaß, in hohem Grade. Als er im J. 312 Censor ward, unternahm er zwei kühne Neuerungen, welche den Zweck gehabt zu haben scheinen, den plebejischen Adel, der zu den hohen Staatsämtern gewählt ward und im Senate saß, niederzudrücken und die ganze plebejische Gemeinde zu verfälschen, und außerdem sich in dem Senate und dem Volke eine Partei zu bilden, durch die er, ohne den Namen eines Gewalthabers, herrschen könnte. Er stieß nämlich viele ehrenwerthe Männer, namentlich solche, die seine persönlichen Feinde waren, aus dem Senate und ernannte Söhne von Freigelassenen zu Senatoren. Sein College, C. Plautius, der durch sein Veto diesen Unfug hätte verhindern können, legte statt dessen aus Scham sein Amt nieder; aber der Senat, die Consuln und Tribunen verwarfen die appische Senatorenliste, welche das Ansehen und das Dasein des Senates und der Aristokratie beider Stände völlig vernichtet haben würde. Die andere Neuerung dagegen setzte Appius durch; er nahm die ganze Masse der Freigelassenen (Libertinen) und der nicht grundsäßigen Bürger, von denen die ersteren wegen des Makels ihrer Geburt, die andern wegen des Mangels an Grundbesitz bisher keinen Antheil an den Tribus gehabt hatten, in die plebejische Gemeinde auf und gestattete ihnen, sich in die Tribus zu vertheilen. Dadurch erhielt diese niedere Classe von Menschen in den Volksversammlungen die Ueberhand und beherrschte die Abstimmungen, so daß die Wahlen und die Plebiscite von nun an in der Hand derer waren, welche jene Volksclasse zu gewinnen wußten, und der Staat beständigen

Unruhen und Erschütterungen ausgesetzt war. Appius setzte es auch sogleich durch seine Günstlinge durch, daß ihm die Censur über die gesetzmäßigen 18 Monate hinaus bis zur Ernennung der neuen Censoren verlängert wurde; als er jedoch im 4. oder 5. Jahre seiner Censur auch zum Consul gewählt wurde, zwang ihn der Tribun L. Furius, die Censur niederzulegen, indem er drohte, ihn als Empörer in den Kerker führen zu lassen. Die Gefahr, welche das durch Appius in die Bürgergemeinde einge= führte revolutionäre Element dem Staat brachte, wurde übrigens im J. 304 von Q. Fabius, dem berühmten Besieger der Samniter, der damals Censor war, wieder beseitigt; er warf alle neuen Bürger in die vier städtischen Tribus zusammen, wodurch ihr Einfluß in den Comitien gebrochen wurde. Von dieser rettenden That soll er den Beinamen Maximus (der Große) empfangen haben, so daß er also von nun an erst den vollen Namen Q. Fabius Maximus Rullianus führte.

Der dritte Samniterkrieg. Die letzten Kämpfe mit den Hetruskern.

Nach der Ueberwältigung der Samniter waren die Römer eifrig bemüht, ihre Errungenschaften zu sichern. Ihr Haupt= augenmerk ging vor der Hand dahin, durch völlige Unterwerfung Mittelitaliens den Süden von dem Norden, die Samniter von den Hetruskern zu trennen. Daher wurde im östlichen Volsker= lande, an der Grenze von Samnium, die Colonie Sora wieder neu gegründet und mit 4000 M. besetzt; ferner wurde eine Straße, die valerische, ins Land der Marser geführt und durch zwei starke Festungen gedeckt, durch Carseoli im Lande der Aequer und Alba Fucentia im Marserlande; letzteres erhielt eine Be= satzung von 6000 M. Eine zweite Straße, die spätere flaminische, ward zur Deckung der Tiberlinie und zur Eröffnung Umbriens angelegt; sie führte über Ocriculum nach der alten umbrischen Festung Nequinum, die von nun an, seit eine römische Colonie hinein verlegt war, Narnia hieß. Die Vestiner und Picenter am abriatischen Meere wurden zu römischen Bundesgenossen angenommen.

Im Osten und Westen, von Apulien und von Campanien her waren die Samniter von der römischen Herrschaft schon eingeschlossen, jetzt sahen sie, wie durch die Straßen und Festungen an ihrer nördlichen Grenze ihre Umstrickung immer vollständiger wurde, und beschlossen, so lange es noch möglich war, das Netz zu zerreißen. Noch waren die neuen Festungen nicht vollendet, noch war Mittelitalien in Gährung und zum Theil, wie die Marser und Aequer, welche sich das Joch der Festungen nicht wollten auflegen lassen, in offenem Aufstand; im Norden regten sich die Gallier wieder, und einzelne Gemeinden im nördlichen Hetrurien standen noch immer unter den Waffen. Unter Benutzung dieser günstigen Umstände konnte vielleicht die Freiheit noch gerettet werden. Die Samniter griffen also ohne Säumen aufs neue zu den Waffen, obgleich von dem kaum geendeten 22jährigen Kriege her noch alle Wunden bluteten, und fielen (298) in Lucanien ein, um die Lucaner zu zwingen, mit ihnen gegen Rom gemeinsame Sache zu machen. Diese, in mehreren Treffen besiegt, wandten sich um Hülfe nach Rom und erlangten das römische Bündniß. Als hierauf die Römer Gesandte an die Samniter schickten, mit der Forderung, daß sie das Land ihrer Bundesgenossen räumen und denselben den angerichteten Schaden ersetzen sollten, kamen ihnen Abgeordnete der Samniter an der Grenze ihres Landes entgegen und erklärten, wenn sie sich in Samnium auf irgend einer Versammlung betreten ließen, so würden sie nicht ohne Mißhandlung wegkommen. Die römischen Gesandten kehrten heim, und der Krieg wurde erklärt.

Der dritte Samniterkrieg dauerte 8 Jahre, von 298 bis 290. Im ersten Jahre wurde sowohl gegen die Samniter wie

gegen ihre Bundesgenossen, die Hetrusker, gekämpft; da aber im
zweiten Jahre die Hetrusker, weniger ausdauernd als die Samniter,
sich schon zum Frieden geneigt zeigten, so konnten die Römer
ihre beiden Consuln nach Samnium schicken. Der eine derselben,
Q. Fabius Maximus, schlug die Samniter am Tifernus, und
sein College P. Decius Mus die Apulier, welche den Samnitern
zu Hülfe gezogen waren, bei Maleventum, worauf beide das
feindliche Land fünf Monate lang ungehindert verwüsteten. Aus
eigenen Kräften konnten die Samniter nicht lange mehr widerstehen. Um daher die Hetrusker von dem beabsichtigten Sonder-
frieden abzuhalten, versprach der Feldherr der Samniter, Gellius
Egnatius, daß er mit einem großen Heere ihnen im eigenen
Lande Hülfe bringen wolle. Dies ermuthigte die Hetrusker zur
Fortsetzung des Krieges, und sie zogen auch die Umbrer in den
Bund und riefen die Gallier zur Theilnahme auf. So zog sich
eine große Gefahr gegen Rom zusammen, in Samnium und in
ganz Norditalien wurde mit Eifer gerüstet.

Das Jahr 396 verging unter Rüstungen und Märschen.
Die Samniter stellten drei große Heere auf; das eine war zur
Vertheidigung des eigenen Landes, das andere zum Einfall in
Campanien bestimmt, mit dem dritten zog Egnatius durch das
marsische und umbrische Gebiet zwischen den römischen Festungen
hindurch nach Hetrurien, wo sogleich Alles wieder die Waffen
ergriff und die Gallier auf den Ruf der Hetrusker in zahlreichen
Schaaren herbeiströmten. Auf die Kunde hiervon machten die
Römer die größten Anstrengungen; sie rüsteten fünf Heere aus
und wählten für das J. 295 ihre berühmtesten Feldherrn zu
Consuln, den Fabius Maximus und seinen Freund und Waffen-
genossen Decius Mus, mit dem er jetzt zum drittenmal gemeinschaftlich Consul war. Diesen wurde der Krieg im Norden
übertragen gegen die verbündeten Samniter, Hetrusker, Umbrer
und Gallier; ihre beiden Heere betrugen zusammen an 60,000 M.,
unter denen über ein Dritttheil römische Vollbürger waren.

Außerdem wurde eine zweifache Reserve aufgestellt, die eine in Hetrurien bei Falerii, die andere vor Rom; ein fünftes Heer zog nach Samnium, um dort den Krieg fortzusetzen.

Im Frühjahr 295 vereinigten die beiden Consuln ihre Heere in Hetrurien und zogen dann über den Apennin nach Umbrien, wo die feindlichen Heerschaaren, den Römern an Zahl weit überlegen, sich in der Nähe von Sentinum aufgestellt hatten. Die Samniter und Gallier wollten vereinigt die Schlacht schlagen, während die Hetrusker und Umbrer das römische Lager angreifen sollten. Aber Fabius vereitelte diesen Plan; er schrieb an die Befehlshaber der Reserveheere, die bei Falerii und vor Rom standen, sie sollten gegen Clusium vorrücken und das hetruskische Gebiet verheeren, so sehr sie vermöchten. Kaum hörten die Hetrusker die Nachricht von der Verwüstung ihres Landes, so zog der größte Theil derselben in ihre Heimat ab; und auch die Umbrer müssen sich zugleich von ihren Bundesgenossen getrennt haben, denn in der nun folgenden Schlacht waren sie nicht zugegen. Diese wurde blos von den Galliern und Samnitern geschlagen.

Auf dem rechten Flügel standen die Gallier, auf dem linken die Samniter. Decius stellte sich den Galliern gegenüber, Fabius den Samnitern. Beide Feldherrn kämpften in verschiedener Weise; während Fabius, seiner Gewohnheit gemäß, sich einen großen Theil des Tages gegen den stürmenden Andrang des Feindes nur abwehrend verhielt, um zuletzt, wenn der Feind seine Kräfte verbraucht habe, mit aller Macht den entscheidenden Schlag zu thun, ließ Decius gleich beim Beginn der Schlacht die ganze Fülle seiner Kraft gegen die Feinde los. Zweimal schon hatte seine Reiterei die gallische Reiterei geworfen; als sie aber zum drittenmal einfiel, da stürzten die gallischen Streitwagen unter furchtbarem Getöse der Rosse und Räder gegen sie heran, daß ihre Pferde wie betäubt auseinander stoben und sich verwirrend in die Reihen ihrer Legionen warfen. Schon wandten sich,

während das gallische Fußvolk nachdrang, die Römer zur Flucht,
da ließ Decius, dem Beispiele seines Vaters am Vesuv folgend,
sich die Todesweihe geben und stürzte sich, den Tod suchend, in
die dichten Schaaren der Gallier. Das brachte eine Wendung.
Betäubt vor Schrecken, blieben die Gallier stehen, die Römer
griffen mit neuem Muthe an, und als nun auch von dem Flügel
des Fabius Hülfsmannschaft herankam, so zogen sich die Gallier
zurück und stellten sich in geschlossener Linie hinter ihren aufge-
pflanzten Schilden auf. Während sie hier von den Geschossen
der Römer bedrängt wurden, stürmten die Samniter in voller
Flucht an ihnen vorbei, ihrem Lager zu. Fabius hatte, als er
ihre Kräfte ermattet sah, plötzlich einen so gewaltigen Angriff
auf sie gethan, daß sie nicht widerstehen konnten. Während er
jetzt einen Theil seiner Truppen den Galliern in den Rücken schickte,
verfolgte er die flüchtigen Samniter und eroberte ihr Lager.
Gellius Egnatius fiel am Thore des Lagers. Zu gleicher
Zeit wurden die Gallier von allen Seiten umringt und niedergemacht.

Die Schlacht bei Sentinum war für den Krieg entscheidend.
25,000 Gallier und Samniter lagen auf der Wahlstatt, 8000
waren gefangen. Die Reste der Gallier verliefen sich in ihre
Heimat; von den entkommenen, nach Hause eilenden 5000
Samnitern hieben die Peligner in ihrem eigenen Lande noch an
1000 M. nieder. Die Coalition der genannten Völker war
zersprengt. Umbrien blieb in der Gewalt der Römer; die Hetrusker,
von dem Proprätor Cn. Fulvius und darauf von Fabius in
ihrem eigenen Lande geschlagen, erhielten einen Waffenstillstand
auf 40 Jahre.

Die Samniter allein legten die Waffen nicht nieder. Mit
verzweifeltem Muthe rüsteten sie neue Heere aus, und sie scheinen
im folgenden J. 294 dem Consul M. Atilius bei Luceria
empfindliche Verluste beigebracht zu haben, in Folge deren sie in
Campanien eindringen und das Gebiet der römischen Colonie

Interamna am Liris verwüsten konnten. Doch unter ähnlichen Verhältnissen, wie im J. 309 Papirius Cursor bei Longula, vernichtete dessen gleichnamiger Sohn im J. 293 die vorjährigen Erfolge der Samniter bei Aquilonia. Auch diesmal hatten die Samniter wieder große Anstrengungen gemacht. Sie hatten ein Heer von 40,000 M. aufgeboten, die Kerntruppen Samniums, und aus diesen wieder 16,000 M. auserlesen, welche mit glänzenden Waffen und hochbebuschten Helmen geschmückt, durch alterthümliche Zauberformeln geweiht und gefeiet und durch schwere Eide gebunden waren, zu siegen oder zu sterben. Papirius wagte nicht sogleich, ein so stolzes, zum Tode entschlossenes Heer anzugreifen; nachdem er aber durch kleinere Gefechte die Erbitterung und Kampflust seiner Soldaten erweckt, nachdem er ihnen zu Gemüthe geführt, daß ein Helmbusch keine Wunde mache, daß der römische Wurfspieß bemalte und vergoldete Schilde ebenso gut durchbohre, wie andere, stellte er sie zur entscheidenden Schlacht auf. Die Wärter der heiligen Hühner, welche der Sitte gemäß dem Heere ins Feld folgten, theilten die allgemeine Kampfeslust, und als am Morgen des Schlachttages die Hühner nicht fressen wollten und also von dem Treffen abmahnten, erlaubte sich ein Hühnerwärter zu lügen und dem Consul die erfreuliche Freßlust seiner Hühner zu melden. Der Consul erfuhr noch vor der Schlacht die Unwahrheit dieser Aussage, doch er sprach: „Wenn der, welcher des Götterwillens wahrzunehmen hat, mir einen falschen Bericht gibt, so fällt die Verantwortung auf ihn; für das römische Volk und unser Heer ist nun einmal die mir gemeldete erfreuliche Freßgier der Hühner zur herrlichsten Vorbedeutung geworden", — und befahl, die Hühnerwärter vorn in die Linie zu stellen. Noch ehe es zum Schlachtgeschrei und Angriff kam, sank der lügnerische Hühnerwärter, von einem Wurfspieß getroffen, zu Boden. „Die Götter walten in der Schlacht! Die Strafe hat das Haupt des Schuldigen getroffen!" rief der Consul, während ein Rabe hell krächzend vorüberflog, und ließ

zum Angriff blasen. Es begann ein fürchterliches Treffen. Die
Samniter wichen keinen Schritt, obgleich die Römer mit Wuth
sich in sie einwühlten. Schon näherte sich das Gemetzel den
samnitischen Fahnen, da erhob sich von der Seite hinter den
Samnitern eine mächtige Staubwolke. Es waren mehrere römische
Cohorten, hinter welchen die Holzknechte auf den Maulthieren des
Trosses ritten und, um den Staub aufzurühren, belaubte Zweige
an der Erde hinzogen; so hatte es der Consul befohlen, um den
Schein zu erregen, als käme das Heer seines Collegen Carvilius
heran, der das 4 Meilen entfernte Cominium belagerte. Zu
gleicher Zeit ließ Papirius seine Reiterei in den erschreckten Feind
stürmen. Es dauerte nicht lange, so war das ganze samnitische
Heer auf der Flucht. Noch vor Abend wurde das Lager der
Samniter und die Stadt Aquilonia erstürmt. Diese wurde geplündert und dann niedergebrannt. An demselben Tage brannte
der andere Consul die Stadt Cominium nieder. Bis zum Beginn
des Winters zogen beide Consuln in Samnium umher, verwüsteten
das Land und eroberten noch mehrere Städte.

Trotz der ungeheuren Verluste des J. 293 setzten die
Samniter den Krieg fort. Sie brachten sogar im J. 292 dem
Consul Q. Fabius Maximus Gurges, dem Sohne des Fabius
Rullianus, eine bedeutende Niederlage bei. Dies benutzten die
Feinde der Fabier, an ihrer Spitze wahrscheinlich Appius Claudius
Cäcus, die Entsetzung des Fabius Gurges zu beantragen; aber
sein Vater wandte die Schmach ab, indem er vor dem Volke
versprach, den Sohn als Legat ins Feld begleiten zu wollen, und
so gewann denn Fabius Gurges bald darauf einen großen Sieg,
durch welchen die Kraft der Samniter soweit gebrochen ward,
daß sie sich zum Frieden neigten. In dieser Schlacht wurde auch
der Feldherr der Samniter, Pontius, der Sieger von Caudium
oder dessen Sohn, gefangen; er schmückte den Triumphzug des
Fabius Gurges und wurde dann gegen alles Völkerrecht ungroß-
müthig im Gefängniß enthauptet.

Der alte Fabius Rullianus starb nicht lange nach dem Siege seines Sohnes, nachdem er fünfmal Consul gewesen und seinem Vaterlande die größten Dienste geleistet hatte. Das Volk ehrte den geliebten Mann dadurch, daß es ohne Unterschied zu seinem Begräbniß beisteuerte; da aber sein Haus reich war, so verwandte sein Sohn Gurges die Gaben zu einem allgemeinen Mahle für das Volk.

Seit dem Siege des Fabius Gurges hören wir nichts mehr von erheblichen Waffenthaten in Samnium. Im J. 290 schloß der Consul Manius Curius Dentatus den Frieden ab, dessen Bedingungen nicht weiter bekannt sind. Im Ganzen scheinen die Samniter schonend behandelt worden zu sein. Die Römer waren ihrer endlichen Unterwerfung doch sicher und begnügten sich vor der Hand, sie von allen Seiten mit ihrer Macht zu umzingeln. Zu dem Ende gründeten sie namentlich auf der Grenze von Samnium, Apulien und Lucanien die Colonie Venusia, welche die umwohnenden Völker im Zaume halten sollte und die Verbindung der Samniter mit den Lucanern und Tarent abschnitt. Die Colonie erhielt die ungewöhnlich starke Besatzung von 20,000 Mann. Nördlich von den Samnitern wurde in den Abruzzen und in der Nähe des adriatischen Meeres die starke Festung Hadria angelegt, und die Sabiner wurden zu Unterthanen gemacht.

Seit 1½ Jahrhunderten hatten die Sabiner mit Rom in gleichem Bündniß gestanden, ohne zu irgend welcher Dienstleistung im Kriege verpflichtet zu sein, und der lange Frieden hatte ihren Wohlstand ungemein gehoben. Als aber vor einigen Jahren Gellius Egnatius durch ihr Land nach Hetrurien zog, waren sie ihm mehr als billig zu Diensten gewesen, und da sie deswegen die Strafe der Römer fürchteten, so griffen sie zu den Waffen und fielen im J. 290 mit einem sehr zahlreichen Heer in die römische Landschaft ein. Als jedoch der Consul des Jahres, M. Curius, mit Umgehung ihres Heeres verwüstend in ihr Land drang, zerstreuten sie sich und eilten, die einzelnen bedrohten Orte zu schützen. Dadurch wurde es dem Curius leicht, sie zu bewältigen. Sie erhielten das römische Bürgerrecht ohne Stimmrecht, und ein großer Theil ihres fruchtbaren, an Oel und Reben und jeglichen Früchten reichen Landes — sämmtliches Gemeindeland — wurde in Parzellen von je 7 Morgen an römische Bürger vertheilt. Dadurch wurde vielen durch die langen Kriege erschöpften und verarmten Bürgern wieder aufgeholfen. Auch dem Curius wollte der Senat 500 Morgen des eroberten Landes überlassen; aber Curius, ein Muster alterthümlicher Einfachheit und Nüchternheit, in einem Zeitalter, in welchem schon die vornehmen römischen Familien sich dem Luxus und feineren Lebensgenusse zuwandten, begnügte sich mit dem gewöhnlichen Maß von 7 Morgen. Auf diesem Gütchen, das er selbst bebaute, trafen ihn in einfacher Bauernhütte die Gesandten der Samniter, welche mit vielem Gelde kamen, um milde Friedensbedingungen zu erlangen, während er eben, auf einer hölzernen Bank am Heerde sitzend, von hölzernem Teller ein Gericht Rüben aß, das er sich selbst in der Asche gebraten. Er wies lächelnd ihr Gold zurück mit den Worten: „Wem ein solches Mahl genügt, der bedarf eures Goldes nicht; für mich ist es ehrenvoller, solche, die Gold besitzen, zu besiegen, als selbst Gold zu haben."

Die Hetrusker hatten zum Theil noch nach dem J. 294 den Krieg gegen Rom fortgeführt, ohne daß jedoch etwas Erhebliches geschah. Dies Volk war unter sich selbst zerfallen;' die im Osten Hetruriens liegenden Städte, welche von den nahen Galliern bedroht waren, wie namentlich Arretium, hielten sich an Rom, die im Südwesten suchten aus Furcht vor der römischen Herrschaft bei den Galliern Hülfe und geriethen dadurch in Haß und Feindschaft mit ihren Stammgenossen auf der andern Seite. So kam es, daß die Volsinier die senonischen Gallier gegen Arretium herbeiriefen und dies gemeinschaftlich mit ihnen belagerten

(284). Das Heer, welches die Römer unter dem Prätor L. Cäcilius Metellus den Arretinern zu Hülfe schickten, wurde unter den Mauern der Stadt von den Senonen vernichtet; Cäcilius selbst fiel mit 13,000 M. Als hierauf an die Senonen, welche mit Rom in Bundesgenossenschaft standen, eine römische Gesandtschaft abging, um wegen des Friedensbruches Beschwerde zu führen und die Herausgabe der Gefangenen zu fordern, wurden die Gesandten erschlagen. Allein die Rache blieb nicht lange aus. Im nächsten J. 283 rückte der Consul P. Cornelius Dolabella ins Land der Senonen ein und rottete den ganzen Stamm aus. Zur Sicherung der Landschaft wurde die Colonie Sena Gallica (Sinigaglia) gegründet. Um das Geschick ihrer Stammgenossen zu rächen, erhoben sich noch in demselben Jahre die Bojer zwischen Apennin und Po; sie zogen mit den Resten der Senonen über den Apennin nach Hetrurien, um im Verein mit einem hetruskischen Heere auf Rom loszugehen und die verhaßte Stadt zu vernichten. In der Nähe des vadimonischen Sees wurde das vereinigte Heer bei dem Uebergang über den Tiber in einer äußerst blutigen Schlacht völlig geschlagen und zerstreut, und als sie im folgenden Jahr 282 den Einfall wiederholten, kämpften sie bei Populonia mit nicht besserem Glück. Hierauf schlossen die Bojer mit Rom Frieden, die Hetrusker aber wurden bis zum Jahre 280 vollends unterworfen. Die Römer waren damals in einen gefahrvollen Krieg verwickelt mit den unter-italischen Völkern und Tarent, das den König Pyrrhus herbeigerufen hatte; um gegen diese freie Hand zu haben, gestatteten sie den besiegten Hetruskern ein so mildes Bündniß, daß sie von nun an beinahe 200 Jahre lang Frieden hielten, während dessen ihr Wohlstand, ihre Gewerbe und Künste neu aufblühten.

Pyrrhus, König von Epirus.

Während die Römer noch mit den Hetruskern und Galliern zu kämpfen hatten, zog sich in Unteritalien ein neuer gefährlicher Krieg zusammen. Derselbe ging diesmal von den Lucanern aus, welche mit Rom im Bündniß standen und mit dessen Erlaubniß es unternahmen, die reichen, an ihrer Küste gelegenen Griechenstädte in ihre Gewalt zu bringen. Als sie jedoch in Gemeinschaft mit den Bruttiern die Stadt Thurii angriffen, begab sich diese in den Schutz und die Botmäßigkeit der Römer, welche nun an die Lucaner die Forderung stellten, von Thurii abzulassen. Die Lucaner und Bruttier gedachten nicht zu gehorchen; sie traten in geheime Unterhandlungen mit den Tarentinern und Samnitern, und als die Römer, auf die gefährliche Bewegung aufmerksam gemacht, sie durch eine Gesandtschaft vor Neuerungen warnen ließen, hielten sie die Gesandten als Gefangene zurück und griffen Thurii, in welchem jetzt eine römische Besatzung lag, aufs neue an (285). Bei diesen Bewegungen entwickelten die Tarentiner, welche die römische Macht von ihren Grenzen fernzuhalten strebten, eine ganz besondere Thätigkeit; sie brachten nicht blos das Bündniß der unteritalischen Völker zu Stande, sondern reizten auch die Hetrusker, Umbrer und Gallier zu neuer Schilderhebung gegen Rom. Wir haben am Ende des vorigen Capitels gesehen, wie die Römer bis zum J. 382 die Gefahr im Norden niederschlugen, worauf sie auch freie Hand im Süden erhielten. In diesem Jahre besiegte der Consul C. Fabricius Luscinus die Lucaner und Bruttier vor Thurii, das sie noch immer belagerten, in einer blutigen Schlacht, in welcher nicht weniger als 20,000 Feinde erschlagen und 5000 gefangen wurden, unter letztern auch ihr Feldherr Statilius. Thurii war wieder im freien Besitz der Römer, und die meisten andern Griechenstädte jener Gegend schlossen sich jetzt den Römern an und wurden mit römischen

Besatzungen versehen. Auch über die Samniter gewann Fabricius erhebliche Vortheile.

Tarent hatte bis dahin noch nicht zu den Waffen gegriffen. Es war die reichste und mächtigste Griechenstadt in Italien und fürchtete schon lange die immer näher heranrückende Herrschaft der Römer; aber seine leichtsinnigen, in Wohlleben und Weich- lichkeit erschlafften Bürger fürchteten ebenso sehr den Krieg und die Gefahr und konnten unter der Herrschaft einer zügellosen Demokratie und gewissenloser Demagogen zu keiner kräftigen und consequenten Politik gelangen. Sie hatten die Samniter, ihre mächtige Vormauer gegen Rom, in langen Kriegen sich verbluten lassen, ohne einen Arm zu rühren, höchstens hatten sie einmal in übermüthiger Selbstüberschätzung eine friedliche Intervention versucht. In den letzten Jahren sahen sie auch ruhig zu, wie die Lucaner, die sie doch zum Kriege gehetzt, niedergeworfen wurden; und nun standen die Römer fast vor ihren Thoren, ge- stützt auf ihre mächtigen Festungen Venusia, Thurii, Croton u. a. Hatten sie bis dahin kurzsichtig und aus Scheu vor Anstrengung und Gefahr immer die rechte Zeit zum Handeln vorbeigehen lassen, so zogen sie jetzt auf einmal höchst ungerechtfertigt und in leichtsinnigster Weise das Eisen der Römer gegen sich.

Im Anfang des J. 281 legten sich zehn römische Kriegs- schiffe auf ihrer Fahrt nach dem adriatischen Meere arglos in dem tarentinischen Hafen vor Anker, unbekümmert um den vor 20 Jahren mit Tarent abgeschlossenen, aber seitdem durch die veränderte Lage der Dinge veralteten und fast vergessenen Vertrag, worin die Römer versprochen hatten, nicht über das lakinische Vorgebirg hinaus zu schiffen, den Meerbusen von Tarent nicht zu befahren. Als die Tarentiner, welche eben im Theater ver- sammelt waren, die römischen Schiffe in ihrem Hafen sahen, ge- riethen sie in die größte Aufregung und stürzten, gehetzt von den Demagogen, in die bereitstehenden Trieren, um über die römischen Schiffe herzufallen. Es entstand ein heftiger Kampf, in welchem

der Anführer der Römer fiel und fünf seiner Schiffe genommen
wurden; die Mannschaft derselben wurde hingerichtet oder in die
Sclaverei verkauft. Nach diesem tollen Streich zogen die Tarentiner
sogleich gegen Thurii und eroberten es.

In dem römischen Senat verlangte ein Theil sofortige Kriegserklärung an Tarent; allein die ruhige Ueberlegung siegte. Es
lag viel daran, daß die Tarentiner noch eine Zeitlang in Neu-
tralität erhalten würden, damit man in den übrigen Theilen
Italiens die Herrschaft erst befestigen könne; auch wollte man
verhüten, daß der König Pyrrhus von Epirus in die italischen
Begebenheiten hereingezogen werde. Denn man wußte, daß die
Tarentiner in Aussicht eines römischen Krieges bereits Unterhandlungen mit demselben gepflogen hatten, ohne jedoch bis jetzt
zu einem Ziele zu kommen. Der Senat beschloß daher, in
mildester Weise gegen die Tarentiner vorzugehen. Er schickte
unter der Führung des L. Postumius eine Gesandtschaft, welche
den Frieden an mäßige Bedingungen band: Entlassung der Gefangenen, Rückgabe von Thurii, Auslieferung der Urheber der
Feindseligkeit. Aber statt der Genugthuung fanden die Gesandten
nur Spott und Hohn; die ungezogene Menge verhöhnte sie wegen
ihrer Kleidung, der purpurnen Toga, und als Postumius in der
Volksversammlung sprach, wurde er ausgelacht, weil er nicht ge-
läufig und correct griechisch sprach; ja ein Possenreißer beging
die Frechheit, das Kleid des Postumius in schamlosester Weise
zu beschmutzen, während die leichtsinnige Menge dazu jubelte und
lachte. Postumius sprach: „Diesen Flecken werdet ihr mit eurem
Blute auswaschen, euer Lachen wird sich in Weinen verwandeln,"
und verließ die Versammlung und die Stadt. Der römische
Consul L. Aemilius, der schon mit einem Heere in Samnium
stand, rückte sofort in das tarentinische Gebiet ein.

Noch immer zögerten die Römer um des Friedens willen.
Cäcilius enthielt sich der Feindseligkeiten und bot den Frieden
nochmals unter denselben Bedingungen an; als auch dies nicht

fruchtete und es zu einem Treffen gekommen war, in welchem die Tarentiner ohne Mühe geschlagen wurden, gab er die vornehmen Gefangenen ohne Lösegeld frei, denn er hoffte noch immer, daß die friedlich gesinnte aristokratische Partei in der Stadt die Oberhand erlangen würde. Es wurde auch heftig in der Stadt gestritten, aber zuletzt siegten die Demokraten, welche den Krieg wollten und die Verbindung mit dem König Pyrrhus. Der sollte ihre Stadt und die hellenische Cultur schützen gegen das Barbarenvolk der Römer. Die Gesandtschaft, welche an ihn abging, trug ihm den Oberbefehl über die Truppen der Tarentiner und ihrer Verbündeten an, der Lucaner, Samniter, Bruttier und italischen Griechen, und versprach, daß Tarent die Kriegskosten bezahlen werde und eine königliche Besatzung in ihre Mauern aufzunehmen bereit sei.

Pyrrhus leitete sein Geschlecht von Achilleus ab und war mit Alexander b. Gr. verwandt, ungefähr sieben Jahre nach dessen Tode geboren. Als junger Mann aus seinem Reiche vertrieben, hatte er in Gemeinschaft seines Schwagers Demetrius Poliorketes und des Vaters desselben, Antigonus, Theil genommen an den Kämpfen um das zerfallende Reich Alexanders und sich dabei als einen Mann von ausgezeichneter militärischer Tüchtigkeit erwiesen, so daß der alte Antigonus, einer der besten Feldherrn Alexanders, erklärte, es fehlten ihm zum größten Feldherrn nur die Jahre. Er gilt mit Recht für den besten Feldherrn aus Alexanders Schule. Dabei war er eine offene Soldatennatur, achtungswerth wegen der Reinheit seiner Sitten, ein kühner hochstrebender Mann, dem die Grenzen seines kleinen Reiches Epirus zu enge waren. Darum war ihm der Hülferuf der Tarentiner und ihrer Bundesgenossen sehr willkommen. Wie sein großer Verwandter, Alexander von Makedonien, im Osten, so gedachte er im Westen sich ein großes Reich zu erobern, das sich auf die vereinte Macht der italischen und sicilischen Griechen stützen sollte. Noch in demselben Herbste (281) schickte er seinen Feldherrn Milon mit 3000 M. voraus und ließ ihn die Burg von Tarent besetzen; im Anfang des nächsten Jahres folgte er nach mit seiner ganzen Macht: 20,000 Schwerbewaffneten, 2000 Bogenschützen, 500 Schleuderern, 3000 Reitern und 20 Elephanten.

Pyrrhus fand in Italien vieles anders, als er erwartet hatte. Die Gesandten, mit denen er den Vertrag abgeschlossen, hatten versprochen, daß die Tarentiner und ihre Bundesgenossen 350,000 M. Fußvolk und 20,000 Reiter ins Feld und unter sein Commando stellen würden; allein es war kein Mann von den Verbündeten zu sehen, und auch die Tarentiner hatten noch kein Heer zusammen. Sie selbst hatten zum Kriegsdienst wenig Lust, Pyrrhus sollte für sie fechten für ihr Geld. Doch der verstand die Sache anders; er fing sogleich an, nicht blos mit tarentinischem Gelde Truppen zu werben, sondern auch die dienstfähigen Leute aus der Bürgerschaft. auszuheben, und als das verweichlichte Volk sich störrig zeigte und sogar Miene machte, wieder mit den Römern in Unterhandlung zu treten, behandelte er, auf seine eigene Sicherheit bedacht, die Stadt wie eine eroberte. Er schloß die Spielplätze und Spaziergänge, verbot die Volksversammlungen, die Trinkgelage und Schmausereien, besetzte die Thore, daß Niemand entfliehen und sich dem Kriegsdienste entziehen konnte. „Lies mir nur starke und lange Leute aus, sprach er zu seinem Werber, tapfer will ich sie schon machen."

Die Römer, wohl wissend, mit welch einem Gegner sie es zu thun hatten, waren nicht unthätig geblieben. Sie hatten in die unzuverlässigen Städte Besatzungen gelegt, eine Kriegssteuer ausgeschrieben, von allen Bundesgenossen und Unterthanen das volle Contingent eingefordert und in der eigenen Bürgerschaft eine so ausgedehnte Aushebung gemacht, daß sogar die Proletarier, die sonst vom Dienste frei waren, zu den Fahnen gerufen wurden. Ein Heer blieb als Reserve zu Rom, ein zweites ging

nach Hetrurien, wo noch einige Städte unter den Waffen standen,
die Hauptmacht, wahrscheinlich vier Legionen, mit Einschluß der
Bundestruppen, etwa 60,000 Mann, wurde unter dem Consul
P. Valerius Lävinus nach Unteritalien geschickt. Lävinus rückte
in Eilmärschen durch Lucanien heran, um den Pyrrhus noch in
der Gegend von Tarent zu treffen und eine Verbindung desselben
mit den Samnitern und den andern Verbündeten zu verhindern.
Am Flusse Siris zwischen Heraklea und Pandosia stellte sich ihm
Pyrrhus zur Schlacht entgegen. Das römische Heer setzte unter
den Augen des Feindes mit Muth und vielem Geschick über den
Fluß und eröffnete die Schlacht durch ein hitziges Reitertreffen,
in welchem die Reiterei des Pyrrhus, nachdem er selbst vom
Pferde geworfen und verschwunden war, zurückgeschlagen wurde.
Pyrrhus wechselte schnell mit seinem Vertrauten Megakles die
Waffen und führte sein Fußvolk in das Treffen. Siebenmal
stürzten die griechische Phalanx und die römischen Legionen wider
einander, ohne Entscheidung; da fiel Megakles in der Rüstung
des Königs, und wiederum verbreitete sich Schrecken und Bestürzung in den griechischen Reihen, während die Römer ein lautes
Siegesgeschrei erhoben. Schon glaubte Lävinus des Sieges sicher
zu sein und warf seine ganze Reiterei dem Feind in die Seite.
Aber Pyrrhus eilte entblößten Hauptes durch seine Reihen und
zeigte sich überall, indem er laut seine Stimme ertönen ließ und
den Seinigen den Muth erneuerte. Gegen die Reiter schickte er
die Elephanten vor, und als die Pferde, durch die Ungethüme
erschreckt, sich zur Flucht wandten, schickte er ihnen seine treffliche
thessalische Reiterei zum Einhauen nach. Bald auch war das
römische Fußvolk durchbrochen, und die Flucht der Römer war allgemein. 7000 todte und verwundete Römer lagen auf dem Schlachtfeld, 2000 wurden gefangen; die Römer selbst geben, wahrscheinlich mit Einschluß der vom Schlachtfeld geretteten Verwundeten,
ihren Verlust auf 15,000 M. an. Aber auch Pyrrhus hatte an
4000 M. seiner besten Truppen und mehrere seiner tüchtigsten

Officiere verloren. Die römische Tapferkeit hatte ihm den Sieg theuer verkauft. Als er die Leichen der gefallenen Römer auf dem Schlachtfelde liegen sah, alle in Reih' und Glied, dem Feinde zugekehrt und auch jetzt noch mit trotzigen Gesichtern, rief er voll Bewunderung aus: „Mit solchen Soldaten wollte ich die Welt erobern."

Die Erfolge des Sieges bei Heraklea waren für Pyrrhus höchst bedeutend. Er hatte sein Feldherrntalent glänzend bewährt, und die Völker Unteritaliens, Samniter, Lucaner, die Bruttier und die Griechenstädte, schlossen sich ihm jetzt vertrauend an. Lävinus mußte Lucanien räumen und zog sich nach Apulien zurück. Doch Pyrrhus mußte wohl jetzt schon erkennen, daß er mit diesen verschiedenartigen, wenig zuverlässigen Bundesgenossen und den eignen geringen Mitteln einem so tapferen Volke, wie die Römer sich erwiesen hatten, und einer so festgeschlossenen Macht auf die Dauer nicht werde Stand halten können, und suchte daher den frischen Eindruck der gewaltigen Schlacht zu benutzen, um einen günstigen Frieden abzuschließen. Er schickte seinen vertrauten Minister, den Thessalier Kineas, den seine Zeit mit dem Redner Demosthenes verglich, nach Rom und bot den Frieden an unter der Bedingung, daß die Römer der Herrschaft über die griechischen Städte, über die Samniter, Daunier (in Apulien), Lucaner und Bruttier entsagten. Der gewandte Kineas trug im Auftrage seines Herrn auf alle Weise dessen Achtung vor der römischen Tapferkeit zur Schau und wußte durch die feinen diplomatischen Künste, welche an den griechischen Diadochen-höfen zu Hause waren, durch Schmeicheleien und Geschenke den König in den vornehmen Familien bei Männern und Frauen so in Gunst zu setzen, daß zu erwarten stand, der Senat werde auf die Vorschläge des Pyrrhus eingehen. Doch der blinde Appius Claudius, der schon lange wegen seines Alters sich von dem öffentlichen Leben zurückgezogen hatte, brachte die wankenden Gemüther wieder auf den rechten Weg. Er ließ sich in einer

Sänfte in den Senat tragen, wo eben über die Anträge des Königs verhandelt wurde, und nachdem er seine Strafrede mit den Zornesworten begonnen hatte: „Bisher, ihr Römer, bedauerte ich den Verlust meiner Augen, jetzt aber schmerzt es mich, daß ich nicht auch taub bin, sondern eure schimpflichen Rathschläge und Beschlüsse hören muß, welche den Ruhm der Römer zu Schanden machen", sprach er zuletzt den Grundsatz aus, daß von Frieden mit König Pyrrhus nicht die Rede sein könne, so lange er auf italischem Boden stehe. Kineas kehrte unverrichteter Sache zu dem König zurück, der unterdessen bis nach Campanien vorgerückt war. Der Senat sei ihm vorgekommen, sagte er zu seinem Herrn, wie eine Versammlung von Königen, die Menge des römischen Volkes erinnere ihn an die lernäische Schlange, der bei jedem Hieb statt Eines Kopfes zwei hervorwuchsen; schon habe der Consul wieder ein doppelt so großes Heer zusammen, und noch seien vielmal so viel Römer übrig.

Gleich nach der Rückkehr des Kineas rückte Pyrrhus gegen Rom vor, um sich zugleich mit den Hetruskern zu vereinigen, und er kam, ohne Widerstand zu finden, bis nach Anagnia, 16 Stunden von Rom. Aber in Rom stand noch das Reserveheer, Lävinus, der sein Heer wieder ergänzt hatte, bedrohte ihn im Rücken, und der andere Consul, Tiberius Coruncanius, kam von Norden, nachdem er sich beeilt, mit den Hetruskern Frieden zu schließen. Mit einer solchen Heeresmacht war nicht anzubinden, zumal da die latinischen Städte sämmtlich den Römern treu blieben; Pyrrhus zog sich zurück und nahm sein Winterquartier in Tarent.

Während des Winters schickten die Römer eine Gesandtschaft an Pyrrhus, um wegen der Auslösung der Gefangenen mit ihm zu unterhandeln. Sie wählten dazu ihre ausgezeichnetsten Männer, den C. Fabricius Luscinus, den Sieger von Thurii, P. Cornelius Dolabella, den Bezwinger der Senonen, und O. Aemilius Papus, den Besieger der Bojer, drei ehrwürdige Consulare. In den

Erzählungen über diese Gesandtschaft spielt besonders Fabricius eine Rolle, wie sein Freund Curius Dentatus, ein Mann von großer Einfachheit und alterthümlicher Sittenstrenge. Da Pyrrhus die Hoffnung auf Frieden noch nicht aufgegeben hatte, so suchte er den Fabricius für sich zu gewinnen und bot ihm eine große Summe Geldes als einen Beweis seiner Freundschaft und Hochachtung an. Aber der Römer wies das Geschenk zurück. Nachdem der Versuch der Bestechung mißlungen war, versuchte es Pyrrhus, durch Schrecken auf ihn zu wirken. Er ließ am folgenden Tage, als er wieder eine Unterredung mit Fabricius hatte, seinen größten Elephanten im Rücken desselben hinter einem Vorhange aufstellen; auf ein gegebenes Zeichen wurde der Vorhang weggezogen, und das Thier streckte unter furchtbarem Gebrüll seinen Rüssel über dem Haupte des Fabricius aus. Dieser aber ließ sich nicht aus der Fassung bringen; er sprach lächelnd zu dem König: „So wenig gestern dein Gold einen Eindruck auf mich machte, so heute dein Elephant." Wieviel Wahrheit an diesen Erzählungen ist, lassen wir dahingestellt sein. Manches mag von den Römern erdichtet worden sein in dem Bestreben, bei ihrem ersten Zusammentreffen mit einem Vertreter des feingebildeten östlichen Griechenthums die ungeschminkte Tugend des alten Römerthums in ein glänzendes Licht zu setzen. Pyrrhus gab die römischen Gefangenen nicht frei, allein er erlaubte ihnen sämmtlich, zur Feier der Saturnalien nach Rom zu gehen, gegen das Versprechen, daß sie zur bestimmten Zeit wieder zurückkehren wollten, falls bis dahin noch kein Friede geschlossen sei; er hoffte, daß die Beurlaubten und ihre Angehörigen zu Rom für den Frieden wirken würden. Allein der Senat gewährte den Frieden nicht und bedrohte diejenigen Gefangenen, welche nicht zu rechter Zeit zu Pyrrhus zurückkehren würden, mit dem Tode.

Im nächsten Frühjahr 279 rückte Pyrrhus in Apulien ein, wohin die beiden römischen Consuln ihm entgegenzogen. Bei Asculum kam es zur Schlacht. Pyrrhus hatte eine Streitmacht von ungefähr 70,000 M., bestehend aus seinen heimischen Truppen, der Bürgerwehr von Tarent (den s. g. Weißschilden), Lucanern, Bruttiern und Samnitern; auf römischer Seite stand ungefähr die gleiche Zahl, außer 20,000 römischen Bürgern die Latiner, Campaner, Volsker, Sabiner, Umbrer, Marruciner, Peligner, Frentaner und Arpaner. Auf beiden Flügeln hatte Pyrrhus seine Phalanx aufgelöst und nach Art der römischen Manipularstellung, deren Vorzüge er erkannt hatte, in einzelnen kleineren Abtheilungen aufgestellt, so daß die weniger zuverlässigen Truppen der Tarentiner und Samniter zwischen den Abtheilungen seiner Epiroten standen. Das Centrum bildete die festgeschlossene Phalanx. Am ersten Schlachttage war Pyrrhus im Nachtheil, da er wegen der Ungunst des Terrains seine Streitkräfte nicht gehörig entwickeln und ins Gefecht bringen konnte; am zweiten Tage aber erreichte er durch Besetzung einiger wichtigen Punkte die Ebene und erfocht den Sieg, und zwar wiederum hauptsächlich durch seine Elephanten. Auf römischer Seite fielen 6000 M., auf der des Pyrrhus 3500 M.; da sich aber unter diesen ein großer Theil seiner Kerntruppen befand, die nicht so leicht zu ersetzen waren, wie die römischen Mannschaften, so war sein Verlust größer als der der Römer, und er soll zu einem seiner Freunde gesagt haben: „Noch ein solcher Sieg, und wir sind verloren." — Die Römer haben später die Schlacht bei Asculum für eine unentschiedene ausgeben wollen, ja Manche fabeln sogar von einem Sieg und der Todesweihe eines Decius, des Sohnes jenes Decius, der sich bei Sentinum dem Vaterlande geopfert hatte.

Pyrrhus war selbst in der Schlacht verwundet worden und sah sich daher gezwungen, den Feldzug dieses Jahres vor der Zeit abzubrechen und nach Tarent in die Winterquartiere zu gehen. Mit dem J. 278 standen ihm die beiden Consuln C. Fabricius und Aemilius Papus gegenüber. An Fabricius schickte der Leibarzt des Königs einen Brief, worin er ihm versprach, gegen eine ansehnliche Belohnung seinen Herrn durch Gift aus dem Wege zu räumen. Fabricius sandte den Brief an den König, und dieser soll, erstaunt über die Tugend des Mannes, ausgerufen haben: „Wahrlich, eher wird die Sonne ihre Bahn verlassen, als Fabricius den Weg der Tugend." Zum Beweis seiner Dankbarkeit entließ der König alle römischen Gefangenen ohne Lösegeld. Die Römer aber schenkten, um der Großmuth eines Feindes nichts zu danken zu haben, einer gleichen Zahl samnitischer und tarentinischer Gefangenen die Freiheit; den Frieden jedoch, welchen Pyrrhus aufs neue angeboten hatte, nahmen sie nicht an.

Im Frühjahr 278 verließ Pyrrhus plötzlich den Kriegsschauplatz in Italien, wo er mit seinen jetzigen Mitteln nichts glaubte ausrichten zu können, und zog nach Sicilien. Hier herrschte nach dem Tode des Agathokles (289), des Tyrannen von Syrakus, die größte Unordnung, und die unglückliche Insel war im Begriff, ganz in die Hände der Karthager zu fallen. Nur Syrakus widerstand noch, das von einer karthagischen Flotte und einem Landheer belagert ward. Da wandten sich die Syrakusier mit den Einwohnern von Agrigent und Leontini an Pyrrhus um Hülfe und trugen ihm die Herrschaft der Insel an, worauf er als Schwiegersohn des Agathokles einiges Anrecht hatte. Pyrrhus nahm den Antrag gerne an, er hoffte, wenn Sicilien in seine Gewalt gekommen wäre, mit neuen zureichenden Mitteln seine Ziele in Italien verfolgen zu können. Sobald jedoch die Karthager von den Absichten des Pyrrhus Kenntniß erhielten, schlossen sie ein Offensiv- und Defensivbündniß mit den Römern, das zum Zweck hatte, den Pyrrhus in Italien zurückzuhalten und zu vernichten.

Pyrrhus jedoch kam ungefährdet durch die karthagische Flotte, befreite Syrakus von der Belagerung und hatte sich in kurzer Zeit zum Herrn von fast ganz Sicilien gemacht. Nur Lilybäum an der westlichen Spitze der Insel war noch im Besitz der Karthager, und in Messana hausten noch die räuberischen Mamer-

tiner, frühere Miethstruppen des Agathokles. Die Karthager
boten ihm, unbekümmert um das römische Bündniß, den Frieden
an gegen den ungestörten Besitz von Lilybäum und versprachen
ihm sogar Geld und Schiffe, damit er nach Italien zurückgehen
und den Krieg dort erneuern könnte. Es war ihnen nur um
die Entfernung des Königs von der Insel zu thun. Pyrrhus
wies den Frieden zurück und baute sich selbst eine Flotte, die er
nöthig hatte bei einer Herrschaft, welche Epirus, Unteritalien und
Sicilien umfassen sollte. Indeß seine Herrschaft in Sicilien
zerbrach so schnell, wie er sie aufgerichtet hatte. Die Gemüther
der sicilischen Griechen, welche er von den Karthagern befreit
hatte, wandten sich bald wieder von ihm ab, da sie die straffen
Formen des Militärstaates, den er zu begründen begann, nicht
ertragen mochten. Die willkührliche Besetzung ihrer Städte, die
Pressung von Soldaten und Matrosen, die schweren Strafen,
welche er nach eignem Ermessen auferlegte, erbitterten sie, so daß
die bedeutendsten Städte thörichter Weise wieder Verbindungen
mit ihren alten Bedrängern, den Karthagern, anknüpften, um
den lästigen Befreier zu verdrängen. Durch den augenblicklichen
Druck beschwert, bedachten sie nicht, daß nach der Entfernung
des Pyrrhus, ihres Stammgenossen, sie bald wieder ein noch
härteres Joch der Barbaren, ihrer Nationalfeinde, zu tragen
haben würden. Pyrrhus hätte dem Treiben der treulosen Städte
ein Ende machen können, wenn er Lilybäum angegriffen und die
Karthager ganz von der Insel vertrieben hätte, aber er war kein
Mann consequenten Handelns; als er sich rings von Abfall und
Meuterei umgeben sah, zog er es vor, die Insel zu verlassen und
nach Unteritalien zurückzukehren, wo seine Anwesenheit allerdings
dringend nöthig war.

Während der Abwesenheit des Pyrrhus hatte das Schwert
der Römer unter seinen Bundesgenossen in Unteritalien gewaltig
aufgeräumt. Sie hatten in mehreren Schlachten schwere Verluste
erlitten, so daß sie kaum mehr aus ihren Städten und den

Wäldern sich herauswagten; nach dem Fall von Heraklea, Croton, Locri war das ganze Südufer Italiens in römischen Händen, mit Ausnahme Tarents, welches der königliche Feldherr Milon besetzt hielt, und Rhegiums, das eine meuterische campanische Legion den Römern wie dem Pyrrhus verschlossen hielt. Die Klagen der Samniter und Lucaner, welche eine Botschaft nach der andern schickten, blieben nicht ohne Eindruck auf das Herz des Pyrrhus, und zudem verlangte es seine Ehre, die Bundes- genossen nicht im Stiche zu lassen. Gegen Ende des J. 276 schiffte er sich auf der Flotte ein, ohne daß er jedoch seine Ab- sichten auf Sicilien aufgegeben hätte. Unterwegs stieß er auf die karthagische Flotte, die ihm in einem heißen Treffen beträcht- liche Verluste beibrachte, und seitdem war Sicilien unwiederbringlich für ihn verloren; denn auf die Kunde von diesem Unglück sagten sich die sicilischen Städte ganz von ihm los.

Pyrrhus kam nach Tarent mit 20,000 M. zu Fuß und 3000 Reitern. Aber dies waren meist neugeworbene Truppen; die alten erprobten Soldaten aus der Heimat waren größtentheils gefallen. Von den italischen Bundesgenossen war wenig mehr zu erwarten, und die Kasse des Königs war erschöpft. Unter solchen Umständen mußte er an der Verwirklichung seiner Pläne verzweifeln; es galt nur noch, die militärische Ehre zu retten. Im Frühjahr 275 rückte er, verstärkt durch Tarentiner und andre Hülfstruppen, in Samnium ein, wo der Consul M. Curius Dentatus den Winter über schlimm gehaust hatte und jetzt auf den Höhen bei Benevent in einem stark verschanzten Lager stand. Pyrrhus beeilte sich, ihm eine Schlacht zu liefern, ehe sein College Lentulus ihm von Lucanien her zu Hülfe kommen könnte. Aber eine Heeresabtheilung, welche er während der Nacht den Römern in den Rücken geschickt hatte, verirrte sich in den Wäldern und wurde am Morgen von Curius in die Berge zurückgeworfen, worauf er das Hauptheer des Pyrrhus in dem offnen Felde, in der arusinischen Ebene angriff. Hier brachten zuletzt wieder die

Elephanten die Entscheidung, aber diesmal zum Nachtheil des Pyrrhus. Die Römer hatten nämlich die gegen sie geschickten Thiere durch Brandpfeile, welche mit Widerhaken versehen waren, zurückgetrieben, so daß sie sich jetzt mit Wuth unter die eigenen Truppen stürzten. Die Niederlage des Pyrrhus war vollständig. Sein Lager wurde erobert, sein Heer zerstreut; mit wenigen Reitern kam er selbst nach Tarent zurück. Die Römer nahmen 1300 Mann gefangen und vier Elephanten, welche später im Triumphe aufgeführt wurden. Es waren die ersten Elephanten, die Rom sah.

Pyrrhus hatte 8000 M. zu Fuß und 500 Reiter aus der Schlacht bei Benevent gerettet. Da ihm die Mittel zu neuen Werbungen fehlten und von den italischen Bundesgenossen keine hinreichenden Mannschaften zu erlangen waren, so bat er den Antigonus, König von Makedonien, und andre griechische Fürsten um Geld und Soldaten. Diese Fürsten hatten ihn früher bei seiner Ausrüstung für Italien unterstützt, weil sie den unruhigen und gefährlichen Mann von der griechischen Halbinsel entfernt sehen wollten; jetzt aber fürchteten sie ihn nicht mehr und schlugen ihm die Unterstützung ab. Deswegen kehrte er im Anfang des J. 274 in sein Königreich zurück, ließ aber unter Milon eine Besatzung in der Burg Tarent, da er später unter günstigeren Umständen den Krieg in Italien zu erneuern gedachte. In Griechenland verwickelte er sich bald in neue Kämpfe, in denen er im J. 372 seinen Tod fand. Bei der Erstürmung von Argos warf ihm ein Weib, während er eben ihren Sohn niederhauen wollte, einen Ziegelstein auf den Kopf, daß er besinnungslos zu Boden sank; als er sich eben zu erholen begann, schnitt ihm ein Soldat den Kopf ab.

Pyrrhus starb, nachdem er mit eignen Augen alle seine Pläne hatte scheitern sehen. Er war, wie Antigonus von Makedonien von ihm sagte, ein Würfelspieler, der von vielen glücklichen Würfen keinen Gebrauch zu machen wußte. Das Erworbene befriedigte ihn nicht, nur das Erwerben, das Ringen und Wagen hatte Reiz für seinen unruhigen abenteuernden Sinn. Sein großer Plan, sich ein Reich im Westen zu gründen, wie Alexander im Osten, mißlang nicht blos deswegen, weil zu dieser Aufgabe seine Mittel nicht ausreichten und ihm das freie wehrhafte Römervolk entgegenstand, und nicht, wie dem Alexander, verweichlichte und despotisch regierte Asiaten, sondern auch weil ihm die Consequenz des Handelns fehlte und das schöpferische Talent des Staatsmannes, welches Alexander in so hohem Grade besaß. Er war nur ein Kriegsmann, und das erfolglose Kämpfen machte ihn zu einem Abenteurer, statt eines Helden.

Nach dem Tode des Pyrrhus übergab Milon den ihn belagernden Römern die Burg von Tarent gegen Gestattung freien Abzugs (272). In der letzten Zeit hatte sich eine karthagische Flotte in dem tarentinischen Hafen eingefunden, um womöglich sich in den Besitz der wichtigen Stadt zu setzen. Als sie den Römern in die Hände fiel, zogen die Karthager ab, indem sie vorgaben, sie hätten dem Vertrage gemäß den Römern bei der Belagerung helfen wollen. Rom gestattete den Tarentinern die freie Verwaltung ihrer Gemeinde; aber sie mußten ihre Waffen und Schiffe ausliefern und ihre Mauern niederlegen. In demselben Jahre wurden auch die übrigen Bundesgenossen des Pyrrhus, Samniter, Lucaner und Bruttier völlig unterworfen, und die letzteren mußten die Hälfte ihres an Schiffbauholze reichen Silawaldes an Rom abtreten.

Zwei Jahre nachher (270) wurde auch Rhegium an der sicilischen Meerenge von den Römern bezwungen. Fabricius hatte im J. 282, nachdem er Thurii entsetzt, auf seinem Feldzuge durch Bruttium eine campanische Legion unter Decius Jubellius nach Rhegium als Besatzung gelegt; diese hatte aber nach der Schlacht bei Heraklea und dem Rückzug der Römer aus Unteritalien die Einwohner in der Nacht überfallen, die Männer niedergemacht und die Frauen und Kinder als Beute an sich

genommen. Von Rom sagte sich die meuterische Legion ganz los
und verband sich mit den Mamertinern jenseits der Meerenge,
die sich der Stadt Messana in ähnlicher Weise bemächtigt hatten.
Die beiden Raubstaaten beherrschten seitdem mehrere Jahre die
Meerenge und verübten vielen Frevel, ohne daß die Römer,
durch auswärtige Kriege in Anspruch genommen, dem Unwesen
steuern konnten. Erst im J. 271 schritten sie zur Belagerung
von Rhegium, unterstützt von Hieron, dem Feldherrn von Syrakus, der seinerseits zu gleicher Zeit gegen die Mamertiner in
Messana vorging. Die Belagerung von Messana zog sich hinaus,
Rhegium aber wurde im J. 270 erstürmt. Was von den campanischen Meuterern den Römern in die Hände fiel — etwa
300 an der Zahl — wurde zu Rom auf offenem Markte gestäupt
und enthauptet.

Um die Eroberungen der letzten Zeit zu sichern, legten die
Römer wieder eine Anzahl Colonien an, in Lucanien Pästum
und Cosa (273), in Samnium Beneventum (268) und Aesernia
(c. 263), im senonischen Gallien Ariminum als Vorposten gegen
die Gallier (268), in Picenum Firmum (c. 264) und Castrum
Novum. Die Straße von Capua nach Venusia, welche durch
Benevent einen neuen Stützpunkt erhielt, wurde fortgeführt bis
Tarent und Brundusium, das auch bald zu einer Colonie gemacht
wurde. Zum Theil durch diese neuen Anlagen gereizt, ergriffen
noch mehrere kleine Völkerschaften nach dem Falle Tarents und
Rhegiums die Waffen. Die Picenter fielen ab im J. 269,
wurden aber schon im nächsten Jahre wieder unterworfen, und
ein Theil von ihnen wurde in die Gegend von Salernum ver-
pflanzt. Die Sallentiner an der calabrischen Küste und die abgefallenen Sarsinaten in Umbrien mußten nach kurzem Kriege im
J. 266 die Waffen strecken, und damit war die ganze Halbinsel
vom Apennin bis zum jonischen Meere im Besitze der Römer.

Die Abhängigkeitsverhältnisse der Völkerschaften und Städte
in dem geeinigten Italien waren sehr verschieden, doch lassen sie

sich auf einige wenige Kategorien zurückführen. Die herrschende
Bevölkerung war die römische Bürgergemeinde, welche sich aber
durch Ackerassignationen, Coloniensendungen und Aufnahme von
nichtrömischen Städten in das Vollbürgerthum weit über das
ursprüngliche Gebiet der Stadt Rom hinaus ausgedehnt hatte.
Die Hauptmasse der römischen Bürgerschaft hatte jetzt ihren Sitz
gen Norden bis in die Nähe von Cäre in Hetrurien, im Süden
bis in die Gegend des Liris, östlich war sie begrenzt durch den
Apennin; doch war dieses römische Bürgergebiet nicht in sich
geschlossen, sondern vielfach unterbrochen durch unterthäniges Land,
und andrerseits waren auch römische Bürger über die übrigen
Theile Italiens zerstreut. Neben den römischen Vollbürgern hatte
ein nicht unbeträchtlicher Theil italischer Städte — sie heißen
Municipien — das beschränkte römische Bürgerrecht ohne actives
und passives Stimm- und Wahlrecht; sie waren Unterthanen,
hatten alle Lasten des Staates mit den Vollbürgern gemeinsam
ohne Anspruch auf irgendwelche Ehrenrechte und lebten nach
römischen Gesetzen; der größere Theil von ihnen behielt jedoch
die freie Gemeindeverwaltung durch selbstgewählte Beamte, während
andre Gemeinden ganz unselbständig waren und von Rom aus
verwaltet wurden. Die dritte Classe der italischen Bevölkerung
sind die Bundesgenossen, welche wieder in latinische und nicht-
latinische Bundesgenossen zerfallen. Die ersteren, bestehend aus
einem Theil der latinischen Städte, standen zwar auch in einem
Unterthänigkeitsverhältniß zu Rom, bildeten jedoch unter den
römischen Unterthanen eine durch mancherlei Privilegien bevorzugte
Classe. Sie erhielten dadurch, daß sie mehr als die römischen
Vollbürger zu Coloniensendungen verwendet wurden, einen zahlreichen Zuwachs; denn wie bis dahin besonders durch Hülfe der
Latiner Italien unterworfen worden war, so wurden sie von nun
an hauptsächlich verwendet, um die andern italischen Völkerschaften
von geringeren Rechten niederzuhalten. Die übrigen Bundesgenossen von nichtlatinischem Rechte, die neu unterworfenen Völker

in Mittel- und Unteritalien, kamen in ungünstigere Verhältnisse als die Latiner, doch war ihre Lage je nach dem Bundesvertrage sehr verschieden; manche besaßen mehr umfassende Rechte, während andere fast wie in Knechtschaft lebten.

Die Römer haben mit staatsklugem Sinn diese bunte Mannig- faltigkeit in ihrem italischen Reiche geschaffen, und nach dem Grundsatze: divide et impera, „theile und herrsche", die durch ihre verschiedenartigen Interessen getrennten Bevölkerungen nieder- gehalten. Aus demselben Grundsatze floß die Maßregel, daß die Völkergenossenschaften, wie die der Samniter und Lucaner, auf- gelöst und eine möglichst große Zahl einzelner Gemeinden geschaffen wurde, die zum Theil auch des Eherechts und des Verkehrsrechts unter einander entbehrten, und daß in den einzelnen Gemeinden die Aristokratie, um sie an das römische Interesse zu binden, im Gegensatz zu dem Volke eine begünstigte Stellung erhielt. Indessen übte Rom seine Herrschaft mit kluger Mäßigung, indem es die innere Selbständigkeit der unterthänigen Gemeinden möglichst schonte und namentlich keinen Tribut auferlegte. Es beanspruchte blos die Verfügung über ihre Streitkräfte, und darin lag eine indirecte Besteuerung, da die Gemeinden ihre Contingente aus eignen Mitteln auszurüsten und zu besolden hatten. Doch blieb es Regel, daß bei einem Feldzuge die Contingente der Bundes- genossen die Truppenzahl der römischen Legionen nicht überstiegen; dagegen wurde die Stellung der kostspieligen Reiterei zum größten Theil den Bundesgenossen zugeschoben, so daß deren Reiterei gewöhnlich die dreifache Zahl der römischen ausmachte, und ebenso trugen die griechischen Seestädte vorzugsweise die Kosten für die Ausrüstung der Kriegsflotte.

Erst durch die Vereinigung zu Einem politischen Ganzen erhielt die Halbinsel den gemeinsamen Namen Italien, welchen früher nur ein Theil der südlichen Halbinsel geführt hatte; Nord- italien jenseits des Apennin, wo die Gallier, Ligurer und Veneter saßen, wurde erst seit der Zeit des Cäsar mit zu Italien gerechnet.

Für die Bewohner des eigentlichen Italiens kam von nun an der gemeinsame Name „Männer der Toga" auf, im Gegensatz zu den gallischen „Hosenmännern" im Norden, und sie verschmolzen im Laufe der Zeit immer mehr zu einer nationalen Einheit mit römisch-latinischem Gepräge.

Die Zeit der punischen Kriege.

(264 — 201.)

Der erste punische Krieg.

Der römische Staat war, seit er ganz Italien unter seiner Herrschaft vereinigt hatte, ein Großstaat geworden, der, weitergetrieben vom Geiste der Eroberung, welchen die beständigen Kämpfe mit den italischen Völkerschaften in dem römischen Volke großgezogen hatten, bald mit andern Großstaaten am Mittelmeer in Kampf gerathen mußte. Aber wären die Römer auch weniger kriegerisch gewesen, die Verhältnisse lagen so, daß sie, um das Erworbene zu behaupten, gezwungen waren, über die Grenze ihres Landes hinauszugehen. Sicilien, nur durch eine schmale Meerenge von Italien getrennt, nur ein Anhang gewissermaßen von Italien, war seit dem verunglückten Unternehmen des Pyrrhus zum größten Theil im Besitz der Karthager oder, wie die Römer sie gewöhnlich nennen, der Punier, und sie hatten gegründete Hoffnung, die ganze Insel bald in ihre Hände zu bekommen. Gelang ihnen dies, so waren sie auch Herr über die sicilische Meerenge und konnten den Römern den Weg in das östliche Meer versperren, das die Süd- und Ostküste Italiens bespülte, die Sicherheit Italiens war zu jeder Zeit bedroht. Und daß die Karthager sich nicht mit Sicilien begnügen würden, hatten sie jüngst gezeigt, als ihre Flotte in den Hafen Tarents einlief, um sich dieses wichtigen Punktes zu bemächtigen. Die Römer mußten

in Sicilien der karthagischen Macht Halt gebieten. Als Pyrrhus
die schöne Insel für immer verließ, soll er zu seinen Freunden
gesagt haben: „Welch einen Kampfplatz hinterlassen wir den
Karthagern und den Römern." Zwölf Jahre später setzten die
römischen Legionen über die sicilische Meerenge, um den Kampf
mit Karthago zu eröffnen.

Karthago (phönikisch Karthaba, „die Neustadt"), eine phöni-
kische Colonie, der Sage nach von einer flüchtigen Königstochter
aus Tyrus, Dido, um das Jahr 888 gegründet, lag ungefähr
an der Stelle des heutigen Tunis, an einem großen trefflichen
Hafen des tunesischen Golfs. Die ungemeine Regsamkeit seiner
Bewohner machte mit großem Geschick Land und Meer sich zinsbar.
Der fruchtbare Boden wurde ausgenutzt durch eine der heutigen
Plantagenwirthschaft ähnliche Bebauung, durch Verwendung einer
zahllosen Menge von Lohnarbeitern und gefesselten Sclaven; der
schöne Hafen eröffnete die See zu Schifffahrt und blühendem
Handel nach den nahen und fernsten Küsten und verschaffte der
rastlosen Gewerbsthätigkeit in der Stadt den erwünschten Absatz.
So wurde Karthago, obgleich nicht die älteste der phönikischen
Gründungen an der afrikanischen Küste, schon früh eine reiche
blühende Stadt und überflügelte zuletzt all die zahlreichen Colonien
der Phönikier an den Küsten des westlichen Meeres und selbst
die Städte des Mutterlandes. Die Phönikier waren von Natur
unkriegerisch und opferten bereitwillig ihre politische Freiheit,
zahlten gerne den schwersten Tribut, wenn sie nur handeln und
erwerben konnten. So waren auch ursprünglich die Karthager;
sie bezahlten Jahrhunderte lang für ihren Grund und Boden an
den einheimischen Stamm der Maxitaner oder Maxiken einen
Tribut und scheinen sogar, um nach dem Orient handeln zu
können, die Oberhoheit des Perserkönigs anerkannt zu haben.
Doch durch die weitere Ausbreitung der Griechen im Mittelmeer,
welche die Phönikier mit ihrem Handel ohne große Schwierigkeit
allmählich aus den östlichen Gewässern verdrängt hatten, wurden

die Karthager zuletzt gezwungen, aus ihrem passiven Verhalten
herauszutreten und eine energischere Politik zu verfolgen. Als die
Griechen sich auf Sicilien und an verschiedenen Punkten der
afrikanischen, gallischen und hispanischen Küste festsetzten, war
den Phöniciern des Westens kein weiteres Zurückweichen mehr
möglich, und sie mußten, um ihre Existenz zu retten, dem vor-
dringenden Nationalfeind mit den Waffen in der Hand entgegentreten. So wurden die Karthager die Vorkämpfer der westlichen
Phönicier gegen die Griechen. Sie wehrten in langen und hart-
näckigen Kämpfen dem Vordringen der Griechen von Kyrene, das
in der Mitte von Karthago und Aegypten lag, sie nahmen die
alten phönicischen Pflanzstädte auf Sicilien in ihren Schutz und
führten dort lange schwere Kriege.

So war Karthago allmählich eine kriegerische Stadt geworden,
und es benutzte die gewonnene Macht zur Ausbreitung seiner
Herrschaft über die phönicischen Colonien an der afrikanischen
Küste, die s. g. Libyphönicier, und die seßhaften Libyer in der
Nachbarschaft, während die schweifenden Nomadenstämme in die
Wüste und die Berge zurückgedrängt oder ebenfalls unterthänig
gemacht wurden. Sie gründeten ein mächtiges nordafrikanisches
Reich von der tripolitanischen Küste bis zum atlantischen Ocean,
das in seinen östlichen Theilen sich tief in das innere Land hinein
erstreckte, im Westen jedoch nur die phönicischen Ansiedlungen an
der Küste umfaßte, dessen Einwohner schwere Tribute zahlten und
Kriegsmannschaften stellten. Zu gleicher Zeit erhob sich Karthago
zur See zu einer gewaltigen Macht, welche sich stützte auf die
zahlreichen Colonien und unterthänigen Städte an der Küste
von Afrika und Spanien, Sardinien und Sicilien und die kleineren
Inseln des westlichen Mittelmeeres. Der südliche Theil dieses
Meeres war in ihrer alleinigen Gewalt, während sie das tyrrhenische
und das gallische Meer, in welchem die Griechen von Massilia
die Ueberhand hatten, mit andern Nationen theilen mußten.
Seit dem Ende des fünften Jahrhunderts v. Chr. rangen die

Karthager auf Sicilien mit Syrakus um die Herrschaft dieser
Insel. Das Resultat der vielen wechselvollen Kämpfe war der
Ruin der meisten kleinern Städte und die Theilung der Insel
zwischen Syrakus und Karthago; doch hatte das letztere allmählich
das Uebergewicht erlangt, der Art, daß kurz vor dem Ausbruch
des Krieges mit den Römern die Insel in Gefahr war, ganz den
Karthagern zu verfallen.

Die Karthager waren beim Beginn des ersten punischen
Krieges der mächtigste Seestaat der Welt; sie hatten die größte
Flotte der damaligen Zeit, und ihre Schiffe übertrafen die der
Griechen im Bau und in der Lenkung. Die Römer konnten
nicht daran denken, mit ihren wenigen eigenen Schiffen und denen
der griechischen Bundesgenossen Unteritaliens ihnen zur See entgegenzutreten. „Ohne unsern Willen", sagte der karthagische
Feldherr Hanno zu den Römern, als sie nach Sicilien übersetzen
wollten, „könnt ihr nicht einmal eure Hände in dem Meere waschen."
Auch in Bezug auf die Geldmittel war Karthago den Römern
weit überlegen. Es war nach dem Zeugniß des Polybius die
reichste Stadt der Welt; der Staat bezog aus den Tributen der
Unterthanen und aus den Zöllen jährlich ungeheure Summen,
und die einzelnen Bürger hatten zum Theil ein unermeßliches
Vermögen und lebten in großem Luxus. Dagegen waren der
römische Staat und die einzelnen römischen Familien arm zu
nennen. Als die karthagischen Rathsherren, welche vor dem
Ausbruch des Krieges als Gesandte nach Rom gegangen waren,
heimkehrten, spotteten sie über die Einfachheit und Armuth der
Römer, sie erzählten ihren Collegen, das Verhältniß der römischen
Senatoren sei ein überaus inniges, ein einziges silbernes Tafel-
geschirr reiche aus für den ganzen Senat, in allen Häusern, wo
sie zu Gast gewesen, hätten sie dasselbe Silbergeschirr wieder
gefunden. Indeß waren die aus Tributen und Zöllen fließenden
Einkünfte des karthagischen Staates weniger sicher und zuverläßig
als die Einkünfte der Römer, und seine Kriegsführung war viel

kostspieliger als die römische. Die Römer waren ein durchgängig kriegerisches Volk und fochten zumeist mit ihrer eignen Mann- schaft ihre Kriege aus; sie konnten an Bürgertruppen wenigstens doppelt soviel aufbieten wie die Karthager und hatten in ihren italischen Unterthanen treue und zuversichtliche Helfer in der Noth; denn die meisten derselben waren so günstig gestellt, daß sie im eignen Interesse gerne für die Erhaltung des Staates kämpften. Die Karthager hätten wohl ein Bürgerheer von 40,000 M. ins Feld stellen können; aber die karthagische Bürgerschaft war dem Kriegsdienste abgeneigt und hatte sich im Laufe der Zeit immer mehr von demselben zurückgezogen, auch waren die karthagischen Handwerker und Fabrikarbeiter weniger tauglich zum Waffendienst als das kräftige italische Bauernvolk. Die Karthager bildeten daher ihre Heere fast ausschließlich aus ihrer unterthänigen Be- völkerung, namentlich aus den Libyern, und aus Soldtruppen. So konnten sie mit ihrem Gelde wohl zahlreiche Heere aufstellen und nach Belieben vergrößern, aber es war oft nicht möglich, sie rasch zusammen zu bringen, wenn grade das Bedürfniß sie verlangte, während die römischen Truppen zu jeder Zeit sofort unter die Fahnen treten konnten. Und zudem konnte man auf solche Heere sich schlecht verlassen; die Söldlinge wurden höchstens durch den persönlichen Vortheil und die Fahnenehre zusammen- gehalten, die aus den Unterthanen ausgehobenen Truppen dienten aus Zwang und haßten ihre Herren. Denn die karthagischen Unterthanen wurden schwer bedrückt und benutzten daher jede Gelegenheit, das harte Joch abzuschütteln. Der karthagische Staat war überhaupt schlecht organisirt. Eine Anzahl vornehmer und reicher Familien hatte alle Gewalt an sich gerissen und übte in dem Rathe der 104 über die ganze Verwaltung, über die Beamten und Feldherrn mißtrauisch und grausam eine harte Controle. Die Masse der Bürgerschaft, eine besitzlose, von Hand zu Mund lebende Menge, war um die Zeit des ersten punischen Krieges noch ganz ohne Einfluß und durchaus abhängig von der

reichen Oligarchie. Ganz anders war es in Rom. Hier bewegte
der einzelne Bürger sich frei, jeder nahm Theil an der Verwaltung des Staates und hatte Gelegenheit, seine persönliche
Tüchtigkeit geltend zu machen und zu den höchsten Ehren zu gelangen; der Senat, die regierende Körperschaft, war eine ächte
Vertretung der gesammten Bürgerschaft, während der karthagische
Rath der 104 nur die oligarchischen Familien und deren Interessen
vertrat. So fehlte der karthagischen Regierung die sichere Grundlage, auf welcher die römische ruhte, sie entbehrte in Zeiten der
Noth der festen Haltung und des moralischen Muthes, so daß
sie oft scheu zurückwich, wenn eine letzte schwere Anstrengung zur
Erreichung des Zieles nöthig war. Der römische Senat ging
stets festen Ganges vorwärts, denn er mußte, daß das gesammte
Volk hinter ihm stand, und wich am wenigsten zurück in der
Stunde der Noth. — Fassen wir das Ganze zusammen, so
mochten die Kräfte der beiden Staaten, die jetzt auf den Kampf-
platz traten, so ziemlich einander gleich sein; aber die moralische
Tüchtigkeit, die zuletzt den Ausschlag gibt, war auf Seiten der
Römer.

Der erste punische Krieg begann auf Sicilien und wurde
um den Besitz von Sicilien geführt, länger als 20 Jahre, von
264—241. Die Veranlassung desselben war folgende. Campanische Miethstruppen des syrakusischen Tyrannen Agathokles,
nach dessen Tode (289) des Dienstes entlassen, hatten sich, nachdem sie längere Zeit sich raubend auf der Insel umhergetrieben,
ums J. 284 in die Stadt Messana geworfen und daselbst festgesetzt. Die Männer hatten sie ermordet, die Frauen und Kinder
unter sich getheilt. Von Messana aus trieben diese schon früher
erwähnten Mamertiner, „Marsmänner“, wie sie sich nannten,
gleich den uns schon bekannten Campanern in Rhegium, ihr
Räuberhandwerk im Großen fort; sie dehnten sogar durch Eroberung
mehrerer andern Städte ihre Herrschaft über einen nicht unbeträchtlichen Theil Siciliens aus, so daß sie neben den Syrakusern

und den Karthagern die dritte Macht auf der Insel waren. Die Karthager sahen das Treiben der Mamertiner nicht ungern und leisteten ihnen manchen Vorschub, da die Griechenstädte dadurch bedrängt und geschwächt wurden und namentlich Syrakus an ihnen einen gefährlichen Nachbar hatte. Aber Syrakus, unter der Leitung eines jungen aufstrebenden Mannes, erhob sich endlich, um den lästigen Feind zu vernichten, um Rache zu nehmen für so manchen an den griechischen Stammgenossen verübten Frevel.

Hiero, des Hierokles Sohn, ein junger Mann aus dem Geschlechte des Tyrannen Gelon, war, nachdem er in dem Heere des Pyrrhus, seines Verwandten, mit Auszeichnung gefochten, um das J. 274 von den mit der Bürgerschaft hadernden Soldtruppen an die Spitze des syrakusischen Staates gestellt worden. Nachdem er der Anarchie in der Stadt ein Ende gemacht und sich durch Mäßigung und kluge Verwaltung die Herzen der so oft durch Tyrannenlaune mißhandelten Bürger erworben hatte, entledigte er sich, allerdings auf treulose Weise, der unbotmäßigen Söldner, bewaffnete die Bürger und schuf ein neues zuverlässiges Söldnerheer. Um die tiefgesunkene Macht der sicilischen Griechen wieder aufzurichten — denn die meisten griechischen Städte, herabgebracht und entvölkert, waren in den Händen der Karthager und Mamertiner, Syrakus war auf die südöstliche Ecke der Insel beschränkt — und um die Mamertiner, die Bedränger der Griechen, zu züchtigen, unternahm er im Bunde mit den Römern, welche die campanischen Räuber in Rhegium angriffen, einen Krieg gegen Messana. Nachdem er den Mamertinern mehrere kleinere Städte abgenommen, erfocht er im J. 270 über sie einen großen Sieg, in Folge dessen die Syrakusaner ihn zum König erhoben, und zerbrach ihre Macht dermaßen, daß sie schon, die Eroberung ihrer Hauptstadt und das Schicksal der rheginischen Campaner befürchtend, dem Sieger entgegenzugehen und seine Gnade zu erflehen beschlossen. Da aber mischte sich ein karthagischer Feldherr, der mit einem Geschwader an der Küste kreuzte, treulos ein und

entriß dem Hiero die Früchte seines Sieges, indem er die Mamertiner veranlaßte, sich in Karthagos Schutz zu begeben. Doch
ein Theil derselben mißtraute den Karthagern und suchte Hülfe
bei den Römern, da Hiero aufs neue vor den Mauern der
Stadt lag.

Als die Boten der Mamertiner mit ihrem Gesuche in Rom
erschienen, konnte der Senat zu keinem Entschluß kommen. Zwar
war es für Rom eine große Gefahr, wenn Messana, welches die
sicilische Meerenge beherrschte, und in Folge davon ganz Sicilien
in die Hände der Karthager fiel; aber wie vertrug es sich mit
der Ehre des Staates, das Bündniß mit Hiero zu brechen und
eine Räuber- und Mörderbande in Schutz zu nehmen, die mit
den jüngst so blutig bestraften Campanern von Rhegium gemeinsame Sache gemacht hatte? Auch zog eine Besetzung von Messana
nothwendig einen Krieg mit Karthago herbei, dessen Ende nicht
abzusehen war, der Rom über die Grenzen Italiens hinaus auf
das ungewisse Meer führte. Da der Senat zu keiner Entscheidung
kommen konnte, brachten die beiden Consuln, Appius Claudius
Caudex und M. Fulvius, welche den Krieg wünschten, die Sache
vor das Volk, und dieses, ohne ängstliche Sorge um die politische
Moral nur den Vortheil des Staates im Auge haltend, beschloß,
den Mamertinern Bündniß und Hülfe zu gewähren.

Unterdessen hatte die karthagische Partei in Messana es
durchgesetzt, daß eine karthagische Besatzung in die Burg aufgenommen ward, wodurch Hiero sich von weiteren Unternehmungen
abgehalten sah; und als er bald darauf unter Vermittlung der
Karthager mit den Mamertinern Frieden schloß, war für die
Römer kein Grund einer Einmischung mehr vorhanden. Die
karthagisch gesinnten Mamertiner schickten daher, als die Vorhut
des Landheeres in Rhegium eintraf, Abgeordnete an den com-
mandirenden Kriegstribunen C. Claudius und dankten für die
Hülfe, deren man jetzt nicht mehr bedürfe. In der Meerenge
kreuzte eine punische Flotte. Aber der Tribun, verwegen und

begierig nach Krieg und Ruhm, kehrte sich weder an die Flotte
der Karthager noch an die Botschaft der Mamertiner, er fuhr in
einer Barke nach Messana hinüber und kündigte in der Volksversammlung den Mamertinern in Gegenwart der Punier den
römischen Staat als ihren Befreier von der Unterdrückung Karthagos
an.   Als die Mamertiner verblüfft schwiegen, erklärte er, dies
Schweigen sei ihm Antwort genug, es bezeuge ihm ihr Verlangen
nach Hülfe lauter als die heftigsten Klagen, die sie in Gegenwart
der Punier unterdrücken müßten.   Hierauf kehrte er nach Rhegium
zurück, um seine Truppen nach Messana überzuführen.

Zur Ueberfahrt hatten die italischen Griechenstädte die nöthigen
Schiffe gestellt.   Aber die Schiffer kannten die Strömung der
Meerenge nicht, Strömung und heftiger Wind zerstreuten das
Geschwader, so daß ein Theil desselben der karthagischen Flotte,
die in der Meerenge kreuzte, in die Hände gerieth, während die
übrigen Schiffe wieder an die italische Küste zurückkehrten.   Die
Karthager wünschten noch immer den Krieg zu vermeiden; darum
schickte ihr Feldherr Hanno die aufgefangenen Schiffe mit der
Mannschaft an Claudius zurück und bat ihn, seinem zwecklosen
Beginnen zu entsagen und den Frieden nicht zu brechen.   Claudius
wies stolz das Geschenk zurück und machte Anstalt zu einer neuen
Ueberfahrt.   Nachdem er die Meerenge genauer erforscht, setzte
er, wahrscheinlich unter dem Schutze der Nacht, mit seinem kleinen
Heere glücklich über und lief in den Hafen von Messana ein.
Hierauf berief er eine Volksversammlung der Mamertiner und
lud auch den punischen Feldherrn, der die Burg besetzt hielt, zu
derselben ein, indem er vorgab, er wolle durch friedliche Unterhandlung den Streit zu Ende bringen.   Hanno zögerte, doch kam
er endlich, um keinen Versuch zum Frieden zu versäumen.   Es
kam zu einem langen heftigen Wortwechsel.   Zuletzt ergriff ein
römischer Soldat plötzlich den Punier, der vergebens das Völkerrecht anrief, und schleppte ihn fort unter dem Beifallsrufe der
Mamertiner.   Er ward ins Gefängniß geworfen und war schwach

genug, sich die Freiheit durch den Abzug seiner Truppen aus der Burg zu erkaufen. Dafür ward er von den Karthagern ans Kreuz geschlagen.

So kam Messana, der Brückenkopf Siciliens, in die Hände der Römer, und der Krieg mit Karthago war eröffnet (264). Bald erschien eine neue punische Flotte mit einem großen Kriegsheer unter einem andern Hanno, Hannibals Sohn, in dem Hafen von Messana, und als die Römer in der Stadt seiner Aufforderung, Messana und Sicilien bis zu einem bestimmten Tage zu räumen, nicht Folge leisteten, lagerte er sich mit dem ausgeschifften Landheer im Norden der Stadt, während der König Hiero, jetzt ihr Bundesgenosse, auf der Südseite ein Lager bezog. Am Vorgebirge Pelorum nahm die punische Flotte ihre Stellung, um die Meerenge zu bewachen und den Römern in Messana Hülfe und Zufuhr abzuschneiden. Trotzdem aber gelangte der Consul Claudius mit seinem Heer in der Nacht ohne Hinderniß nach Sicilien und landete in der Nähe des syrakusischen Lagers. Vereint mit den Römern in der Stadt griff er den Hiero an und schlug ihn, ehe ihm die Karthager zu Hülfe kommen konnten. Der Geschlagene zog aus seinem Lager in die Berge und dann nach Hause. Am Tage nach der Besiegung der Syrakusier wurde das punische Lager angegriffen, das an der See und hinter Sümpfen lag. Auch die Punier wurden geschlagen und zogen sich von Messana zurück. So hatte die römische Kühnheit den Platz behauptet.

Während die Karthager neue Rüstungen machten, verfolgten die Römer erst ihre Vortheile über den syrakusischen König. Sie gingen bis vor die Mauern von Syrakus und verwüsteten das Land umher, ohne jedoch gegen die stark befestigte Stadt selbst etwas ausrichten zu können. Sie zogen sich zuletzt mit Verlust zurück. Im zweiten Jahre des Kriegs aber (263) kamen die beiden Consuln M. Otacilius und M. Valerius mit einem doppelt so starken Heere nach Sicilien. Valerius, der von diesem Feld-

zuge den Beinamen Messalla („der von Messana") erhielt, besiegte
ein vereinigtes Heer der Karthager und Syrakusier, und in Folge
davon ergaben sich nicht allein viele von den kleineren griechischen
Städten, welche den Syrakusiern oder den Puniern unterthan
gewesen waren, der Herrschaft der Römer, sondern auch Hiero
selbst verließ im wohlverstandenen Interesse das Bündniß der
Karthager und schloß Frieden und Freundschaft mit dem römischen
Staate. Er gab alle römischen Gefangenen ohne Lösegeld frei
und bezahlte 200 Talente; dafür behielt er den südöstlichen Winkel
Siciliens als unabhängigen Staat und trat als Bundesgenosse
in Roms Schutz (273). Bis zu seinem Tode im J. 215 blieb
er immer ein treuer Bundesgenosse und Freund der Römer, der
sich auf mancherlei Weise um den römischen Staat verdient machte.
Während seiner langen milden und väterlichen Regierung gelangte
das so lange und so oft von Krieg und tyrannischem Druck
heimgesuchte Syrakus noch einmal zu schöner Blüthe.

Die römischen Consuln setzten in diesem und dem folgenden
Jahre ihre Eroberungen fort bis in den äußersten Westen der
Insel, ohne daß die Karthager ihnen Widerstand entgegensetzten.
Die Griechen in den kleineren Städten, schon längst auf Freiheit
und Selbständigkeit verzichtend, zogen die mildere Herrschaft der
ihnen näher verwandten Römer dem drückenden Joche der Punier vor,
der verhaßten Semiten, welche selbstsüchtig und grausam den Wohl=
stand ihrer Städte vernichtet hatten. Unterdessen hatten die Karthager
wieder durch Aushebungen in Afrika und Werbungen in Spanien,
Gallien und Ligurien bedeutende Truppenmassen zusammengebracht.
Daraus wurde von Hannibal, Giscons Sohn, eine Armee,
50,000 M. stark, zu Agrigent gebildet, einer großen, aber jetzt
sehr herabgekommenen Stadt an der Südküste Siciliens; eine
zweite sammelte sich unter Hanno in Sardinien und war zu einer
Landung in Italien bestimmt, weshalb die Römer große Ver=
theidigungsmaßregeln an den Küsten trafen. Doch ließen sie sich
durch diese Gefahr nicht von einer energischen Kriegsführung auf

Sicilien abschrecken. Der Prätor übernahm den Schutz von Italien, und die beiden Consuln des J. 262 gingen nach Sicilien und lagerten sich Anfangs Juni vor Agrigent. Eine Bestürmung der sehr festen Stadt wagten sie nicht; sie schlossen sie ein durch ein doppeltes Lager und zwei diese Lager verbindende, mit vielen Forts besetzte Verschanzungslinien, von denen die eine gegen die Stadt, die andere gegen Außen gerichtet war. Hannibal ließ sich ruhig einschließen, und hoffte auf baldigen Ersatz durch das Heer des Hanno, welches von Sardinien herbeigerufen ward. Schon ward er von Hunger bedrängt, da landete Hanno mit 50,000 M. Fußvolk, 6000 Reitern und 60 Elephanten bei Heraklea und schnitt seinerseits dem Belagerungsheer die Zufuhr ab, so daß auch dieses in große Noth kam.

Die Belagerung Agrigents hatte schon sieben Monate gedauert; da entschloß sich Hanno auf wiederholte Nothsignale aus Agrigent zögernd zu einer Schlacht. In dieser zeigte die numidische Reiterei der Punier ihre Ueberlegenheit über die römische, aber das römische Fußvolk, weit tüchtiger als das der Punier, entschied das Treffen. Hanno erlitt eine schwere Niederlage und floh nach Heraklea zurück. Hannibal hatte während der Schlacht von Agrigent aus einen vergeblichen Ausfall gegen die römischen Verschanzungen gemacht; aber in der Nacht, während der Zerstreuung und Ermüdung des siegreichen Heeres gelang es ihm mit seinem durch Hunger und Seuchen stark gelichteten Heer über die feindlichen Verschanzungen zu entkommen und die Flotte zu erreichen. Am andern Morgen erbrachen die Römer die Thore von Agrigent, ohne daß die ausgehungerten Bürger Widerstand leisteten. Die Stadt ward allen Greueln der Plünderung preisgegeben und die gesammte Einwohnerschaft, 25,000 Menschen, in die Sclaverei verkauft; denn die Römer pflegten blos dann Gnade zu üben, wenn die Uebergabe einer Stadt ohne allen Widerstand geschah, oder wenn die Bürger, im Falle daß fremde Truppen die Stadt in ihrer Gewalt hatten, die Besatzung ihnen in die Hände lieferten.

Später stellten die Römer Agrigent wieder her, und es besteht nach wiederholten Verwüstungen unter dem Namen Girgenti bis auf den heutigen Tag.

Erst die Eroberung des wichtigen Agrigent erweckte den Römern den Gedanken an die Unterwerfung ganz Siciliens. Sie bemächtigten sich in der nächsten Zeit fast aller Orte in dem Innern der Insel, während die Karthager sich noch in ihren wohlbefestigten Seestädten behaupteten. Von da aus schreckten sie manche sicilische Küstenstadt, daß sie sich wieder in ihre Botmäßigkeit begab, und bedrängten die Küsten Italiens durch plündernde Einfälle. Der römische Senat beschloß daher im J. 260, sowohl um Italien zu schützen, als um dem Reiche den Besitz Siciliens dauernd zu sichern, eine Kriegsflotte zu bauen und die Karthager auf ihrem eignen Elemente zu bekämpfen. Die Römer und ihre griechischen Bundesgenossen verfügten wohl über eine Anzahl Kriegsbarken und Dreiruderer (Trieren, Kriegsschiffe mit drei Ruderbänken übereinander), mit welchen früher die Seekriege ausgefochten zu werden pflegten; aber Fünfruderer (Penteren), große Kriegsschiffe mit fünf Verdecken und fünf Ruderreihen, waren in Italien noch nicht gebaut worden, und diese machten grade in neuerer Zeit die Hauptstärke der punischen Flotte aus. Wollte man es mit den Karthagern zur See aufnehmen, so mußte man zu diesem System übergehen. Die Römer wiesen daher ihren Schiffsbaumeistern eine an der Küste von Bruttium gestrandete karthagische Pentere zum Muster an und entwickelten bei dem Bau der neuen Flotte eine solche Energie, daß am 60. Tage, nachdem man das Holz gefällt, 100 Penteren und 20 Trieren fertig lagen. Für diese Flotte war eine ungeheure Masse von Ruderern zu beschaffen, denn eine einzige Pentere verlangte deren 300; man nahm sie wohl aus den Bundesgenossen. Während des Flottenbaues wurden sie auf Gerüsten eingeübt und danach noch kurze Zeit auf den Schiffen. Auf die Geschicklichkeit der Ruderer und auf das sonstige Personal, dem die Bewegung und Lenkung des Schiffes oblag, kam in dem Seekampf alles an, denn die Hauptsache in der Schlacht war, das feindliche Fahrzeug mit dem schweren Eisenschnabel geschickt und mit Macht zu treffen und in den Grund zu bohren, oder durch schnelles Vorbeifahren ihm die Ruder zu zerbrechen. In dieser Manövrirkunst stand die römische Mannschaft jedenfalls der karthagischen bedeutend nach, und zudem waren die aus grünem Holz in der Hast gebauten Schiffe der Römer gegen die der Karthager plumpe schwerfällige Gebäude. Die Römer erkannten die Unzulänglichkeit ihrer neuen Flotte und suchten daher den Schwerpunkt der Entscheidung dem Soldaten zuzuwenden, indem sie die Zahl der Bewaffneten auf den Schiffen vermehrten und durch eine besondere Vorrichtung der Seeschlacht mehr den Charakter einer Landschlacht gaben. Sie brachten auf dem Vordertheil ihrer Schiffe eine bewegliche Falltreppe an, welche durch ein Tau nach verschiedenen Seiten niedergelassen werden konnte und mit einem schweren eisernen Haken an ihrem Ende in das feindliche Schiff einschlug. Diese Enterbrücken hatten auf beiden Seiten ein Geländer und waren 4 Fuß breit, so daß zwei Mann nebeneinander Platz hatten. Sobald sie sich auf das feindliche Schiff niedergelassen hatten, stürmten die Soldaten hinüber und begannen den Kampf wie auf dem Lande.

In Sicilien waren unterdessen die Karthager zur Offensive übergegangen und hatten den Legaten C. Cäcilius, welcher Segesta entsetzen wollte, geschlagen. Deshalb war der Consul C. Duilius, sobald der Flottenbau es zuließ, auf den Kriegsschauplatz geeilt, und sein College, Cn. Cornelius Scipio, folgte bald mit den ersten 17 Schiffen, welche segelfertig geworden, nach Messana. Hier erschienen vor ihm falsche Boten von der Insel Lipara, die den Karthagern gehörte, und luden ihn ein, zu ihrer Stadt zu kommen, um Besitz von der Insel zu nehmen. Cornelius kam in leichtgläubiger Zuversicht mit seinen 17 Schiffen in den Hafen von Lipara; aber kaum war er eingelaufen, so erschien

20*

der Karthager Bogud vor demselben mit 20 Schiffen und schloß ihn ein. Der Consul wurde mit seinem ganzen Geschwader gefangen genommen. Von seinem Ungeschick erhielt er den Beinamen Asina (asinus heißt der Esel). Indeß dieser unglückliche Anfang schreckte die Römer nicht; sobald ihre Hauptflotte seefertig war, fuhr sie an der Küste Italiens hinab gen Messana. Unterwegs kam ihr der karthagische Feldherr Hannibal mit 50 Schiffen entgegen, in der stolzen Hoffnung, sie gänzlich vernichten zu können, ehe sie Sicilien erreichte. Aber unerwartet war er mitten unter den Feinden und erlitt einen größeren Verlust als die Römer bei Lipara.

Mit gehobenem Muthe lief die siegreiche Flotte in den Hafen von Messana ein, wo der herbeigerufene Duilius das Commando übernahm. Er ging sogleich der feindlichen Flotte entgegen und traf sie, während sie unter Hannibals Anführung, 130 Segel stark, von Panormus (Palermo) heransegelte, auf der Höhe von Mylä, westlich von Messana. Wie zum Triumphe fuhren die karthagischen Schiffe, ohne erst eine Schlachtordnung zu formiren, auf die unbehülflichen römischen Fahrzeuge los; 30 eilten allen voran, um so schnell als möglich die leichte Beute zu fassen. Doch kaum waren sie nahe gekommen, so fielen die Enterbrücken, und die Schiffe waren in den Händen der Römer. Dies unerwartete Unglück machte die Nachkommenden vorsichtiger; sie versuchten durch künstliche Manöver den unheimlichen Gebäuden eine günstige Stellung abzugewinnen, aber sowie ein Schiff nahe kam, wurde es von dem Haken erfaßt und zerstört oder erobert. Zuletzt, nachdem sie an 50 Schiffe verloren, fast die Hälfte ihrer Flotte, wandten die Karthager sich beschämt und voll Schrecken zur Flucht; 3000 waren gefallen, 7000 gefangen. Die Römer scheinen kein einziges Schiff verloren zu haben.

Groß war die Freude in Rom über den Sieg von Mylä; denn nun schien kein Volk der Erde mehr den römischen Waffen widerstehen zu können. Als Duilius nach seinem glorreichen

Feldzuge nach Hause kehrte, ward ihm ein glänzender Triumph
zu Theil, und er durfte gleichsam den Triumph über sein ganzes
Leben ausdehnen; denn man gestattete ihm, Abends, wenn er
von einem Gastmahl nach Hause ging, sich mit einer Fackel vor-
leuchten und von Flöten- und Saitenspielern begleiten zu lassen.
Zum Andenken des Sieges errichtete man auf dem Forum eine
mit erbeuteten Schiffsschnäbeln geschmückte Säule, deren Inschrift
die Thaten des Duilius und die Menge der heimgeführten Beute
kund that. Bruchstücke dieser Columna Duilia, Columna
rostrata, oder einer uralten Nachbildung derselben sind noch jetzt
vorhanden. Die zum Theil erhaltene Inschrift ist für die Geschichte der römischen Sprache von großer Wichtigkeit; sie ist
nämlich nebst den Grabschriften zweier Scipionen das älteste
römische Sprachdenkmal.

Der Sieg von Mylä ermuthigte die Römer so sehr, daß
sie den Krieg nicht mehr auf Sicilien beschränkten und im nächsten
J. 259 den Consul L. Cornelius Scipio zum Angriff gegen
Sardinien und Corsika schickten, welche Inseln beide an ihren
Küsten wenigstens in karthagischem Besitz waren. Aleria auf
Corsika wurde erstürmt, und eine Flotte unter Hannibal wurde
in einem Hafen eingeschlossen und zerstört. Nach verschiedenen
Landungen hier und dort kehrte Scipio mit reicher Beute heim;
doch kam es auch in den folgenden Jahren nicht zu einer bleibenden Festsetzung der Römer auf den genannten Inseln. Auch in
Sicilien, wo Hamilkar geschickt operirte, hatte der Krieg nicht
den erwünschten Fortgang. Die Karthager behaupteten, gestützt
auf ihre zwei Hauptfestungen Panormus und Drepanum, noch
immer einen großen Theil der nördlichen und westlichen Insel,
und wenn sie auch keine Landungen mehr an die italischen
Küsten machten, so litt doch der Handel der italischen Städte
schwere Einbußen. Es war Zeit, dem Krieg eine energische
Wendung zu geben.

Ein Seesieg bei Tyndaris im J. 257, der allerdings von

den Karthagern bestritten ward, ermuthigte die Römer zu dem
Entschluß, den Krieg nach Afrika zu tragen und die Karthager
vor den Thoren ihrer Hauptstadt zur Abtretung Siciliens zu
zwingen.   Das Unternehmen war weniger kühn und gewagt, als
es den Anschein hatte; denn die Herrschaft der Karthager in
Afrika ruhte auf schwachen Stützen; ihre dortigen Unterthanen
waren so unzufrieden mit dem harten Joch, das die karthagische
Selbstsucht ihnen auferlegt, daß sie bei jeder Gelegenheit zum
Abfall bereit waren.   Im Frühjahr 256 ging unter den Consuln
M. Atilius Regulus und L. Manlius Vulso eine ungeheure
Flotte nach Afrika ab, 330 Penteren mit 100,000 Seeleuten
und 40,000 Soldaten.   An der Südküste Siciliens, bei dem
Vorgebirge Ecnomus (Monte di Licata) kam ihnen, um ihren
Uebergang nach Afrika zu verhindern, eine noch größere Flotte
der Karthager unter den Befehlshabern Hanno und Hamilkar
entgegen.   Es waren 350 Schiffe mit nicht weniger als 150,000 M.
Größere Menschenmassen haben nie auf der See mit einander
gerungen.

Sobald die beiden Flotten einander ansichtig wurden, for-
mirten sie sich zur Schlacht.   Die römische ordnete sich in vier
Geschwader.   Die beiden vordersten, jedes von einem Consul geführt, stießen vorn mit ihren Spitzen zusammen, so daß die zwei
Admiralschiffe neben einander fuhren und die beiden Linien die
Schenkel eines spitzen Winkels bildeten.   Hinter ihnen schloß die
Reihe des dritten Geschwaders den Winkel wie die dritte Seite
eines Dreiecks und führte die Transportschiffe der Reiterei im
Schlepptau; das vierte Geschwader, parallel mit dem dritten gerichtet, schloß den Zug.   Die Karthager hatten sich gegenüber
ebenfalls in vier Abtheilungen aufgestellt, aber in Einer großen
Linie, so daß ihr linker Flügel sich an die sicilische Küste an-
lehnte, der rechte nach der offnen See hin stand; die beiden Geschwader im Centrum wurden geführt von den beiden Befehlshabern.   Als sich die beiden Abtheilungen der Consuln auf die

zwei Geschwader im karthagischen Centrum warfen, wichen diese
zurück, und der linke karthagische Flügel schwenkte zum Angriff
gegen das dritte römische Geschwader ein, das wegen der Transportschiffe den zwei vorderen nicht zu folgen vermochte, während
der rechte punische Flügel sich auf die römische Nachhut warf.
Das dritte und vierte Geschwader der Römer geriethen durch die
feindliche Uebermacht in große Noth; aber die beiden Geschwader
der Consuln kamen, nachdem sie die ihnen gegenüberstehenden
Schiffe bald zerstreut, noch rechtzeitig, erst dem dritten, dann dem
vierten Geschwader, das schon wider das Ufer gedrängt war, zu
Hülfe und entschieden die Schlacht. 64 punische Schiffe mit der
Mannschaft waren erobert, 30 versenkt; die Römer hatten
24 Schiffe verloren.

Nachdem die Consuln ihre beschädigten Fahrzeuge an der
sicilischen Küste ausgebessert und einen Friedensvertrag der Karthager abgewiesen hatten, schifften sie ihre Truppen zum Uebergang nach Afrika ein. Das Unternehmen erschien dem Heere,
das erst jetzt davon in Kenntniß gesetzt wurde, so verwegen, daß
nicht blos der gemeine Soldat, sondern selbst die Kriegstribunen
laut murrten und die Consuln durch Androhung der härtesten
Strafen sich Gehorsam verschaffen mußten. Die karthagische
Flotte, welche sich nach ihrer Niederlage zu Heraklea wieder gesammelt hatte, eilte nach dem Golf von Karthago, um vor ihrer
Hauptstadt den Römern, falls sie hier zu landen versuchen sollten,
eine neue Schlacht zu liefern. Aber die Römer fuhren um das
hermäische Vorgebirge (Cap Bon) herum nach der Ostküste des
karthagischen Landes und legten sich in dem Hafen von Clupea
oder Aspis vor Anker. Sie bemächtigten sich der von ihren Einwohnern verlassenen Stadt und machten sie zu ihrem wohlbefestigten
Waffenplatz, von dem aus sie das weite reiche Land der Karthager
nach allen Seiten plündernd und verheerend durchzogen, ohne daß
die Karthager eine Abwehr versuchten.

Den Römern war ihr Unternehmen bis dahin so über Er-

warten glücklich gelungen, daß sie mit Einem consularischen Heere
es glaubten zu Ende führen zu können. Der Senat rief daher
vor Einbruch des Winters den Consul Manlius mit seinem Heer
und einem Theil der Schiffe, auf dem sich 27,000 Gefangene
befanden, nach Italien zurück und überließ dem Regulus mit
40 Schiffen, 15,000 M. Fußvolk und 500 Reitern die Fortsetzung des Krieges. Die Karthager hatten unterdessen ein Heer
gesammelt und unter den Feldherren Hamilkar, Hasdrubal und
Bostar dem Regulus entgegengestellt. Aber diesen fehlte der Muth
und die Fähigkeit, von ihren Streitkräften den gehörigen Gebrauch
zu machen. Sie hielten sich in den Gebirgen, wo sie ihre Reiter
und Elephanten, in denen ihre Hauptstärke bestand, nicht verwenden konnten. In einer solchen Stellung griff sie Regulus
bei Adis, einer Stadt von ungewisser Lage, an und brachte ihnen
eine völlige Niederlage bei. 18,000 Karthager fielen, 5000 wurden
gefangen nebst 18 Elephanten. Nach dieser Schlacht zogen sich
die Karthager hinter ihre Mauern zurück und überließen dem
Regulus das ganze Land. 74 Städte unterwarfen sich ihm, er
rückte bis in die Nähe von Karthago und eroberte Tunis, das
nur 10 römische Meilen von der Hauptstraße entfernt war. Hier
schlug er sein Winterlager auf.

Die Karthager waren in der größten Noth; der Feind stand
vor ihren Thoren, und in ihrer Stadt, in welche sich das flüch-
tende Volk zu vielen Tausenden zusammengedrängt hatte, begann
schon der Hunger. Sie schickten daher eine Gesandtschaft in das
römische Lager und baten um Frieden. Regulus hätte jetzt durch
billige Zugeständnisse einen sehr vortheilhaften Frieden erlangen,
er hätte Sicilien und Sardinien für Rom gewinnen können;
aber, übermüthig gemacht durch sein großes unverhofftes Glück
und die Widerstandsfähigkeit des Feindes unterschätzend, glaubte
er schon die Geschicke Karthagos ganz in seiner Hand zu haben,
und stellte maßlose Bedingungen: Abtretung Siciliens und
Sardiniens, Zurückgabe der römischen Gefangenen ohne Lösegeld,

dagegen Auslösung der punischen, Zahlung eines Tributs, Anerkennung der römischen Hoheit, Entsagung des Rechts, ohne Genehmigung Roms Krieg zu führen, Auslieferung aller Kriegsschiffe bis auf ein einziges; wenn aber Rom es fordere, so solle
Karthago ihm 50 Kriegsschiffe zur Hülfe stellen. Auf diese Bedingungen, welche die Vernichtung Karthagos bedeuteten, antworteten die Gesandten kein Wort, die Karthager aber beschlossen in
ihrer Verzweiflung, sich bis aufs Aeußerste zu vertheidigen. Sie
hoben während des Winters neues Kriegsvolk aus, zogen ihre
sicilischen Truppen heran, warben Schaaren von numidischen
Reitern und eine große Zahl griechischer Söldner, um mit erneuter Macht im nächsten Frühjahr den Krieg zu beginnen.

Unter den aus Griechenland gekommenen Truppen befand
sich auch ein spartanischer Hauptmann, Namens Xanthippos, der
uns nur aus diesem punischen Kriege bekannt ist, aber schon
vorher in den Kriegen der griechisch-makedonischen Reiche sich
Erfahrung und militärische Kenntnisse sowie einen guten Namen
erworben haben muß. Dieser äußerte einmal gelegentlich, weder
die Römer noch die Truppen Karthagos seien Ursache der beständigen Niederlage der Karthager, sondern die Unkunde der punischen Feldherrn, welche ihre sehr brauchbaren Truppen nicht zu
gebrauchen wüßten, und als der Senat ihn vorlud, um näheren
Aufschluß über diese Aeußerung zu erhalten, setzte er auseinander,
daß die Stärke des punischen Heeres in seiner Reiterei und den
Elephanten bestände, mit denen man in der Ebene und nicht,
wie bisher, in den Bergen operiren müsse. Dem Senat leuchteten
die Vorstellungen des Xanthippus ein, und er übertrug ihm in
Uebereinstimmung mit den Wünschen des Volkes die Leitung des
Krieges. Die punischen Feldherrn mußten sich sämmtlich ihm
unterordnen. Xanthippus begann nun sogleich die Truppen in
seiner Weise vor den Thoren einzuüben, und bald erfüllte die
Soldaten ein frischer zuversichtlicher Geist, und die Bürger sahen
mit neuem Muth der Zukunft entgegen.

Sobald der Frühling (255) kam, führte Xanthippus seine
Truppen dem Regulus entgegen, der in verblendeter Selbstüber-
hebung, ohne Rücksicht auf die veränderte Lage der Dinge, in
der Nähe Karthagos stehen geblieben war, ohne einmal sich die
Rückzugslinie nach Clupea zu sichern. Xanthippus hatte nur
12,000 M. Fußvolk, während die Römer ein Heer von 32,000 M.
zusammengebracht hatten; aber er vertraute auf seine 100 Elephanten
und 4000 Reiter und stellte sich muthig in der Ebene den Feinden
gegenüber, die über den kecken Griechen mit seinem kleinen Heere
spotteten. Er hatte auf dem rechten Flügel die geworbenen Fußtruppen, auf dem linken die Karthager aufgestellt; auf die beiden
Flanken waren die Reiter und leichten Truppen vertheilt, vor
der Fronte der Fußtruppen standen die Elephanten. Regulus
stellte, um den Elephanten besser widerstehen zu können, sein
Fußvolk ungewöhnlich tief, wodurch seine Front bedeutend verkürzt
ward und seine ohnehin schwache Reiterei des Anhalts entbehrte.
Diese wurde denn auch gleich beim Beginn der Schlacht von den
punischen Reitermassen in die Flucht geworfen und zerstreut,
worauf sich das römische Fußvolk von allen Seiten den Angriffen
derselben ausgesetzt sah. Nichtsdestoweniger ging es kräftig vor
und schlug mit dem linken Flügel, an den Elephanten vorbei-
marschirend, die Söldner auf dem rechten karthagischen Flügel;
die Hauptmasse dagegen erlitt durch die Elephanten große Verluste, und als die Cohorten doch zuletzt durch die Elephantenreihe
hindurchdrangen, wurden sie von der kampfesfrischen Linie der
Karthager in Empfang genommen. Zu gleicher Zeit fiel ihnen
die feindliche Reiterei in den Rücken. So wurden sie von allen
Seiten umringt und niedergemacht. Nur 500 M. entkamen mit
Regulus vom Schlachtfeld, wurden aber eingeholt und gefangen
genommen. Von dem ganzen römischen Heere retteten sich 2000 M.
nach Clupea; es waren wohl vorzugsweise die gleich Anfangs
zerstreuten Reiter und die Reste der Truppen, von denen die
punischen Söldner geworfen worden waren.

Mit der Schlacht bei Tunes verloren die Römer alles, was sie in Afrika errungen. Ihr Heer war vernichtet, und seine spärlichen Reste hielten sich mit Mühe in Clupea; der Feldherr Regulus war in Feindes Hand und blieb für den Uebermuth, welchen er bei der Aufstellung seiner Friedensbedingungen bewiesen, bis an seinen Tod in harter Gefangenschaft. Daß die Karthager Clupea nicht zu nehmen vermochten, hatte wohl seinen Grund darin, daß sie ihre Macht theilen mußten, daß sie zu gleicher Zeit auch noch mit der Unterwerfung der zu den Römern abgefallenen Unterthanen zu schaffen hatten. Diese Unglücklichen hatten nach ihrer Besiegung die gewohnte Härte und Grausamkeit der Karthager zu fühlen. Es wurde ihnen eine Strafe von 1000 Talenten Silbers (1,700,000 Thlr.) und 20,000 Rindern auferlegt; alle Häupter und Führer wurden ans Kreuz geschlagen, nicht weniger als 3000 Menschen. Xanthippos verschwindet wieder nach dem kurzen, aber so wichtigen Dienst, den er den Karthagern geleistet, von der Schaubühne der Geschichte. Es heißt, er habe sich durch freiwillige Entfernung dem Neide der Karthager entzogen; nach andern, jedoch nicht glaubwürdigen Nachrichten soll er von den Karthagern durch Mord aus dem Wege geräumt worden sein.

In Rom erregte die Niederlage bei Tunes einen solchen Schrecken, daß man beschloß, den Krieg in Afrika völlig aufzugeben. Die Absendung einer Flotte von 350 Schiffen unter den beiden Consuln des J. 255 hatte nur den Zweck, die in Clupea eingeschlossenen Truppen abzuholen. Auf dem Hinwege begegnete sie am hermäischen Vorgebirge der karthagischen Flotte, und es entspann sich ein heftiges Treffen, das längere Zeit unentschieden blieb, bis die zu Clupea zurückgebliebenen römischen Schiffe zu Hülfe kamen. Die Karthager wurden völlig geschlagen, sie verloren nicht weniger als 114 Schiffe und 30,000 M.; aber trotzdem ermuthigte dieser große glänzende Sieg die Römer nicht soweit, daß sie den Krieg in Afrika zu erneuern sich entschlossen hätten. Sie landeten in Clupea, nahmen ihre dortigen Truppen

an Bord und fuhren in aller Haft zurück, obgleich die griechischen
See- und Steuerleute, welche einen Sturm voraussahen, vor der
Fahrt warnten. An der Südküste von Sicilien, in der Nähe
von Kamarina ereilte die Flotte der Sturm, und sie erlitt einen
unerhörten Schiffbruch; 220, ja 340 Kriegsschiffe und 300 Transportschiffe sollen zu Grunde gegangen sein. Die ganze Küste von
Kamarina bis zum Vorgebirge Pachynum war mit Trümmern
und Leichen bedeckt. König Hiero, der treue Bundesgenosse, ver-
sorgte die Geretteten mit Speise und Kleidung. Zu Messana
sammelten sich die Reste der Flotte, es waren 80 Schiffe.

Nachdem Afrika aufgegeben war, wurde der Krieg wieder
auf Sicilien mit größerem Nachdruck fortgesetzt. Die Insel war
noch immer zur Hälfte im Besitz der Karthager. Ermuthigt durch
ihr außerordentliches Glück, gingen diese jetzt zur Offensive über;
sie eroberten Agrigent, sie rüsteten eine Flotte von 200 Schiffen
aus und schickten ein neues Heer mit 140 Elephanten nach der
Insel. Die Römer machten nicht geringere Anstrengungen. In
drei Monaten bauten sie 220 Schiffe, welche, durch alte Schiffe
bis zu 300 verstärkt, im Frühjahr 254 mit zahlreichen Truppen
an die Nordküste Siciliens gingen. Ohne daß die bei Lilybäum
liegende punische Flotte sich von der Stelle bewegte, wurde
Panormus, der Hauptplatz der Karthager in Sicilien, eingeschlossen
und durch einen glücklichen Angriff genommen. Seitdem war
Panormus für die Römer eine der Hauptstationen auf Sicilien.
Auch die kleineren Städte an der Nordküste fielen bis auf Thermä
den Römern in die Hände. Aber der Landkrieg stockte, da die
Römer aus Furcht vor den zahlreichen Elephanten der Punier
keine Entscheidungsschlacht wagten. Deshalb unternahmen die
Consuln des folgenden Jahres (253) einen Plünderungszug an
die afrikanische Küste. Sie verwüsteten ungehindert das Land
und plünderten die Küstenstädte, aber in den unbekannten Gewässern der kleinen Syrte blieb ihre Flotte auf einer Untiefe
sitzen. Nachdem sie durch Auswerfen aller Lasten sich losgear-

beitet, flüchteten sie aus dem gefährlichen Meere nach Panormus zurück, um von da aus nach Italien heimzukehren. Die Consuln fuhren gegen den Rath der Steuerleute mitten durch das Meer der italischen Küste zu, wurden aber unterwegs von einem furchtbaren Unwetter ereilt, so daß 150 Kriegsschiffe zu Grunde gingen. Dies neue Unglück zur See entmuthigte den Senat dermaßen, daß er beschloß, keine Flotte mehr zu bauen und dem Seekrieg zu entsagen. Man beschränkte sich hinfort auf 60 Schiffe zur Vertheidigung der italischen Küsten und zur Geleitung der Transporte.

Erst mit dem J. 250 nahm der Landkrieg auf Sicilien für die Römer eine entschieden günstige Wendung. Da in den letzten Jahren eine unüberwindliche Furcht vor den Elephanten sie von jeder größeren Unternehmung zurückgehalten hatte, so glaubte endlich Hasdrubal, der karthagische Feldherr, einen entscheidenden Schritt thun zu können. Er ging zum Angriff gegen Panormus vor. Hier commandirte der Proconsul L. Cäcilius Metellus. Als Hasdrubal mit seinem Heere sich näherte, die 140 Elephanten voran, lockte Metellus durch seine leichten Truppen die Elephanten bis vor den Stadtgraben, in welchen die leichten Truppen sich zurückzogen, um die Thiere mit einem Hagel von Geschossen zu überschütten. Ein Theil der Elephanten stürzte durch die ungeschickte Führung in den Graben, die andern wandten sich zuletzt, durch die wiederholten Verwundungen wüthend gemacht, rückwärts gegen das nachfolgende punische Heer und verursachten hier eine große Verwirrung. Diesen Augenblick benutzte Metellus, er machte mit seinem bereitgehaltenen Heere einen Ausfall aus dem Thore der Stadt und fiel dem Feind in die linke Flanke. Bald waren die Karthager völlig in die Flucht gejagt. Nur ein kleiner Theil des Heeres entkam. Unter den vielen Gefangenen befanden sich 13 Generale. Alle Elephanten waren verloren; ein Theil war getödtet, die übrigen, 104 an der Zahl, geriethen in die Hände der Sieger und wurden nach Rom gebracht. Hier ver-

herrlichten sie den Triumphzug des Metellus und wurden hernach
im Circus, um dem Volke die Furcht vor ihnen zu benehmen,
mit Wurfspießen getödtet.

Durch die Schlacht bei Panormus wurden die Römer Herr
von fast ganz Sicilien; denn die Karthager zogen sich auf die
westliche Spitze der Insel zurück und hielten sich nur noch in
den zwei Städten Lilybäum und Drepanum. Sie fühlten sich
so erschöpft, daß sie eine Gesandtschaft nach Rom schickten und
um Frieden oder wenigstens um Auslieferung der Gefangenen
baten. Aber beides wurde verweigert. Bei dieser Gesandtschaft
soll sich auch der gefangene Regulus befunden haben, doch sind
die Erzählungen über dessen Sendung schlecht beglaubigt. Die
Karthager hatten ihn mitgeschickt, so heißt es, weil sie glaubten,
durch ihn am ersten ihren Zweck zu erreichen; wurde Friede geschlossen, oder wurden auch nur die Gefangenen ausgeliefert, so
sollte er zu Rom verbleiben, im entgegengesetzten Fall war er
durch einen Eid verpflichtet, nach Karthago zurückzukehren. In
Rom angelangt, weigerte er sich, Weib und Kinder zu sehen oder
im Senat zu erscheinen, da er kein Römer mehr sei, sondern ein
Knecht der Karthager. Als ihm die punischen Gesandten erlaubten,
in den Senat zu gehen, widerrieth er den Frieden und die Aus-
wechselung der Gefangenen, weil Karthago so geschwächt sei, daß
es den Krieg nicht lange mehr fortführen könne; und als der
Senat um seinetwillen sich doch zu einem Vergleiche bereit zeigte,
wies er diese Rücksichtsnahme von sich. Trotz den Bitten seiner
Verwandten und Freunde, trotz dem Anerbieten der Priester, ihn
seines Eides zu entbinden, kehrte er nach Karthago zurück, obgleich
er wußte, daß er dem grausamsten Tode entgegengehe. Die
Karthager schnitten ihm, wie wenigstens erzählt wird, die Augen-
lider ab, brachten ihn in einen dunkelen Kerker und führten ihn
dann ins hellste Sonnenlicht; und diesen quälenden Wechsel setzten
sie so lange fort, bis er, durch den Mangel an Schlaf und durch
Hunger erschöpft, zu Grunde ging. Es wird hinzugefügt, man

habe ihn, um seine Qualen zu vermehren, in einen Kasten gesteckt, in welchen von allen Seiten Nägel mit ihren Spitzen hineingetrieben waren, so daß er sich nirgends anlehnen konnte. Nach Andern wurde er ans Kreuz geschlagen. Es wird dann weiter erzählt, auf die Nachricht von dem grausamen Tode des Regulus wären von dem Senate mehrere vornehme Gefangene der Punier der Frau und den Kindern desselben ausgeliefert und von diesen in ähnlicher Weise zu Tode gemartert worden. Nach dem Berichte des Diodor dagegen sollen die Söhne des Regulus zwei gefangene punische Heerführer aus Rache wegen des Schicksals ihres Vaters so mißhandelt haben, daß einer von ihnen starb, worauf die Söhne vor Gericht gezogen wurden und kaum der Todesstrafe entgingen. Wenn wir auch die Erzählungen von der Sendung des Regulus nach Rom und seinem Verhalten daselbst noch für wahr halten dürfen, obgleich wir seiner Weigerung, den Eid zu brechen und in Rom zurückzubleiben, die Bewunderung nicht zollen können, welche ihr bei den späteren Römern zu Theil geworden, so sind doch die verschiedenartigen Berichte über seinen Tod unglaublich und zum Theil von der Familie des Regulus erfunden, um ihre an karthagischen Gefangenen verübten Grausamkeiten zu rechtfertigen. Der römische Senat würde gewiß bei seinen späteren diplomatischen Verhandlungen eine so schreiende Verletzung des Völkerrechtes nicht unerwähnt und ungeahndet gelassen haben.

Die Schlacht bei Panormus war die letzte Landschlacht in dem ersten punischen Kriege, obgleich derselbe fast noch ein ganzes Jahrzehent fortdauerte; trotzdem aber verschlang der Krieg doch noch eine ungeheure Menschenzahl durch die Seeschlachten und Seeunfälle, durch Belagerungen und eine Menge kleiner Gefechte, durch Seuchen und Hunger, denn das unglückliche Sicilien war fast zur Wüste geworden und vermochte das zahlreiche Kriegsvolk nicht mehr zu nähren. Die Römer hatten seit der Schlacht bei Panormus neuen Muth geschöpft und machten nun große An-

strengungen, um endlich die Karthager gänzlich aus Sicilien zu
vertreiben. Sie stellten ungesäumt eine Flotte von 200 Schiffen
her und schickten sie mit einem Heer von mehr als 40,000 M.
unter den beiden Consuln des J. 250 nach Sicilien, um Lilybäum zu belagern. Lilybäum war seit langer Zeit die Hauptstadt der Karthager auf Sicilien, groß und volkreich und außerordentlich stark befestigt. Vor den hohen starken Mauern zog sich
ein Graben hin von 90 Fuß Breite bei einer Tiefe von 60 Fuß,
der Eingang des Hafens war geschützt durch mehrere Sandbänke,
so daß nur der kundige Lootse den richtigen Weg fand und eine
feindliche Flotte, wenn sie sich vor den Hafen legte, die Stadt
nicht ganz von dem Meere abschneiden konnte. Deshalb vermochte auch jetzt die römische Flotte den Hafen nicht völlig zu
sperren. Gewandte Schnellsegler der Karthager, der Untiefen und
des Fahrwassers kundig, unterhielten eine beständige Verbindung
zwischen der belagerten Stadt und dem Hafen von Drepanum.
Der Admiral Hannibal fuhr sogar mit 50 Schiffen im Angesichte
der römischen Flotte in den Hafen, brachte Lebensmittel und eine
Verstärkung von 10,000 M. und kehrte unangefochten zurück.
Die Römer verdoppelten daher ihre Anstrengungen von der Landseite her, indem sie jetzt zum erstenmal die von den Griechen
erlernte Belagerungskunst in großartigem Maßstabe anwendeten.
Sie zogen eine starke befestigte Linie um die Stadt von Meer zu
Meer und gingen von da aus mit Gräben und Dämmen vor;
sie beschossen die Stadt mit Steinblöcken, untergruben die Mauer
und erschütterten sie mit dem Sturmbock. Schon waren sechs
Thürme niedergestürzt, die Mauer bot eine weite Bresche; aber
hinter der eingestürzten Mauer hatte Himilko, der die Vertheidigung
mit Klugheit und Umsicht leitete, eine neue ebenso starke Mauer
aufgerichtet, und bei einem nächtlichen Ausfall der Belagerten
wurde die ganze Maschinenreihe der Römer in Brand gesteckt.
Die Römer zogen sich zurück und begnügten sich von nun an,
die Stadt zu Wasser und zu Land zu blockiren.

Im nächsten Jahre (249) nahm die Sache für die Römer eine noch schlimmere Wendung. Der Consul P. Claudius Pulcher, der Sohn des bekannten Appius Claudius Cäcus, ein stolzer ehrsüchtiger Mann, unternahm es, um durch eine kühne That seinen Namen zu verewigen, mit der vor Lilybäum liegenden Flotte die punische Flotte im Hafen von Drepanum zu überfallen und zu vernichten. Um Mitternacht zog er aus, des Sieges und Ruhmes gewiß; als ihm unterwegs gemeldet wurde, daß die heiligen Hühner nicht fressen wollten und also Unglück verkündeten, gab er den Befehl, sie ins Wasser zu werfen, indem er höhnisch sagte: „Wenn sie nicht fressen wollen, so mögen sie saufen." Mit Tagesanbruch kam die römische Flotte nach Drepanum und fuhr sogleich in langer Reihe um die südliche Ecke des Eingangs in den Hafen ein. Adherbal, der punische Admiral, war überrascht; doch schnell entschlossen, fuhr er mit seiner ganzen Flotte an der nördlichen Seite des Hafeneingangs hinaus auf die offene See und schnitt der römischen Flotte, die in Verwirrung aus dem Hafen eilte, den Rückzug ab. Die römischen Schiffe wurden an die Küste gedrängt und zum größten Theil — 93 an der Zahl — genommen oder zerstört. Nur der linke Flügel entkam; es waren 30 Schiffe, unter ihnen auch das des Consuls, der zuerst davon geflohen war. Der Senat rief den Consul, der mit verbrecherischem Leichtsinn die Flotte und das Leben so vieler Menschen aufs Spiel gesetzt hatte, nach Rom zurück und befahl ihm, einen Dictator zu ernennen und dann sein Amt niederzulegen. Der Uebermüthige ernannte mit frechem Hohn einen seiner Diener, einen Freigelassenen seines Geschlechtes, zum Dictator, den natürlich der Senat sogleich wieder absetzte. Claudius wurde wegen verletzter Majestät des Volkes angeklagt und zu einer hohen Geldstrafe verurtheilt. Er überlebte die Schande nicht lange; wahrscheinlich nahm er sich selbst das Leben.

Nicht lange nach dem Unglück von Drepanum ging eine zweite römische Flotte durch den Unverstand des andern Consuls,

des C. Junius Pullius, zu Grunde. Er geleitete eine zu Syrakus
mit Zufuhr beladene Transportflotte mit 120 Kriegsschiffen längs
der südlichen Küste von Sicilien gen Lilybäum, trennte aber
unklugerweise seine Flotte, so daß es dem punischen Unterbefehls-
haber Karthalo gelang, sich mit 100 Schiffen zwischen die beiden
Abtheilungen zu legen. Die römischen Schiffe wurden gezwungen,
sich an den unwirthlichen Küsten in zwei schlechten Nothhäfen zu
bergen, in denen sie bald darauf durch einen heftigen Sturm
sämmtlich vernichtet wurden. Die karthagische Flotte auf der
hohen See blieb unversehrt.

Durch diese Unglücksfälle wurde der römische Senat so entmuthigt, daß er wiederum den Kampf zur See aufgab und den
Landkrieg nur noch dem Namen nach fortführte; aber die Karthager, statt jetzt alle ihre Kräfte aufzubieten, betrieben den Krieg
nicht minder lässig und schlaff, sie bezahlten nicht einmal ihren
Truppen den fälligen Sold, so daß eine gefährliche Meuterei im
Heere entstand. Unter diesen schwierigen Umständen schickten sie
den Hamilkar Barkas (d. h. der Blitz), der als der Vater des
großen Hannibal allgemein bekannt ist, als Oberbefehlshaber nach
Sicilien, einen Mann von noch nicht 30 Jahren, aber ausgezeichnet durch Einsicht, Muth und Thatkraft. Der unterdrückte
zunächst die Meuterei der Soldaten mit blutiger Strenge und
bändigte sie durch eine furchtbare Disciplin; dann war er bestrebt, sie zu einem tüchtigen Fußvolk umzubilden, das es mit
den römischen Legionssoldaten aufzunehmen vermöchte. Ein Vaterland hatten diese Söldner nicht, sie kämpften nur für den Sold
und die Beute; dagegen suchte er ihnen in seiner eigenen Person
einen Halt- und Mittelpunkt zu geben, sie zusammenzuhalten und
zu begeistern durch die Liebe zum Feldherrn und gemeinsame
Waffenehre. Für den rückständigen Sold, der von der kargen
Vaterstadt nicht zu erlangen war, entschädigte er sie durch Beutezüge nach der italischen Küste und durch reiche Spenden.

Nachdem Hamilkar seine Truppen eine Zeit lang vor Lily=
bäum und Drepanum beschäftigt und an den Kampf mit den
römischen Legionssoldaten gewöhnt hatte, setzte er sich mit ihnen
auf dem Berge Erkte oder Eirkte fest. Dieser westlich von
Panormus gelegene Berg (jetzt Monte Pellegrino) erhebt sich von
allen Seiten schroff aus der Ebene und hat nur drei sehr steile
und schwierige Zugänge, welche leicht zu vertheidigen waren.
Der eine Zugang verband den Berg mit dem Meere und einem
Hafen, der von dem Berge aus beherrscht wurde und als Ausgangspunkt dienen konnte für Streifzüge an die sicilische und
italische Küste. Oben bildete der Berg eine Fläche von etwa
100 Stadien (5 Stunden) im Umfang, und aus derselben erhob
sich wiederum eine Höhe, welche wie eine Burg oder Warte das
ganze Land überschauen ließ. Die Fläche war zum Anbau geeignet und vermochte die Söldner, welche mit Weib und Kind
sich hier niederließen, wenigstens zum Theil zu ernähren. Dieser
Ort war ein trefflicher Waffenplatz für den kleinen Krieg, zu
welchem Hamilkar vor der Hand gezwungen war. Hamilkar
unternahm von da seine kühnen Seezüge rings um die ganze
Küste Siciliens und an die italischen Küsten bis hinauf nach
Cumä, er bedrohte Panormus und die römischen Heere vor Lily=
bäum und Drepanum. Es war den Römern unmöglich, ihn von
seinem Felsensitze zu vertreiben; sie bezogen, um Panormus zu
schützen, ein Lager zwischen dieser Stadt und Erkte und schlugen
sich drei Jahre lang in kleinen, stets sich erneuernden Treffen
mit dem unermüdlichen Gegner herum, ohne irgend einen Erfolg.
Nach Ablauf dieser drei Jahre (247—244) schuf sich Hamilkar
einen zweiten ähnlichen Waffenplatz auf dem hinter Drepanum
gelegenen Berge Eryx. Er eroberte die Stadt Eryx, welche
ungefähr auf der halben Höhe des Berges lag, und setzte sich
so im Rücken des Drepanum belagernden römischen Heeres fest,
um seine Operationen gegen die Stadt zu lähmen. Auch ein
Posten, den die Römer auf der Spitze des Berges hatten, bei

dem Tempel der Aphrodite Erycina, wurde durch diese Stellung unschädlich gemacht.

So vergingen wieder zwei Jahre, und noch war kein Ende abzusehen. Die Römer brachten ungeheure Opfer an Mannschaft und Geld, und doch ging ihre Sache eher zurück als vorwärts. Der Senat aber konnte sich nicht zu einem energischen Schritt ermannen. Da entschloß sich eine Anzahl hochherziger Bürger, dem Staate von ihrem Vermögen die Mittel zur Ausrüstung einer neuen Flotte darzuleihen, damit endlich dem Krieg eine glückliche Entscheidung gegeben werde. Das übrige Volk schloß sich begeistert an; die einzelnen reichen Bürger bauten ganze Fünfruderer auf ihre Kosten, die weniger Bemittelten thaten sich zusammen zur Herstellung je eines Fahrzeuges, die Unbemittelten drängten sich zum Kriegs- und Flottendienst. So war in kurzer Zeit eine Flotte von 200 Fünfruderern mit 60,000 Matrosen und der nöthigen Kriegsmannschaft zu Stande gebracht und fuhr unter dem Commando des Consuls C. Lutatius Catulus nach Sicilien. Die Häfen von Lilybäum und Drepanum wurden besetzt, und auch von der Landseite begann man energischer gegen beide Städte vorzugehen. Hamilkar hielt mit seinen geringen Mitteln tapfer aus, in der Hoffnung, daß seine Vaterstadt bald Hülfe senden werde. Aber diese kam erst im Frühjahr des nächsten J. 241. Obgleich die Karthager einsahen, daß jetzt alles auf dem Spiele stand, so konnten sie sich doch nicht zu dem Opfermuthe der römischen Bürgerschaft erheben; der erschöpfte Staat mußte allein für alles sorgen, und dieser brachte nur langsam eine schlecht gerüstete Flotte zusammen. Sie kam mit reichem Kriegsbedarf und Mundvorrath, aber es fehlte die geübte Kriegsmannschaft. Die ungeübten Truppen sollten mit den Vorräthen zu Drepanum ausgeschifft und dann dort die zu einem Seegefecht erforderlichen Truppen aufgenommen werden. Als aber die Flotte, nicht fern mehr vom Ziele, an Aegusa, einer der ägatischen Inseln, vorbeisteuerte, kam ihr plötzlich die römische Flotte zur Schlacht

entgegen (10. März 241) und brachte ihr unter dem Commando
des Prätors P. Valerius Falto, der die Stelle des an einer
Wunde darniederliegenden Catulus vertrat, eine vollständige Niederlage bei. 50 Schiffe wurden in den Grund gebohrt, 70 erobert,
die übrigen entflohen.

Die Schlacht an den ägatischen Inseln entschied den ersten
punischen Krieg. Die Karthager waren nicht mehr im Stande,
den Krieg fortzuführen, und gaben dem Hamilkar die unbeschränkte
Vollmacht, den Frieden abzuschließen. Catulus stellte mäßige
Forderungen; es waren folgende: Karthago tritt Sicilien ab
und verpflichtet sich, weder den Hiero, noch irgend einen andern
Bundesgenossen der Römer mit Krieg zu überziehen; es bezahlt
innerhalb 20 Jahren 2200 euböische Talente (à 1700 Thlr.),
also über 3½ Mill. Thlr., und gibt alle römische Gefangenen
ohne Lösegeld frei. Da Hamilkar die Forderung des Catulus,
daß die Karthager die Waffen und die römischen Ueberläufer
ausliefern sollten, mit Entschiedenheit zurückwies, so gewährte
Catulus den freien ehrlichen Abzug gegen ein Lösegeld von
18 Denaren (4 Thlr.) für den Mann. Die römische Volksversammlung verschärfte die Friedensbedingungen; sie erhöhte die
Kriegskosten um 1000 Talente, und bestimmte, daß ⅓ der ganzen
Summe sogleich, das Uebrige innerhalb 10 Jahren zu zahlen sei.
Außerdem mußten die Karthager noch die kleinen Inseln zwischen
Italien und Sicilien an Rom abtreten.

Polybius nennt den ersten punischen Krieg den größten
aller Kriege, die bisher geführt worden seien. Er hatte 23 Jahre
gedauert und hundert Tausende von Menschen verschlungen. Die
Römer hatten 700 Schiffe verloren, die Karthager 500, Sicilien
war eine Wüste. Diese schöne Insel, der Hauptpreis des Krieges,
wurde die erste römische Provinz, d. h. das erste unterthänige
Land außerhalb Italiens. Eine Provinz wurde durch einen alljährlich von Rom aus geschickten Statthalter (Prätor) regiert,
der außer der Anführung des Heeres die Gerichtsbarkeit und die

Verwaltung des Landes hatte. Zur Seite stand ihm ein Quästor als Kassenverwalter. Die Provinzialen waren steuerpflichtig und verloren in der Regel das Waffenrecht; nur zur Vertheidigung des eigenen Landes konnten sie von dem Prätor aufgeboten werden. Soweit es der römischen Herrschaft nicht hinderlich war, behielten die einzelnen Gemeinden ihre eigenthümliche Verfassung und eigene Verwaltung. In den natürlichen Grenzen der Provinz gab es gewöhnlich noch eine Anzahl bevorzugter Gemeinden oder Staaten, sogenannte Bundesgenossen, die für unabhängig galten und steuerfrei waren. Dazu gehörte in Sicilien der Staat des Hiero, Syrakus mit sechs kleinen Städten.

Die Zeit zwischen dem ersten und zweiten punischen Krieg.

Unmittelbar nach dem Kriege mit Rom zog sich über Karthago eine neue Gefahr zusammen, die es an den Rand des Verderbens brachte. Die Söldner, welche in Sicilien gekämpft, hatten in den letzten Jahren keine Löhnung erhalten, und der Staatsschatz war am Ende des Krieges so erschöpft, daß man sie nicht sogleich befriedigen konnte. Hamilkar erhielt von der Regierung den Auftrag, sie nach Afrika zu schicken, und er gebrauchte die Vorsicht, sie in einzelnen Abtheilungen abgehen zu lassen, damit man sie truppweise und allmählich ablohne oder, wenn die Mittel nicht sogleich zur Hand seien, durch Auseinanderlegung unschädlich mache. Aber die Regierung ließ unvernünftiger Weise wieder alle Truppen sich in Karthago ansammeln und suchte ihnen dann ihren Sold noch zu kürzen. Als die Truppen schwierig wurden, gelang es noch, sie aus der Hauptstadt zu entfernen und in die Stadt Sikka zu verlegen. Der Feldherr Hanno, der mit Unrecht den Beinamen des Großen trug, der Hauptvertreter der engherzigen Regierungspartei und den Truppen wegen seiner Feindseligkeit gegen Hamilkar und die besten Officiere verhaßt, sollte dort mit ihnen unterhandeln; seine Anerbietungen blieben aber so weit hinter den Ansprüchen der Soldaten zurück, daß diese voll Zorn die Waffen ergriffen und gegen Karthago marschirten. Der Schreck machte jetzt die Regierung nachgiebig. Sie schickte auf Verlangen der Truppen den Feldherrn Gisco zu ihnen, der ihr besonderes Vertrauen besaß, und dieser wußte durch kluge Unterhandlungen die Gemüther so weit zu beschwichtigen, daß eine glückliche Erledigung der Angelegenheit zu erwarten stand. Da erregten zwei Männer unter den Söldnern, Spendius, ein entlaufener Sclave aus Campanien, und Mathos, ein Libyer, welche im Fall einer Aussöhnung für sich nichts Gutes zu erwarten hatten, durch aufrührerische Reden einen neuen Tumult, in welchem viel Blut floß und Gisco mit seinen Begleitern gefangen genommen wurde.

Jetzt schlug der Aufruhr in hellen Flammen auf. Spendius und Mathos stellten sich an die Spitze und riefen die unterthänigen libyschen Städte zum Aufstand auf. Die Libyer, durch den despotischen Druck Karthagos und die grausame Unterdrückung des früheren Aufstandes zur Zeit des Regulus von furchtbarem Hasse erfüllt, erhoben sich fast ohne Ausnahme und schlossen sich mit 70,000 Mann den Söldnern an. Die Frauen steuerten ihren Schmuck, um den Söldnern ihre Löhnung zu zahlen. Karthago wurde von den rachesüchtigen Empörern auf allen Seiten eingeschlossen und schwebte in der furchtbarsten Gefahr. Der ungeschickte Hanno, dem der Oberbefehl gegen sie übertragen ward, erlitt zweimal bedeutende Niederlagen. Da nahm man zu dem zurückgesetzten Hamilkar seine Zuflucht. Der durchbrach in kurzer Zeit die Linien, durch welche die Stadt eingeschlossen war, und brachte dem Feinde zwei Niederlagen bei. Das hatte die nächste Folge, daß die Führer der Meuterer, um eine Ausgleichung unmöglich zu machen, den gefangenen Gisco mit allen Karthagern, die in ihrer Gewalt waren, unter entsetzlichen Martern hinrichteten, und da nun die Karthager zum Entgelt ihrerseits auch alle Feinde, die in ihre Hände fielen, unbarmherzig niedermachten, so nahm der Krieg gegen den Willen des Hamilkar den Character der wildesten Grausamkeit an. Hamilkar drängte die Feinde von Karthago weg, schloß durch geschickte Bewegungen ihre Haupt- macht völlig ein und ließ, nachdem er sich des Spendius und anderer Führer bemächtigt, die übrigen, an 40,000 M., durch seine Elephanten zertreten. Hierauf wurden die libyschen Städte durch Gewalt und Milde zur Unterwerfung gebracht und der Rest der Söldner unter Mathos bei Leptis vernichtet (237), und damit war der gefährliche Krieg, der drei Jahre und vier Monate gedauert hatte, beendet.

Die Römer waren unedel genug, die Noth der Karthager zu ihrem Vortheil auszubeuten. Die Besatzungen der karthagischen Küstenstädte in Sardinien hatten sich dem Aufstande der Söldner angeschlossen; da sie sich aber gegen die Angriffe der Eingebornen nicht halten konnten, so suchten sie bei den Römern Hülfe und boten ihnen die Städte an (um 239). Die Römer setzten sich in Besitz derselben, und die Karthager mußten es geschehen lassen. Als diese aber nach Beendigung des Söldnerkrieges ihre sardini- schen Besitzungen zurückforderten, erklärten ihnen die Römer den Krieg. Karthago war weniger als je im Stande, mit Rom einen Krieg auszufechten, und so mußten sie denn den Frieden mit schweren Opfern erkaufen; sie traten Sardinien an Rom ab und zahlten noch dazu 1200 Talente. Mit dem Verluste von Sardinien ging auch Korsika für die Karthager verloren, wo sich ebenfalls die Römer allmählich festsetzten.

Durch den Besitz von Sicilien, Sardinien und Korsika war das tuskische Meer ein römisches Meer geworden, und die West- küste Italiens war gesichert. Um dieselbe Zeit machten sich die Römer auch zu Herren des östlichen, des adriatischen Meeres. Die griechischen Staaten und Makedonien waren damals so herab- gekommen, daß sie auf die Herrschaft in diesem Meere keinen Anspruch machen konnten. Dagegen hausten auf demselben die

Illyrier, die Unterthanen des Königs Agron, als Seeräuber auf die schlimmste Weise, so daß die Römer zuletzt im Interesse des italischen Handels einschreiten mußten. Sie schickten zwei Brüder, C. und L. Coruncanius, als Gesandte an den König Agron und forderten Rechenschaft wegen der Unbilden, welche italischen Handels= leuten widerfahren waren. Der König antwortete, er werde die Feindseligkeiten gegen die Römer von Staatswegen in Zukunft verhindern, aber den Einzelnen könne er nach dem bestehenden Landrecht nicht wehren, auf der See ihren Vortheil zu suchen. Der eine Coruncanius erwiederte, bei den Römern sei es altes Herkommen, die den Einzelnen zugefügten Beleidigungen von Staatswegen zu ahnden, und sie würden den Illyriern ein besseres Landrecht beizubringen wissen. Diese wenig feine Antwort er= bitterte den König dermaßen, daß er die Gesandten auf der Rückreise ermorden ließ. Nun war der Krieg unvermeidlich. Im Frühjahr 229 segelten die beiden Consuln mit einer Flotte von 200 Schiffen und einem Landheer von 20,000 M. zu Fuß und 2000 Reitern zunächst nach Corcyra, dessen die Illyrier vor Kurzem sich bemächtigt hatten und das jetzt der Statthalter Demetrius von Pharos den Römern übergab. Die Raubschiffe der Illyrier waren bald vor der stolzen Flotte der Römer zer= stoben, und die Burgen in ihrem Lande von dem Landheer ge= brochen. Die Königin Teuta, welche nach dem Tode ihres Ge= mahls Agron für ihren unmündigen Sohn Pinnes die Regierung führte, bat, ehe der Feldzug des folgenden Jahres begann, demüthig um Frieden. Sie mußte den größten Theil ihres Ge= bietes abtreten und Tribut zahlen; zugleich wurde bestimmt, daß südlich von Lissos (Alessio zwischen Scutari und Durazzo) kein illyrisches Kriegsschiff noch auch mehr als zwei unbewaffnete Schiffe zusammen fahren durften. Damit war dem Seeraub auf dem adriatischen Meere ein Ende gemacht, und die römische Macht gebot in diesen Gewässern. Demetrius von Pharos, der in römische Dienste getreten war, wurde auf den dalmatischen

Inseln und Küsten als abhängiger Dynast und römischer Bundesgenosse eingesetzt. Später, kurz vor Anfang des zweiten punischen Krieges, suchte er sich der römischen Oberhoheit zu entziehen,
wurde aber nach Zerstörung seiner Hauptstadt aus dem Lande
getrieben (219). Die Griechen waren über die Unterdrückung
der illyrischen Seeräuber, welche sie selbst vergebens versucht
hatten, hoch erfreut; die Korinthier decretirten den Römern die
Zulassung zu den isthmischen Spielen, und die Athener verliehen
ihnen das Bürgerrecht und das Recht, sich in die eleusinischen
Mysterien einweihen zu lassen. Damit waren die Römer feierlich
in den griechischen Nationalverband aufgenommen.

Auch gegen Norden erhielt Italien um diese Zeit gesicherte
Grenzen, indem die römische Herrschaft bis zum Fuße der Alpen
ausgedehnt ward. Jenseits des Apennin, auf beiden Seiten des
Po, wohnten noch unbesiegt und frei die Gallier, welche Italien
so oft in Schrecken gesetzt hatten. Seit ihren Niederlagen in den
Jahren 283 und 282 hatten sie keine Einfälle in Italien mehr
gewagt; jetzt scheint eine neue Generation das alte Unglück vergessen zu haben, die alte Wander- und Raublust kommt wieder
in das unruhige Volk, vielleicht auf Anstoß neuer Zuwanderung
von Galliern jenseits der Alpen. Die südlich vom Po seßhaften
Bojer erhoben sich 237 und zogen in Verbindung mit zahlreichen
transalpinischen Schaaren vor Ariminum. Die Römer waren
auf die plötzliche Kriegsgefahr nicht vorbereitet und hielten die
Feinde durch Unterhandlungen hin. Da trat ein unvermutheter
Zwischenfall ein. Die Bojer geriethen mit ihren transalpinischen
Bundesgenossen in Streit, erschlugen ihre eigenen Häuptlinge, die
ohne Auftrag der Landgemeinde die Transalpiner herbeigerufen
hatten, und lieferten diesen eine Schlacht, in welcher auf beiden
Seiten die Kräfte sich so aufrieben, daß an eine Fortsetzung des
Krieges gegen die Römer nicht zu denken war. Die Transalpiner
kehrten heim, den Bojern ward gegen Abtretung einiger Land-
striche der Friede gewährt (232).

Der Friede dauerte nicht lange. Im J. 225 ergriffen alle Gallier Oberitaliens, mit Ausnahme der Cenomanen, die Waffen und rückten, unterstützt von Transalpinern — man nannte sie Gäsaten, „Lanzknechte" — mit einer Macht von 50,000 M. zu Fuß, 20,000 M. zu Roß und zu Wagen in Hetrurien ein. Wahrscheinlich hatte sie eine Ackervertheilung im Lande der Senonen, welche der Volkstribun C. Flaminius im J. 232 gegen den Willen des Senates bei dem römischen Volke durchgesetzt hatte, gereizt und für ihre Sicherheit besorgt gemacht. In Rom und Italien herrschte große Bestürzung; den Pöbel schreckte die Weissagung, daß Rom jetzt dem Untergange geweiht und dem römischen Boden gallisch zu werden verhängt sei. Um diesen Aberglauben zu beschwichtigen und dem Schicksalsspruche eine unschädliche Erfüllung zu geben, verstand sich sogar der Senat dazu, einen gallischen Mann und eine gallische Frau auf dem römischen Markt lebendig zu begraben. Schon standen die Gallier bei Clusium, drei Tagemärsche von Rom; der römische Prätor, der an der Spitze der hetrurischen Landwehr ihnen folgte, wurde geschlagen, und der Rest seiner Truppen, der auf einer Anhöhe eingeschlossen ward, wäre verloren gewesen, wenn nicht noch rechtzeitig der Consul L. Aemilius Papus mit seinem Heere von Ariminum her erschienen wäre. Das bewog die Gallier, den Rückweg in die Heimat anzutreten. Sie zogen, während Aemilius ihnen beständig folgte, nach der ebenen Küste, um längs derselben nach Pisa hinaufzumarschiren. Unterwegs aber begegnete ihnen bei Telamon südlich vom Ombrone der andere Consul, C. Atilius Regulus, der mit seinem Heere von Sardinien herübergekommen und zu Pisa gelandet war. Nun war eine Schlacht nicht zu vermeiden. Atilius ließ seine Legionen auf der großen Straße dem Feinde in geschlossenen Reihen entgegenrücken und führte seine Reiter auf eine Anhöhe zur Seite des Schlachtfeldes. Hier entspann sich zuerst ein heftiges Reitergefecht, in welchem die Römer die Ueberhand behielten, allerdings mit Verlust ihres Consuls und vieler

Tapferen. Unterdeß war auch Aemilius herangekommen, um die
Gallier im Rücken zu fassen. Es kam zur Doppelschlacht, da
jetzt die Gallier nach beiden Seiten hin eine Fronte bildeten;
gegen Aemilius richteten sich die Gäsaten und Insubrer, gegen
Atilius die Bojer und Taurisker; das Reitergefecht setzte sich ge-
sondert auf dem Flügel fort. Die Gallier fochten mit verzweifelter Tapferkeit; aber ihre Bewaffnung war gegen die römische
zu unvollkommen. Ihre Schilde waren zu klein, und ihre langen
Schwerter nur zum Hiebe, nicht auch, wie die römischen, zum
Stiche eingerichtet; sie waren außerdem so schlecht gestählt, daß
sie sich bei jedem Hiebe verbogen. Die Gäsaten, welche nackt ins
Gefecht gegangen und nur des Nahkampfes gewohnt waren,
mieden die Geschosse der römischen Plänkler und wandten sich
zur Flucht oder stürzten sich verzweifelt in den Feind. Dadurch
kam die Schlachtordnung der Gallier in Verwirrung, und als
nun auch die römische Reiterei zuletzt ihnen in die Seite fiel,
war der Tag entschieden. 40,000 Gallier lagen auf dem Schlachtfelde, unter ihnen auch der Gäsatenführer Aneröstus, der sich mit
seinem Gefolge nach gallischer Sitte selbst den Tod gegeben hatte;
10,000 wurden gefangen.

Nach diesem großen Siege waren die Römer entschlossen,
die Galliergefahr für immer zu beseitigen, das Galliervolk in
Oberitalien völlig niederzuwerfen. Im folgenden J. 224 ergaben
sich die Bojer und ihre östlichen Nachbarn, die Lingonen, im
J. 223 die westlich von den Bojern seßhaften Anaren, die wahrscheinlich mit den Lingonen in der Clientel der Bojer gestanden
hatten. So war das Land bis zum Po in der Römer Gewalt.
Härtere Kämpfe erforderte die Unterwerfung der nördlich vom
Po wohnenden Stämme. Noch in demselben J. 223 rückte der
Consul C. Flaminius (der Tribun von 232) über den Po in
das Gebiet der Insubrer, erlitt aber schwere Verluste und gerieth
in so gefährliche Lage, daß er auf freien Abzug capituliren mußte.
Er zog sich in das Land der bundesgenössischen Cenomanen,

kehrte aber bald, durch ein Hülfsheer der Cenomanen verstärkt,
zurück. Die Insubrer gingen ihm mit ihrem ganzen Aufgebot,
50,000 M., entgegen und lieferten ihm an einem nicht zu be-
stimmenden Flusse eine Schlacht, in welcher die Tapferkeit der
römischen Soldaten, nicht das Geschick des Feldherrn siegte. Nach
dieser Niederlage baten die Insubrer um Frieden, aber die Römer
forderten völlige Unterwerfung. So setzte sich der Krieg in das
folgende Jahr fort. Die Consuln M. Claudius Marcellus und
Cn. Cornelius Scipio rückten wieder in das Gebiet der Insubrer
ein, welche ein Hülfsheer von 30,000 Gäsaten herbeigerufen
hatten, und belagerten zuerst Acerrä. Um sie von dort wegzu-
ziehen, machte der Anführer der Gäsaten, Britomartus, mit
10,000 M. einen Streifzug in das Land südlich vom Po. Marcellus eilte ihm mit den leichten Truppen und einem Theil der
Reiterei nach und erreichte ihn bei Clastidium. Sogleich stürzten
die Gallier, die kleine Schaar verachtend, mit Geschrei zum Angriffe heran. Allen voran ritt Britomartus, eine gewaltige hoch-
ragende Gestalt in glänzender goldgeschmückter Rüstung, dem
Consul Marcellus entgegen. Der warf ihn mit dem ersten Lanzen-
stoß auf den Boden und gab ihm mit dem zweiten und dritten
Stoße den Tod. So erwarb er sich nach Romulus und Cornelius Cossus die dritte „herrlichste Waffenbeute“ (Spolia opima).
Nach dem Tode ihres Führers waren die erschreckten Gallier bald
geworfen; sie wurden fast gänzlich aufgerieben. Nicht lange
nachher fiel Acerrä und dann Mediolanum (Mailand), die Hauptstadt der Insubrer. Damit war die Unterwerfung der Insubrer
und aller Gallier in Oberitalien vollendet; die Alpengrenze war
erreicht. Nur die Ligurer, ein von den Galliern durchaus verschiedenes Volk, blieben in ihren Bergen zwischen dem Busen von
Genua und dem oberen Po allein von den in Italien wohnenden
Völkern noch frei von römischer Herrschaft. Die Römer machten
seit 238 manche Streifzüge in ihr Land, ohne es jedoch dauernd
zu unterwerfen; sie scheinen es dabei mehr auf Erjagung von

Sclaven, als auf eine Unterjochung des Volkes abgesehen zu
haben. Das gewonnene Gallierland beeilten sich die Römer durch
neue Festungen und durch Straßenanlagen zu sichern. Am Po
wurden die Colonien Placentia (Piacenza) und Cremona gegründet,
im Lande der Bojer Mutina; die flaminische Heerstraße wurde
fortgesetzt bis Ariminum. Die weitere Fortsetzung derselben aber
verhinderte das unerwartete Erscheinen des Hannibal auf italischem Boden.

Der zweite punische Krieg.

Karthago lag in Folge der letzten Kriege und der starken
Contributionen, die es nach Rom zu zahlen hatte, in völliger
Schwachheit darnieder. Keiner empfand dies schmerzlicher als
Hamilkar, und er war darauf bedacht, seinem Vaterlande wieder
aufzuhelfen, ihm die Mittel zu schaffen, daß es mit dem ver-
haßten Rom wieder auf den Kampfplan treten könnte, zu einem
Kampfe auf Leben und Tod. Denn das sah er ein, daß beide
Staaten für die Dauer nicht neben einander bestehen konnten,
einer mußte zu Grunde gehen. Von der verrotteten karthagischen
Regierung war nichts zu erwarten; die hatte sich, um ihr ver-
werfliches Regiment gegen das Drängen des Volkes und der an
der Spitze desselben stehenden Officiere aufrecht zu erhalten, in
eine Abhängigkeit von Rom begeben, welche an Verrath grenzte.
Dem Hamilkar, dem Liebling des Volkes, war sie besonders gram,
und sie bot alles auf, ihn zu unterdrücken. Aber Hamilkar setzte
es, um sich zur Verwirklichung seiner Pläne freie Hand zu schaffen,
mit Hülfe des Volkes und der Kriegspartei durch, daß ihm die
Oberfeldherrnwürde für ganz Afrika auf unbestimmte Zeit und
unabhängig von der Regierung übertragen wurde. Nur die
Volksversammlung konnte ihn abberufen und zur Verantwortung
ziehen; selbst die Wahl eines Nachfolgers wurde der Regierung
entzogen und in die Hände des Heeres, d. h. der Officiere gegeben.

Unmittelbar nach Beendigung des Söldnerkrieges, im Frühjahr 236, zog Hamilkar mit einem an Elephanten starken Heere und einer Flotte, die von seinem jungen Freunde Hasdrubal befehligt ward, an der afrikanischen Küste hin gen Westen, um plötzlich und Allen unerwartet nach Spanien überzusetzen, wo die Karthager seit langer Zeit eine Anzahl kleiner Handelsplätze im Besitz hatten. Dieses schöne und reiche Land wollte Hamilkar seinem Vaterlande dienstbar machen, es sollte ihm die Quelle neuen Wohlstandes werden und die Mittel liefern zur Rüstung gegen Rom; denn es war reich an edlen Metallen, an Getreide und Schiffsbauholz und bewohnt von zahlreichen kriegerischen Völkern, aus denen die Mannschaften zu einem starken und kriegstüchtigen Heere gezogen werden konnten. Hamilkar unterwarf einen großen Theil des südöstlichen Spaniens, und als er nach 8 jährigem Wirken im J. 229 in einer Schlacht fiel, setzte sein talentvoller Freund und Schwiegersohn Hasdrubal sein Werk fort. Dieser gründete die Stadt Karthago Nova (Neukarthago, das heutige Karthagena) an dem einzigen guten Hafen der Ostküste und machte es zur Hauptstadt des karthagischen Spaniens; er dehnte durch kluge Unterhandlung das Gebiet weiter aus und schloß mit den Römern einen Vertrag, worin diese den Karthagern das südlich vom Ebro gelegene Spanien zugestanden, aber sie verpflichteten, den Ebro nicht zu überschreiten. Als er 221 von dem Sclaven eines Spaniers ermordet wurde, ernannte das Heer den 26 jährigen Hannibal, den ältesten Sohn des Hamilkar, der in den drei letzten Jahren unter seinem Schwager die Reiterei commandirt hatte, zum Oberanführer. In Karthago bestätigten Volk und Senat trotz dem Widerspruch des Hanno die Wahl des Heeres.

Hamilkar hatte schon früh dem Sohne seinen Haß gegen Rom in die Seele gepflanzt und ihn mit seinen Plänen bekannt gemacht. Als er nach Spanien zog, willfahrte er dem neunjährigen Knaben die Bitte, ihn mitzunehmen, und ließ ihn an dem Altar, an welchem er opferte, schwören, daß er sein Leben lang ein Feind der Römer sein und, sobald er könne, sie bekämpfen wolle. Hannibal hat den Schwur treulich gehalten bis an sein Lebensende, und er hätte vielleicht, wenn er von seiner Vaterstadt gehörig unterstützt worden wäre, den römischen Staat völlig niedergeworfen; denn er war einer der größten Feldherrn aller Zeiten. Die alten Schriftsteller bewundern die Kühnheit und Tiefe seiner Pläne, die besonnene Vorsicht, den Muth und die Thatkraft bei Ausführung derselben. Eigenthümlich ist ihm die erfinderische Verschmitztheit, mit der er Kriegslisten und Hinterhalte vorzubereiten und die Schwächen seiner Gegner auszukundschaften und auszubeuten wußte. Die Römer warfen ihm Falschheit und Treulosigkeit und unmenschliche Grausamkeit vor; aber sie haben diese Beschuldigungen nirgends durch Thatsachen bestätigt, was sie als seine Erzfeinde, wenn sie es vermocht hätten, gewiß nicht würden unterlassen haben. Als Soldat wetteiferte Hannibal mit dem gemeinen Kriegsmann in Ausdauer, Enthaltsamkeit und Ertragung jeglicher Beschwerden; keine Anstrengung vermochte seinen Leib zu erschöpfen, keine Gefahr seinen Muth zu besiegen. Darum hingen auch seine Leute mit unerschütterlicher Treue an ihm. Uebrigens war Hannibal nicht blos Soldat und Feldherr, er war auch ein tiefblickender Staatsmann und besaß eine nicht gewöhnliche Bildung. Er schrieb Staatsschriften in griechischer Sprache.

Als Hannibal den Oberbefehl in Spanien übernahm, waren alle Mittel zu einem Kriege mit Rom vorhanden, und bei ihm selbst stand der Entschluß fest, sobald wie möglich loszuschlagen; und zwar sollten die Römer in Italien selbst angegriffen werden, ehe sie den Krieg nach Afrika tragen könnten. Nachdem er daher in den Jahren 221 und 20, um Spanien zu sichern und seine Kassen zu füllen, noch mehrere Völker im Innern Spaniens bis nach Salamanca hin bekriegt und unterworfen hatte, griff er, um die Römer zum Kriege zu reizen, im Frühjahr 219 das mit diesen verbündete Sagunt an, eine reiche griechische Handelscolonie südlich vom Ebro, ungefähr eine halbe Stunde vom Meer, an der Stelle des heutigen Murviedro unweit Valencia. Er erschien mit einem Heere von 150,000 M. vor der wohlbefestigten Stadt, die sich muthig vertheidigte und sogleich eine Gesandtschaft nach Rom um Hülfe schickte. Aber die Römer versäumten es, rasch und thatkräftig einzuschreiten. Sie schickten Gesandte an Hannibal, um ihn von weiteren Feindseligkeiten gegen ihre Bundesgenossen abzumahnen. Aber Hannibal ließ sie nicht vor und setzte die Belagerung fort. Die Stadt vertheidigte sich mit bewunderungswürdiger Hartnäckigkeit; endlich, nach 8 Monaten, fiel sie in Hannibals Hände. Als die Saguntiner sahen, daß ihre Stadt verloren war, trugen die Vornehmsten ihre Schätze auf den Markt und verbrannten sich mit ihnen, Andere verbrannten, während das punische Heer eindrang, mit Weib und Kind in ihren Häusern, in welche sie sich eingeschlossen hatten, oder sie warfen sich, verzweifelt den Tod suchend, mit den Waffen in der Hand dem stürmenden Feind entgegen. Trotz der großen Verwüstung machte Hannibal doch noch ungeheure Beute; sie wurde theils den Soldaten überlassen, theils nach Karthago geschickt, wo sie unter dem Volke den Kriegsmuth anfachte.

Nach dem Fall von Sagunt ließen die Römer eine Gesandtschaft nach Karthago abgehen, um die Auslieferung des Hannibal zu fordern und, wenn diese verweigert würde, den Krieg zu erklären. Hanno und seine Partei waren für die Auslieferung, doch die den Barkas ergebene Volkspartei hatte bei weitem die Ueberhand. Der karthagische Senat wollte sich auf Verhandlungen einlassen und nachweisen, daß das Unrecht nicht auf ihrer Seite sei; da griff der Führer der römischen Gesandtschaft, G. Fabius Maximus (oder P. Valerius Flaccus) in den Busen seiner Toga und sprach: „Hier trage ich Krieg und Frieden, was wollt ihr?" Die Karthager riefen trotzig: „Gieb uns, was du willst!" „Nun, sprach der Römer, indem er den

Mantel ausschüttelte, da habt ihr den Krieg!" Die Karthager antworteten: „Wir nehmen ihn an und werden ihn ausfechten." So war der Krieg erklärt, einer der furchtbarsten Kriege, die Rom je zu führen hatte. Er dauerte von 218—201.

Von Karthago aus nahmen die römischen Gesandten ihren Heimweg über Spanien und Gallien, um die spanischen Völkerschaften auf römische Seite zu ziehen und die Gallier zu veranlassen, daß sie dem punischen Heere den Durchzug nach Italien verwehrten. Die Spanier antworteten, Rom möchte da seine Bundesgenossen suchen, wo man von dem Unglück des im Stiche gelassenen Sagunts noch nichts vernommen habe, und als in Gallien in der Volksversammlung der Arverner die Gesandten ihr Gesuch vorbrachten, erscholl ihnen als Antwort ein lautes Gelächter entgegen; es schien den Galliern eine alberne Zumuthung, daß sie, um den Römern den Krieg abzuhalten, ihn auf sich selbst ableiten sollten.

Der Krieg von 218—216.

Unterdeß wurde auf beiden Seiten mit Eifer gerüstet; doch stellten die Römer, weil sie noch keinen Begriff von der Größe und der Gefahr des Krieges hatten, im Verhältniß zu ihrer Macht nur eine mäßige Mannschaft auf, 70,000 M., obgleich sie im Ganzen 700,000 M. zu Fuß und 70,000 M. zu Roß unter die Waffen rufen konnten. Der Consul des J. 218 Tib. Sempronius Longus erhielt den Auftrag, mit 160 Penteren und zwei Legionen nebst einer Anzahl Bundesgenossen und Reiterei nach Afrika überzusetzen; der andere Consul, P. Cornelius Scipio, wurde mit einer gleichen Truppenmacht und 60 Kriegsschiffen nach Spanien geschickt, um den Hannibal dort festzuhalten. Aber dieser handelte so rasch und entschieden, daß ihr Kriegsplan bald durchkreuzt war. Nachdem sich im Frühjahr 218 seine spanischen Truppen, die während des Winters zu ihrer Erholung in die Heimat entlassen worden waren, wieder in ihren Standquartieren

eingefunden hatten, schickte er 15,000 Spanier nach Afrika zur
Sicherung dieses Landes, und überließ seinem Bruder Hasdrubal
15,000 M. libyscher Truppen zur Deckung von Spanien. Mit
dem übrigen Heere, 90,000 M. zu Fuß, 12,000 Reitern und
37 Elephanten, unterwarf er zunächst das Land zwischen Ebro
und Pyrenäen, damit er hier den Römern keine freie Operations-
basis gegen das karthagische Spanien zurücklasse. Er besetzte es
mit 10,000 M. Fußvolk und 1000 Reitern. Aber dieser kurze
Krieg hatte ihm gegen 20,000 M. gekostet, und da er außerdem
noch an 10,000 Spanier, welche Widerwillen gegen den Zug
in die weite unbekannte Ferne zeigten, als Feiglinge in die
Heimat geschickt hatte, trat er mit etwa 50,000 M. Fußvolk
und 9000 Reitern, lauter alten erprobten Soldaten, seinen Marsch
nach Italien an.

Ohne Schwierigkeiten zog er durch die östlichen Pyrenäen
und das südliche Gallien, dessen Fürsten ihm gegen Geld und
freundschaftliche Versprechungen den freien Durchzug gestatteten,
bis zur Rhone, welche er in der Gegend von Avignon Ende
Juli erreichte. Hier fand er den ersten Widerstand; denn der
an beiden Ufern des Flusses seßhafte Stamm der Volker hatte
sich auf die linke Seite desselben zurückgezogen und wehrte ihm
den Uebergang. Zugleich hatten die Volker eine Botschaft nach
Massilia geschickt, um den Consul Scipio, der auf seiner Fahrt
nach Spanien dort gelandet war, von Hannibals Erscheinen zu
benachrichtigen. Deshalb bot Hannibal alles auf, um möglichst
schnell den Uebergang zu bewerkstelligen; denn erst in Italien
sollte der Kampf beginnen. Eine Abtheilung seines Heeres ging
zwei Tagemärsche oberhalb der Lager über die Rhone, um dem
Feind in den Rücken zu fallen, während Hannibal selbst mit der
Hauptmacht übersetzte. Die Unternehmung gelang vollständig;
die Volker entflohen, und Hannibal brachte auf Kähnen und
Schläuchen, auf Flößen und ausgehöhlten Baumstämmen sein
Heer ungehindert hinüber.

22*

Während das Heer noch im Uebersetzen begriffen war, schickte Hannibal eine Reiterabtheilung von 500 M. den Fluß hinab, um zu recognosciren. Diese stießen auf 300 römische Reiter, welche Scipio in gleicher Absicht ausgesandt hatte, und lieferten ihnen ein hartnäckiges Gefecht, in welchem die Punier mit einem Verlust von 200 M. geworfen wurden. Die Römer hatten 160 M. verloren. Das war das erste Gefecht in diesem Kriege, den Römern eine glückliche Vorbedeutung für den Verlauf des ganzen Krieges. Als die römischen Reiter, welche bis in die Nähe des punischen Lagers gekommen waren, dem Scipio von dem Uebersetzen des Hannibal Nachricht brachten, marschirte er sogleich mit seinem ganzen Heere den Fluß hinauf, um den Hannibal anzugreifen; aber er fand den Feind nicht mehr, schon vor drei Tagen waren die Letzten aus dem Lager abgezogen, den Alpen zu. Scipio übergab daher in Massilia seine Truppen und Schiffe seinem Bruder Cnejus, um sie nach Spanien zu führen, und eilte selbst ohne Heer nach Oberitalien zurück, um mit den dort stehenden Truppen den Hannibal zu empfangen, wenn er von den Alpen herabstiege.

Dieser war von Avignon aus am linken Ufer der Rhone nordwärts gezogen und in vier Tagemärschen an den Zusammen-fluß der Isara (Isère) und der Rhone gekommen, zu dem Volke der Allobroger, welche das Land zwischen der Rhone, der Isère und den Alpen, die sogenannte Insel der Allobroger, bewohnten. Damals bekämpften sich grade bei den Allobrogern zwei Brüder wegen der Herrschaft; Hannibal verhalf dem Einen zum Siege und gewann dadurch den Vortheil, daß der Fürst nicht nur sein Heer mit Kleidung und Schuhwerk, mit Lebensmitteln und Waffen versah, sondern ihm auch 10 Tage lang durch sein Gebiet, bis zu dem Fuße der Alpen mit seinem Heere das Geleit gab. Nun begann der schwierige Weg über die Alpen, zu deren wilden schroffen Felsen und glänzenden Schneehäuptern die Truppen mit Schrecken und Sorge hinaufsahen. Aber die klare Zuversicht des

Führers belebte bald ihren Muth wieder. Hannibal nahm seinen Weg über die grajischen Alpen am kleinen St. Bernhard vorbei; es war die Heerstraße, welche von alten Zeiten her den gallischen Schaaren zum Uebergang nach Oberitalien gedient hatte. Bequem und gangbar selbst für Pferde und Saumthiere und Elephanten, führt sie, nachdem die erste, das Rhonethal östlich begrenzende Alpenwand überschritten ist, aufwärts durch das breite fruchtbare und reich bevölkerte Thal der oberen Isère, das sich von Grenoble über Chambery bis hart an den Fuß des kleinen St. Bernhard hinzieht. Die Natur an und für sich bot daher dem hinaufsteigenden Heere wenig Schwierigkeiten, desto mehr aber die Feindseligkeit der Bewohner, die an den Engen ihrer Berge für ihre Angriffe den günstigsten Anhalt fanden.

Gleich bei dem Ueberschreiten der ersten Bergwand, an dem heutigen Mont du Chat beim Dorfe Chevelu, gerieth das Heer in große Noth. Hier hatten die Alpenbewohner, die noch zu den Allobrogern gehörten, die Anhöhen über dem Passe besetzt, so daß an ein Durchziehen nicht zu denken war. Hannibal machte Halt, als wollte er für längere Zeit ein Lager aufschlagen; sobald aber mit Einbruch der Nacht die Feinde sich in ihre Dörfer zerstreut hatten, eilte er unter Zurücklassung des Gepäcks und des größten Theils des Heeres mit seinen besten Truppen durch den Paß und nahm die Anhöhen ein, welche des Tags die Feinde besetzt gehalten hatten. Als mit Tagesanbruch das übrige Heer nachzumarschiren anfing und die Bewohner auf das aus ihren Burgen gegebene Zeichen von allen Seiten herbeieilten, fanden sie die Höhen in Feindes Hand und wußten nicht, was beginnen. Das punische Heer erreichte glücklich die Höhe; als es aber auf der andern Seite auf einem engen und äußerst steilen Weg, der durch jähe Abgründe begrenzt war, hinabzog, entstand Unordnung und Verwirrung durch die ausgleitenden und stürzenden Maulthiere und Pferde. Das benutzten die Feinde; aller Umwege und Zugänge kundig, warfen sie sich unter schreck

lichem Geschrei und Geheul von verschiedenen Seiten auf den
Zug und fügten ihm weniger durch ihre Waffen als durch das
entstehende Getümmel beträchtlichen Schaden zu. Jeder eilte
zuerst der Gefahr zu entrinnen; viele wurden durch die erschreckten
Pferde zu Boden und in die Abgründe geworfen, die Packthiere
rollten, als stürzten große Gebäude ein, mit ihren Lasten den
Berg hinab. Hannibal, der von der Höhe herab das gräßliche
Getümmel ansah, hielt Anfangs seine Leute zurück, um nicht die
Verwirrung noch zu vermehren; als er aber sah, daß der Zug
durchbrochen wurde und der Verlust des Gepäckes drohte, eilte er
zur Hülfe herbei und jagte den Feind mit leichter Mühe in die
Flucht. Doch war durch den Angriff die Verwirrung der Seinen
für einen Augenblick noch gesteigert worden. Nach der Flucht
der Feinde war die Ordnung bald wieder hergestellt, und der
Durchzug erfolgte nun in aller Ruhe.

Sobald Hannibal in die Ebene des Isèrethals gelangt war,
eroberte er, um die Bergbewohner zu züchtigen und zu schrecken,
die Hauptfeste jener Gegend und einige umherliegende Flecken,
und nahm die Heerden und Getreidevorräthe als Beute weg.
Nachdem er den ermübeten Truppen einen Rasttag in dem an-
muthigen Thale von Chambery gegönnt, zog er drei Tage lang
ungehindert durch das breite Thal aufwärts und gelangte am
vierten Tag zu dem Gebiet der Centronen, wo das Thal sich
wieder verengte. Die Häupter der Centronen, lauter alte Leute,
kamen ihm an der Grenze ihres Landes mit grünen Zweigen
und Kränzen entgegen, baten um friedlichen Durchzug und versprachen Geißeln, Wegweiser und Lebensmittel. Hannibal mißtraute zwar ihren Freundschaftsversicherungen, doch ertheilte er
ihnen, um sie nicht durch Zurückweisung zu offenen Feinden zu
machen, eine gütige Antwort; er nahm die Geißeln und die
Lebensmittel, die sie ihm selbst auf die Straße brachten, und
folgte ihren Wegweisern, doch mit völlig geordnetem Heere, mit
großer Vorsicht wie in Feindesland. Elephanten, Reiterei und

Gepäck zogen voraus, gedeckt von dem Fußvolk, das er selbst
nachführte. Sein Mißtrauen hatte ihn nicht getäuscht. Als der
Zug sich von der Isère abwandte und durch einen schmalen Paß
die Berge hinan nach dem Gipfel des St. Bernhard hin einlenkte,
da brachen die Barbaren allenthalben von vorn und von hinten
aus ihrem Hinterhalte hervor und griffen aus der Nähe und der
Ferne an; sie wälzten große Steine auf den Zug hinab, und ihr
größter Haufe warf sich in seinen Nachtrab. Hier richteten sie
allerdings wenig gegen das punische Fußvolk aus; allein da
Hannibal Anstand nahm, mit seiner Heeresabtheilung, die von
hinten keine Deckung mehr hatte, in den Paß einzurücken, so
konnten die Barbaren sich von beiden Seiten her in die Lücke,
welche in der Mitte des Zuges entstanden war, eindrängen, so
daß für Eine Nacht Hannibal ohne Gepäck und Reiterei war.
Er lagerte sich mit seinem Fußvolk an dem sogenannten weißen
Stein (la roche blanche), einem hohen, einzeln an dem Fuße
des St. Bernhard stehenden, den Aufweg beherrschenden Kreide-
felsen, wo er gegen die herabrollenden Steinblöcke gesichert war.
Am folgenden Tage konnte er sich, da der Feind nicht mehr so
hitzig in die Lücke drängte, wieder mit seinem vorderen Zuge
vereinigen und kam durch den Paß, wenn auch nicht ohne Einbuße, so doch mit größerem Verluste an Lastthieren als an
Menschen. Seitdem beunruhigte sie der Feind nur noch in
kleineren Haufen dann und wann bei günstiger Gelegenheit, ohne
ihnen jedoch beträchtlichen Schaden zuzufügen. Die Elephanten,
obgleich sie den Zug oft verzögerten, waren doch gegen die Barbaren von Nutzen, da diese aus Furcht vor ihrer ungewöhnlichen
Erscheinung sich ihnen nicht zu nähern wagten.

Am neunten Tage kam das Heer auf den Gipfel der Alpen,
vielfach verzögert durch Umwege und Irrgänge, weil sie entweder
von den Wegweisern absichtlich irregeleitet wurden, oder aus
Mißtrauen gegen dieselben sich aufs Gerathewohl den Weg suchten.
Zwei Tage rastete das ermüdete und ziemlich entmuthigte Heer

auf der Hochebene zur Seite des St. Bernhard, an den Quellen
der Doria, die nach Italien hinabfließt, und in dieser Zeit fanden
sich viele Versprengte und Verirrte wieder in dem Lager ein,
auch manches gestürzte Lastthier, das den Spuren des Zuges
nachgegangen war. Am dritten Tage begann der Hinabmarsch.
Es war im Anfang des September, und der frisch gefallene
Schnee machte die Bergabhänge schlüpfrig und verbarg und ver-
barb die Pfade; zudem fallen die Alpen auf italischer Seite viel
steiler und schroffer ab. Obgleich man daher von feindlichen
Angriffen nicht mehr beunruhigt wurde, so war der Weg hinab
doch viel schwieriger als das Aufsteigen auf der andern Seite.
Mit dem ersten Morgenlicht brach das Heer auf und marschirte,
verdrossen und erschöpft durch mannigfaches Ungemach, durch den
hohen Schnee dahin. Als der Feldherr Unlust und Verzweiflung
in Aller Blicken sah, stellte er sich an die Spitze des Zuges und
führte sie auf eine vortretende Gebirgsecke, um ihnen die schönen,
auf beiden Seiten des Po ausgebreiteten Gefilde Italiens zu
zeigen. „Jetzt übersteigt ihr, sprach er, die Mauern nicht Italiens
allein, sondern selbst der Stadt Rom. Von nun an geht der
Weg durch Ebenen, ja sogar bergab; nach Einem, höchstens zwei
Treffen werdet ihr über die Burg und Hauptstadt Italiens als
über euer Eigenthum gebieten.“ Die auf diese Weise neuerweckte
Zuversicht schwand bald wieder; denn die schroffen schneebedeckten
Abhänge längs der Doria machten den Weg fast unmöglich.
Menschen und Vieh stürzten übereinander und rollten zusammen
in die Tiefe. Nun kam man auf eine Klippe, deren Wände so
grade standen, daß ein unbewaffneter Soldat, wenn er sich mit
den Händen an den Gebüschen und Stämmen hielt, sich kaum
hinablassen konnte; durch einen neuerlichen Erdsturz aber senkte
sich der Abgrund bis zu 1000 Fuß Tiefe. Da kein Durchkommen möglich war, so wollte Hannibal auf einem Umwege
die Klippe umgehen. Zu diesem Behufe mußte er eine schon
zurückgelegte Strecke nochmals passiren. Hier aber war kein Fort-

kommen; der obere Schnee war durch den Heereszug so vieler Menschen und Thiere auseinander getreten, so daß man auf dem darunter stehenden nackten Eise und im fließenden Schlamm des geschmolzenen Schnees ging. Auf dem schlüpfrigen Eise der abschüssigen Fläche haftete kein Fußtritt; stürzten sie, so glitten auch die Hände und Kniee aus, auf denen sie sich wieder erheben wollten, und nirgends war ein Stamm oder eine Wurzel, die einen Halt geboten hätte. So wälzten sie sich denn auf dem glatten Eise und im zerflossenen Schnee. Die Lastthiere brachen öfters durch die Eisrinde durch, und wenn sie, um sich aufrecht zu erhalten, stärker mit den Hufen aufschlugen, so sanken sie vollends ein und blieben in dem starren Eise stecken wie in einem Fangeisen.

Endlich, nachdem sich die Thiere und Menschen vergebens abgemüht hatten, stand man von dem Vorhaben ab und schlug auf der Höhe ein Lager auf, wozu der Platz mit vieler Mühe vom Schnee gereinigt wurde. Darauf ließ Hannibal über die Klippe, über welche allein ein Ausweg war, einen schmalen, an der Wand des Abgrundes in Krümmungen ablaufenden Pfad durch Brechen und Sprengen der Felsen zu einem gangbaren Wege erweitern. Das Gestein wurde, wie Livius wenigstens erzählt, durch starkes Feuer erhitzt und durch aufgegossenen Essig mürbe gemacht. Nach einem Tage angestrengtester Arbeit war der Weg soweit hergestellt, daß die Pferde und Lastthiere durchkommen konnten, aber erst nach drei Tagen brachte man die halbverhungerten Elephanten an den Fuß der Klippe.

Die größte, aber auch die letzte Schwierigkeit des 15 tägigen Alpenüberganges war überwunden. Von nun an ging der Zug noch drei Tage das Thal der Doria hinab, das sich immer freundlicher öffnete, zu sonnigen Hügeln und reichen Ebenen, in das Land der Salasser, welche Clienten der Insubrer waren und dem Hannibal verbündet. Die vor kurzem von den Römern unterworfenen Insubrer und Bojer nämlich hatten, als sie die

Römer die Zwingburgen in ihrem Lande erbauen sahen, noch
einmal verzweifelt die Waffen ergriffen und waren schon mit
Hannibal, während er noch in Spanien stand, in Verbindung
getreten. Es war für Hannibal ein Glück, daß er sogleich in
ein befreundetes Land kam und die Römer seinem Heere Zeit
ließen sich auszuruhen. Denn herabgebracht bis auf 20,000 M.
zu Fuß und 6000 Reiter, waren seine Truppen durch die Beschwerden und Entbehrungen des Marsches so erschöpft und
verwildert, daß sie für eine Zeit lang völlig kampfunfähig
waren.

Nachdem Hannibal sein Heer 14 Tage sich hatte ausruhen
lassen, führte er es, um sobald als möglich seine Operationen
zu beginnen, in das Gebiet der Tauriner, welche mit den Insubrern, seinen Bundesgenossen, im Kriege lagen. Er eroberte
ihre Hauptstadt (Turin) nach dreitägiger Belagerung und rückte
dann, durch die Gallier und Ligurer am oberen Po verstärkt,
auf dem linken Ufer dieses Flusses nach Osten vor, dem Consul
Scipio entgegen, der mit einem in Oberitalien in Empfang ge-
nommenen Heere heranzog, um den Hannibal gleich nach seinem
Herabsteigen von den Alpen zu erdrücken. In der Gegend des
Ticinus (Tessin) kamen die Heere einander nah und rüsteten
sich zur Schlacht. Beide Feldherrn suchten durch eine Ansprache
ihr Heer zu ermuthigen. Scipio erinnerte seine Truppen an die
Siege des ersten punischen Krieges, an das glückliche Reitergefecht
an der Rhone, und wie Hannibal in derselben Gegend furchtsam
vor ihm in die Alpen geflohen sei; das punische Heer sei kein
Heer mehr, sondern nur noch der Rest eines Heeres, ermattet
und halb verhungert, mit verdorbenen und zerbrochenen Waffen,
mit lahmen und elenden Pferden. Hannibal wirkte auf seine
Leute nicht blos mit Worten. Er ließ in dem Kreise der Soldaten gefangene Alpenbewohner in Fesseln aufstellen und durch
Dollmetscher befragen, ob sie um ihre Freiheit auf Leben und
Tod mit einander fechten wollten. Alle verlangten Schwert und

Kampf, und als er die Kämpfer durchs Loos bestimmen ließ, griffen die, welche das Loos traf, haftig und mit Tanzsprüngen nach den Waffen; wer im Kampfe fiel, den priesen die andern ebenso glücklich, wie die Sieger. Nach diesem aufregenden Schauspiel sprach Hannibal zu seinem Heere: „Was ihr da gesehen, war nicht ein bloßes Schauspiel, es war die bildliche Darstellung eurer Lage. Ihr seid Gefangene wie diese, denn euch versperren Meere und Alpen die Flucht. Hier müssen wir, wo der Feind uns zuerst begegnet, siegen oder sterben. Siegen wir, so erringen wir den schönsten Siegespreis; nicht blos Sicilien und Sardinien erobern wir wieder, sondern Italien und Rom und alles, was die Römer dort zusammengeschleppt haben, ist unser. Und glaubt nicht, daß dieser Sieg so schwer sei. Ihr, erprobte Soldaten von 20jähriger Dienstzeit, unter einem Führer, der durch jahrelange Kämpfe und Gefahren mit euch verbunden ist, werdet mit einem Heere von Neulingen kämpfen, die sich noch in diesem Sommer von Galliern haben schlagen lassen, die ihren Führer, einen halbjährigen Feldherrn, nicht kennen und ihm unbekannt sind. Wir, die Bezwinger Spaniens und Galliens und der Alpen, wir sind die Angreifenden; Kühnheit und Tapferkeit, Unwille und Erbitterung treibt uns in den Kampf mit diesen stolzen, herrschsüchtigen Römern, die wegen Sagunts unsere Auslieferung verlangten, die uns Spanien und Afrika nehmen wollen und uns vorschreiben, wie weit wir unsere Waffen tragen dürfen. Uns bleibt nichts übrig, als was wir mit den Waffen behaupten; die Noth gebietet uns, Helden zu sein, wir haben nur die Wahl zwischen Sieg und Tod; die Verachtung des Lebens aber ist das wirksamste Mittel zum Sieg."

Scipio schlug eine Brücke über den Ticinus und zog noch einen Tagemarsch am Po aufwärts. Eine deutsche Meile vom Feind schlug er sein Lager auf. Des folgenden Tages rückte er mit der Reiterei und den leichten Wurfschützen aus, um das feindliche Lager zu recognosciren. Zu gleicher Zeit war Hannibal

mit seiner ganzen Reiterei auf Kundschaft ausgezogen, und als
beide Schaaren einander ansichtig wurden, ordneten sie sich sogleich
zur Schlacht. Scipio stellte sein leichtes Fußvolk und die gallischen
Reiter voran, den Kern seiner Reiterei in den Rückhalt. Hannibal
vertheilte die leichten numidischen Reiter auf beide Flügel und
nahm seine schwere, hauptsächlich aus Spaniern bestehende Reiterei
ins Mitteltreffen. Mit dieser warf er sich auf die vorgeschobenen
leichten Truppen des Feindes, und nachdem er diese mit leichter
Mühe zerstreut, traf er auf die Fronte der römischen Reitermasse,
mit welcher eine Zeit lang heftig und mit großer Erbitterung
gekämpft wurde, und zwar großentheils zu Fuß, da vielen die
Pferde getödtet worden waren und andere absichtlich vom Pferde
sprangen, um zu Fuß mit größerem Nachdruck kämpfen zu können.
Unterdessen faßten die numidischen Reiter die Römer auch von
beiden Seiten und im Rücken, wodurch diese so in Schrecken geriethen, daß sie sich zur Flucht wandten. Der Consul selbst war
schwer verwundet und war nur durch die Tapferkeit seines
17 jährigen Sohnes, P. Cornelius Scipio, vom Tode gerettet
worden. Seine Reiter nahmen ihn in die Mitte und eilten
nach schwerem Verlust in geschlossener Ordnung ihrem Lager zu.

Dieses Treffen wird in der Geschichte nach dem Ticinus
benannt, obgleich es einen Tagemarsch davon und näher am Po
war. Scipio hatte in derselben die Ueberlegenheit der punischen
Reiterei kennen gelernt und räumte daher schon in der nächsten
Nacht die offene Gegend, um sich auf die andere Seite des Po
und nach Placentia zurückzuziehen. Hannibal wollte ihm folgen;
da er jedoch die Brücken abgebrochen fand, so ging er zwei
Tagemärsche am Po aufwärts und setzte dann auf einer Schiff-
brücke über den Fluß. In wenigen Tagen war er wieder in
der Nähe des feindlichen Heeres, das westlich von der Trebia,
eines vom Süden herkommenden Nebenflüßchens des Po, in der
Ebene vorwärts von Placentia Stellung genommen hatte. Da
aber eine Abtheilung Gallier in dem römischen Heere, 2000 M.

zu Fuß und 200 Reiter, ein Gemetzel begann, die Wachen am
Thore niederhieb und zu Hannibal überlief, da die Gallier Oberitaliens ringsum sich erhoben, um dem Punier sich anzuschließen,
so verließ Scipio die Stellung in der Ebene und zog sich auf
die Hügel östlich von der Trebia zurück. Hier war er nach vorn
durch die schroffen Ufer der Trebia, links durch den Apennin,
rechts durch die Festung Placentia gedeckt, und er hielt sich, die
Ankunft seines Mitconsuls erwartend, in strenger Defensive, so
daß Hannibal auf seinem Zuge Halt machen mußte und ihm
gegenüber auf der linken Seite der Trebia ein Lager aufschlug.
Vor Mangel bewahrten das punische Heer die Magazine von
Clastidium, das ihm rechtzeitig durch Verrath geöffnet wurde.

Unterdessen langte der andere Consul, Sempronius Longus,
mit seinem Heere bei Placentia an. Er war schon in Lilybäum
auf Sicilien beschäftigt gewesen mit der Zurüstung zur Ueberfahrt
nach Afrika, als er auf die Kunde von dem Alpenübergang des
Hannibal nach Italien zurückgerufen ward. Er entließ seine
Truppen, damit sie sich binnen 14 Tagen in Ariminum wieder
zusammenfänden, und marschirte dann nach Placentia, wo sich
jetzt die vereinte Truppenmacht der Römer auf 40,000 M. belief.
Sempronius übernahm den Oberbefehl, da Scipio noch immer
an seiner Wunde krank lag. Scipio rieth, sich einer Schlacht
zu enthalten und den Hannibal nur am Vorrücken zu verhindern;
aber Sempronius, ein hitziger unbesonnener Mann, wollte eine
baldige Schlacht, da er es für schimpflich hielt, dem Feinde, den
er leicht zu besiegen hoffte, lange unthätig gegenüberzuliegen.
Zudem stand man bereits schon im December, und der 15. März,
wo seine Amtszeit ablief, war nicht mehr gar ferne; vor dieser
Zeit mußte er sich den Ruhm eines großen Sieges erringen.
Hannibal, der über den Charakter seines Gegners aufs beste
unterrichtet war und einen raschen Erfolg wünschen mußte, versäumte nichts, ihn zum Kampfe zu reizen. Er ließ durch seine
Reiter die Gegend umher verwüsten, und als Sempronius zum

Schuhe der Einwohner gegen diese seine Reiterei ausschickte, jagte
sie nach längerem Gesechte, wahrscheinlich mit dem Willen des
Hannibal, die punischen Reiter in ihr Lager zurück. Das sah
Sempronius für einen Sieg an, und mit erhöhter Kampfeslust
bereitete er sich zur Schlacht.

Einige Tage nachher zog Hannibal das römische Heer aus dem
Lager zur Schlacht heraus, auf ein Schlachtfeld, das er sich
ausgewählt hatte. Er ließ am frühen Morgen seine numidischen
Reiter vor den Thoren des feindlichen Lagers umherschwärmen,
um durch Schießen und Necken den Feind herauszulocken. Sempronius schickte zuerst seine ganze Reiterei aus dem Lager, dann
seine Leichtbewaffneten und zuletzt das gesammte Heer, und als
die Karthager sich über die Trebia zurückzogen, folgte er mit
seiner ganzen Streitmacht. Es war ein rauher Decembertag; der
Schnee, mit Regen durchmischt, stöberte durch die kalte Luft, und
die römischen Truppen, die noch keine Nahrung zu sich genommen
hatten, durchschauerte der Frost. Die Trebia war hoch angeschwollen, so daß das Wasser den durchwatenden Römern bis
an die Brust reichte. Als sie jenseits auf das Schlachtfeld kamen,
waren sie von Kälte so erstarrt, daß sie kaum noch die Waffen
halten konnten, und dazu schwächte sie der Hunger. Die Truppen
des Hannibal waren besser zum Kampfe vorbereitet. Sie hatten
in Ruhe gefrühstückt, hatten sich an den Feuern gewärmt und
durch eingeriebenes Oel ihre Glieder geschmeidig gemacht.

Als das römische Heer, die Numidier verfolgend, in die
Nähe kam, formirte Hannibal seine Schlachtreihe. Die balearischen
Schleuderer und die andern leichten Truppen, an 8000 M.,
wurden vor der Linie des schweren Fußvolks aufgestellt; auf
beiden Seiten standen 10,000 Reiter, und neben diesen am
äußersten Ende die Elephanten. Auch Sempronius stellte seine
Reiter, im Ganzen 4000 Mann, auf beide Flügel und die
leichten Fußtruppen vor sein Mitteltreffen. Diese kamen zuerst
in den Kampf; aber sie hatten gegen die Reiter sich fast schon

verschoffen und wichen sogleich. Die punischen leichten Truppen
zogen sich vor dem Andrang des schweren Fußvolks der Römer
nach den beiden Flügeln und halfen hier ihren Reitern im Kampfe
gegen die ohnehin schwache römische Reiterei, welche bald in die
Flucht gejagt war. Nun konnten Reiter und Elephanten und
Leichtbewaffnete von den Seiten gegen das römische Fußvolk vorrücken, das in der Mitte mit dem Fußvolk des Hannibal rang
und, obgleich ermattet und vor Kälte starrend, seine alte Tüchtigkeit bewährte. In den Seiten gefaßt, ließ es zwar ab vom
Vordringen, aber es wich nicht zurück und leistete noch immer
den tapfersten Widerstand. Da erhob sich im Rücken der Römer
ein Hinterhalt, den Hannibal an den Ufern der Trebia hinter
hohem Buschwerk und Dorngesträuch versteckt hatte, 1000 Reiter
und 1000 Fußgänger, die auserlesensten Leute des ganzen Heeres
unter Anführung des Mago, des jüngsten Bruders von Hannibal.
Die fielen den Römern in den Rücken und hieben mörderisch in
die dichten Massen ein. Bald lösten sich die Flügel der römischen
Armee und die hinteren Glieder ihres Centrums auf und wurden
zersprengt; aber das vorderste Treffen, 10,000 M., brach muthig
durch die karthagische Linie hindurch und rettete sich nach Placentia.
Auch einige kleinere Abtheilungen und ein Theil der Reiterei
kamen, die Trebia durchwatend, glücklich in ihr Lager und von
da nach Placentia; aber die meisten wurden auf der Flucht von
den punischen Reitern und Elephanten eingeholt und niedergemacht
oder kamen in den Wellen der Trebia um. Die Karthager
gingen nicht über die Trebia, um das römische Lager anzugreifen;
denn sie waren durch die Anstrengungen des Tages erschöpft und
scheuten das Durchwaten des Flüßchens, das im Laufe des Tages
noch sehr gewachsen war. Deshalb konnte Scipio mit der im
Lager befindlichen Mannschaft in der nächsten Nacht sich nach
Placentia ziehen. Hannibals Heer hatte auch beträchtliche Verluste
gehabt, namentlich die gallischen Hülfstruppen, und in Folge
der Nässe und Kälte gingen nach der Schlacht noch viele Menschen

und Pferde zu Grunde, und die Elephanten erlagen bis auf einen
einzigen.

Hannibal hatte am Ende des ersten Kriegsjahres Bedeutendes
erreicht. Zwei römische Consularheere waren so gut wie vernichtet, ihre spärlichen Reste waren in den Festungen Placentia
und Cremona eingeschlossen und von der Heimat abgeschnitten.
Oberitalien war für Rom verloren. Die Gallier, welche nach
dem Reitertreffen am Ticinus sich nur zum Theil dem Hannibal
angeschlossen hatten, traten jetzt überall zu ihm über. Als
er in der Nähe von Placentia sein Winterlager aufgeschlagen
hatte, sollen ihm 60,000 M. zu Fuß und 4000 Reiter zugezogen sein.

Für das nächste Jahr 217 machten die Römer keine außer-
gewöhnlichen Anstrengungen. Kleinere Heere wurden nach Sardinien,
Sicilien und Tarent geschickt, und die beiden Consuln, Cn. Servilius und C. Flaminius, erhielten den Auftrag, die vier Legionen
des vorigen Jahres, deren Reste sie aus Placentia und Cremona
an sich ziehen sollten, wieder vollzählig zu machen und damit
zunächst die Apenninenpässe zu decken. C. Flaminius ist derselbe,
welchen wir im J. 232 als Volkstribun und 223 als Feldherrn
gegen die Gallier kennen gelernt haben; er hatte sich immer als
einen Gegner des Senats erwiesen und stand daher bei dem
Volke in hoher Gunst. Dieses hatte ihm auch für dieses Jahr
gegen den Willen des Senates die Consulwürde übertragen. Da
er befürchtete, der Senat werde unter irgend einem Vorwand
ihn von dem Commando zurückhalten, so entfernte er sich heimlich
und ohne vorher die üblichen Auspicien vorgenommen zu haben,
aus der Stadt und reiste nach Ariminum zum Heere, um sein
Amt anzutreten. Er träumte von Sieg und großem Ruhm;
denn seit seinem Sieg über die Gallier, den die Soldaten trotz
seinem Ungeschick erfochten hatten, hielt er sich für einen großen
Feldherrn. Nachdem auch sein College Servilius zu Ariminum
eingetroffen war, um hier mit den zwei Legionen des Scipio

seine Stellung zu nehmen, zog Flaminius mit den Legionen des Sempronius nach Hetrurien in die Gegend von Arretium, da es schien, daß Hannibal hier über den Apennin gehen würde.

Aber Hannibal nahm seinen Weg nach Hetrurien weiter westlich durch den Paß von Pontremoli und gelangte ungehindert nach Luca, von wo er das Arnothal aufwärts zog. Hier aber kam er in große Noth. Durch die Regengüsse des Frühlings und den schmelzenden Schnee der Gebirge war der Fluß über seine Ufer getreten, so daß die ganze Niederung weithin über- schwemmt war und das Heer vier Tage und drei Nächte durch Wasser und Schlamm marschiren mußte, ohne zur Ruhe und Rast einen andern trockenen Platz zu finden, als das zusammen- gehäufte Gepäck und Haufen gefallenen Viehs. Viele Menschen kamen durch Seuchen um, die Pferde wurden von der Klauen- seuche ergriffen und fielen haufenweise; Hannibal selbst, der auf dem einzigen noch übrigen Elephanten ritt, verlor durch Ent- zündung ein Auge. Das gallische Fußvolk, weniger ausdauernd in der Ertragung von Strapazen als die vor ihnen marschirenden Spanier und Afrikaner, wurde schwierig und murrte, und wäre in Massen ausgerissen, wenn ihm nicht die Reiterei unter Mago, welche den Zug schloß, die Flucht unmöglich gemacht hätte.

Bei Fäsulä (Fiesole) kam man endlich wieder auf festen Boden. Nachdem Hannibal hier eine Zeit lang gelagert, um seinen Truppen einige Erholung zu gönnen und die Gegend und die Wege auszukundschaften, führte er das Heer in die Nähe von Arretium, wo Flaminius stand, und an Arretium vorbei in das offene Hetrurien. Er wußte, daß Flaminius ein rascher unbesonnener Mann war und vor Begierde brannte, sein ver- meintliches Feldherrntalent zu zeigen, und suchte ihn daher zu einer Schlacht zu reizen, ehe Servilius, dessen Stellung zu Ariminum unnütz geworden, sich mit ihm vereinigt habe. Er ließ das reiche Land umher durch Feuer und Schwert furchtbar verwüsten, daß rings alles in Flammen stand und die Einwohner sich klagend und jammernd ins römische Lager flüchteten. Daß der Feind unter seinen Augen sich solchen Uebermuth erlaubte, konnte Flaminius nicht ertragen; er machte sich auf, ihn zu züchtigen. Hannibal nahm den Schein an, als wollte er sich dem rächenden Schwerte der Römer entziehen und lockte den ihn hastig verfolgenden Feind an eine Stelle, die wie zum Hinterhalte geschaffen war.

Südlich von Cortona stößt der trasimenische See (jetzt See von Perugia) mit seinem Nord- und Ostrand an die Berge von Cortona und läßt an seinem nördlichen Ufer nur einen schmalen Durchgang für die Straße von Cortona nach Perusia, auf welcher Hannibal zog. Wenn man durch einen schmalen Eingang von Westen her in den Paß gelangt ist, kommt man weiter östlich in einen ausgedehnten Kessel, der nach Süden hin durch die an den See gelehnten Hügel geschlossen wird. In diesem Felde schlug Hannibal sein Lager auf für den Kern seines Fußvolkes; die leichten Truppen vertheilte er in den einschließenden Bergen, während er die Reiterei am westlichen Eingang in einem Thale hinter den Vorbergen versteckte. Flaminius kam mit Sonnenuntergang an den verhängnißvollen Paß und mußte zu seinem Bedauern die Verfolgung des Feindes bis zum nächsten Tage verschieben. Mit dem frühen Morgen aber rückte er unbedenklich in den Paß ein, während der dichte Nebel ihm den lauernden Feind verbarg. Plötzlich in dem offeneren Felde machte die Spitze des Heeres Halt, denn durch eine Lücke des Nebels sah man vor sich die blitzenden Waffen des Feindes, der sich zum Angriff fertig machte. Zu gleicher Zeit schloß die punische Reiterei den Paß im Rücken der Römer, und von den Abhängen und aus den Schluchten nahten die leichten Truppen mit lautem Geschrei der sich drängenden Masse. Von drei Seiten waren die Römer vom Feinde eingeschlossen, und zur Rechten dehnte sich der See drei Stunden weit aus. Der dichte Nebel benahm

jede Aussicht, und es war nicht möglich, in der allgemeinen Bestürzung und Verwirrung, bei dem plötzlichen Angriff von allen
Seiten sich in Reihen zu formiren und die Waffen in Stand zu
setzen. Der Consul verlor die Fassung nicht und suchte seine
Truppen zu ermuthigen, forderte sie auf, tapfer drauf los zu
gehen und sich durchzuhauen; aber unter dem Getöse verhallte
seine Stimme ungehört. In kleineren Haufen, wie sie sich eben
zusammenfanden, ohne Zusammenhalt kämpften die Römer mit
Wuth und Verzweiflung; aber alle Tapferkeit war vergebens, sie
wurden in Massen niedergemacht. Der Kampf war so wild und
heiß, daß keiner der Streitenden von dem gewaltigen Erdbeben
etwas merkte, das in derselben Stunde in vielen Städten Italiens
ganze Straßen zerstörte, Berge niederwarf und reißende Ströme
von ihrem Laufe abwandte. Am furchtbarsten war der Kampf
um den Consul, der, umringt von dem Kern seiner Männer,
als tapferer Soldat focht und die Seinigen durch Wort und
Beispiel ermuthigte. Nach dreistündigem wirren Kampfe fiel er,
von der Lanze eines Galliers durchbohrt, und nun begannen
seine Truppen sich zur Flucht zu wenden. Der geringste Theil
entkam. Man suchte einen Ausweg über die Klippen, durch die
Schluchten, in dem See. Es war nicht möglich, sie wurden
niedergemacht oder gefangen genommen; die, welche durch Schwimmen
sich über den See retten wollten, ertranken oder wurden, wenn
sie, die Unmöglichkeit einsehend, umwandten, am seichten Ufer
von der feindlichen Reiterei getödtet. Nur 6000 M. des Vorder-
treffens hatten sich gradeswegs durch den Feind hindurchgehauen
und auf einem Hügel außerhalb des Passes aufgestellt; sie hörten
unten das Getöse des Kampfes, aber die dichte Nebeldecke barg
ihnen den Anblick. Als der Nebel sich hob, sahen sie ihr zer-
trümmertes niedergeworfenes Heer, und eilten davon. Am folgenden Tage wurden sie, von Hunger und Ermüdung erschöpft,
in einem hetruskischen Flecken von punischen Reitern unter Maharbal
umzingelt und gefangen genommen. Auch 4000 Reiter, welche

der Consul Servilius zur Unterstützung seines Collegen vorausgeschickt hatte, fielen bald nachher den Puniern in die Hände.

Die Schlacht am See Trasimenus (am 23. Juni nach dem
unberichtigten Kalender) war eine der furchtbarsten Niederlagen,
die Rom je erlitten. 15,000 M. lagen todt auf dem Schlachtfeld, fast ebenso viele waren gefangen; ungefähr 10,000 hatten
sich im Ganzen aus der Schlacht gerettet und irrten, den Weg
nach Hause suchend, zerstreut in Hetrurien umher. Hannibal
hatte im Ganzen nur 1500 M. verloren, aber noch nach der
Schlacht starben viele an ihren Wunden. Von den Gefangenen
behielt er die geborenen Römer zurück, die übrigen Italer aber
schickte er ohne Lösegeld in ihre Heimat, mit der Erklärung, daß
er nur gekommen sei, um die Römer zu bekriegen, nicht die von
ihnen geknechteten Bundesgenossen; diese gedenke er von dem
römischen Joche zu befreien, und er werde bald in ihrem Lande
erscheinen.

In Rom veranlaßte die Niederlage einen ungeheuren Schrecken.
Schon glaubte man das feindliche Heer im Anzuge gegen die
Stadt und brach die Tiberbrücken ab, setzte die Mauern in Vertheidigungszustand und zog die Flotte herbei, um sie im Falle
einer Belagerung für die Stadt zu verwenden. Den Q. Fabius
Maximus ernannte man zum Dictator. Ein Heer wurde zum
Schutze von Rom ausgehoben; ein zweites, bestehend aus zwei
neuen Legionen und denen des Servilius, war für den Dienst im
Felde bestimmt. Aber Hannibal zog nicht nach Rom; er wußte
recht wohl, daß er mit den Mitteln, die ihm jetzt zu Gebote
standen, Roms Macht nicht brechen konnte. Erst wollte er die
italischen Bundesgenossen auf seine Seite ziehen, und nachdem er
so dem römischen Staate die Wurzeln seiner Macht abgegraben,
wollte er ihn zu Boden werfen. Daher zog er, das Heer des
Servilius, den er als einen vorsichtigen und tüchtigen Feldherrn
kannte, vermeidend, von Hetrurien aus nach Osten, dem abriati-
tischen Meere zu, durch Umbrien nach Picenum, das furchtbar

verwüstet ward. Hier gestattete er seinen erschöpften Truppen eine längere Rast und unternahm es, einen Theil seiner Truppen, das libysche Fußvolk, in römischer Weise umzugestalten; denn er hatte erkannt, daß die römische Taktik und Bewaffnung die punische übertraf. Er theilte sie in Cohorten und Manipeln und übte sie im Gebrauch der römischen Waffen, deren er eine große Menge an der Trebia und am Trasimenus erbeutet hatte.

Nachdem Hannibal in Ruhe diese Umgestaltung seines Heeres vorgenommen, marschirte er durch das Gebiet der Marruciner, Peligner und Frentaner nach Apulien. Aber die Hoffnung, daß bei seinem Erscheinen die Völker Mittel- und Unteritaliens aus Haß gegen die Römer sich ihm anschließen würden, täuschte ihn. Keine einzige Gemeinde trat mit ihm in Verbindung, überall schloß man die Thore und ließ ihn verwüstend vorüberziehen. Diese Treue der Bundesgenossen und der tiefe Widerwille gegen den semitischen Barbaren retteten den römischen Staat. Uebrigens war es Zeit, daß die Römer sich ihrer bedrängten Freunde annahmen. Endlich kam der Dictator Fabius mit vier Legionen heran, um die Bundesgenossen vor den Verheerungen des Feindes zu schützen. Fabius Maximus, ein Nachkomme des Fabius Maximus Rullianus, den wir von den Samniterkriegen her kennen, war schon ein älterer Mann — er war schon zweimal Consul gewesen, auch Censor und Dictator — und genoß wegen seiner leidenschaftslosen Ruhe, seiner Besonnenheit und klugen Umsicht allgemeines Vertrauen. Gerade diese Eigenschaften hatten jetzt, nachdem durch die unbesonnene Kampflust eines Flaminius und Sempronius der Staat in so großen Schaden gekommen war, die Römer veranlaßt, ihn an die Spitze des Heeres zu stellen.

Sobald Hannibal der Feldzeichen des Fabius ansichtig wurde, führte er sein Heer zur Schlacht hervor, und dies wiederholte er auch an den folgenden Tagen; allein Fabius nahm keine Schlacht an und hütete sich sorgsam, dem Feind eine Blöße zu geben. Es war seine Absicht, den Krieg in die Länge zu ziehen, und

dadurch den Feind allmählich zu schwächen und zu verderben.
Darum blieb er zwar stets in der Nähe des Feindes, aber er
hielt sich vorsichtig auf den Bergen und in solcher Entfernung,
daß er wider seinen Willen nicht in einen Kampf hineingezogen
werden konnte. So begleitete er beständig den Feind auf seinen
Kreuz- und Querzügen und begnügte sich, ihm die Lebensmittel
abzuschneiden, ihn am Plündern und Verheeren zu hindern und
in kleineren Gefechten zu ermüden. Als Hannibal merkte, daß er
auf keine Weise dem Gegner eine Blöße abgewinnen konnte, marschirte er verheerend durch Samnium, wo er an der Grenze von
Campanien die offene Stadt Telesia nahm, und wandte sich dann
gegen Capua. Die unzufriedene Stimmung, welche in dieser
großen, mit mißtrauischer Härte niedergehaltenen Stadt gegen
das römische Regiment herrschte, und geheime Verbindungen, die
er mit Einwohnern angeknüpft hatte, ließen ihn hoffen, die Stadt
in seine Gewalt zu bekommen; allein die Thore blieben verschlossen, und Hannibal wandte sich wieder zurück, um in Apulien
die Winterquartiere zu nehmen. Unterwegs aber, bei Casilinum,
unweit Capua, verlegte ihm der Dictator, der ihm nicht von der
Seite gewichen war, die Straße, um ihn für den Winter in
dem ausgeplünderten Lande zurückzuhalten. Er sperrte das linke
Ufer des Vulturnus durch Besetzung von Casilinum, verschanzte
sich mit dem größten Theil seines Heeres auf den rechts vom
Flusse gelegenen Höhen und legte 4000 M. auf die Straße,
welche durch den Paß führte.

Hannibal schlug ein Lager auf; in der Nacht aber schickte
er seine Leichtbewaffneten auf eine Anhöhe, welche sich über dem
Passe erhob, und ließ sie von da aus gegen 2000 Ochsen mit
brennenden Reiserbündeln auf den Hörnern über die Waldhöhen
treiben, so daß die ganze karthagische Armee dort mit Fackelschein
abzuziehen schien. Die Mannschaft in dem Paß glaubte sich
umgangen, und wie nun die Ochsen, durch das Feuer in Wuth
gesetzt, in dem Dunkel umherstürmten und alle Gebüsche und

Sträucher umher in Flammen geriethen, da verließen sie bestürzt ihren Posten und Hannibal konnte ungehindert mit seinem ganzen Heere durch den Paß ziehen. Denn Fabius hielt sich während der Nacht aus Furcht vor einem Hinterhalt ruhig in seinem Lager. Als er am Morgen sah, daß der Feind ihn überlistet hatte und seinem Hauptheer nichts mehr anzuhaben war, schickte er seine Leichtbewaffneten gegen die vom Hauptheer getrennten Truppen des Hannibal, welche die Ochsen in die Berge getrieben hatten; aber Hannibal befreite seine Leute ohne Mühe und mit starkem Verluste der Römer, und marschirte nun ungehindert nach Apulien hinüber, in gewohnter Weise von Fabius begleitet.

Schon früher waren die Truppen des Fabius mit seiner zögernden und unthätigen Kriegsführung unzufrieden gewesen, und sein Magister Equitum, M. Minucius, ein hitziger und kampflustiger Mann von der Art des Flaminius, hatte sie durch allerlei spöttische und großsprecherische Reden zu immer größerem Unmuth entflammt. Er höhnte über die Hochwachtlager des Dictators, der sich hinter Wolken und Nebel verkrieche und, damit er nur nicht dem Feind in die Hände falle, von seinen Höhen das Heer ruhig der Verwüstung Italiens zuschauen ließe. Auch in Rom murrte das Volk über den Dictator. Sie nannten ihn Cunctator, „Zauderer" — ein Spottname, der ihm zum Ehrennamen ward — und einen Schulmeister, der seine Soldaten nur übe und nicht kämpfen lasse. Jetzt, als er den Hannibal, der schon in der Falle saß, wieder hatte entwischen lassen, wurde im Lager und zu Rom der Spott und Tadel immer lauter. Schon sprach man von verrätherischem Einverständniß mit dem Feinde; hatte dieser doch bei der allgemeinen Verwüstung in Campanien ein Landgut des Fabius durch aufgestellte Wachen vor den Angriffen seiner Soldaten geschützt.

Fabius kümmerte sich nicht um Spott und Lästerung und blieb seinen Grundsätzen treu. Als er, während beide Heere wieder in Apulien standen, auf kurze Zeit zur Verrichtung ge-

wisser Opfer nach Rom reisen und seinem Magister Equitum
den Oberbefehl übergeben mußte, verbot er ihm, sich irgendwie
mit dem Feinde einzulassen.   Sobald aber Fabius das Lager
verlassen hatte, rückte Minucius näher an den Feind und begann
sich mit ihm herumzuschlagen, wobei er auch einen Vortheil über
den Feind errang.   Der übertriebene Bericht von diesem Siege
verstärkte in Rom den Unwillen gegen den Dictator und veranlaßte das Volk zu dem Beschlusse, daß Minucius dem Fabius
im Feldherrnrange gleichgestellt werden und in Gemeinschaft mit
ihm den Krieg führen solle.   Fabius ·ging auf die Forderung
des Minucius, daß man den Oberbefehl wechseln lasse, nicht ein,
sondern theilte das Heer mit ihm, so daß jeder zwei Legionen
commandirte.

Seitdem hatten beide Feldherrn ihre besonderen Lager und
führten den Krieg auf eigene Hand.   Hannibal war von den
Vorgängen auf der gegnerischen Seite und von dem Character
des Minucius wohl unterrichtet und traf seine Anstalten, um
dem verwegenen Mann, der ganz in seiner Nähe stand, ein Netz
zu stellen.   In einer offenen und unbewaldeten Niederung zwischen
ihren Lagern vertheilte er des Nachts ungefähr 5000 M. zu
Fuß und zu Roß in den Vertiefungen und Gräben und lockte
dann am Morgen durch Besetzung eines daranstoßenden Hügels,
welche Minucius nicht zugeben wollte, allmählich dessen sämmtliche Truppen zur Schlacht heraus.   Schon waren beide Heere
im vollen Kampf, da erhob sich der Hinterhalt und fiel dem
Minucius in den Rücken.   Voll Bestürzung wandte sich das
ganze römische Heer zur Flucht und eilte verwirrt dem Lager zu.
Schon war Mancher von den nachsetzenden numidischen Reitern
niedergemacht, da erschien Fabius mit seinem ganzen Heere auf
dem Plan und zwang den Feind zum Rückzug; er hatte geahnt,
daß dem Minucius ein Unglück drohe, und hatte sich in der
Nähe schlagfertig gehalten.   Hannibal sprach scherzend auf seinem
Rückzug nach dem Lager: „Sagte ichs nicht oft genug voraus,

daß die Wolke, die dort an den Bergen hing, sich noch mit Donner und Blitz entladen würde." Es ist ein schöner Characterzug des Minucius, daß er sogleich nach dem Gefecht offen seinen Fehler eingestand und den Fabius dankbar als seinen Retter pries. „In einigen Stunden habe ich gelernt, sprach er zu seinen versammelten Soldaten, daß ich Andere nicht führen kann, sondern selbst eines Führers bedarf. Euch führt hinfort allein der Dictator, und ich will euch nur noch den Weg der Dankbarkeit zu ihm zeigen." Darauf führte er sein Heer in das Lager des Fabius, begrüßte ihn als seinen Vater und Retter und stellte sich bescheiden unter sein Commando. Während er den alten Dictator umarmte, umarmten und küßten einander jubelnd und unter Freudenthränen die Soldaten. Bald darauf legte der Dictator den Oberbefehl in die Hände der Consuln des Jahres, des Cn. Servilius und des an die Stelle des Flaminius gewählten M. Atilius Regulus. Diese folgten bis zum Ende des Amtsjahres den Grundsätzen des Fabius.

In Rom hielt man indeß das Zögern und in die Länge Ziehen nicht für die richtige Kriegsführung. Man beschloß, für das nächste J. 216 ein gewaltiges Heer aufzustellen, welches im Stande wäre, den Feind zu erdrücken; 8 Legionen, jede um ein Fünftel über die Normalzahl verstärkt, mit der entsprechenden Zahl von Bundesgenossen, sollten dem Hannibal im Frühjahr entgegengeführt werden, und außerdem ward eine Legion nach Oberitalien geschickt, um das gallische Land zu bedrängen und dadurch die gallischen Truppen im Heere des Hannibal zur Heimkehr zu bewegen. Der Senat gab sich Mühe, daß tüchtige und zuverlässige Feldherrn zu Consuln gewählt würden; aber er setzte beim Volke nur den einen seiner Candidaten durch, den L. Aemilius Paullus, der sich als einen geschickten Feldherrn im illyrischen Kriege des J. 219 erwiesen hatte. Sein College wurde M. Terentius Varro, ein roher vielschreiender Führer der Volkspartei, der Sohn eines Fleischers, der sich durch Hausirhandel bereichert und trotz seiner Unfähigkeit durch die Gunst des Volkes schon die Staffeln der Ehren bis zur Prätur erstiegen hatte. Er besonders hatte es vor Kurzem dahin gebracht, daß Minucius dem Dictator Fabius mit gleicher Gewalt zur Seite gestellt wurde.

Hannibal hatte im Frühjahr 216 in Apulien, wo er sein Winterlager gehalten, zuerst wieder den Feldzug eröffnet und sich der Stadt Cannä und der daselbst aufgehäuften Vorräthe der Römer bemächtigt. Hierher folgten ihm im Anfang des Sommers die beiden Consuln mit etwa 80,000 M. zu Fuß und 6000 Reitern. Das Fußvolk des Hannibal betrug höchstens 40,000 M., dagegen hatte er 10,000 treffliche Reiter. Sein Lager befand sich bei Cannä auf der rechten Seite des Aufidus (Ofanto). Die Römer schlugen ebenfalls ihr Lager auf der rechten Seite des Flusses auf, westlich von dem des Hannibal, während sie ein kleineres Lager mit 10,000 M. auf der linken Seite errichteten, in größerer Nähe des Feindes, um ihm auf beiden Ufern des Flusses die Foura- girung zu wehren. Hannibal wünschte auf diesem Terrain möglichst bald eine Schlacht zu schlagen, da die weite Ebene auf dem linken Ufer des Aufidus für seine zahlreiche Reiterei beson- ders günstig war und ihm die Verpflegung seiner Truppen in solcher Nähe des doppelt so starken Feindes auf die Dauer schwierig werden mußte. Die römischen Consuln, bei denen nach hergebrachter Sitte der Oberbefehl Tag für Tag wechselte, waren getheilten Sinnes. Der vorsichtige Aemilius Paullus wünschte das Treffen noch hinauszuschieben, bis man den Feind auf ein den Römern günstiges Terrain gedrängt hätte; aber Varro, hitzig und unbesonnen, wie Flaminius, verlangte die Schlacht ohne Zögern. An einem Tage also, wo ihm der Oberbefehl zukam, steckte er, ohne bei seinem Collegen anzufragen, die Schlacht- fahne auf.

Früh am Morgen des 2. August (nach dem unberichtigten Kalender, nach dem berichtigten etwa im Juni), nachdem die 10,000 M. aus dem kleineren Lager herbeigezogen und 10,000 M.

in dem größeren Lager zurückgelassen worden waren, um während
der Schlacht das karthagische Lager wegzunehmen und dem Feind
den Rückzug abzuschneiden, ging das römische Heer über den
seichten Aufidus in die nördlich von dem weiten Bogen des
Flusses gelegene Ebene und stellte sich hier so auf, daß der rechte
Flügel, an den Fluß sich lehnend, von der Reiterei der römischen
Bürger, der linke Flügel von der Reiterei der Bundesgenossen
eingenommen war; das Fußvolk in der Mitte stand so, daß die
Bürgertruppen rechts, die der Bundesgenossen links sich an ihre
Reiter anschlossen. Die Reiter auf dem rechten Flügel commandirte Aemilius, die auf dem linken Barro, das Fußvolk stand
unter Servilius, dem Consul des vorigen Jahres. Hannibal
ging ebenfalls über den Fluß und stellte auf seinem linken Flügel
die schwere spanische und gallische Reiterei unter Hasdrubal auf,
auf dem rechten Flügel die leichten numidischen Reiter unter
Maharbal. Er selbst mit seinem Bruder Mago führte das Mitteltreffen. Hier standen die gallischen und spanischen Fußtruppen
in der Mitte, auf beiden Ecken das afrikanische Fußvolk, welches
in römischer Weise bewaffnet und geordnet war. Die ganze
Schlachtlinie war halbmondförmig aufgestellt, so daß die Gallier
und Spanier in der Mitte weit vor den auf beiden Seiten
stehenden Afrikanern vorgeschoben waren. Die Gallier und Spanier
gewährten durch ihre Körpergröße und ihr Aeußeres einen furchtbaren Anblick. Die Gallier, mit langen Schwertern ohne Spitze,
gingen mit bis zur Hüfte entblößtem Oberkörper in die Schlacht;
die Spanier führten kurze, vorn zugespitzte Schwerter, die mehr
auf den Stich als auf den Hieb eingerichtet waren, und hatten
leinene, mit Purpur verbrämte Leibröcke von blendender Weiße.
Die Sonne war zwischen beiden Heeren gleich vertheilt; der Wind
trieb den Römern den Staub ins Gesicht und benahm ihnen die
Aussicht.

Nach einem kurzen Gefecht der vorgeschobenen leichten Truppen
entbrannte der Kampf bald auf der ganzen Schlachtlinie. Hasdrubal

griff mit seinen schweren Reitern die römische Bürgerreiterei am Flusse an, und nach einem furchtbaren erbitterten Kampfe, der sich zum Theil in einen Fußkampf verwandelte, wurden die römischen Reiter geworfen und völlig zerstreut. Aemilius, der durch einen Schleuderwurf schwer verwundet worden war, wandte sich mit den ihn umgebenden Reitern nach dem Mitteltreffen zu dem Fußvolk und stellte hier auf mehreren Punkten das Treffen wieder her. Im Mitteltreffen waren die Römer zunächst auf die vorgeschobenen Gallier und Spanier gestoßen und drangen, nachdem sie dieselben geworfen, in keilförmiger Stellung mordend in ihre Massen ein. Dadurch aber geriethen sie zwischen die rechts und links einschwenkenden afrikanischen Fußtruppen und mußten nun von der Verfolgung der Zurückgeworfenen abstehen, um den Angriff von beiden Seiten abzuwehren. Die Gallier und Spanier gingen wieder zum Kampfe vor, und das römische Fußvolk, von drei Seiten eingeschlossen, kam in die gefährlichste Lage, zumal da die Karthager schon ihre Flügel ausdehnten, um sie auch im Rücken zu fassen. Auf dem vom Flusse abgekehrten Reiterflügel hatten die numidischen Reiter das Treffen mit einer punischen List eröffnet. An 500 Numidier nämlich sprengten, die Schilde auf dem Rücken, unter dem Schein von Ueberläufern vor die römische Linie, sprangen von den Pferden und ließen sich, nachdem sie Schild und Wurfspieß dem Feinde vor die Füße geworfen, als Gefangene abführen. Man stellte sie hinter die Linie. Dort verhielten sie sich ruhig, bis die Schlacht auf allen Punkten allgemein geworden war; da rafften sie unter den Gefallenen die Schilde auf, zogen die unter ihren Harnischen verborgenen Dolche und fielen die kämpfenden Römer von hinten an. Sie stachen sie in den Rücken, schnitten ihnen die Kniekehlen durch und bewirkten die größte Bestürzung und Verwirrung. Unterdeß hatten die leichten numidischen Reiter auf dem rechten Flügel der Karthager sich mit den Reitern der römischen Bundesgenossen ohne Entscheidung herumgeschlagen; sie sollten hier auf Hannibals

Befehl den Feind beschäftigen, bis ihnen Hasdrubal mit der
schweren Reiterei vom andern Flügel zu Hülfe käme. Der ritt
jetzt, nachdem er die Reiter des Aemilius zerstreut, mit seinen
Schwadronen hinter dem Mitteltreffen der Römer weg nach der
andern Seite und griff die Reiterei des Varro im Rücken an.
Von vorn und hinten gefaßt, stob diese auseinander, und nun
warf sich die sämmtliche karthagische Reiterei zugleich mit dem
afrikanischen Fußvolk dem römischen Fußvolk in die Flanke und
in den Rücken. Dieser Angriff entschied; von nun an war es
nur noch ein Morden, kein Kämpfen mehr. Die Römer, ringsum
eingeschlossen, wurden in Massen niedergemacht, und nur wenige
entkamen. 7000 Mann erreichten das kleine Lager, 10,000 das
große, und auch diese geriethen noch zum Theil nach der Schlacht in
die Hände des Feindes. Ungefähr 2000 gelangten nach Cannä, wo
sie von den Reitern des Karthalo umzingelt und gefangen wurden.
Der Consul Varro entkam mit etwa 70 Reitern nach Venusia.
Vom Fußvolk fielen nach Livius 45,500 M., von den Reitern
3500 M. Nach Polybius blieben 70,000 M. auf dem Schlachtfeld und retteten sich ungefähr 3300 M. aus der Schlacht.
Unter den Gefallenen war auch der Consul Aemilius, der sich
noch auf einem von dem Kriegstribunen Lentulus ihm angebotenen
Pferde hätte retten können, aber das Unglück seines Heeres nicht
überleben wollte; ferner die beiden Quästoren der Consuln, der
Proconsul Servilius und M. Minucius, der Magister Equitum
des vorigen Jahres, 80 Senatoren, 21 Tribunen und viele, die
schon Consuln, Prätoren und Aedilen gewesen. Römische Ritter,
die als Zeichen ihrer Ritterwürde einen goldenen Ring am
Finger trugen, lagen in solcher Menge auf dem Schlachtfelde,
daß Hannibal durch seinen Bruder Mago zugleich mit der Siegesnachricht einen ganzen Scheffel voll solcher Ringe nach Karthago
schicken konnte. Viele Römer wurden in und nach der Schlacht
gefangen. Im Ganzen sollen von dem Heere nach Livius nur
14,000 M. übrig geblieben sein, die sich nach Canusium und

Benusia flüchteten. Hannibal dagegen hatte nur wenig Mannschaft verloren, gegen 6000 M., und davon waren zwei Drittel
Gallier.

Eine solche Niederlage hatte Rom noch nicht erlebt. In
der Stadt herrschte allgemeine Trauer, denn fast kein Haus war
ohne Verlust geblieben; voll Kleinmuth erwartete man mit jedem
Tage den siegreichen Feind vor den Thoren. Wirklich hatte auch
Maharbal, der Befehlshaber der punischen Reiterei, auf dem
Schlachtfelde von Cannä dem Hannibal den Vorschlag gemacht,
sofort gegen Rom zu ziehen, in fünf Tagen müsse er als Sieger
auf dem Capitole speisen; aber Hannibal hatte geantwortet, zur
Prüfung eines solchen Vorschlages habe man Zeit nöthig. Un-
muthig soll Maharbal gesagt haben: „Nun ja, die Götter geben
nicht Einem Alles; zu siegen hast du gelernt, nicht aber den
Sieg zu benutzen." Indeß Hannibal kannte die Kraft des
römischen Staates besser als Maharbal, und er that wohl, daß
er, ehe er auf Rom losging, sich die Sache länger überlegte.
Mit seinen jetzigen Mitteln konnte er Rom nicht stürzen, und
wenn auch in der römischen Bürgerschaft augenblicklich große
Bestürzung herrschte, so hatte die römische Regierung doch den
Muth und die Besinnung nicht verloren. Mit ruhiger Umsicht
traf der Senat seine Anstalten, um die Bürgerschaft nicht in
Kleinmuth versinken zu lassen und die Stadt und den Staat in
Vertheidigungsstand zu setzen. Der Prätor M. Claudius Marcellus erhielt den Auftrag, nach Apulien zu gehen und das zer-
trümmerte Heer neu zu organisiren. Alle Mannschaft in Rom,
selbst viele junge Leute unter 17 Jahren, wurden unter die
Waffen gerufen, und sogar 8000 Sclaven wurden zum Kriegsdienste zugezogen; da es an Waffen fehlte, nahm man die Beute-
stücke aus den Tempeln und Hallen und ließ in allen Werkstätten
neue Waffen schmieden. Den Latinern und den übrigen Bundesgenossen ging die Aufforderung zu, ihre vertragsmäßigen Hülfstruppen zu stellen; mit dem Feinde aber ließ man sich in keine

Unterhandlungen ein, um ihm und den italischen Bundesgenossen zu zeigen, daß man den Muth nicht verloren habe und am endlichen Siege nicht verzweifle. Hannibal schickte nach der Schlacht den Karthalo mit mehreren römischen Gefangenen nach Rom, um eine Auslösung der Gefangenen anzubieten; sobald der Senat hörte, daß Karthalo sich der Stadt nähere, schickte er ihm einen Gerichtsdiener entgegen, mit der Weisung, noch vor Nacht das römische Gebiet zu räumen, von einer Unterhandlung und Auslösung der Gefangenen könne keine Rede sein.

Der Mann, welcher hauptsächlich den Senat zu dieser festen und strengen Haltung veranlaßte und dadurch das Vertrauen des Volkes wieder neu belebte, war der alte Fabius Cunctator mit seiner ruhigen Besonnenheit und seinem zähen Muthe. Sein Werk war es auch besonders, daß der verderbliche Zwiespalt, welcher bisher zwischen dem Senat und der von einem Barro und Minucius und Flaminius aufgeregten Volkspartei bestand, beseitigt wurde. Als der Consul Barro, dessen Unbesonnenheit hauptsächlich das Unglück von Cannä herbeigeführt hatte, nach Rom zurückkehrte, ging ihm auf des Fabius Rath der ganze Senat bis an das Thor entgegen, um ihn zu begrüßen und ihm zu danken, daß er an der Rettung des Staates nicht verzweifelt habe.

Allerdings war es nöthig, daß der Staat, des Parteihaders vergessend, alle seine Kräfte zusammenfaßte; denn die Erfolge, welche Hannibal durch seinen Sieg gewann, waren für den Augenblick doch höchst bedeutend. Die italische Bundesgenossenschaft, auf welcher die Kraft des römischen Staates vorzugsweise beruhte, fing bereits an sich zu lockern. In Apulien trat Arpi auf Hannibals Seite, in Calabrien Uzentum, ferner fast alle Städte in Bruttium mit Ausnahme von Rhegium, der größte Theil der Lucaner, die in die Gegend von Salernum verpflanzten Picenter, die Samniter mit Ausnahme der Pentrer, und endlich auch die Stadt Capua, welche 30,000 M. zu Fuß und 4000 Reiter ins

Feld stellen konnte, nebst den Nachbarstädten Atella und Calatia. Ueberhaupt fielen fast alle Städte Unteritaliens von Rom ab, mit Ausnahme der Colonien und der griechischen Städte; denn in den Colonien saßen römische oder latinische Bürger, die Griechen aber hegten einen entschiedenen Widerwillen gegen die Punier und hatten sich von Seiten der Römer immer einer milden Behandlung erfreut. Mittelitalien und namentlich die Latiner blieben den Römern treu zur Seite stehen. Ein weiterer Vortheil Hannibals war es, daß der große Sieg bei Cannä in Karthago die ihm grollende Friedenspartei zum Schweigen brachte und eine solche Begeisterung erregte, daß man der bisherigen Unthätigkeit zu entsagen und den Krieg in Italien und in Spanien mit Energie zu betreiben beschloß. Es sollten dem Feldherrn in Italien beträchtliche Unterstützungen an Geld und Mannschaft zugesendet werden. Auch der König Philipp von Makedonien, ein Feind der Römer, der Illyrien zu gewinnen hoffte, kam jetzt endlich nach langem Schwanken zu einem Entschluß, er versprach, dem Hannibal ein Hülfscorps nach Italien zu schicken. In Syrakus starb im Herbste 216 König Hiero, der treue Freund der Römer, nach einer langen segensreichen Regierung und hinterließ seinem Enkel Hieronymus, einem jungen unfähigen Manne, seinen Thron. Dieser ließ sich durch das Versprechen, daß ihm ganz Sicilien überlassen werden solle, von den Karthagern verleiten, das Bündniß mit den Römern zu lösen und seine Flotte mit der karthagischen zu vereinigen.

So war also die Lage der Römer gefährlich genug, zumal da auch noch am Ende des Jahres ein Heer von 25,000 M. unter dem Prätor L. Postumius Albinus in Oberitalien von den Galliern gänzlich aufgerieben wurde. Indeß verlief das J. 216 so, daß Hannibal im Felde gerade keine neuen Vortheile errang. Er hatte Besitz von Capua genommen, und versuchte von da aus die übrigen campanischen Städte in seine Gewalt zu bringen. Allein daran verhinderte ihn Marcellus, der ihm mit den zwei

aus den Resten von Cannä gebildeten Legionen gefolgt war, und
der Dictator M. Junius Pera, welcher mit einem neuen Heere
von ungefähr 25,000 M. nach Campanien marschirt war.
Von Neapolis, einem Hafenplatze, der für die Karthager sehr
wichtig hätte werden können, wurde Hannibal zurückgeschlagen;
ebenso hielten Cumä, Nuceria und Acerrä treu zu den Römern.
Als er im Begriffe war, das von Marcellus besetzte Nola, wo
die Volkspartei zum Abfall von den Römern geneigt war, mit
Sturm zu nehmen, machte Marcellus plötzlich aus drei Thoren
von vorn und von den Seiten einen Ausfall auf sein überraschtes
Heer und jagte es unter großem Verluste in sein Lager zurück.
2800 Punier sollen gefallen sein, von den Römern nur 500 M.
Dieser Sieg, der erste, den ein römischer Feldherr über Hannibal
davontrug, war geeignet, den gesunkenen Muth der Römer wieder
zu heben. Nachdem Marcellus in Nola die verrätherischen Bürger
blutig bestraft und die Stadt in die Hände der Senatspartei
gegeben hatte, bezog er auf einer Anhöhe bei Suessula ein be-
festigtes Lager, das mehrere Jahre hindurch zur Deckung von
Nola und andern campanischen Städten diente.

Der Krieg in Italien und Sicilien von 215 — 208.

Im Frühjahr 215 verließ Hannibal die Winterquartiere,
die er in Capua zugebracht hatte, schon bei Zeiten, um rasch
den neuen Feldzug zu eröffnen. Allein mit dem J. 215 begann
in dem Kriege eine Wendung. Die gewaltigen, rasch aufeinander
folgenden Schläge, wie in den beiden vorhergehenden Jahren,
kommen von nun an nicht mehr vor; denn dem Hannibal gingen
dazu die Mittel ab, und die Römer lernten allmählich mit ihm
kämpfen. Man sagt gewöhnlich, ein Hauptgrund für diese Wendung sei der Umstand gewesen, daß die Soldaten des Hannibal
durch die maßlose Ausschweifung und Schwelgerei, der sie sich
während des Winters in dem reichen wegen seiner Ueppigkeit ver-
rufenen Capua hingegeben, ihre Kraft und Zucht eingebüßt hätten.

Der Aufenthalt in Capua mag auf den militärischen Geist in
Hannibals Heere übel eingewirkt haben; aber dies war nicht der
Hauptgrund von der schwierigen Lage, in welche Hannibal in den
nächsten Jahren gerieth. Seine alten erprobten Truppen lagen zum
großen Theil schon, aufgerieben von dem Schwerte und den Strapazen,
in italischer Erde begraben, und von Karthago aus, wo die durch
den Sieg von Cannä erregte Begeisterung schnell verflogen war,
kam nur geringe Unterstützung. Der Feldherr Bomilkar führte
ihm 4000 Numidier zu und 40 Elephanten, und dabei blieb es.
Die Bundesgenossen, welche ihm in Italien zugefallen waren,
wie die Samniter und Lucaner, hatten nicht mehr den kriegerischen
Geist wie in früheren Zeiten, und die Capuaner, welche ihm ein
sehr beträchtliches Contingent hätten stellen können, hatten sich
sogar bei ihrem Anschluß ausbedungen, daß er die campanischen
Bürger nicht zwangsweise zum Kriegsdienste verwenden dürfe.
Das Hülfsheer des makedonischen Königs blieb aus; denn eine
römische Flotte bewachte die Uebergänge nach Italien, der Prätor
Valerius Lävinus landete in Illyrien, in welches König Philipp
eingefallen war, und nöthigte diesen nicht nur zur Einstellung
der Feindseligkeiten, sondern verwickelte ihn auch in einen zehn-
jährigen Krieg mit den hellenischen Staaten, der alle seine Kräfte
in Anspruch nahm. Auch von Syrakus hatte Hannibal keine
Unterstützung zu erwarten. So standen ihm nur mäßige Hülfsmittel zu Gebote, und er sah sich allmählich in die Defensive
gedrängt, aus der er nur dann und wann herausbrach. Er zog
sich auf Unteritalien zurück, wo der Krieg sich vorzugsweise um
die einzelnen Städte drehte. Die Römer ermannten sich von
Jahr zu Jahr. Ihre Eidgenossenschaft stand treu zu ihnen, und
sie selbst machten die größten Anstrengungen, um den gefährlichen
Gegner aus Italien hinauszudrängen. Im J. 215 stellten sie in
Italien und auf den italischen Inseln 12 Legionen auf, im folgenden Jahr 18 und im J. 212 sogar 23. Durch den Schaden
klug gemacht, setzten sie von nun an nur tüchtige und erprobte

Feldherrn an die Spitze ihrer Heere und ließen sie Jahrelang im Commando, wie einen Claudius Marcellus, „das Schwert von Italien", Fabius Maximus, „den Schild Italiens", den Tib. Sempronius Gracchus u. A. Diese Männer führten den Krieg mit Besonnenheit und Kraft, indem sie die kluge Mitte hielten zwischen der Tollkühnheit eines Flaminius und Minucius und dem früheren Zaubersystem des Fabius.

Im J. 215 standen dem Hannibal in Campanien drei Heere entgegen, unter dem Consul Fabius Maximus, dem Claudius Marcellus, der als Proconsul fungirte, und dem Consul Sempronius Gracchus. Dem letzten, welcher ein vorzugsweise aus angeworbenen Sclaven, sogenannten Volonen, und aus Bundesgenossen bestehendes Heer hatte, gelang zuerst ein glücklicher Schlag; er überfiel zwischen Capua und Cumä in der Nacht ein capuanisches Heer von 14,000 M. in seinem Lager und richtete ein großes Blutbad an; als Hannibal heranrückte, um ihn zu züchtigen, zog er sich in die Mauern von Cumä, von denen er den Hannibal durch einen Ausfall zurückschlug. Fabius hielt das Lager von Suessula besetzt, während Marcellus von Nola aus, wo er seinen Standpunkt genommen, glückliche Einfälle ins Samnitische machte. Das veranlaßte den Hannibal, gegen Nola zu marschiren. Da ein Versuch, sich durch Verrath in den Besitz der Stadt zu setzen, mißlang, so bot er dem Marcellus eine Feldschlacht an. Dieser rückte sogleich mit seiner ganzen Macht aus den Mauern, und es entspann sich ein wüthender Kampf, der einer der denkwürdigsten des ganzen Krieges zu werden versprach. Allein plötzlich entstand ein solches Wetter, daß die Schlacht abgebrochen werden mußte. Die Punier hatten 400 M. verloren, die Römer 50. Am folgenden Tage verhielten sich die Truppen auf beiden Seiten ruhig; als aber Hannibal am dritten Tage einen Theil seiner Truppen zum Plündern ausschickte, rückte Marcellus aufs neue zur Schlacht heraus und trieb den Feind nach langem heftigen Kampfe in sein Lager zurück. Hannibal

24*

verlor 5000 Todte, 600 Gefangene und 19 Fahnen; 4 Elephanten wurden getödtet und 2 gefangen. Der Verlust der Römer betrug gegen 1000 M. Drei Tage nach der Schlacht gingen 1272 numidische und spanische Reiter zu ihnen über. Hannibal zog sich hierauf nach Apulien, wo er in der Nähe von Arpi sein Winterlager nahm. In demselben J. 215 erlitt ein karthagisches Heer, welches unter Hanno in Bruttium operirte und zuletzt in Lucanien eingedrungen war, bei Grumentum durch den Prätor Lävinus eine beträchtliche Niederlage, die es zwang, wieder nach Bruttium zurückzugehen.

Für das J. 214 hatten die Römer ihre beiden ausgezeichnetsten Feldherrn zu Consuln gewählt, den Fabius Maximus und Claudius Marcellus; der erstere bekleidete jetzt diese Würde zum viertenmal, der andere zum drittenmal. Hannibal war aus seinem Winterquartier in Apulien wieder nach Campanien marschirt, um sich dort eines Seeplatzes zu bemächtigen; aber er wurde von Puteoli und von Neapolis zurückgeschlagen. Dann wird von zweifelhaften Vorgängen erzählt, die sich vor Nola in ganz ähnlicher Weise zugetragen haben sollen, wie im vorigen Jahre; Hannibal griff Nola wieder an und wurde von Marcellus wiederum geschlagen. Da er in Campanien nichts auszurichten vermochte, so zog sich Hannibal nach dem südlichen Italien zurück, wo er über ein Jahr verweilte, stets auf eine Gelegenheit lauernd, sich Tarents zu bemächtigen; denn diese Stadt war für ihn sehr wichtig als ein Hafenplatz für seine makedonischen Bundesgenossen, von dem er noch immer Hülfe und Zuzug erwartete. Unterdeß nahmen die Römer noch im J. 214 Casilinum und eine Anzahl samnitischer Städte, und Tib. Gracchus erfocht bei Beneventum mit seinem Sclavenheer einen glänzenden Sieg über denselben Hanno, der im vorigen Jahre bei Grumentum geschlagen worden war. Er hatte einem jeden seiner Sclaven die Freiheit versprochen, der ihm den Kopf eines Feindes bringen würde, und in

Folge dessen fochten dieselben mit solcher Tapferkeit, daß von dem Heere des Hanno kaum noch 2000 M. übrig blieben.

Aus dem J. 213 wird uns nur Weniges berichtet. Dagegen gelang es dem Hannibal im J. 212, sich der Stadt Tarent durch Verrath zu bemächtigen. Die Römer hatten eine Anzahl Geißeln von Tarent und Thurii, die sich zu Rom befanden, wegen eines verunglückten Fluchtversuchs vom tarpejischen Felsen gestürzt, nachdem sie vorher öffentlich auf dem Markte mit Ruthen gepeitscht worden waren. Diese Grausamkeit erregte in Tarent eine solche Erbitterung, daß 13 junge vornehme Tarentiner sich verschworen, ihre Stadt an Hannibal zu verrathen. Sie riefen heimlich den Hannibal herbei, der drei Tagemärsche von Tarent entfernt stand, und dieser zog an Einem Tage, ohne daß man in Tarent etwas davon erfuhr, in die Nähe der Stadt und gelangte während der Nacht durch Hülfe der Verschworenen mit 10,000 M. auserlesener Truppen durch zwei Thore innerhalb der Mauern. Der Markt wurde besetzt und die gangbarsten Straßen abgesperrt; 2000 Gallier erhielten den Befehl, die Straßen zu durchziehen und, sobald Tumult in der Stadt ausbreche, die Römer niederzuhauen, der Bürger aber zu schonen. Der römische Befehlshaber, C. Livius, welcher des Abends bei einem Gelage sich berauscht hatte, eilte bei dem ersten Tumulte nach dem Hafen und fuhr in einem Kahne nach der Burg herum, indem er seine Leute in der Stadt ihrem Schicksal überließ. Viele von diesen wurden niedergemacht, die andern retteten sich, als es tagte, nach der Burg. Erst am Morgen sahen die Tarentiner, daß ihre Stadt von Hannibal genommen war. Dieser berief eine unbewaffnete Volksversammlung und erklärte den Bürgern, daß er als ihr Freund gekommen sei; die Häuser aber, in welchen die Römer ihre Quartiere gehabt, wurden der Plünderung preisgegeben. Am folgenden Tage versuchte Hannibal die Burg zu stürmen. Da er sah, daß dies nicht auszuführen war, sicherte er die Stadt durch einen gegen die Burg aufgeworfenen Wall und Graben und eine starke Mauer, und um die Mannschaft in der Burg völlig einzuschließen, gab er den Tarentinern den Anschlag, daß sie ihre Schiffe, welche in einer kleinen Bucht des von den Römern gesperrten Hafens eingeschlossen lagen, auf Walzen und Wagen durch die breiten Straßen ihrer Stadt in das offene Meer brachten und vor der Mündung des Hafens vor Anker legten. Hierauf führte er sein Heer aus der Stadt, indem er eine mäßige Besatzung den Bürgern zur Hülfe zurückließ.

Um dieselbe Zeit gelangten auch Thurii und Metapontum durch Verrath in Hannibals Hände, so daß jetzt die bedeutendsten Griechenstädte Unteritaliens auf punischer Seite waren, mit Ausnahme von Rhegium. Dagegen aber ging in demselben Jahre in Sicilien den Karthagern Syrakus verloren. Hier war, wahrscheinlich im Anfang des J. 214, der König Hieronymus ermordet worden, und die Bürgerschaft hatte aus Mißtrauen gegen die Karthager und geschreckt durch die drohenden Anstalten, welche die Römer zur völligen Rückeroberung der Insel machten, eine Gesandtschaft wegen eines Bündnisses an den Consul Marcellus geschickt, der eben vom Kampfplatze in Campanien nach Sicilien gekommen war. Aber zwei Sendlinge des Hannibal, Hippokrates und Epikydes, die in Syrakus geboren, aber in Karthago erzogen waren, wußten bei der allgemeinen Verwirrung, welche in der herrenlosen Stadt herrschte, die Friedensversuche zu vereiteln; sie setzten sich mit Hülfe der syrakusischen Miethstruppen in den Besitz der Stadt und brachten sie auf punische Seite.

Jetzt wandte sich der Consul Marcellus mit seiner ganzen Macht gegen Syrakus und begann, wahrscheinlich erst im J. 213, die Belagerung, welche durch ihre Länge und die auf beiden Seiten bewiesene Ausdauer und wegen der kunstreichen Vertheidigung der Stadt durch den berühmten Mathematiker und Mechaniker Archimedes zu den denkwürdigsten der alten Geschichte gehört. Syrakus hatte damals einen größeren Umfang als Rom; die starke und hohe Befestigung, mit welcher Dionysius der Aeltere

die Stadt umgeben hatte, betrug 180 Stadien (4 ½ deutsche
Meilen) und umfaßte außer den älteren östlichen Theilen, Nasos
(die Insel) und Achrabina, die Stadtviertel Tycha, Neapolis und
Epipolä. Marcellus bestürmte die Stadt von der Seeseite mit
einer Flotte von 100 Schiffen, während der Proprätor Appius
Claudius von der Landseite her den Angriff leitete. Marcellus
hatte zur Bestürmung der Stadt eine eigenthümliche Vorrichtung
getroffen; er hatte acht Fünfruderer paarweise fest mit einander
verbunden und mit Thürmen von mehreren Stockwerken besetzt,
welche mit Sturmböcken und mit Brücken in der Höhe der Mauer
versehen waren, damit man von den Schiffen in die Stadt
hinüberstürmen könnte. Während diese nahe an die vom Meer
bespülte Mauer heranrückten, warfen die übrigen Schiffe aus
weiterer Entfernung einen Hagel von Steinen und Pfeilen und
sonstigen Geschossen gegen die Mauer, um die Vertheidiger herab-
zutreiben. Aber Archimedes machte alle Angriffe der Römer zu
Schanden. Er brach, damit die Seinigen den Feind sicher be-
schießen könnten, durch die Mauer von unten bis oben eine
Menge von Schießscharten, die nach außen hin nur die Breite
einer Hand hatten, er bewarf vermittelst seiner auf der Mauer
aufgestellten Wurfmaschinen von verschiedener Größe die Schiffe
in der Ferne mit ungeheuren Steinblöcken, die näheren mit einer
Masse leichter Geschosse. Kamen die Schiffe nah an die Mauer,
so zog er sie durch Hebebalken, welche vorn mit sogenannten
eisernen Händen versehen waren, in die Höhe, stellte sie aufs
Hintertheil und ließ sie dann, um sie zu versenken, plötzlich
niederfallen. Auch einzelne Soldaten wurden mittelst der eisernen
Hände ergriffen und in die See geworfen. Da alle Versuche,
von der See her die Stadt zu nehmen, durch die Kunst des
Archimedes vereitelt wurden und auch auf der Landseite die
Mauern von Archimedes schon unter Hiero durch allerlei Vor-
richtungen in den trefflichsten Vertheidigungszustand gesetzt waren,
so gaben die beiden römischen Feldherrn nach achtmonatlicher

Belagerung die Hoffnung auf, die Stadt zu erstürmen, und begnügten sich damit, sie zu Wasser und zu Land einzuschließen, um sie durch Hunger zur Uebergabe zu zwingen.

Bei dem großen Umfang von Syrakus war es übrigens den Römern nicht möglich, der Stadt völlig die Zufuhr abzuschneiden. Die Karthager versahen sie öfter mit Lebensmitteln, und nun kam auch noch ein punisches Landheer von 25,000 M. nach Sicilien unter Himilko. Nachdem er sich Agrigents und mehrerer andern Städte bemächtigt und sich mit Hippokrates, der mit 10,000 M. aus Syrakus ausgerückt war, vereinigt hatte, trat eine sicilische Stadt nach der andern auf die punische Seite, ohne daß Marcellus es verhindern konnte. Die Römer hatten durch ihre Härte und Grausamkeit das Ihrige dazu beigetragen, die Sicilier von sich abzuwenden. So hatte namentlich in letzter Zeit ihre empörende Behandlung der Stadt Enna die Gemüther erbittert. Der dortige Befehlshaber, L. Pinarius, hatte die der Hinneigung zu den Karthagern verdächtigen Bürger zusammenberufen und die Wehrlosen sämmtlich niederhauen lassen, und Marcellus hatte die Sache gebilligt und die unglückliche Stadt den Soldaten als Beute hingegeben. Die Lage des Marcellus, der jetzt allein vor Syrakus commandirte, war nicht allzu günstig; doch gelang es ihm im Anfang des J. 212, sich eines Theils von Syrakus zu bemächtigen. Während in der Stadt ein dreitägiges Fest der Artemis gefeiert ward und die Wächter in Folge des Weingenusses im Schlafe lagen, erstieg er im Einverständniß mit einigen Syrakusanern an einer niedrigen Stelle die Mauer und nahm Besitz von den Vorstädten Neapolis, Tycha und Epipolä. Die alten Theile der Stadt jedoch, Achradina und Nasos, welche durch eine hohe Mauer von den Vorstädten geschieden waren, wurden von den Feinden behauptet. Unterdessen kamen Himilko und Hippokrates, welche in Agrigent überwintert hatten, zum Entsatz der Stadt herbei und griffen, unterstützt von einer punischen Flotte und von den Belagerten, die einen Ausfall machten, die römischen Stellungen an; sie wurden aber überall zurückgeworfen und lagerten sich nun südlich von der Stadt in den sumpfigen Niederungen des Anapus, wo bald unter der heißen Sommersonne bösartige Seuchen ausbrachen. Himilko und Hippokrates starben, und das ganze Heer löste sich auf; auch die punische Flotte, die in der Nähe im Hafen lag, suchte das Weite. Als sie nochmals in die Nähe der Stadt kam, fuhr ihr Epikydes, der die Vertheidigung der Stadt leitete, entgegen, um sie zu einem Angriff auf die römische Flotte aufzufordern; aber statt dessen fuhr die punische Flotte nach Tarent, und Epikydes fuhr mit.

Nun war Syrakus ohne Obercommando, und die Bürgerschaft versuchte jetzt mit den Römern wegen der Uebergabe zu unterhandeln. Doch die Miethstruppen und die römischen Ueberläufer, welche von den Römern nichts Gutes zu erwarten hatten, widersetzten sich und erschlugen die Vorsteher der Bürgerschaft; sie wählten mehrere Hauptleute an ihre Spitze und waren entschlossen, sich aufs äußerste zu vertheidigen. Aber es dauerte nicht lange, so überlieferte einer dieser Führer dem Marcellus verrätherischer Weise den Stadttheil Nasos, worauf die Ueberläufer und Miethssoldaten aus Achradina entflohen, und es den Bürgern überließen, mit den Römern ihr Abkommen zu finden. Die Stadt wurde verschont und den freien Bürgern ihr Leben zugesichert; dagegen wurde den Truppen eine allgemeine Plünderung gestattet. Die Kunstwerke, an welchen Syrakus überaus reich war, ließ Marcellus' nach Rom bringen und in den Tempeln aufstellen, das erste Beispiel, daß Rom sich mit den erbeuteten Kunstschätzen eroberter Städte schmückte. Syrakus verlor seine Selbständigkeit und wurde mit den von ihm abhängigen Orten als tributpflichtige Stadt der sicilischen Provinz einverleibt. Diese wurde erst 210 vollständig wieder unterworfen, nachdem Agrigent den Karthagern entrissen worden war.

Bei der Plünderung von Syrakus fand auch Archimedes den Tod, obgleich Marcellus den Befehl gegeben haben soll, ihn

zu verschonen. Ohne etwas von dem Tumulte in der Stadt zu
hören, saß er in seinem Hause bei seinen in den Sand gemalten
Zirkeln in Studien vertieft. Da trat plötzlich ein plündernder
Soldat herein. Archimedes rief ihm zu: „Zertritt mir meine
Kreise nicht!" und wurde von dem Soldaten, der ihn nicht kannte,
niedergehauen.

In demselben J. 212 begannen auch die Römer ihren
Angriff auf Capua. Als die beiden Consuln Q. Fulvius Flaccus
und Appius Claudius von Samnium her gegen die Stadt heran-
zogen, schickten die erschreckten Bürger und die in der Stadt
liegende punische Besatzung sogleich eine Botschaft an Hannibal,
der noch in der Nähe des vor Kurzem gewonnenen Tarents stand,
und baten um schleunige Hülfe. Hannibal durfte die bedrohte
Stadt, welche von den Römern das Aeußerste zu befürchten hatte,
nicht im Stiche lassen, wenn er bei seinen italischen Bundesgenossen nicht alles Ansehen und Vertrauen verlieren wollte, und
zudem mußte die Wichtigkeit der großen und reichen Stadt ihn
auffordern, alles für ihre Behauptung aufzubieten. Er zog daher
eiligst in die Nähe von Capua und lieferte den Consuln eine
Schlacht, deren Ausgang nach den römischen Berichten zweifelhaft
gewesen sein soll; doch scheint sie zu Gunsten Hannibals ausge-
fallen zu sein, da die Consuln die Belagerung Capuas aufhoben
und der eine in die Nähe von Cumä sich zurückzog, Claudius
nach Lucanien hin marschirte, stets von dem Feinde verfolgt.
Claudius wußte sich den Anschlägen des Hannibal immer durch
geschickte Bewegungen zu entziehen, dagegen fiel diesem ein anderes
römisches Heer von 16,000 M. unter M. Centenius in die Hände
und wurde völlig aufgerieben. Bald darauf zog sich Hannibal nach
Apulien und vernichtete auch hier bei Herdonea ein römisches
Heer von 18,000 M. unter dem Prätor Cn. Fulvius. Um diese
Zeit verlor Rom auch seinen trefflichen Feldherrn Tib. Gracchus;
er wurde von einem, bisher den Römern ergebenen vornehmen
Lucaner, der ihn zu einer Zusammenkunft mit den Magistraten

der lucanischen Städte einlud, den Puniern in die Hände geliefert und niedergemacht, worauf sein Sclavenheer, das hauptsächlich durch seine Person zusammengehalten worden war, auseinanderlief.

Unterdessen hatten sich die beiden Consuln wieder vor Capua vereinigt und auch den Prätor Claudius Nero, der bisher mit einem Heere in dem alten Lager über Suessula gestanden hatte, an sich herangezogen. Sie schlossen die Stadt von allen Seiten mit Befestigungswerken ein und errichteten an der Mündung des Vulturnus ein festes Castell, das ihnen die Zufuhr vom Meere sicherte. Den ganzen Winter hindurch bis ins folgende Jahr (211), in welchem sie als Proconsuln den Oberbefehl behielten, setzten sie die Belagerung fort, und die Stadt kam in große Noth. Da erschien Hannibal wieder im Frühjahr 211 in Campanien, um seine Verbündeten zu retten. Er bot den Belagerern eine Schlacht an, aber diese wurde nicht angenommen, und ein Sturm auf die römischen Verschanzungen mißlang. Um daher das römische Heer ganz oder zum Theil von Capua abzuziehen und der bedrängten Stadt Luft zu machen, entschloß er sich gegen Rom selbst zu ziehen. Er marschirte durch Samnium, durch das Land der Peligner, Marruciner, Marser, über Amiternum und Reate und über den Anio, und stand plötzlich und unerwartet in der nächsten Nähe von Rom. Sein Lager war nur eine Meile von Rom entfernt. Hier entstand ein ungeheurer Schrecken. Hannibal ante portas! „Hannibal vor den Thoren!" war seitdem ein sprüchwörtlicher Ausdruck für einen Schrecken in höchster und nächster Gefahr. Doch die Obrigkeit verlor den Muth nicht, zumal da man zufällig eine bedeutende Truppenmacht in der Stadt hatte; denn von den neuen Consuln dieses Jahres hatte der eine eben zwei neue Legionen in die Stadt gezogen, und der andere war mit der Aushebung in der Stadt beschäftigt. Wie dem Feinde zum Spott ließ man grade in diesen Tagen eine Truppenabtheilung zur Verstärkung nach Spanien aus der Stadt abgehen. Ohne etwas gegen Rom zu unternehmen, zog

Hannibal ab und marschirte eiligst nach Campanien zurück, in der Meinung, daß wenigstens ein Theil des Belagerungsheeres von Capua sich entfernt habe. Als er sich in dieser Hoffnung getäuscht sah, wandte er sich voll Zorn gegen das Heer, welches ihn von Rom aus verfolgt hatte und schlug es aufs Haupt. Dann begab er sich, an der Rettung von Capua verzweifelnd, nach Apulien und von da nach Bruttium zurück. Mit Schmerz mußte er erkennen, daß die Römer ihm in Italien wieder das Uebergewicht abgerungen hatten.

Capua war verloren. Als die Bürger sich von Hannibal aufgegeben sahen, zwangen sie die Senatoren, welche sich in dumpfer Rathlosigkeit in ihre Häuser eingeschlossen hatten, sich zu einer Rathssitzung zu versammeln, damit eine Entscheidung getroffen werde. Es wurde beschlossen, am nächsten Tage eine Gesandtschaft ins römische Lager zu schicken, und die Stadt zu übergeben. Die meisten Senatoren hatten die Hoffnung auf Begnadigung nicht aufgegeben; doch der Senator Vibius Virrius, welcher den Abfall von Rom ganz besonders betrieben hatte und darum auf Begnadigung nicht rechnen konnte, beschloß vor dem Einzug der Römer zu sterben. Er versammelte sich mit 27 andern Senatoren, die gleichfalls an ihrer Rettung verzweifelten, in seinem Hause zu einem Gastmahl, und nachdem sie sich am Wein berauscht, nahmen sie Gift. Als das römische Heer einzog, waren sie sämmtlich todt.

Sobald ein Theil des Belagerungsheeres die Stadt besetzt und die punische Besatzung unter Bostar und Hanno gefangen genommen hatte, wurden alle Waffen ausgeliefert, und die sämmtlichen noch übrigen Senatoren wurden gefangen ins Lager gebracht. Hier legte man ihnen Ketten an und schickte diejenigen, von welchen man wußte, daß sie für den Abfall von Rom gestimmt, zum Theil nach Cales, zum Theil nach Teanum in Gewahrsam. Appius Claudius wollte, daß ihre Bestrafung dem römischen Senate überlassen werde; aber sein College Fulvius eilte in der

Nacht mit 2000 Reitern nach Teanum und ließ sofort nach Tagesanbruch die dort befindlichen 28 Senatoren peitschen und enthaupten. Hierauf begab er sich nach Cales, um auch die 25 dort verwahrten Männer hinrichten zu lassen. Als er auf dem Richterstuhle saß, kam ein Ritter von Rom angesprengt und überreichte ihm ein Schreiben des Senats, welches ein Verbot der Hinrichtung enthielt. Da er den Inhalt des Schreibens vermuthete, so ließ er dasselbe unerbrochen, bis alle getödtet waren. Die Entscheidung des römischen Senates über das Schicksal von Capua erfolgte erst im nächsten Jahre; bis dahin blieb das römische Heer im Lager vor der Stadt und hielt die Bürgerschaft streng eingeschlossen. Die noch übrigen Senatoren und viele andere vornehme Capuaner wurden in den Kerker geworfen, die meisten Bürger in die Sclaverei verkauft, andere in verschiedenen Gegenden Italiens angesiedelt; das Vermögen der Wohlhabenderen wurde eingezogen. Die städtische Verfassung von Capua ward aufgehoben, es hörte auf ein politisches Gemeinwesen zu sein, und die Bevölkerung, welche innerhalb der Mauern verblieb, bestand nur noch aus einer ungeordneten Menge von Freigelassenen, Handwerkern und Krämern, denen ein jährlich von Rom gesandter Präfect Recht sprach. Dasselbe Geschick wie Capua traf die Städte Atella und Calatia, welche zugleich mit ihm abgefallen waren.

Der Fall von Capua machte in Italien einen ungeheuren Eindruck. Man erkannte deutlich, daß Rom durch seine zähe Ausdauer dem Feinde das Uebergewicht wieder abgerungen hatte und des endlichen Sieges sicher war. Darum wurden viele von den Bundesgenossen des Hannibal schwankend und suchten unter leiblichen Bedingungen wieder mit Rom in Verbindung zu treten. Hannibal hatte nicht Macht genug, die unzuverlässig gewordenen Städte sämmtlich im Zaum zu halten; er zog aus den meisten seine Besatzungen an sich und beschränkte sich auf die Behauptung von Bruttium und den Städten am tarentinischen Meerbusen, von wo aus er von Zeit zu Zeit, seine Ausfälle und Streifzüge in die benachbarten Landschaften machte. Durch diese Art der Kriegsführung hoffte er sich zu behaupten, bis ihm von Spanien oder von Afrika aus neue Hülfsmittel kämen.

Im J. 210 wurde der Krieg von beiden Seiten ziemlich lässig betrieben, obgleich der energische, stets kampflustige Marcellus als Consul wieder in Unteritalien das Obercommando führte. Dieser eroberte in Apulien Salapia und mehrere Städte in Samnium. Kurz darauf aber schlug Hannibal den Proconsul Cn. Fulvius Centumalus bei Herdonea dermaßen, daß sein 11,000 M. starkes Heer fast völlig aufgerieben wurde. Fulvius selbst fiel. Marcellus schrieb an den Senat, man habe zwar bei Herdonea einen Feldherrn sammt dem Heere verloren, übrigens sei er schon auf dem Wege, dem Feinde die Freude des Sieges zu rauben. Er traf den Hannibal bei Numistro in Apulien und lieferte ihm eine blutige Schlacht, die vom Morgen bis in die finstere Nacht dauerte und unentschieden abgebrochen werden mußte. Am folgenden Morgen rückte Marcellus wieder zur Schlacht aus, aber Hannibal nahm sie nicht an und überließ dadurch, daß er sich zurückzog, dem Feinde das Bewußtsein des Uebergewichts.

In dem nächsten Jahre 209 drehte sich der Krieg besonders um das wichtige Tarent, dessen Belagerung der alte Fabius Maximus, der in diesem Jahre zum fünften Mal Consul war, begonnen hatte. Marcellus führte den Krieg als Proconsul fort und hatte sich vornehmlich die Aufgabe gestellt, den Hannibal, der Tarent zu entsetzen beabsichtigte, zu beschäftigen und von jener Stadt fern zu halten. Als er den Gegner in der Nähe von Canusium in Apulien traf, zog sich dieser zu größerer Sicherheit und vielleicht auch, um Gelegenheit zu einem Hinterhalt zu finden, in höher gelegene Gegenden zurück. Marcellus folgte ihm mehrere Tage lang auf dem Fuße nach, und als er ihn endlich in einer offenen und ebenen Gegend einholte, zwang er ihn zur Schlacht, indem er ihm verwehrte, sich im Lager zu

verschanzen. Die Nacht trennte die Kämpfenden, aber schon mit
Anbruch des Tages rückte Marcellus wieder zur Schlacht aus.
Sein Heer wurde mit einem Verlust von 2700 M. ins Lager
zurückgetrieben. Aber der kühne zähe Mann ließ nicht nach.
Nachdem er seine Cohorten durch eine bittere Zornesrede zu
neuem Muthe entflammt hatte, kam er mit Anbruch des dritten
Tages wiederum aus dem Lager zur Schlacht hervor. „Um Gott,
rief Hannibal, da haben wir es mit einem Feinde zu thun, der
weder am bösen noch am guten Tage Ruhe hält! Hat er gesiegt,
so bringt er keck den Besiegten nach, ist er geschlagen, so stellt
er den Siegern sich zu neuem Kampf." An diesem Tage wurde
mit ungeheurer Erbitterung gefochten. Zuletzt wurden die Punier
in die Flucht geschlagen und retteten sich in ihr Lager. Sie
hatten 8000 M. und 5 Elephanten verloren. Auch die Römer
hatten an 3000 Todte, und ihrer Verwundeten war eine solche
Zahl, daß Marcellus den in der Nacht abziehenden Feind nicht
zu verfolgen vermochte.

Während Marcellus so den Hannibal beschäftigte, gelang
es dem Consul Fabius, sich Tarents durch Verrath zu bemächtigen.
Er hatte einen Bruttier, welcher in Tarent eine Cohorte befehligte,
gewonnen, daß er in der Nacht, während von allen Seiten die
Mauern unter großem Tumulte bestürmt wurden, an der Stelle,
wo er commandirte, die Römer auf Sturmleitern in die Stadt
steigen ließ. Nun wurden von den eingedrungenen Soldaten die
Thore geöffnet, und das ganze Heer strömte in die Stadt. Auf
dem Markte gab es noch einen kurzen und ungleichen Kampf mit
den Tarentinern und der punischen Besatzung. Alles, was den
Römern vor die Klinge kam, wurde niedergemacht, und nach dem
Gemetzel gings ans Plündern. Man machte große Beute, unter
anderm eine außerordentliche Menge von geprägtem und verar-
beitetem Silber und 83,000 Pfund Gold. Fabius brachte von
der Beute 3000 Talente (5 Mill. Thlr.) in die Staatskasse.
30,000 Tarentiner sollen als Sclaven verkauft worden sein.

Hannibal, der auf dem Marsche war, um den Tarentinern Hülfe
zu bringen, soll zwei Stunden nach der Eroberung vor der
Stadt angelangt sein; als er sah, was geschehen und daß nicht
mehr zu helfen, sprach er: „Wie gewonnen, so zerronnen," und
zog nach Metapont zurück. Die Eroberung von Tarent war die
letzte Waffenthat des 80jährigen Fabius.

Im folgenden J. 208 kamen in Italien keine kriegerischen
Ereignisse von Bedeutung vor; aber Rom erlitt einen herben
Verlust durch den Tod des Marcellus. Trotz seiner 60 Jahre
noch immer ein rüstiger Kriegsheld, war er in diesem Jahre
wieder zum Consul erwählt worden und stand mit seinem Collegen
T. Quinctius Crispinus zwischen Venusia und Bantia dem
Hannibal gegenüber, in der Hoffnung, diesen durch energischen
Angriff bald ganz aus der Halbinsel hinaustreiben zu können.
Bei einer Recognoscirung aber, die er mit seinem Collegen und
220 Reitern machte, wurde er in einem Walde von einem
Hinterhalte des Hannibal überfallen und mit einem Theil seiner
Mannschaft getödtet. Auch Crispinus wurde schwer verwundet
und starb nach wenigen Tagen. Hannibal erwies der Leiche des
Marcellus die gebührende Ehre; er ließ sie, mit einem Purpur-
mantel und einem Lorbeerkranze geschmückt, verbrennen und über-
schickte die Asche in silberner Urne mit goldenem Kranze an seinen
Sohn.

Bereits 10 Jahre hatte der Krieg in Italien gewüthet, und
die Römer und ihre Bundesgenossen hatten viel gelitten und
Anstrengungen gemacht fast bis zur Erschöpfung; denn sie hatten
seit 215 beständig eine ungeheure Truppenmenge im Felde stehen.
Der Staatsschatz war bis auf den letzten Nothpfennig geleert,
und die Hülfsquellen versiechten immer mehr. Der Ackerbau lag
darnieder, viele Städte und Dörfer waren zerstört oder veröbet,
die Bundesgenossen waren verarmt und begannen schwierig zu
werden. So hatten schon im J. 209 viele latinische Gemeinden
erklärt, daß sie keine Mannschaften mehr stellen und keine Gelder

mehr zahlen würden für einen Krieg, der allein im Interesse der
Römer geführt werde; die Hetrusker wurden unruhig und dachten
an Abfall. Auf diese allgemeine Erschöpfung Italiens und den
endlichen Zerfall der römischen Bundesgenossenschaft scheint Hannibal
seine Hoffnung gesetzt zu haben; darum blieb er, obgleich seine
eigne Lage im Augenblick höchst mißlich war, mit Zähigkeit am
italischen Boden haften. Wenn ihm frische und hinlängliche
Streitkräfte zugeführt wurden, so konnte er aufs neue zu energi-
schem Angriff übergehen, und es lag durchaus nicht außer dem
Bereich der Möglichkeit, daß er den erschöpften römischen Staat
durch mehrere rasche Schläge, wie er sie im Anfang des Krieges
gethan, über den Haufen warf. Diese neuen Streitkräfte erwartete
er aus Spanien; sein Bruder Hasdrubal sollte ihm, den Krieg
in Spanien aufgebend, sein ganzes Heer nach Italien bringen.
Sehen wir daher vorerst, was vom Beginn des Krieges an in
Spanien geschehen ist, und wie sich dort bis hierher die Verhältnisse gestaltet haben.

Der Krieg in Spanien von 218—206.

Als im J. 218 der Consul P. Scipio von Massilia nach
Oberitalien zurückging, um dem von den Alpen herabkommenden
Hannibal entgegenzutreten, führte sein Bruder Cnejus das für
Spanien bestimmte Heer von jener Stadt aus weiter, um die in
Spanien zurückgebliebenen punischen Feldherren zu bekämpfen.
Seine nächste und wichtigste Aufgabe war, zu verhindern, daß,
wie es in der Absicht der Punier lag, dem Hannibal frische
Streitkräfte von Spanien aus nach Italien nachgesendet würden.
Scipio setzte sich zuerst an der Küste zwischen den Pyrenäen und
dem Iberus (Ebro) fest, schlug den Feldherrn Hanno, welchen
Hannibal zum Schutze dieser Gegend zurückgelassen hatte, und
machte sich so zum Herrn des diesseitigen Spaniens. So nannten
die Römer das Spanien auf der linken Seite des Ebro, das auf
der rechten hieß das jenseitige Spanien. Hasdrubal, Hannibals

Bruder, der aus dem jenseitigen Spanien dem Hanno zur Hülfe herbeizog, kam zu spät und ging wieder, aus Furcht von Scipio überfallen zu werden, auf die rechte Seite des Flusses zurück. Als er im nächsten Jahre mit einem größeren Heere und einer Flotte von 40 Schiffen am Ebro erschien, wurde seine Flotte an der Mündung dieses Flusses von Scipio überfallen und büßte mehr als die Hälfte der Schiffe ein. Bald darauf traf auch P. Scipio ein, der als Proconsul nach Spanien geschickt worden war, um mit seinem Bruder gemeinschaftlich den Krieg zu führen. Sie drangen noch in demselben Jahre über den Ebro bis in die Nähe von Sagunt. Hier hatten die Karthager die Geißeln der ihnen unterthänigen spanischen Völker in Gewahrsam. Ein vornehmer Spanier, der von der karthagischen Partei auf die römische Seite übertrat, spielte die Geißeln durch eine verrätherische List den Scipionen in die Hände, und dies hatte zur Folge, daß nicht wenige Völker nun den Römern sich anschlossen, welche vor der Hand von ihnen als die Befreier von dem grausamen Druck der Karthager angesehen wurden.

Im nächsten Jahre 216 machte Hasdrubal, nachdem er von Afrika aus Verstärkungen erhalten, in Spanien neue Werbungen veranstaltet und Gelder zusammengetrieben hatte, auf wiederholte Aufforderung der karthagischen Regierung den Versuch, seine Armee über die Pyrenäen und nach Italien zu führen; die Scipionen aber verlegten ihm den Weg und lieferten ihm eine Schlacht bei Ibera nicht weit von der Mündung des Ebro, in welcher er völlig geschlagen wurde, um dieselbe Zeit, wo sein Bruder bei Cannä siegte. Der größte Theil seines Heeres bestand aus Spaniern, welche sogleich beim Beginn des Treffens Reißaus nahmen, da sie sich lieber in Spanien schlagen, denn als Sieger nach Italien schleppen lassen wollten. Die afrikanischen Truppen fochten mit Muth und Ausdauer, erlagen aber der römischen Uebermacht. Hasdrubal, der bis zur letzten Entscheidung des Treffens aushielt, rettete sich mitten aus dem Gemetzel nur mit wenigen. Nach dieser Schlacht traten viele spanische Völkerschaften, welche bisher noch unschlüssig gewesen, auf römische Seite, und Hasdrubal mußte vor der Hand seinen Plan aufgeben, Truppen nach Italien zu führen. Dagegen suchten die Karthager im nächsten Jahre (215) sich Sardiniens zu bemächtigen, das ihnen eine bequeme Zwischenstation für den Seeweg von Spanien nach Italien werden sollte. Sie hatten den Mago mit 12,000 M. zu Fuß, 1500 Reitern und 20 Elephanten zur Verstärkung nach Spanien geschickt und zu gleicher Zeit einen Hasdrubal (nicht Hannibals Bruder) mit einem gleich starken Heere für Sardinien bestimmt, dessen Einwohner versprochen hatten, von Rom abzufallen. Aber der Aufstand der Sardinier brach zu früh los und wurde von dem Proprätor T. Manlius Torquatus niedergeschlagen, ehe Hasdrubal erschien. Als er endlich landete, wurde auch er geschlagen und sein Heer vernichtet. In demselben Jahre trugen die Scipionen den Krieg vom Ebro an den Bätis (Guadalquivir) nach Andalusien, einem reichen Lande, in welchem die Punier bedeutende Metallgruben hatten. Dort war die Stadt Iliturgi zu den Römern übergetreten und wurde von drei punischen Heeren belagert, unter Hasdrubal Barkas, dem Bruder Hannibals, Hasdrubal, Giscons Sohn, und Mago, dem jüngsten Bruder des Hannibal. Die Scipionen warfen sich in die bedrängte Stadt und schlugen durch einen Ausfall die drei Heere. Mit 16,000 M. besiegten sie 60,000 Feinde und erlegten deren mehr, als sie selbst Leute hatten. Auch die drei Lager wurden noch an demselben Tage erobert. Bald darauf, nachdem der Feind seine Heere ergänzt, erfochten die Scipionen einen neuen großen Sieg in derselben Gegend bei Intibili, so daß in diesem Sommer in Spanien wichtigere Thaten verrichtet wurden, als in Italien.

Im J. 214 machten die Scipionen einen neuen Zug in die Gegend des Bätis und schlugen die drei feindlichen Anführer zu wiederholten Malen derart aufs Haupt, daß diese fast das ganze südliche Spanien räumten und die Völker bis zu den Säulen des Hercules den Römern zufielen. Auch Sagunt wurde den Puniern abgenommen und durch Zusammenberufung der Reste der früheren Bewohner neu gegründet. So machten die Römer eine alte Verschuldung, die sie durch Säumniß auf sich geladen, soviel sie konnten, wieder gut und gewannen einen Stützpunkt auf der Linie zwischen dem Ebro und Neukarthago, der spanischen Hauptstadt der Punier. Sogar in dem gegenüberliegenden Afrika erweckten die Scipionen den Puniern einen gefährlichen Feind in dem mächtigen Numidierkönig Syphax (in dem heutigen Oran und Algier), dem sie durch einen ihrer Offiziere in kurzer Zeit ein wohl organisirtes Fußvolk schufen. Als dieser römische Bundesgenosse die Waffen erhob, kamen die libyschen Unterthanen der Karthager in solche Gährung, daß Hasdrubal Barkas mit seinen spanischen Truppen nach Afrika gehen mußte, um die Empörung zu dämpfen. Indeß gewannen die Karthager den Nachbar des Syphax für sich, den Numidierkönig Gala (in der heutigen Provinz Constantine), und dessen Sohn Masinissa, ein junger tapferer Mann von 27 Jahren, setzte in Verbindung mit den karthagischen Truppen dem Syphax so zu, daß er sich zum Frieden bequemen mußte.

Als Hasdrubal nach Beendigung des afrikanischen Krieges im J. 212 nach Spanien zurückkehrte, wurde von punischer Seite der Kampf mit größerer Energie erneuert. Es kamen aus Afrika so beträchtliche Verstärkungen, daß die Scipionen, wenn sie nicht wieder hinter den Ebro zurückweichen wollten, spanische Truppen zu Hülfe nehmen mußten. Sie warben 20,000 Celtiberer und theilten dann ihr Heer, um den Armeen der drei schon mehr genannten punischen Feldherrn die Spitze bieten zu können. Cnejus Scipio lagerte sich mit einem Drittel der römischen Truppen und sämmtlichen Celtiberern dem Hasdrubal Barkas gegenüber, während Publius Scipio mit zwei Dritteln des Heeres gegen Mago und den andern Hasdrubal zog. Hasdrubal Barkas brachte die Führer der Celtiberer durch eine große Summe Geldes dahin, daß sie mit ihren Truppen die Römer verließen und nach Hause zogen, was sie kaum für einen Treubruch hielten, da sie ja ihre Waffen nicht gegen die Römer kehren sollten. Da Cnejus nach dem Abzug der Spanier den Feinden nicht mehr gewachsen war, so zog er sich unter steter Verfolgung des Hasdrubal eilends zurück. Unterdessen wurde das andere römische Heer von Mago und Hasdrubal, Giscons Sohn, hart bedrängt und namentlich durch die Reiterschaaren des unermüdlichen Masinissa in stetem Schrecken gehalten. Schon befand sich das römische Heer, in sein Lager zurückgedrängt, beinahe in förmlicher Einschließung, und diese wurde vollständig, wenn das Heer der Suessataner, das den Karthagern zu Hülfe kam, demnächst eintraf. Da entschloß sich Publius, rasch mit seinen besten Truppen den Suessatanern entgegenzugehen und sie zu vernichten, ehe sie sich mit den Puniern vereinigen könnten. Aber während er mit den Spaniern im Gefechte war, fielen ihm die numidischen Reiter, welche die punischen Feldherren ihm nachgeschickt hatten, plötzlich in den Rücken. Bald kam auch das punische Fußvolk heran, und nun wurden die Römer von allen Seiten umzingelt. Sie fochten mit verzweifelter Tapferkeit; da fiel, von einer Lanze durchbohrt, Scipio entseelt von seinem Rosse, und die römischen Reihen wandten sich erschreckt zur Flucht. Auf der Flucht kamen noch mehr um, als in dem Treffen; die Nacht rettete zuletzt den Rest der Flüchtenden.

Nach diesem Siege zogen Mago und Hasdrubal in größter Eile dem Hasdrubal Barkas zu Hülfe, der noch immer den zurückweichenden Cnejus Scipio verfolgte. Unter steten Gefechten mit der schnellen punischen Reiterei eilte Scipio weiter; doch zuletzt sah er sich genöthigt, sein Heer auf einen Hügel zu führen, um sich da zu verschanzen. Allein der Hügel war so nackt und der Boden so spröde, daß man keine Pfähle hauen und keinen Graben ziehen konnte, und schon war auch das Fußvolk der drei feindlichen Heere in vollem Anzug. Man verschanzte sich, so gut es ging, mit den Packsätteln und den Bündeln des Gepäckes. Aber die feindliche Uebermacht, welche von allen Seiten angriff, durchbrach das Packwerk und hatte bald das Lager erobert. Scipio fiel — 29 Tage nach seinem Bruder — und sein ganzes Heer wurde niedergemacht oder gefangen. Nur eine kleine Abtheilung rettete sich unter Führung eines tüchtigen Offiziers, C. Marcius, über den Ebro, und ebendahin brachte auch der Legat T. Fontejus die Reste des andern römischen Heeres.

Ganz Spanien bis an den Ebro war jetzt wieder in den Händen der Karthager, und schon versuchten sie die Ebrolinie zu durchbrechen, um die Verbindung mit Italien herzustellen. Aber Marcius, welchen die römischen Truppen zu ihrem Anführer erwählt hatten, warf den Feind wieder über den Ebro zurück und hielt ihn so lange auf, bis Rom ein neues Heer und einen neuen Feldherrn sandte. Dies konnte jetzt leichter geschehen, da Capua gefallen und die Kriegsgefahr in Italien vermindert war. Der Senat schickte den Proprätor C. Claudius Nero mit 12,000 M., und dieser stellte in kurzer Zeit in Spanien das Gleichgewicht wieder her. Aber Nero war denn doch nicht der rechte Mann für den spanischen Krieg; er war allerdings ein tüchtiger Feldherr, aber schroff und heftig und von stolzem aristokratischen Wesen, wenig geeignet, die spanischen Völkerschaften wieder für den Anschluß an Rom zu gewinnen. Als daher der Senat zu Rom durch gefangene Uticenser erfuhr, daß in Karthago große Anstrengungen gemacht würden, um von Spanien aus ein starkes Heer unter Hasdrubal dem Hannibal zu Hülfe zu schicken, beschloß er, einen höheren Befehlshaber, einen Proconsul mit neuen Verstärkungen nach Spanien zu schicken, damit Hasdrubal dort festgehalten werde.

Der Senat, welcher in der Regel selbst die Feldherrn ernannte, ließ diesmal den Proconsul für Spanien in der Volksversammlung wählen. Aber keiner der bewährten älteren Männer trat als Bewerber vor dem Volke auf; denn der spanische Krieg hatte wegen der Unzuverläſſigkeit der ſpaniſchen Völkerſchaften und der Eigenthümlichkeit des Landes große Schwierigkeiten. Während das Volk rathlos daſtand und auch der Senat Niemand vorzuſchlagen wußte, trat plötzlich und unerwartet der 24 jährige P. Cornelius Scipio, der Sohn des in Spanien gefallenen gleich- namigen Scipio, der am Ticinus ſeinem Vater das Leben ge- rettet und bei Cannä ſich ausgezeichnet hatte, auf die Tribüne und bot ſich an für das gefahrvolle Amt. Das Volk begrüßte den ſchönen Heldenjüngling mit lautem Beifallsruf und erkärte ihn einſtimmig zum Feldherrn in Spanien. Aber ſobald die plötzliche Aufwallung ſich gelegt hatte, trat ein allgemeines Schweigen ein; denn es regten ſich Bedenklichkeiten wegen der Jugend des Erwählten. Als Scipio die eingetretene Beſorgniß des Volkes wahrnahm, ergriff er das Wort und ſprach in be- geiſterter Rede über ſein Alter, über ſeine Feldherrnſtelle und den zu führenden Krieg mit ſo viel Geiſtesgröße und Muth, daß er Alle mit zweifelloſer Zuverſicht erfüllte.

Der junge Scipio, ſchon Jahre lang ein Liebling des Volkes, hatte etwas in ſeinem Weſen, das die Menſchen zur Begeiſterung hinreißen konnte. Er war eine majeſtätiſche erhabene Erſcheinung mit hohem königlichen Sinn, begeiſtert für die Größe ſeines Vaterlandes und ſeine eigne Miſſion, voll edler Zuverſicht zu ſich ſelbſt und dem Stern ſeines Glückes; denn er glaubte — und das Volk theilte dieſen Glauben mit ihm — daß er unter dem beſondern Schutze der Götter und in einer engen Verbindung mit denſelben ſtehe. Seitdem er die männliche Toga angelegt, ſoll er kein öffentliches oder Privatgeſchäft von Wichtigkeit vor- genommen haben, ohne daß er zuvor auf das Capitol ging und dort eine Zeit lang in dem Tempel allein und im Verborgenen zubrachte, weshalb ſich die Sage verbreitete, er ſei der Sohn eines Gottes. Er war ein ausgezeichneter Feldherr, obgleich nicht vom erſten Range, ein gewandter Diplomat und fein ge- bildeter Mann, der griechiſche Bildung mit dem vollſten römiſchen

Nationalgefühl vereinigte, beredt, leutselig und von anmuthiger Sitte — kurz ein Mann, der zu einer glänzenden Rolle im öffentlichen Leben berufen war.

Scipio ging am Ende des Sommers 210 mit 10,000 M. zu Fuß und 1000 Reitern und einer wohlgefüllten Casse nach Spanien, begleitet von dem Proprätor M. Silanus, der an Neros Stelle treten sollte, und seinem Flottenführer und Vertrauten C. Lälius. Nachdem er den Rest des Winters dazu benutzt, sich die Liebe und das Vertrauen der Truppen zu erwerben, zog er im Frühjahr 209, ehe der Feind sich regte, seine Truppen an der Mündung des Ebro zusammen, um sogleich durch einen kühnen Schlag den Krieg zu eröffnen. Die drei Feldherren standen weit von einander, Mago in der Südwestspitze der Halbinsel, Hasdrubal Barkas an den Quellen und Hasdrubal, Giscons Sohn, an der Mündung des Tajo; keiner war weniger als 10 Tagemärsche von der Hauptstadt Neukarthago entfernt. Scipio beschloß gegen Neukarthago zu ziehen und es wegzunehmen, ehe einer von jenen Feldherren zur Hülfe herbeieilen könnte. Er ließ den Silanus mit 3000 M. zu Fuß und 300 Reitern zur Deckung der Ebrolinie zurück und ging selbst mit dem gesammten übrigen Heer, 25,000 M. Fußvolk und 2500 Reitern in raschen Märschen längs der Meeresküste auf Neukarthago los, begleitet von der Flotte unter Führung des Lälius. Nach 7 Tagen stand er vor der Stadt.

Neukarthago lag auf einer Halbinsel, die im Osten und Süden vom Meere, im Westen und zum Theil auch im Norden von einem Sumpfe umgeben war, dessen Tiefe je nach der Ebbe und Fluth des Meeres wechselte. Die Landenge, durch welche die Stadt mit dem Festlande zusammenhing, war 250 Schritte breit. Dieser gegenüber hatte Scipio sein Lager aufgeschlagen. In der Stadt lag eine Besatzung von nur 1000 M. unter einem Befehlshaber Namens Mago. Dieser machte aus dem Thore in der Nähe des römischen Lagers einen Ausfall, der jedoch mit

leichter Mühe zurückgeschlagen ward, worauf Scipio die Stadt
vom Lande und von der See bestürmen ließ. Aber die Mauern
waren so hoch, daß nur wenige Leitern bis zu den Zinnen empor-
reichten, und zudem vertheidigte sich die Besatzung im Verein mit
der Bürgerschaft mit verzweifeltem Muthe, so daß der Sturm
erfolglos blieb. Indeß sollte der Sturm auch blos dazu dienen,
die Aufmerksamkeit der Vertheidiger von einer andern Stelle abzulenken, von dem Sumpfsee, der im Westen an die Stadt stieß.
Dieser war gerade jetzt während der Ebbe so seicht, daß man ihn
durchwaten konnte, und zudem war die Mauer auf dieser Seite
nur von geringer Höhe, da man hier die Stadt durch den Sumpf
genugsam geschützt glaubte. Scipio watete an der Spitze von
500 M. durch den Sumpf, „unter Führung des Neptunus“,
der ihnen durch Zurückziehung seiner Gewässer den Weg öffnete,
und drang unbemerkt und ohne Widerstand in die Stadt. Im
schnellsten Laufe eilte die Schaar nach dem Thore, wo der härteste
Kampf war, fiel dem Feind in den Rücken und erbrach das Thor,
durch welches die Truppen jetzt in Masse hereindrangen. Nach
längerem furchtbaren Gemetzel unter den Einwohnern ergab sich
Mago, der sich mit seiner Mannschaft in die Burg zurückgezogen
hatte. Die Stadt wurde geplündert und lieferte eine reiche Beute
an Gold und Silber, an Getreide und Kriegsgeräth. Die Zahl
der Gefangenen belief sich an Freigeborenen männlichen Geschlechts
auf 10,000; diejenigen von ihnen, welche Bürger von Neukarthago
waren, ließ Scipio frei, und er gab ihnen die Stadt und was
ihnen der Krieg gelassen, zurück. Die Handwerker, 2000 an
der Zahl, ließ er als Kammerknechte des römischen Staates für
sein Heer arbeiten gegen das Versprechen späterer Freilassung,
wenn sie sich fleißig erwiesen, und aus der übrigen Menge las
er die Kräftigsten aus zur Ergänzung der Ruderer auf der Flotte.
Auch die Geißeln der den Puniern unterthänigen Völker, welche
in Neukarthago aufbewahrt wurden, waren dem Scipio in die
Hände gefallen. Er behandelte sie mit großer Milde und Freund-

lichkeit und versprach ihnen die Entlassung in die Heimat, sobald ihre Gemeinden sich den Römern anschließen würden.

Nachdem Scipio nur noch wenige Tage in Neukarthago verweilt und die nöthigen Anstalten zur Sicherung der gewonnenen Stadt getroffen hatte, eilte er mit dem größten Theil seines Heeres nach Tarraco zurück, der Hauptstadt in dem römischen Spanien, wo eine große Zahl von spanischen Gesandtschaften zusammenkam, um ihm die Bundesgenossenschaft ihrer Staaten anzutragen. Seine verwegne Unternehmung war ihm vollständig und ohne sonstigen Nachtheil gelungen; denn Hasdrubal Barkas, der zu dieser Zeit seinen Zug nach Italien mit Eifer betrieb und während Scipios Abwesenheit zu Neukarthago leicht die Ebrolinie hätte durchbrechen können, war bei der Rückkunft desselben noch nicht bis zum Ebro vorgerückt.

Als die Botschaft von der Einnahme Neukarthagos durch Lälius nach Rom gebracht wurde, ging das Lob des jungen Feldherrn von Mund zu Munde. Er hatte das in ihn gesetzte Vertrauen glänzend gerechtfertigt. Man verlängerte ihm deßhalb sein Commando auf unbestimmte Zeit. Das außerordentliche Waffenglück sowie der Anschluß so vieler Völkerschaften diesseits und jenseits des Ebro ermuthigten ihn, sich im nächsten Jahre nicht auf die ihm vom Staate angewiesene Aufgabe, die Vertheidigung der Ebrolinie und die Sperrung der Pyrenäen, zu beschränken. Um mit allem Nachdruck zu weiterem Angriff gegen Süden vorgehen zu können, ohne den Norden Spaniens preiszugeben, löste er im Winter 209 auf 208 seine Flotte auf und reihte die Flottenmannschaft seinem Landheere ein. Im Frühjahr zog er zahlreiche Hülfstruppen der Spanier an sich und marschirte dann mit dem aus Rom zurückgekehrten Lälius in die Gegend des oberen Guadalquivir. Hier stieß er bei Bäcula auf Hasdrubal Barkas, der auf dem Zuge nach den Pyrenäen begriffen war. Es kam zu einer Schlacht, in welcher Hasdrubal bedeutende Verluste erlitt, 8000 Todte und 12,000 Gefangene; aber es gelang

ihm, sich mit dem Kern seiner Truppen, mit der vollen Kriegs-
casse und den Elephanten dem Römer zu entziehen, und er kam
durch Wälder und Berge ungehindert nach dem Tajo und von da
zu dem nördlichen Ocean. Durch die westlichen Pässe der Pyrenäen gelangte er nach Gallien, wo er seine Winterquartiere nahm;
er hatte erreicht, was er wollte, der Weg nach Italien stand ihm
offen. Ehe wir ihm dorthin folgen, wollen wir Scipio den
Krieg in Spanien beendigen lassen.

Nach dem Abzug des Hasdrubal Barkas aus Spanien be-
schlossen die beiden zurückgebliebenen punischen Feldherrn, vor der
Hand den Krieg aufzugeben, bis sie neue Verstärkungen aus
Afrika erhalten hätten; Hasdrubal, Giscons Sohn, zog sich nach
Lusitanien (dem mittleren Portugal) zurück, Mago nach den
Balearen, nur Masinissa durchstreifte noch mit seinen leichten
Reitern nach allen Richtungen das spanische Land. So konnte
Scipio sich der ganzen Ostküste Spaniens bemächtigen. Als im
nächsten J. 207 Hanno mit einem neuen Heere von Afrika
ankam, rückten Mago und Hasdrubal wieder an den Bätis vor,
aber Mago und Hanno, die sich mit einander vereinigt hatten,
wurden von Scipios Legaten Silanus derart geschlagen, daß ihr
ganzes Heer sich auflöste, und als Scipio hierauf gegen Hasdrubal
vorrückte, zog sich dieser nach Gades (Cadix) zurück, indem er
seine Truppen größtentheils in die festen Städte des unteren
Bätis vertheilte.

Im J. 206 machten die Karthager noch einmal große Anstrengungen, um Spanien zu behaupten. Sie rückten mit einem
Heere von 70,000 M. Fußvolk, 4000 Reitern und 32 Elephanten
wieder nach dem Bätis vor und lieferten abermals bei Bäcula
dem Scipio eine Schlacht. Scipio hatte nur 40,000 M., und
darunter war eine große Zahl von unzuverlässigen spanischen
Hülfstruppen, aber das karthagische Heer bestand fast ganz aus
schnell zusammengerafften spanischen Truppen. Diese standen in
der karthagischen Schlachtordnung auf beiden Flügeln, während

die Kerntruppen ihren Platz im Mitteltreffen hatten. Der römische
Feldherr stellte seine Legionstruppen auf beiden Flügeln auf, den
Spaniern gegenüber, und gab seinen Spaniern ihren Platz im
Mitteltreffen, aber in einer sehr zurückgeschobenen Stellung, so
daß sie mit den punischen Kerntruppen nicht zum Schlagen kamen,
aber doch dieselben während der Schlacht auf ihrem Platze fest-
hielten. Die römischen Legionen zerstreuten mit leichter Mühe
die punischen Spanier und wandten sich dann von beiden Seiten
gegen die Kerntruppen in der Mitte. Auch diese hielten nicht
lange Stand, da Scipio den Feind veranlaßt hatte, des Morgens
in aller Frühe nüchtern zur Schlacht auszurücken, aber erst am
Nachmittage die Schlacht begann, als die Punier schon durch
Hunger und Durst, durch die Hitze des Tages und das lange
Stehen erschöpft waren. Die Punier wurden völlig in die Flucht
geschlagen, und auch ihr Lager wäre genommen worden, wenn
nicht ein starker Platzregen dem Kampfe ein Ende gemacht hätte.

Durch diese Schlacht bei Bäcula wurde der spanische Krieg
beendigt. Mago und Hasdrubal — Hanno war in der Schlacht
des vorigen Jahres gefangen worden — flüchteten nach Gades
und ihr Heer löste sich auf. Von Gades aus, das jetzt allein
noch von allen spanischen Orten in den Händen der Punier war,
beabsichtigte Mago den spanischen Krieg zu erneuern; allein er
erhielt von dem karthagischen Senat den Befehl, die Stadt zu
räumen und mit allem, was er an Schiffen, Mannschaft und
Geld zusammenbringen könnte, nach Italien überzugehen. So
kam das ganze östliche Spanien nach 13jährigem Kriege in den
alleinigen Besitz der Römer. Anfangs wurde es nach dem Ebro
in zwei Provinzen getheilt, in das diesseitige und das jenseitige
Spanien; später nannte man das diesseitige auch das tarraconen-
sische, nach der Hauptstadt Tarraco, und schied das jenseitige in
die Provinzen Bätica und Lusitania.

Scipio hatte in Spanien Großes geleistet. Aber er stand
erst im Anfang seiner Laufbahn; er kehrte nach Rom zurück mit

dem Gedanken an größere Siege, an den Kampf mit Hannibal selbst und die gänzliche Ueberwältigung der alten Feindin seines Vaterlandes.

Der Krieg in Italien und Afrika von 207—201.

Hasdrubal war im Herbste 208 durch die Pyrenäen gedrungen und hatte in Gallien sein Winterlager genommen, bereit, im folgenden Frühjahr nach Italien zu ziehen und sich mit Hannibal zu vereinigen. Als die Kunde hiervon nach Rom kam, war die Bestürzung groß, und man beeilte sich Vorkehrungen zu treffen, die Vereinigung der beiden punischen Brüder zu verhindern. Man bot für das J. 207 wieder 23 Legionen auf, jedoch einschließlich der spanischen, und davon wurden 15 in Italien aufgestellt; man rief Freiwillige zu den Waffen und zog sogar solche Gemeinden, die gesetzlich vom Kriegsdienste befreit waren, zur Aushebung heran. Von den beiden Feldherrn, zu denen man bisher in den Zeiten der Noth gewöhnlich seine Zuflucht genommen, Fabius und Marcellus, war der erstere zu alt, der andere todt; man wählte deshalb zwei andere Männer, die man für besonders tüchtig hielt, zu Consuln, den C. Claudius Nero, der zuletzt in Spanien Proprätor gewesen, und den M. Livius Salinator, der sich im J. 219 als Consul im illyrischen Kriege ausgezeichnet hatte. Von diesen wurde Livius nach dem Norden geschickt, um dem Hasdrubal entgegenzutreten, während Nero nach dem Süden ging, um den Hannibal dort festzuhalten.

Hannibal hatte alle seine Truppen in Bruttium zusammengezogen und machte sich auf, seinem Bruder entgegenzugehen. In Lucanien bei Grumentum stieß er auf den Consul Nero, der über ein Heer von 40,000 M. zu Fuß und 2500 Reitern gebot, und lieferte ihm ein Gefecht, in welchem Nero sich den Sieg zuschrieb. Aber Hannibal mußte sich ihm durch eine geschickte Wendung zu entziehen und gelangte, stets von Nero begleitet,

nach Apulien. Hier blieb er bei Canusium stehen, und · Nero
schlug ihm gegenüber ein Lager auf.

Hasdrubal hatte sich früh aus seinem Winterquartier auf-
gemacht und war rasch und ohne große Beschwerde auf demselben
Wege, den sein Bruder vor Jahren gezogen war, über die Alpen
nach Oberitalien gelangt. Sein Heer hatte sich durch angewor-
bene gallische und alpinische Mannschaften bis zu 60,000 M.
vermehrt, und in Oberitalien ·standen 8000 Ligurier, die schon
im vorigen Jahre mit punischem Gelde geworben worden waren,
bereit, sich seinem Heere anzuschließen; auch die Gallier Oberitaliens machten gemeinsame Sache mit ihm, und aus dem
gährenden Hetrurien und Umbrien erschienen zahlreiche Freiwillige.
So zog sich unter dem Punier in Oberitalien eine gefährliche
Macht zusammen, gegen welche der Consul Livius einen schweren
Stand hatte.

Hannibal blieb freiwillig längere Zeit in Apulien stehen,
wahrscheinlich weil er noch nähere Nachrichten von Hasdrubal
über seine Marschroute erwartete. Hasdrubal hatte auch mehrere
Reiter mit einem Briefe an seinen Bruder abgeschickt; diese aber
wurden von den Soldaten des Nero aufgefangen. Nero ersah
aus dem Briefe, daß Hasdrubal auf der flaminischen Straße
über den Apennin bis Narnia vorrücken und dort mit Hannibal
zusammentreffen wollte. Er gab deshalb sogleich den Befehl, daß
das zur Deckung Roms bestimmte Heer gegen Narnia vorgehe,
und schickte eine bei Capua stehende Legion als neue Reserve nach
Rom. Er selbst entschloß sich zu dem kühnen Wagniß, mit
einem Theil seines Heeres nach Oberitalien zu ziehen, um seinem
Collegen gegen Hasdrubal beizustehen; er setzte voraus, daß
Hannibal von den Absichten seines Bruders nichts erfahren und
ruhig in Apulien stehen bleiben werde. Den größten Theil seines
Heeres ließ Nero in Apulien zurück, damit dieses noch immer
dem Hannibal die Spitze bieten könne, und rückte nur mit einem
auserlesenen Corps von 6000 M. zu Fuß und 1000 Reitern

aus. In der Nacht, ohne daß Hannibal es merkte, verließ er
das Lager und zog in Eilmärschen nach Norden. Ueberall in
den Landschaften, durch welche ihn sein Marsch führte, brachten
die Einwohner auf seinen vorausgegangenen Befehl Lebensmittel
in Menge an die Straße, und die Soldaten aßen, ohne aus dem
Gliede zu treten und den Marsch zu unterbrechen. So ging es
Tag und Nacht unaufhaltsam weiter. In wenigen Tagen kam
man in die Nähe von Sena Gallica, wo Livius mit seinem
Heere stand; nicht weit davon lagerte Hasdrubal. Bei Nacht
rückte Nero in das Lager des Livius ein, der die neue Mannschaft unter die Seinigen in die Zelte vertheilte, ohne sein Lager
zu vergrößern, damit Hasdrubal nichts von der Ankunft der
Truppen merkte.

Gleich am nächsten Tage führten die Consuln ihre Truppen
zur Schlacht heraus; aber Hasdrubal hatte trotz aller Vorsichts-
maßregeln der Feinde gemerkt, daß neue Truppen bei denselben
angelangt waren, und suchte sich denselben zu entziehen. Er verließ in der nächsten Nacht in aller Stille sein Lager und marschirte an dem Fluß Metaurus aufwärts, um an irgend einer
seichten Stelle überzusetzen. Allein seine Wegweiser entliefen, und
so zog er rathlos, ohne eine Furth zu finden, an den Krümmungen
des Flusses hin, bis das römische Heer auf kürzerem Wege ihn
ereilte. Er mußte sich mit seinen ermüdeten Truppen zur Schlacht
stellen. Die Elephanten wurden im ersten Treffen vor den Fahnen
aufgestellt, hinter ihnen die Ligurier. Den Elephanten zur Seite
auf dem linken Flügel standen die Gallier, auf dem rechten Flügel
die alten Truppen aus Spanien unter Hasdrubals eigner Führung.
Ihm gegenüber hatte Livius seine Stellung genommen, während
Nero auf der andern Seite gegen die Gallier stand, die jedoch
durch einen Hügel gedeckt waren. Hasdrubal beabsichtigte, mit
seinen alten Truppen auf dem rechten Flügel die Schlacht zu
entscheiden, während auf der andern Seite Nero von den Galliern,
doch ohne Kampf, festgehalten würde. Aber Nero vereitelte seinen

Plan. Nachdem er vergebens den Hügel, wo die Gallier standen, zu ersteigen versucht hatte, wiederholte er das Wagniß, das er im Großen unternommen, nochmals im Kleinen, er zog mit einem Theil seiner Truppen, ohne daß es die Gallier merkten, hinter dem römischen Mitteltreffen durch auf den andern Flügel und fiel hier dem Feind so rasch und kräftig in die Flanke, daß in Kurzem die Schlacht entschieden war. Das ganze Heer des Hasdrubal ging zu Grunde; 56,000 M. wurden niedergemacht, 5400 gefangen; der Feldherr selbst stürzte sich, als er alles verloren sah, in den dichtesten Feind und suchte und fand den Heldentod. Er hatte mit aller Anstrengung als tüchtiger umsichtiger Führer bald fechtend, bald ermunternd auf den verschiedensten Punkten der Schlacht dem drohenden Verhängniß entgegengerungen und dem Feinde den Sieg sauer und theuer gemacht; die Römer hatten an 8000 M. verloren und waren von der Blutarbeit so erschöpft, daß sie die aus der Schlacht entronnenen Gallier und Ligurier nicht zu verfolgen vermochten.

Gleich in der folgenden Nacht trat Nero mit seinen Truppen den Rückmarsch an und gelangte nach einer Abwesenheit von 14 Tagen wieder in sein Lager in Apulien, ohne daß Hannibal etwas von der Sache erfahren hatte. Als Nero das Haupt des Hasdrubal, das er aus der Schlacht am Metaurus mitgenommen, vor die Vorposten Hannibals werfen und ihm durch zwei punische Gefangene das Geschehene berichten ließ, soll Hannibal gesagt haben: „Nun erkenne ich das Schicksal Karthagos."

In Rom war über den Sieg am Metaurus große Freude, und die beiden Sieger wurden durch einen Triumph und ein dreitägiges Dankfest geehrt. Jedermann fühlte, daß jetzt die Gefahr des Krieges überwunden war, und die gewöhnlichen Geschäfte nahmen wieder ihren Gang wie in Friedenszeiten. Man verminderte Heer und Flotte, sorgte für die Wiederaufnahme des Ackerbaues, regelte aufs neue die Staatsverwaltung und die Finanzen und zwang diejenigen Bundesgenossen, welche in den letzten Jahren ihren Pflichten nicht nachgekommen waren, das Versäumte mit schweren Zinsen nachzuholen.

Hannibal hatte sich auf die Nachricht von dem Unglück seines Bruders nach Bruttium zurückgezogen, in den äußersten Winkel Italiens, dessen Hafenstädte ihm einen Rückhalt boten, und hier hielt er sich noch 4 Jahre, ohne daß die Römer ihn zu zwingen vermochten, Italien zu verlassen oder sich in die festen Städte einzuschließen. Noch einmal glänzte ihm für kurze Zeit eine neue Hoffnung auf. Um eine Landung der Römer in Afrika selbst zu verhindern, schickte der karthagische Senat in seiner Angst sowohl dem Hannibal als auch seinem Bruder Mago in Spanien Verstärkungen zu und gab dem letzteren den Befehl, nach Italien zu ziehen. Mago führte im Frühjahr 205, nachdem er den Winter in Minorca zugebracht, auf ungefähr 30 Kriegsschiffen und vielen Lastschiffen ein Heer von 12,000 M. zu Fuß und 2000 Reitern nach Oberitalien, und nachdem er sich der Stadt Genua bemächtigt und die Ligurier und Gallier zu den Waffen gerufen, marschirte er in das Land der Insubrer. Aus Afrika kamen ihm neue Truppen und beträchtliche Geldsummen zu, und der Befehl, sich mit seinem Bruder zu vereinigen. Aber vor der Hand war er noch zu schwach, um den gefährlichen Zug durch Italien wagen zu dürfen; er arbeitete bis ins J. 203 daran, die Völker Oberitaliens zum Kampfe gegen Rom unter seiner Führung zu vereinigen, da erlitt er durch ein weit überlegenes Heer unter dem Proconsul M. Cornelius und dem Prätor P. Quinctilius Varus im Gebiete der Insubrer eine schwere Niederlage. Schon war die römische Reiterei geworfen und das Fußvolk so ins Gedränge gebracht, daß der Sieg sich auf die punische Seite zu neigen schien, da sank Mago, auf den Tod verwundet, zu Boden, und die Schlacht war verloren. Mago wurde von den Seinigen aus der Schlacht gerettet und zog sich mit dem Rest seines Heeres in der nächsten Nacht nach dem Meere zurück. Als er ins Gebiet der ingaunischen Ligurer kam, begegneten ihm Gesandte von Karthago, die ihn nach Afrika riefen, da P. Cornelius Scipio Karthago in nächster Nähe bedrohte. Mago folgte dem Rufe des Vaterlandes, aber er starb während der Ueberfahrt an seiner Wunde.

Scipio war am Ende des J. 206 siegreich nach Rom zurückgekehrt und von dem Volke mit wohlwollendem Beifall empfangen worden. Zum Dank für seine Verdienste erwählte es ihn für das folgende Jahr zum Consul, in der Aussicht, daß er den Krieg nach Afrika tragen werde. Deshalb gab man ihm den P. Licinius Crassus, der als Pontifex Maximus Italien nicht verlassen durfte, zum Collegen. Scipio selbst hatte sich schon in Spanien mit diesem Gedanken beschäftigt und hatte schon von dort aus vorbereitende Schritte zu dem baldigen Krieg in Afrika gethan; er war zu Syphax, dem König der numidischen Massäsyler, hinübergefahren und hatte mit ihm ein Bündniß gegen Karthago abgeschlossen. Indeß der Senat hatte über die Kriegsführung zu entscheiden, und in demselben war eine nicht unbeträchtliche Zahl von Männern, an ihrer Spitze der alte Fabius Cunctator, welche einen Krieg in Afrika nicht wollten, so lange Hannibal noch in Italien stände, und zum Theil auch als Anhänger des alten römischen Wesens dem jungen Manne wegen seiner modernen Bildung und seiner Hintansetzung der herkömmlichen Sitte sowie wegen seiner allzukühnen und eigenmächtigen Kriegsführung in Spanien ungünstig gestimmt waren. Scipio befürchtete, daß sein Lieblingsplan zu nichte ginge, und drohte daher, auch hier gegen das Herkömmliche sich auflehnend, er werde, wenn der Senat ihn nicht mit dem afrikanischen Kriege beauftrage, die Sache vor das Volk bringen. Da gab der Senat so weit nach, daß er ihm Sicilien als Provinz übergab, mit der Ermächtigung, wenn er es zum Heile des Staates glaube thun zu können, den Krieg nach Afrika zu tragen; aber in der Verwilligung der Mittel zu einem solchen Unternehmen war der Senat äußerst karg. Scipio mußte sich mit einer schon vorhandenen

Flotte von 30 Schiffen und mit den zwei Straflegionen begnügen, die aus der Schlacht von Cannä übriggeblieben und zu strengem Dienste nach Sicilien geschickt worden waren, und erhielt die Er- laubniß, in Italien Freiwillige zum Dienste aufzurufen. Es stellten sich 7000 Freiwillige, und die bundesgenössischen Städte lieferten ihm freiwillig die Mittel zur Herstellung einer Flotte. In 45 Tagen waren 30 neue Kriegsschiffe gebaut.

Mit dieser kärglichen Ausrüstung ging Scipio nach Sicilien. Hier brachte er sein Consularjahr und einen großen Theil des folgenden Jahres als Proconsul zu, um sein kleines Heer und die Flotte gehörig einzuüben und seine Ausrüstung zu vervollständigen. Von Sicilien aus entriß er den Puniern die Stadt Locri in Unteritalien mit Hülfe der Bürger, welche ihrer punischen Be- dränger müde waren, und legte eine Besatzung hinein unter dem Proprätor Q. Pleminius. Dieser aber hauste mit seiner Mann- schaft in der Stadt noch viel abscheulicher als die Punier, so daß die Locrenser sich um Abhülfe an Scipio wandten. Der kam zwar selbst herbei, um die Sache zu untersuchen, ließ sich aber von Pleminius täuschen und sprach ihn frei. Als hierauf Pleminius seine Frevel in gesteigertem Maße fortsetzte, wandten sich die Bürger in ihrer Verzweiflung an den Senat zu Rom und klagten über den Pleminius und die Nachsicht des Scipio. Auch von Sicilien her kamen Klagen gegen Scipio, besonders von dessen Quästor M. Porcius Cato, einen leidenschaftlichen Anhänger strenger altrömischer Sitte und Gegner der immer mehr um sich greifenden griechischen Verfeinerung. Scipio, so hieß es, lasse durch seine laxe Zucht das Heer verweichlichen und entarten; er selbst benehme sich unter den Griechen Siciliens nicht wie ein Römer, sondern wie ein Grieche, er gehe in griechischem Mantel und Sandalen umher, treibe sich, statt an den Krieg zu denken, in den Ringschulen herum und verbringe seine Zeit mit Bücher- lesen. Die Gegner des Scipio im Senate, schon dadurch ver- stimmt, daß er auf eigene Hand, ohne Auftrag des Senats

26*

Theile seines Heeres nach Unteritalien geworfen, nahmen die
Klagen und Beschuldigungen bereitwillig an, und Fabius Cunctator
dachte an nichts Geringeres, als den unbotmäßigen und die militärische Zucht untergrabenden Feldherrn seines Amtes zu entsetzen.
Doch dazu kam es nicht; aber man schickte eine Commission zur
Untersuchung nach Sicilien, und wenn diese jene Beschuldigungen
gegründet fände, sollte sie den Scipio seiner Stelle entheben und
nach Rom zurückbringen. Bei der Ankunft der Commission führte
ihnen Scipio seine wohlgeübte Land- und Seemacht vor, zeigte
ihnen die Zeughäuser, die Kornvorräthe und die übrigen Kriegs-
anstalten, und erfüllte sie mit solcher Bewunderung, daß sie unter
einem solchen Führer die Eroberung Karthagos für gewiß hielten
und ihn aufforderten, sobald wie möglich nach Afrika überzusetzen.
Auf ihren Bericht wiederholte der Senat diese Aufforderung und
gestattete ihm, aus den in Sicilien anwesenden Truppen nach
Gutdünken sich weitere Mannschaften für seine Expedition auszuwählen.

Bald darauf, im Spätsommer des J. 204, setzte Scipio
mit 40 Kriegsschiffen und 400 Lastschiffen von Lilybäum aus
nach Afrika über. Die Angaben über seine Truppenzahl schwanken
zwischen 12,200 und 35,000 M.; doch ist anzunehmen, daß die
kleineren Zahlen hinter der Wahrheit zurückbleiben, daß sie absichtlich niedriger angesetzt wurden, um den Ruhm des Feldherrn
zu erhöhen. Die Absicht des Scipio, in Emporia zu landen,
einer außerordentlich reichen karthagischen Landschaft an der kleinen
Syrte, und in dieser Gegend sich festzusetzen, ehe man von Karthago zur Abwehr herbeikommen könnte, wurde durch Wind und
Nebel vereitelt; er ward an die punische Nordküste getrieben, in
die Nähe von Utika und dem schönen Vorgebirge (Cap Farinas),
westlich von Karthago, und setzte hier sein Heer ans Land, ohne
daß der Feind ihn hinderte. Eine Reiterschaar, welche die Karthager ihm entgegengeschickt hatten, wurde fast gänzlich aufgerieben.

Die Karthager hatten sich auf die Kunde von den Rüstungen in Sicilien so gut wie möglich in Vertheidigungszustand gesetzt. Sie hatten ein Heer von 20,000 M. zu Fuß, 6000 Reitern und 140 Elephanten zum Schutze ihrer Hauptstadt aufgestellt, unter dem erprobten Feldherrn Hasdrubal, Giscons Sohn, und ihre Flotte vervollständigt; von dem macedonischen König erwartete man ein Hülfscorps, aus Spanien neue Söldnerschaaren. Ferner hatte Hasdrubal den mächtigen Fürsten der Massäsyler, Syphax, der zuletzt auf römischer Seite gestanden, dadurch zum Bunde mit Karthago herübergezogen, daß er ihm seine schöne und hochgebildete Tochter Sophonisbe zur Gemahlin gab. Das hatte zur Folge, daß der Nebenbuhler des Syphax, Masinissa, der Fürst der Massyler, der schon seit Jahren mit Sophonisbe verlobt gewesen war, von der karthagischen Seite auf die römische übertrat; doch er wurde von der vereinigten Macht der Karthager und des Syphax gänzlich aus seinem Lande vertrieben und irrte mit wenigen seiner Reiter in der Wüste umher. Auf die Nachricht von Scipios Landung kam er als länderloser Flüchtling in dessen Lager, aber durch seine kriegerische Tüchtigkeit und seinen erfindungsreichen Geist ein nicht zu verachtender Bundesgenosse.

Scipio machte zunächst einige Plünderungszüge in das innere Land und schritt dann zur Belagerung von Utika. So lange ihm nur das karthagische Heer gegenüberstand, war er im Vortheil; als aber der König Syphax, angeblich mit 50,000 M. Fußvolk und 10,000 Reitern, heranzog und sich mit Hasdrubal vereinigte, mußte er die Belagerung von Utika aufgeben und schlug auf einem leicht zu verschanzenden Vorgebirge zwischen Utika und Karthago sein Winterlager auf. Den ganzen Winter hindurch wurde er hier von Hasdrubal und Syphax umlagert gehalten, und gegen das Frühjahr ward seine Lage noch bedenklicher, als die Karthager Anstalten machten, ihn auch von der Seeseite mit einer Flotte einzuschließen; da aber befreite ihn auf einmal ein glücklicher Schlag aus aller Gefahr. Nachdem er den

Feind durch angeknüpfte Friedensunterhandlungen sorglos gemacht, überfiel er plötzlich in einer Nacht das Lager des Syphax und des Hasdrubal. Beide Lager wurden in Brand gesteckt, und als die Soldaten, ohne an den Feind und eine Kriegslist zu denken, unbewaffnet zum Löschen herbeieilten oder das Weite suchten, fielen sie dem heranziehenden römischen Heere in die Hände. Die Lager wurden von den Flammen völlig verzehrt, und die feind- lichen Truppen fanden zum größten Theil, an 40,000 M., den Untergang entweder durch das Feuer oder das Schwert der Römer. Nur 2000 M. zu Fuß und 500 Reiter retteten sich aus der allgemeinen Vernichtung, 5000 wurden gefangen, unter ihnen viele vornehme Karthager und 11 Senatoren. Sechs Elephanten und über 2700 numidische Pferde sowie eine große Menge von Waffen wurden eine Beute der Sieger. Hasdrubal und Syphax waren glücklich entflohen.

Syphax hatte in Kürze wieder ein numidisches Heer zusammen- gerafft und war, verstärkt durch einige Tausend Söldlinge aus Spanien, dem Scipio aufs neue entgegengerückt; aber auch dieses Heer wurde vernichtet, und Syphax floh in sein Land zurück. Lälius, der Freund und Untergeneral des Scipio, folgte ihm mit Masinissa in sein Reich, schlug ihn in einer Schlacht bei seiner Hauptstadt Cirta und nahm ihn gefangen. Cirta selbst ergab sich nebst dem ganzen Lande. Sophonisbe, die Gemahlin des Syphax, begab sich bei der Einnahme von Cirta in den Schutz des Masinissa und wurde dessen Gemahlin. Aber Scipio be- fürchtete, die junge schöne Karthagerin werde den Numidier in das Interesse ihrer Vaterstadt ziehen, und verlangte daher ihre Auslieferung als einer den Römern gehörenden Gefangenen. Um diese Schmach von ihr abzuwenden, schickte ihr Masinissa den Giftbecher, und sie trank ihn mit unerschrockenem Muthe.

Unterdessen hatte Scipio mit seiner Hauptmacht den Krieg im karthagischen Gebiete fortgesetzt und war vorgedrungen bis Tunes. Die Punier hatten eine Belagerung ihrer Hauptstadt zu

erwarten. In dieser trostlosen Lage ließen sie sich zu Unterhandlungen herbei; sie schlossen mit Scipio einen Waffenstillstand,
während dessen eine Gesandtschaft nach Rom ging, um wegen
des Friedens zu unterhandeln. Bald darauf aber setzte es die
Kriegspartei in Karthago wieder durch, daß man neue Rüstungen
vornahm und den Hannibal und Mago aus Italien herbeirief.
Mago starb, wie schon gesagt, auf der Ueberfahrt; Hannibal
folgte ebenfalls dem Rufe des Vaterlandes, aber mit schwerem
Herzen. Als die Gesandten ihm zu Croton den Befehl des
Senates bekannt machten, hörte er knirschend und seufzend und
kaum die Thränen zurückhaltend zu und sprach zuletzt: „So
rufen sie mich denn nicht länger durch verstecte List, sondern
geradezu zurück, sie, die durch Verweigerung der nachzusendenden
Truppen und Gelder schon lange mich zurückzerrten! So wurden
denn nicht die Römer, die ich so oft zusammenhieb und schlug,
Hannibals Sieger, sondern der Senat von Karthago durch ent-
gegenarbeitenden Parteihaß! Und über diesen meinen schimpflichen
Abzug wird Scipio nicht lauter frohlocken und sich erheben, als
Hanno, der meine Familie, weil er es durch andere Mittel nicht
konnte, unter Karthagos Trümmern begrub."

Nachdem Hannibal seine weniger brauchbaren Truppen unter
dem Vorwande, sie als Besatzungen zu verwenden, in die wenigen
bruttischen Städte, die ihm noch geblieben waren, weggeschickt
hatte, ging er mit dem Kern seines Heeres unter Segel, ließ
aber noch viele geborene Italier, die ihm nicht nach Afrika
folgen wollten und deshalb in den Tempel der Juno Lacinia
geflüchtet waren, in dem Heiligthum niederhauen. Unter Verwünschungen seiner selbst und seines Lebens nahm er Abschied
von dem Lande seines Ruhmes, das er vor 15 Jahren mit so
großen Hoffnungen betreten hatte, und landete nach rascher
Fahrt an der heimischen Küste bei Adrumetum, wahrscheinlich erst
im Anfang des J. 202.

Die Karthager hatten im Vertrauen auf Hannibal den

Waffenstillstand wieder mehrfach gebrochen, weshalb Scipio die Feindseligkeiten im Frühjahr 202 erneuerte. Doch zog sich die Entscheidungsschlacht zwischen ihm und Hannibal noch hin bis in den Herbst desselben Jahres. Hannibal suchte den Aufschub, weil er sein Heer vervollständigen und die frischen Truppen noch einüben mußte, und Scipio erwartete noch Verstärkungen von Masinissa. Gegen Herbst verließ Hannibal Abrumetum und zog gen Westen nach Zama hin, einer Stadt, die 5 Tagemärsche südwestlich von Karthago lag. Sein Heer, etwa 50,000 M. stark, bestand außer seiner alten italischen Mannschaft aus ligurischen, gallischen, balearischen und maurischen Miethstruppen, aus Karthagern und Afrikanern, einigen Tausend numidischen Reitern und 80 Elephanten. Als er unfern von Zama in die Nähe des Scipio kam, wurden einige seiner Kundschafter von den römischen Posten aufgefangen. Diese ließ Scipio in seinem ganzen Lager umherführen und alles unbesorgt in Augenschein nehmen, und nachdem er sie gefragt, ob sie alles zur Genüge erkundet hätten, schickte er sie unversehrt dem Hannibal zurück. Alles, was sie meldeten, war dem Hannibal wenig erfreulich — unter anderem erzählten sie auch, daß an demselben Tage Masinissa mit 6000 M. Fußvolk und 4000 Reitern eingetroffen sei — am meisten aber mochte ihn die Zuversicht des Gegners beunruhigen, dessen kriegstüchtigem Heere er nur wenig zuverlässige Truppen entgegenstellen konnte. Er bat daher den Scipio um eine Unterredung, in der Voraussetzung, billigere Bedingungen zu erhalten, wenn er jetzt in seiner ganzen Stärke, als wenn er nach einer Niederlage Frieden suchte. Scipio ging auf den Vorschlag ein, und so rückten denn beide Heere einander näher und schlugen bei einer Stadt Naraggara in einer Entfernung von 4000 Schritten ihre Lager auf.

In der Mitte zwischen beiden Heeren kamen die zwei größten Feldherrn ihres Zeitalters zu der Unterredung zusammen — ein sinkendes und ein in frischem Glanze aufstrebendes Gestirn.

Nachdem sie einander längere Zeit mit Bewunderung schweigend betrachtet, begann Hannibal zuerst zu reden. Er erinnerte seinen jungen glücklichen Gegner an den Unbestand des Glückes, den er selbst in so merkwürdiger Weise erfahren, und forderte ihn auf, unter mäßigen und billigen Bedingungen Frieden mit ihm zu schließen, indem er den Römern den unbestrittenen Besitz von Sicilien, Sardinien und Spanien und allen Inseln zwischen Italien und Afrika anbot. Scipio antwortete kürzer, indem er sich auf das vermeintliche Recht der römischen Waffen berief, und nahm die Vorschläge des Gegners nicht an, da ihm bei den früheren Friedensverhandlungen von den Karthagern größere Zugeständnisse gemacht worden seien. Wenn die Karthager neben dem früher Zugestandenen für die Beleidigungen während des Waffenstillstandes noch eine entsprechende Geldstrafe zu leisten versprächen, so ließe sich die Sache weiter verhandeln. Beide Feldherrn gingen unverrichteter Sache aus einander und kündigten, als sie in ihre Lager zurückkehrten, den Truppen an, daß sie sich zur letzten entscheidenden Schlacht rüsteten, nicht um für Einen Tag, sondern, wenn es die Götter vergönnten, für alle Zeiten zu siegen; vor der morgenden Nacht würden sie erfahren, ob Karthago oder Rom den Völkern Gesetze vorschreiben solle.

Am andern Morgen führten beide Feldherrn ihre Truppen zur Schlacht. Scipio hatte nach römischer Weise seine Cohorten in drei Linien aufgestellt, doch nicht in Quincunx, sondern gerade hinter einander, damit die Elephanten des Feindes leicht durch die Gassen hindurchgelassen werden könnten; auf dem linken Flügel stand Lälius mit der italischen, auf dem rechten Masinissa mit der numidischen Reiterei; die Lücken der ersten und zweiten Linie waren mit den leichten Fußtruppen ausgefüllt, die den Befehl hatten, beim Ansturz der Elephanten sich hinter die Linien zurückzuziehen oder, rechts und links auseinander tretend, sich an die Cohorten anzuschließen. Hannibal stellte in die erste Linie seine 80 Elephanten; hinter ihnen standen als erstes Treffen die

Gallier, Ligurer, Balearen und Mauren, als zweites die Karthager
und Afrikaner nebst dem Corps, welches Philipp von Makedonien
zu Hülfe geschickt hatte. Mehr als ein Stadium (über 600 Fuß)
hinter diesen waren als drittes Treffen die alten Truppen des
Hannibal aufgestellt, die den Zweck hatten, wenn der Feind sich
an den Elephanten und den beiden ersten Treffen abgearbeitet
hätte, mit frischer Kraft einzufallen und den Sieg zu erzwingen.
Auf dem rechten Flügel war die karthagische, auf dem linken die
numidische Reiterei postirt.

Die Römer begannen die Schlacht, indem sie unter furchtbarem Geschrei vorrückten. Dadurch wurden die Elephanten erschreckt und wandten sich, besonders die auf dem linken Flügel,
gegen ihr eigenes Heer. Sogleich warf sich Masinissa mit seinen
Reitern auf die verwirrte Reiterei des Feindes auf dem linken
Flügel und jagte sie auseinander. Ein Theil der Elephanten
drang jedoch verwüstend unter die römischen Leichtbewaffneten,
wurde aber zuletzt durch die von allen Seiten heranfliegenden
Geschosse in Wuth versetzt, so daß sie sich zurückwandten und gegen
die karthagische Reiterei auf dem rechten Flügel stürzten. Diese
kam in Unordnung und wurde von Lälius zerstreut. Nun kam
das Gefecht an das Fußvolk. Die karthagischen Miethstruppen
leisteten eine Zeit lang tapferen Widerstand; da aber das zweite
Treffen ihnen nicht zu Hülfe kam, so hielten sie sich für verrathen
und kehrten im Zorn ihre Waffen gegen dieses, so daß es zugleich
gegen den Feind und gegen ihre eigenen Leute kämpfen mußte.
Das zweite punische Treffen kämpfte mit großer Tapferkeit; es
warf die Miethstruppen auf die Seite und nahm den Kampf mit
den Römern mit solcher Kraft auf, daß deren erstes und zweites
Treffen in Unordnung gerieth und Scipio sie zurückziehen mußte.
Nachdem er darauf seine Schlachtlinie so formirt, daß das zweite
und dritte Treffen auf die Flügel und das erste ins Centrum
kam, rückte er aufs neue vor, und es entspann sich ein langer
heftiger Kampf, an welchem auch die letzte Linie des Hannibal

sich betheiligte. Da zuletzt kam die römische Reiterei von der Verfolgung der karthagischen Reiter zurück und fiel dem Feind in den Rücken. Das karthagische Heer wurde von allen Seiten umzingelt und zusammengehauen; es fielen über 20,000 M., fast eben so viele wurden gefangen. Von den Römern blieben 2000 Mann.

Mit der Schlacht bei Zama war der zweite punische Krieg zu Ende. Das Heer der Karthager war vernichtet, und sie vermochten nicht mehr ein zweites aufzustellen. Hannibal, der nach dem Zeugniß des Scipio und aller Kriegskundigen die Schlacht mit seltener Kunst angeordnet und geleitet hatte, war mit wenigen Reitern aus dem Getümmel entflohen und rettete sich nach Abrumetum und von da nach Karthago, wo er dem Senat den Rath gab, unter allen Umständen Frieden zu schließen. Es wurde eine Gesandtschaft an Scipio geschickt, welcher bei Tunes stand, und der stellte folgende Bedingungen auf: „Die Karthager sollen frei nach eigenen Gesetzen leben; ihre Städte und Länder sollen sie nach den Grenzen, die sie vor dem Kriege gehabt, behalten, und das römische Heer soll mit dem heutigen Tage alle Plünderungen einstellen. Alle Ueberläufer, flüchtigen Sclaven und Gefangenen werden den Römern zurückgegeben; die punischen Kriegsschiffe werden ausgeliefert bis auf 10, ebenso alle zahmen Elephanten, und die Karthager verpflichten sich, keine mehr zu zähmen. Sie dürfen ohne Erlaubniß der Römer keinen Krieg führen, sollen dem Masinissa, der ganz Numidien erhält, die ihm abgenommenen Landschaften zurückgeben und Friede mit ihm schließen. Bis die Gesandten von Rom zurückkehren, also bis zum Abschluß des Friedens, sollen sie das römische Heer unterhalten und besolden. Sie bezahlen innerhalb 50 Jahren 10,000 euböische Talente, (17 Millionen Thaler), so daß in jedem Jahre 200 Talente abgetragen werden, und stellen 100 Geißeln, wie Scipio sie auswählen wird, zwischen 14 bis 30 Jahren. Waffenstillstand und Friede wird aber nur dann gewährt, wenn die während des vorigen Waffenstillstandes weggenommenen Frachtschiffe mit ihrer Ladung zurückgegeben werden."

Ein großer Theil der Punier war gegen einen solchen Frieden, der Karthago gewissermaßen zu einer unterthänigen und tributpflichtigen Stadt machte; aber auf dringendes Zureden des Hannibal, der ihnen darlegte, daß vor der Hand kein anderer Ausweg sei, verstanden sie sich doch zur Annahme. In Rom wurde der Friede genehmigt, doch nicht ohne Widerspruch der Consuln des J. 201, welche den Krieg fortzuführen und durch Zerstörung Karthagos ihren Namen berühmt zu machen wünschten. Scipio ward mit dem Abschluß des Friedens beauftragt. Die Karthager lieferten ihm ihre Elephanten, die Ueberläufer und Gefangenen aus und 500 Kriegsschiffe verschiedener Größe, welche auf hoher See im Angesicht der jammernden Karthager verbrannt wurden.

So war der zweite punische oder, wie ihn die Römer gewöhnlich nennen, der hannibalische Krieg nach 17 Jahren schweren Kampfes beendigt. Er hatte die Römer ungeheure Opfer gekostet; 300,000 Italiker sollen von dem Kriege verschlungen worden sein, und davon kam die größte Zahl auf die römischen Bürger selbst, welche ja stets den Haupttheil der Heere ausmachten. Nach der Schlacht bei Cannä z. B. war die Körperschaft des Senates, welche in der Regel 300 Mann betrug, auf 123 Köpfe zusammengeschmolzen, und man hatte Mühe, ihn wieder bis zu seiner Normalzahl zu ergänzen. Dem Volkswohlstand in Italien waren die tiefsten Wunden geschlagen, die gute alte Sitte war zerstört, Räuberbanden durchstreiften das Land in solchen Massen, daß im J. 185 allein in Apulien 7000 Menschen wegen Raubes verurtheilt werden mußten. Indeß der Preis des Sieges war groß und ließ die erlittenen Verluste vergessen. Karthago, die alte mächtige Feindin, war völlig wehrlos gemacht, Spanien war gewonnen, das syrakusische Reich in Provinzialland verwandelt, die numidischen Häuptlinge in Afrika gingen aus der punischen in

die römische Schutzherrschaft über; Rom gebot über das ganze
westliche Mittelmeer. Auch in Italien kam die römische Herrschaft zu größerer Festigkeit, indem die ihr feindlichen Elemente
jetzt völlig niedergetreten oder unschädlich gemacht wurden, der
herrschende römisch-latinische Stamm aber sich enger zusammen-
schloß. Die Gallier in Oberitalien sind der Vernichtung nahe,
die Hetrusker, die Sabeller Unteritaliens und die sonstigen Anhänger Hannibals kommen zur Strafe unter schweren Druck oder
verlieren gänzlich ihre politische Existenz. So ist das Gemeinwesen von Capua, der zweiten Stadt Italiens, vernichtet, und
die Bruttier werden zu Staatssclaven erklärt. Weite Strecken
Ackerlandes werden den compromittirten Gemeinden entzogen und
zu Staatseigenthum gemacht oder den Colonien hingegeben, welche
an verschiedenen Punkten neu gegründet werden.

Als Scipio, der Ueberwinder Karthagos und Beendiger des
Krieges, nach Italien zurückkehrte, wurde er mit Jubel und
großen Ehren empfangen. Man gab ihm den Beinamen Afri-
canus, das erste Beispiel, daß ein Feldherr von dem unterworfenen Lande einen Beinamen erhielt. Sein Triumphzug war der
glänzendste, den man je gesehen. Der unglückliche Syphax wurde
im Triumphe mit aufgeführt und starb bald darauf als Gefangener
in Tibur.